AF815563

El contrato de vitalicio en el derecho civil gallego

ÁNGEL MANUEL MARIÑO DE ANDRÉS
Profesor titular de Derecho Civil
de la Universidad de Vigo

EL CONTRATO DE VITALICIO EN EL DERECHO CIVIL GALLEGO

GOBIERNO DE ESPAÑA
MINISTERIO DE ECONOMÍA Y COMPETITIVIDAD

Dykinson, S. L.

No está permitida la reproducción total o parcial de este libro, ni su incorporación a un sistema informático, ni su transmisión en cualquier forma o por cualquier medio, sea este electrónico, mecánico, por fotocopia, por grabación u otros métodos, sin el permiso previo y por escrito del editor. La infracción de los derechos mencionados puede ser constitutiva de delito contra la propiedad intelectual (art. 270 y siguientes del Código Penal).
Diríjase a Cedro (Centro Español de Derechos Reprográficos) si necesita fotocopiar o escanear algún fragmento de esta obra. Puede contactar con Cedro a través de la web www.conlicencia.com o por teléfono en el 917021970/932720407.

Colección "Monografías de Derecho Civil"
Dirección de D. Mariano Yzquierdo Tolsada

Este libro de ha financiado con fondos del proyecto de I+D DER2014-53497-P, concedido por el Ministerio de Economía y Competitividad, dentro del Programa Estatal de Fomento de la Investigación Científica y Técnica de Excelencia, titulado: "El negotium contractum como fundamento para la unificación del derecho contractual europeo".

Este libro ha sido sometido a evaluación por parte de nuestro Consejo Editorial
Para mayor información, véase www.dykinson.com/quienes_somos

© Copyright by
Ángel Manuel Mariño de Andrés
Madrid

Editorial DYKINSON, S.L. Meléndez Valdés, 61 - 28015 Madrid
Teléfono (+34) 91 544 28 46 - (+34) 91 544 28 69
e-mail: info@dykinson.com
http://www.dykinson.es
http://www.dykinson.com

ISBN: 978-84-9148-053-2
Depósito Legal: M-43673-2016

Maquetación:
Germán Balaguer Valdivia - german.balaguer@gmail.com

A Fernando Lorenzo Merino por su magisterio.

A Helena Martínez Hens por su continuo apoyo
en todas las circunstancias.

A Margarita Fuenteseca Degeneffe por su ayuda.

A Álvaro y a Beatriz por su sonrisa y su alegría.

A la memoría de Marujina y Mariño
cada vez más próximos en el recuerdo.

ÍNDICE

PRÓLOGO

El objeto de este prólogo es dar traslado al lector de los elementos esenciales del tema objeto de este libro y de su trascendencia tanto para la doctrina científica como para la vida de aquellas personas que acudan al negocio de vitalicio para solventar situaciones presentes y futuras. Pero antes quisiera manifestar el honor que me hace el Prof. Dr. Mariño de Andrés al confiarme la siempre agradable tarea de realizar el prólogo de lo que constituye la publicación de su tesis doctoral que, en su día, tuve la oportunidad de dirigir. Por ello que el compañerismo y amistad que nos une da un particular significado a los comentarios que a continuación siguen. Quiero realzar, de entrada, que el prof. Mariño de Andrés, al margen de una prolongada vida académica en las Facultades de Derecho de Vigo y Ourense, ha sido letrado en ejercicio del Ilustre Colegio de Abogados de Vigo, lo que le ha permitido incorporar al texto una visión realmente práctica y, a la vez, esclarecedora para aquel lector que se encuentre interesado por el contrato de vitalicio y sus principales consecuencias.

Como es conocido, el Derecho civil de Galicia se caracteriza por el relieve que adquieren en la vida social ciertas instituciones de carácter contractual. Y es en este ámbito, y en el consecuente familiar y sucesorio, donde un singular negocio como el de vitalicio se proyecta con toda su plenitud. Partiendo de la idea de lo negocial, las partes intervinientes van a disponer de un patrimonio y vincularse de por vida a unas prestaciones que marcan, como ya se ha dicho, la singularidad de la figura.

Al vitalicio, conocido en otro tiempo también como pensión alimentaria, se le contempló como un contrato autónomo, innominado y atípico en el sistema del Código civil, cuyos pactos y condiciones quedaban al amparo del principio de la autonomía de la voluntad. Se vinculó en Galicia a la tradicional costumbre agraria de acoger a personas mayores en situación de soledad, a las que se cuidaba y asistía de por vida en el propio seno familiar mediando, a tales efectos, una cesión de fincas o capital. Es una figura, como bien señala el prof. Mariño de Andrés, que la jurisprudencia del Tribunal Supremo, frente al criterio divergente de un importante sector doctrinal, acoge –básicamente desde la STS de 28 de mayo de 1965– caracterizándola y, en consecuencia, sustantivándola ante otros negocios y pactos que, en lo atinente a la aleatoriedad, podrían considerarse próximos.

Subraya el autor la llamativa cuestión de la afectividad en el desarrollo esencial de la vida de este contrato. Los cuidados afectivos se reflejaban ya en el art. 95 de la Ley gallega 4/1995 y se reproducen, de igual manera, en el art. 148 del actual texto legal. Este elemento que resulta primordial para que el negocio funcione ubica al mismo en el ámbito de la prestación alimenticia, si bien es cierto que, hoy en día, como advierte el prof. Mariño de Andrés, se tiene por superado el exclusivo entorno de la familia. Ciertamente, dado que las prestaciones no sólo son de dar sino también de hacer será el modo y manera en que discurra este hacer lo que permitirá la ejecución del contenido contractual. Y ello es, sin duda, lo que marca la distancia con el contrato de alimentos de los arts. 1791 a 1797 del Código civil como, de igual manera, lo hacía, entre otros aspectos, con la renta vitalicia.

Soy testigo de la siempre preocupación del autor, en su experiencia docente e investigadora, por la situación de las personas mayores o discapacitadas y, en concreto, sobre su posición como alimentistas en el negocio de vitalicio. En este sentido, aborda las dificultades y diversas situaciones que se pueden producir a lo largo de la vida del contrato por razón del incremento en la discapacidad y por la inevitable ancianidad de dicho alimentista. Y ello sin ocultar la existencia de posibles herederos o, incluso, legitimarios que, en muchas ocasiones, previsiblemente se opondrán a las cláusulas dispositivas que conlleva este contrato buscando su nulidad; conflictividad esta sobre la que aporta el prof. Mariño de Andrés una muy interesante jurisprudencia sobre la que efectúa un detallado análisis.

El autor dedica una particular atención en lo correspondiente a los sujetos y contenido de las prestaciones, como es el caso de la de pluralidad de cedentes, la solidaridad entre deudores, la calidad y contenido del sustento del alimentista o la relación de este contrato con la guarda de hecho, teniendo en cuenta, en particular, que la persona del alimentista podría encontrarse en situación de riesgo respecto de su persona o bienes. Cuestiones que aborda con una sólida argumentación basada igualmente en la mejor doctrina científica y jurisprudencial, pero efectuándola, sin embargo, con sentido crítico, comprometiendo su personal criterio.

La difícil cuestión del desistimiento del contrato por el cesionario o la resolución del mismo por el cedente ocupan una considerable y oportuna parte del texto de este libro dada la peculiar y sensible naturaleza del contrato. Las causas en lo atinente a la resolución se estudian con profundidad y se advierten propuestas del autor del máximo interés, como la de la necesaria constatación del Juez de alguna de ellas y, sobre todo, tratándose de incapacitados, la adopción de determinadas medidas de protección a la vista de las circunstancias. De igual modo, la conveniente previsión en el contrato de medidas de protección como pueden ser la de establecer rentas periódicas o cantidades alzadas. Termina el autor analizando los efectos de la acción resolutoria y los pactos que pueden establecerse respecto a la misma, así como, en defecto de pacto, lo que deben efectuar las partes en materia de compensaciones o indemnizaciones, a fin de no incurrir en posibles enriquecimientos sin causa.

Me corresponde felicitar al prof. Mariño de Andrés por esta publicación, teniendo en cuenta sobre todo la peculiar naturaleza y complejo contenido que puede tener el negocio de vitalicio en su proyección en la realidad social gallega. Es indudable la presencia y futuro que esta fórmula negocial depara a una buena parte de nuestra población, por lo que resultará un trabajo útil para aquellos profesionales del derecho y a quienes pudiera interesar. Quiero resaltar, finalmente, que en el texto se ha empleado una adecuada sistemática y se ha utilizado de forma exhaustiva la doctrina y jurisprudencia sobre la materia, pero el autor lo ha hecho con sentido crítico, comprometiendo su personal criterio.

Con ocasión de esta presentación quiero agradecer la amistad y el compañerismo que el prof. Mariño de Andrés brindó, desde un principio, a esta profesora –cual alimentista– que ya hace casi veinte años arribó a estas costas proveniente de la demasiado lejana Córdoba califal.

No puedo concluir este prólogo sin mencionar a nuestro querido catedrático, el profesor Fernando J. Lorenzo Merino, que ha sido un apoyo real y sustancial en el desarrollo de las labores docentes e investigadoras para todos los compañeros del área de Derecho civil de la Universidad de Vigo.

Helena Martínez Hens

Profesora Titular de Derecho Civil
Vigo, a 20 de julio de 2016

ABREVIATURAS

A.Civ.	Actualidad Civil.
AC	Aranzadi Civil.
AJA	Actualidad Jurídica Aranzadi.
ADC	Anuario de Derecho Civil.
ARP	Aranzadi Penal.
BOE	Boletín Oficial del Estado.
Cc	Código Civil.
CCJC.	Cuadernos Civitas de Jurisprudencia Civil.
EDJ	El Derecho.
IPREM	Indicador público de renta de efectos múltiples.
JUR	Jurisprudencia disponible en Westlaw.
LH	Ley Hipotecaria.
LDCG	Ley de Derecho Civil de Galicia.
LPPD	Ley 41/2003, de 18 de noviembre, de protección patrimonial de las personas con discapacidad.
Marg.	Marginal.
RCDI	Revista Crítica de Derecho Inmobiliario.
RDN	Revista de Derecho Notarial.
RDP	Revista de Derecho Privado.
RDGRN	Resolución de la dirección General de los Registros y del Notariado.
RGD	Revista General del Derecho.
RGLJ	Revista General de Legislación y Jurisprudencia.
RJ	Repertorio de Jurisprudencia Aranzadi.
SAP	Sentencia de la Audiencia Provincial.
SAT	Sentencia de la Audiencia Territorial.
STS	Sentencia del Tribunal Supremo.
STSJ	Sentencia del Tribunal Superior de Justicia.

INTRODUCCIÓN

La ley 4/1995, de 24 de mayo, de Derecho Civil de Galicia, reguló y tipificó la figura del contrato de vitalicio alejándolo en nuestro ámbito territorial de la categoría de los contrato innominados y atípicos. El legislador gallego vio en esta figura una respuesta positivizada surgida de la práctica y reconocida por la jurisprudencia que permitía, como lo sigue haciendo en la actualidad, dar solución al problema de la soledad y el desamparo en la que se encuentra un amplio sector de la población no sólo, como era de esperar, en el entorno urbano sino también, por la despoblación y la migración a las grandes urbes, en un entorno rural.

Se configuró a través de esta vía un régimen básico al que reconducir las relaciones jurídicas, e incluso afectivas, que entre las partes intervinientes en dicho contrato pudieran producirse para así paliar, remediar, e incluso, prever con suficiente anticipación situaciones poco deseables, y recurriendo, como en otras figuras[1], a la práctica notarial para dar cobertura jurídica a los respectivos intereses de las partes.

En el contrato de vitalicio destacan las consideraciones de carácter moral y afectivo relativas a las circunstancias propias personales del alimentista que han hecho que fuese considerado como un negocio de contenido ético o bien una figura *cuasi familiar* y que, en puridad, configuran a esa institución como un contrato con una estructura interna compleja que aúna obligaciones de dar y de hacer. Precisamente por dicho carácter estuvo alejado de los tipos contractuales clásicos y fue incorporado por la doctrina dentro del grupo genérico de las cesiones de bienes por alimentos e incluso en manera más concreta, como una modalidad de renta vitalicia[2]. El reconocimiento de la sustantividad

---

1 Como es el caso del testamento mancomunado recogido en la legislación civil gallega en el art. 137 de la LDCG de 1995 y en el vigente art. 187 de la LDCG de 2006.

2 La práctica notarial consistía en formalizar una cesión por alimentos en la que el cedente a cambio generalmente de una finca recibía, durante toda su vida, alimentos y cuidados en su más

de esta figura se obtuvo, como era previsible dado su origen, en virtud de la jurisprudencia sobre la base del principio de autonomía privada de la voluntad de las partes del art. 1255 del Cc y sobre la prestación mixta de dar y hacer que caracteriza en forma sustancial su contenido, y que lo distingue y diferencia del contrato aleatorio de renta vitalicia del art. 1802 del Cc

Es inevitable el planteamiento acerca del desistimiento unilateral del contrato de vitalicio o el de su posible resolución ya que las prestaciones pactadas en el contrato pueden conllevar en la práctica y con frecuencia –tanto por su contenido como por el entorno en el que habitualmente se desarrolla su cumplimiento, el de una convivencia entre los contratantes– conflictos entre las partes o discrepancias en la ejecución respecto de lo pactado o convenido o acerca del verdadero sentir o el alcance subyacente en el tenor literal del propio contrato. Ambas posibilidades han sido consideradas por la jurisprudencia para a través de dicha vía señalar otro aspecto diferencial en relación con la regla contenida en el artículo 1805 del Cc La entrega por el cedente de determinados bienes o derechos, de acuerdo con el tenor literal del art. 147 de la LDCG de 2006 y su posible rescate por el mismo en determinadas circunstancias, plantea el interrogante acerca de unas posibles compensaciones al cesionario en aras a la aplicación del principio propio de nuestro derecho que prohíbe el enriquecimiento injusto o sin causa para así evitar dicha posibilidad o prever, en otro caso, las medidas a adoptar.

Estos aspectos y aquellos otros relativos al ámbito de los alimentos, la forma y la permanencia y transmisibilidad de la obligación alimenticia configuran el contenido normativo de la Ley gallega de 2006 en los artículos 147 a 156. En unas ocasiones sigue la doctrina señalada por los Tribunales o la opinión defendida por los distintos autores o disiente de ellas en otras, partiendo del innegable acierto que constituyó la anterior Ley 4/1995 que en sus arts. 95 a 99 sentó la base normativa que propició la actual regulación de este tipo contractual tras la oportuna revisión de su primitivo contenido para su mejor adecuación y ajuste.

La Ley 4/1995 fue pionera al abordar la primera tipificación normativa del contrato de vitalicio en el ordenamiento jurídico español, no obstante la preexistencia de ciertos precedentes forales con los que presenta semejanzas y a los que posteriormente haremos mención. El legislador supo aprovechar la oportunidad de su regulación a la vista de la realidad poblacional gallega que presenta caracteres de envejecimiento con inversión de la pirámide poblacional, de éxodo rural a los ámbitos urbanos junto con movimientos desde el interior

amplia acepción siendo éstos prestados a elección del cedente, según cláusula al uso, en el domicilio de éste o en el de los cesionarios y considerándose a todos los efectos miembro del hogar familiar de dichos cesionarios. Era también habitual el pacto por el cual se transmitían a los herederos de los alimentantes las obligaciones por éstos asumidas para el caso de fallecimiento.

de nuestra Comunidad Autónoma hacia la franja de la costa. Así como también el desamparo de ciertos sectores que pueden dar lugar a la exclusión social no sólo en los ámbitos rurales sino también en los urbanos, circunstancias todas ellas que generaron problemas de soledad, falta de cuidados e, incluso, de desamparo que infelizmente persisten en nuestro entorno. Ambas razones justifican el estudio de esta figura desde un punto de vista jurídico que indefectiblemente debe tener presente la realidad social y económica de nuestra época. Resulta innegable que existen figuras con las que presenta afinidades tanto en el derecho común como en los diferentes derechos territoriales e incluso en el ámbito del derecho comparado. A la vista de lo señalado se procede en las páginas siguientes a analizar el planteamiento que del contrato de vitalicio realiza la LDCG de 2006, aludiendo a los aspectos anteriormente apuntados y a aquellos otros que faciliten una mayor comprensión de este negocio jurídico, su sustantividad y sus caracteres.

Indudablemente estas medidas jurídicas presentan un aspecto sociológico importante derivado del progresivo envejecimiento poblacional sumado a factores tales como el aumento esperanza de vida y la incorporación de la mujer al mundo laboral con el consiguiente alejamiento de los roles tradicionales.

Ante este panorama los poderes públicos y la sociedad adoptan un variado elenco de medidas y de posibles respuestas sin olvidar la previsión constitucional, toda vez que la Constitución de 1978 recoge en su art. 50 el deber de los poderes públicos de garantizar, mediante pensiones adecuadas y periódicamente actualizadas la suficiencia económica a los ciudadanos durante la tercera edad. Promoverán dichos poderes su bienestar y salud mediante un sistema de servicios sociales que atenderán sus problemas específicos de salud, vivienda, cultura y ocio.

Las Comunidades Autónomas son también sensibles ante el estado de la cuestión y a través de la vía de los servicios sociales o de la labor legislativa propia, pretenden seguir el mandato constitucional en ese sentido, regulando diferentes figuras y variados aspectos de la realidad de las personas mayores[3].

---

[3] La Xunta de Galicia señala dos características que considera indiscutibles de esa Comunidad Autónoma y que se han de tener en cuenta para articular mecanismos de apoyo a la familia, a saber, la retracción de la natalidad y el hondo apego de la sociedad gallega a su identidad, traduciéndose éste en un arraigado aprecio a sus tradiciones y valores familiares como, por ejemplo, el respeto a los antepasados y a los mayores, poniendo de relieve que debe potenciarse la integración familiar de las personas mayores.

En base a ello, fija en la Sección 1ª del capítulo III "De las personas mayores" del Título I del Título I "De la familia", tres principios rectores en esa materia, sobre distintos aspectos de los mayores, que regirán la actuación de la Administración Pública Gallega como son el sensibilizar a la sociedad respecto de los valores encarnados por las personas mayores y la protección de sus derechos promoviendo los valores representados por las personas mayores y su relevancia como pilares fundamentales del núcleo familiar.

Dentro de dicho campo de actividad y en el ámbito territorial gallego podemos destacar el "Plan Gallego para las Personas Mayores. Plan actuación Galicia 2010-2013, Horizonte 2015[4]" o proyectos como la Carta de Derechos de los mayores o la Carta de los Derechos de los ciudadanos de Galicia.

El legislador gallego, al igual que el estatal, en su labor de protección a los mayores y a las personas dependientes no renuncia a la iniciativa privada y al principio de autonomía en la protección de las personas dependientes[5].

En la actualidad, de acuerdo con la previsión legal al respecto y a la vista de la jurisprudencia, la doctrina y la realidad social, se produce la revisión del contrato de vitalicio para afinar su regulación. Por ello, se producen dentro del proceso general de revisión de la LDCG de 2006, comisiones de trabajo que, sin duda, han de resultar fructíferas habida cuenta del trabajo hasta ahora realizado y de los medios de los que se disponen.

De este modo, tras el examen del concepto, se suceden distintas cuestiones que se analizan desde la perspectiva doctrinal, jurisprudencial y práctica en torno a los caracteres definidores del contratro y su calificación jurídica. A continuación se tratará la intervención de las partes y de los terceros en el contrato y la forma negocial poniéndola en relación con la simulación. Tras ello, se procede a un análisis de las prestaciones de las partes, de especial trascendencia por el contenido ético del contrato y su carácter aleatorio. La extinción del contrato se analiza tomando en consideración el desistimiento unilateral por parte del cesionario y del alimentista y, en lo que se refiere a la resolución planteada por la legislación gallega ante el incumplimiento del cesionario, se examina su problemática desde la perspectiva del Código civil y desde la que ofrecen la LDCG de 1995 y la LDCG de 2006, atendiendo a los supuestos que la pueden causar y a los distintos efectos que se producen. En todos estos

---

Se promueve, asimismo, el bienestar de las personas mayores, su autonomía personal y su participación en la vida y en las actividades de la sociedad, previendo situaciones de riesgo social que puedan dar lugar a situaciones de falta de asistencia y consiguiendo medidas para la prevención de abusos en su patrimonio En este sentido, *vid.* Anteproyecto de Ley de apoyo a la familia y a la conveniencia en Galicia de la Consellería de Trabajo y Bienestar de la Xunta de Galicia, aprobado por el Consello de la Xunta de Galicia el 17 de marzo de 2011 y que, tras la tramitación preceptiva, dio lugar a la *Ley 3/2011, de 30 de junio, gallega de apoyo a la familia y a la convivencia de Galicia (DOG Núm. 134, de 13 de julio de 2011).*

4 Como señala dicho documento en la Comunidad Autónoma de Galicia, casi un 22% de la población está formado por personas mayores de 65 años de lo que deviene necesario realizar una planificación y coordinación estratégica a tales efectos partiendo, como se señala, de tres premisas, a saber, la diversidad, la transversalidad y la integración y la participación, dada al heterogeneidad de necesidades y de situaciones, estructurándose dicho plan en torno a cuatro núcleos de acción: la promoción de los valores y la protección de los derechos, el envejecimiento activo y la participación social, la prestación de servicios con eficacia y calidad y la necesaria cooperación transversal.

5 En este sentido *vid.* LINACERO DE LA FUENTE, M.A.: "Protección jurídica de las personas mayores", AC, n. 19, noviembre 2004, p. 2262 y ss.

aspectos se realiza una particular referencia a la jurisprudencia sobre la materia con una especial incidencia sobre la proveniente de los Tribunales de la Comunidad Autónoma de Galicia, reflexionando sobre las aportaciones doctrinales y realizando distintas propuestas sobre las posibles interpretaciones, corrientes jurisprudenciales y una posible evolución de esta figura para su adecuación a la realidad gallega.

CAPÍTULO I.
CONCEPTO Y CARACTERES DEL CONTRATO

1. DOCTRINA JURISPRUDENCIAL Y ANTECEDENTES HISTÓRICOS

El contrato de vitalicio regulado por la legislación gallega, precursor por ello del contrato de alimentos regulado en el Derecho civil común, encuentra, a su vez, distintos antecedentes normativos en los diferentes Derechos civiles territoriales o especiales que han convivido y conviven en el ámbito geográfico español como es la dación personal aragonesa, el *violari* catalán o el *vitalizo* en la propia Galicia.

1.1. Derecho común y Derecho especial

No es sólo en el ámbito español donde podemos encontrar configuraciones negociales semejantes ya que, al ser la finalidad del contrato la de obtener ciertos cuidados y atenciones y por tratarse de una necesidad común y universal, también es una figura conocida en el ámbito del derecho comparado. En nuestro entorno geográfico, en países como Suiza, Francia, Alemania, Italia y la antigua Yugoslavia es conocido el vitalicio o figuras asimilables al mismo. En este sentido, la STS de 9 de julio de 2002[6] señala en su Fundamento de Derecho segundo:

> "Se trata de un contrato conocido en otros países, así: el arrendamiento «à nourriture» (de manutención), que tiene lugar en zonas rústicas de Francia entre padres ancianos y sus hijos, sometido al Derecho Común y no a las normas relativas a la renta vitalicia; el derecho de «altenteil» («parte de viejo») en el Derecho alemán, concerniente al conjunto de prestaciones debidas al viejo labrador que se retira y cede su hacienda

[6] Ponente GARCÍA VARELA, *RJ* 2002, marg. 5094.

agrícola a otro, quien se obliga a concederle habitación, manutención y dinero para los gastos corrientes, el cual, según la doctrina científica germana, no cabe calificarlo como renta vitalicia; la «zádruga» en Yugoslavia, por la que una comunidad acoge con todos sus derechos de miembro a los ancianos sin hijos o que no puedan administrar sus bienes, cuyo patrimonio será explotado por la familia hospitalaria, y que será cedido a ésta durante la vida de aquél o a título de legado después de su muerte; el contrato «d' entretien viager», por el que una persona se obliga a transferir determinados bienes a otra y ésta a proporcionarle manutención y asistencia durante su vida, que, en el Código Civil de obligaciones de Suiza, se distingue también de la renta vitalicia".

Señala, igualmente, aspectos de semejanza respecto a instituciones como la "dación personal" del Alto Aragón que aparece en la Compilación de Derecho Civil de Aragón[7], la "pensión alimenticia" de Cataluña[8] y el contrato de vitalicio recogido en la Ley 4/1995 de Derecho Civil de Galicia[9].

En el Derecho de Aragón[10] resultan muy variadas las aplicaciones de esta institución, si bien para obtener una visión general de la misma, podemos señalar que un célibe o viudo sin hijos ni otro descendiente se asocia con todos

---

[7] Como recoge dicha sentencia, aparece mencionada en el artículo 33 de la Compilación del Derecho Civil de Aragón, modificada por Ley 3/1985, de 21 de mayo, y por Ley 4/1995, de 29 de marzo, siendo definida como una institución "por la que un célibe o viudo sin hijos u otros descendientes se asocia con todos sus bienes a una casa o familia, y se obliga a trabajar en la medida de sus aptitudes en beneficio de la misma, y la instituye heredero universal al fin de sus días a cambio de ser mantenido y asistido, sano y enfermo, con lo necesario, asi como vestido y calzado según su clase, y de que, a su fallecimiento, se costeen el entierro, funeral, misas y sufragios de costumbre en la parroquia".

[8] De la pensión alimenticia catalana indica la Sala el ser una institución "ajena a los censales, violarios y vitalicios regulados en su Derecho escrito, en virtud de cuyo contrato una persona se obliga a prestar alimentos en su domicilio en compensación de la cesión de bienes, generalmente inmuebles, que le hace el alimentado, por durante la vida de éste, con la particularidad de que si surgen desavenencias y viene la separación, los alimentos se sustituyen por una pensión en efectivo".

[9] Respecto de dicho contrato destaca que "en el artículo 95 de la Ley 4/1995, de Derecho Civil de Galicia, el cual dispone que por el contrato de vitalicio una o varias personas se obligan, respecto de otra u otras, a prestar alimentos con la extensión, amplitud y términos que convengan a cambio de la cesión o entrega de bienes por el alimentista, y que, en todo caso, la prestación alimenticia comprenderá el sustento, la habitación, la vestimenta y la asistencia médica del alimentista, así como las ayudas y cuidados, incluso los afectivos, ajustados a las circunstancias de las partes, con la precisión, en su artículo 99, que el alimentista podrá rescindir el contrato en los siguientes casos: a) conducta gravemente injuriosa o vejatoria del obligado a prestar alimentos; b) incumplimiento total o parcial de la prestación alimenticia, siempre que no sea imputable a su perceptor; c) cuando el cesionario no cuidase o no atendiese en lo necesario al cedente, según la posición social o económica de las partes y en todo cuanto haga posible el capital cedido, en la procura del mantenimiento de su calidad de vida".

[10] MARTÍN-BALLESTERO Y COSTEA, L.: *La casa en el Derecho aragonés*, ed. Berdejo Casañal, Zaragoza, 1944, p. 95. *Vid.* asimismo, COSTA, J: *Derecho consuetudinario y economía popular de España,* tomo I, ed. Manuel Soler, Barcelona, 1902, p. 245 y ss que en el *Capítulo XII:* «Donados» p.245-253 reproduce el texto de la «Parte XI. Dación personal» de «Derecho

sus bienes a una familia de manera que se obliga a trabajar recibiendo a cambio manutención y asistencia, tanto para el caso de que esté sano como en la enfermedad. La naturaleza alimenticia y asistencial propia de dicha figura en ese Derecho es característica propia, a su vez, del vitalicio en Galicia ya que a cambio de los bienes y derechos entregados por el cedente, son recibidos por él o por un tercero, alimentos y cuidados del perceptor de los mismos que, variando en función de las necesidades del alimentista, constituyen una prestación mixta de dar y hacer a cargo a aquel[11].

En dos instituciones catalanas se había parecido encontrar un antecedente claro del contrato de vitalicio, tales eran el violario y el vitalicio[12] pero las diferencias que separan estas figuras del vitalicio son considerables. Se puede destacar, entre otras, que el violario supone la obligación de pagar periódicamente una pensión en dinero a cambio de la percepción de un capital o precio pero, en ningún caso, por una finalidad alimentaria y asistencial derivada de la entrega de un bien siendo dicha institución de carácter obligacional. El vitalicio catalán dotado de un cierto carácter real carece, a su vez, de esta finalidad asistencial aunque se constituya ya no mediante la entrega de un capital como en la figura antes expuesta, si no en la de una finca. La ley catalana 6/2000, de 19 de junio, además de establecer que los censales y violarios constituidos con anterioridad a la entrada en vigor de dicha Ley, se regirán por las normas contenidas en su compilación territorial, adecua el censal a las nuevas realidades y realiza una adecuación del violario a la pensión vitalicia regulándolo ampliamente dada su escasa normativa anterior[13].

---

consuetudinario del Alto Aragón» de RGLJ, t. LVI (1880), 298-306., MOUTÓN Y OCAMPO, voz "Dación personal", *Diccionario de Derecho civil foral*, tomo I, Madrid, 1904, p. 277 y ss.

11 LORENZO MERINO, F.J: *El derecho civil de Galicia y la propuesta de compilación de 22 de marzo de 1991*, publicacions da Asociación Galega de Estudios Xurídicos, Santiago de Compostela, 1992, p. 37.

12 Instituciones ambas recogidas con anterioridad en los arts. 334 y 336 de la Compilación del derecho civil de Cataluña, aprobada por Decreto legislativo 1/1984, de 19 de julio siendo modificada la rúbrica que lo regulaba por Ley 6/1990, de 16 de marzo, de suerte que resultan derogados tales artículos para ser reguladas dichas figuras en la actualidad por la ley 6/2000, de 19 de junio de pensiones periódicas para acomodar ambas figuras a la realidad de la sociedad catalana. PIÑOL AGULLÓ, "Prestaciones periódicas en Derecho común y en Derecho catalán", *La Notaría*, 1947, p. 31 destacaba la práctica generalizada en Cataluña de un contrato que pudiera constituir un antecedente más próximo que las dos instituciones antes citadas, en cuya virtud una persona se obliga a prestar en su domicilio alimentos en compensación de la cesión de bienes, generalmente inmuebles, que le hace el alimentado, durante la vida de éste. Si surgían desavenencias y venía la separación, los alimentos se sustituían por una pensión en efectivo. En general, *vid.* ROCA TRÍAS, E.: "Comentario de los arts. 330 a 333 de la Compilación de Cataluña", en *Comentarios al Código civil y Compilaciones forales*, dirigidos por ALBALADEJO y DIAZ ALABART, Tomo XXX, 1987, p. 719 y ss. BORREL Y SOLER, *Derecho civil vigente en Cataluña*, tomo III, ed. Bosch, Barcelona, 1944, p. 307 y ss.

13 La Ley 6/2000, de 19 de junio, catalana de pensiones periódicas define al censal en su art. 3 como un derecho de crédito a percibir y la consiguiente obligación de pagar indefinidamente

En el Derecho común una de las previsiones para obtener una atención con cargo a la familia es la obligación de alimentos entre parientes[14] por las que ciertas personas, en función de los lazos de parentesco que le unen con otra u otras, han de proveerla en todas las necesidades de la vida recibiendo medios suficientes en tal sentido. Ahora bien, es factible que por no tener dichos parientes no se puedan cubrir esas necesidades o que habiéndolos, debido al orden de llamamiento fijado en el art. 144 Cc, no resulte el más adecuado dadas las circunstancias del caso. Por otra parte, el obligado a pagar alimentos podrá elegir entre pagar una pensión que se fije o recibir y mantener en su propia casa al que tiene derecho a ellos[15], cuando quizás lo más adecuado a la persona fueran ciertos cuidados y atenciones, los fijados por la norma, en el domicilio de dicho pariente en vez del pago de una cantidad de dinero.

Puede darse la necesidad de una atención personal y directa pero no conviene olvidar que la obligación de alimentos entre parientes cesa con la muerte del obligado o cuando su fortuna se hubiera reducido viéndose obligado a desatender las necesidades de su núcleo familiar e, incluso, si el alimentista puede ejercer un oficio o profesión o mejora de fortuna[16] amén de otras circunstancias, como la mala conducta del alimentista ascendiente o su falta de aplicación al trabajo. Circunstancias todas ellas pese a las cuales el alimentista se encontrará todavía necesitado de medios suficientes para llevar una vida con un mínimo de dignidad.

Tras la Ley 41/2003, de 18 de noviembre, de protección patrimonial de las personas con discapacidad y de modificación del Codigo Civil, de la Ley de Enjuiciamiento Civil y de la normativa tributaria con esta finalidad –en adelante LPPD– se regula el contrato de alimentos que a través de esa vía pasa a tener una regulación propia que va más allá de la tipicidad social del vitalicio anterior a dicho texto. Además, es objeto de regulación en dicho texto el derecho de habitación del discapaz[17] y el patrimonio protegido del

---

una pensión a una persona y sus sucesores en virtud del capital recibido; en cuanto a la pensión vitalicia regulada en el art. 10 de dicho texto la configura como el derecho de crédito a percibir y la consiguiente obligación de pagar una pensión periódica en dinero, durante el tiempo definido por la vida de una o más personas que estén vivas en el momento de su constitución.

[14] Art. 142 y ss. Cc.

[15] Si bien dicha elección no es posible cuando contradiga la convivencia fijada para el alimentista por resolución judicial o por las normas aplicables. La posibilidad de rechazo es admitida si concurre justa causa o se perjudique el interés del menor alimentista. En este sentido, art. 149 Cc.

[16] Arts. 150 y 152.2º y 3º Cc.

[17] Definido en el artículo 822 Cc que señala que "la donación o legado de un derecho de habitación sobre la vivienda habitual que su titular haga a favor de un legitimario persona con discapacidad, no se computará para el cálculo de las legítimas si en el momento del fallecimiento ambos estuvieren conviviendo en ella.

Este derecho de habitación se atribuirá por ministerio de la Ley en las mismas condiciones al legitimario discapacitado que lo necesite y que estuviera conviviendo con el fallecido, a menos

discapacitado[18], figuras que se revelan de capital trascendencia para asegurar un entorno suficiente a dicho colectivo permitiéndole una mayor seguridad en cuanto a sus medios materiales y atenciones. A través de dicho texto se introduce en el Título XII del Libro IV del Código civil, dedicado a los contratos aleatorios, el contrato de alimentos, diferenciándolo de los alimentos entre parientes[19].

Hasta ese momento el contrato de vitalicio carecía de regulación legal en este ámbito siendo desconocido para el Código civil pero no, en cambio, como ya anticipamos, para el Derecho gallego donde estaba regulado en la Ley 4/1995, de 24 de mayo, de Derecho civil de Galicia[20]. Había sido la jurisprudencia la que mediante su labor y hasta la elaboración de dicha norma por el Parlamento de Galicia, constituyó el principal referente para la construcción de dicha figura contractual al amparo del principio de autonomía contractual *ex* art. 1255 del Cc otorgando al vitalicio un reconocimiento pleno al admitirse la libertad de pacto en la contratación siempre que los mismos no sean contrarios a las leyes, a la moral o al orden público. Resoluciones de interés para la configuración de este contrato fueron la STS de 2 de abril de 1928[21], 28 de mayo

---

que el testador hubiera dispuesto otra cosa o lo hubiera excluido expresamente, pero su titular no podrá impedir que continúen conviviendo los demás legitimarios mientras lo necesiten.

El derecho a que se refieren los dos párrafos anteriores será intransmisible.

Lo dispuesto en los dos primeros párrafos no impedirá la atribución al cónyuge de los derechos regulados en los artículos 1406 y 1407 de este Código, que coexistirán con el de habitación".

Sobre dicha figura *vid.* SANZ VIOLA, A. M.: "El derecho de habitación legal a favor del discapacitado", *AC* nº 2, 2009, p. 515 y ss.. MINGORANCE GOSÁLVEZ, C. "Derecho de habitación sobre la vivienda habitual a favor del discapacitado en el Derecho español", *RCDI.*, núm 722, 2010, p. 2539 y ss.

18 Respecto dicha figura y su configuración véanse, entre otros, MARTÍN SANTIESTEBAN, S., "El patrimonio de destino en la Ley de protección patrimonial de las personas con discapacidad: ¿un acercamiento al *trust*?, *AJA*, nº 612, p 1 y ss. HERBOSA MARTÍNEZ, I.: "El patrimonio especial del discapacitado en la Ley 41/2003, de 18 de noviembre de Protección Patrimonial de las Personas con Discapacidad", AC 2005-2, núm 16, p. 1932 y ss.

19 La Exposición de Motivos de la LPPD. señala en su punto VIII que "la regulación de este contrato, frecuentemente celebrado en la práctica y examinado en ocasiones por la jurisprudencia del Tribunal Supremo, amplía las posibilidades que actualmente ofrece el contrato de renta vitalicia para atender a las necesidades económicas de las personas con discapacidad y, en general, de las personas con dependencia, como los ancianos y permite a las partes que celebren el contrato cuantificar la obligación del alimentante en función de las necesidades vitales del alimentista". Añade que "su utilidad resulta especialmente patente en el caso de que sean los padres de una persona con discapacidad quienes transmitan al alimentante el capital en bienes muebles o inmuebles en beneficio de su hijo con discapacidad, a través de una estipulación a favor de tercero del artículo 1.257 del Código Civil".

20 *BOE* nº 152, de 27 de junio de 1995. La entrada en vigor de dicha norma se produjo el 6 de septiembre del mismo año.

21 Ponente AVELLÓN, *RDP*. 1930, p. 221 y ss. El Tribunal Supremo calificó el contrato como renta vitalicia, si bien CASTÁN, con mejor acierto, opinaba en su comentario a esa sentencia que lo correcto hubiera sido definirlo como contrato de vitalicio o de pensión alimenticia. Con anterioridad, la STS de 14 de noviembre de 1908, ponente MONSALVE, *Jurisprudencia Civil* 1908, nº 72,

de 1965[22], 6 de mayo de 1980[23], 1 de julio de 1982[24], 18 de abril de 1984[25], 30 de noviembre de 1987[26], 18 de enero de 2001[27], y de 17 de marzo de 2006[28], así como las STSJ de Galicia de 11 de junio de 1996[29], 5 de noviembre de 1998[30] y de 8 de junio de 2000[31], entre otras.

La antes citada sentencia de 28 de mayo de 1965[32] conceptualiza este contrato de alimentos o manutención plena diciendo que las partes pueden pactar que una de ellas se obligue con respecto a la otra a prestarle alimentos en la extensión, amplitud y términos que convengan mediante la contraprestación que fijen configurando la convivencia entre alimentista y alimentante como elemento esencial de dicho contrato.

Dada la profusión de este tipo de contrato reconocida por el Tribunal Supremo, su jurisprudencia tuvo ocasión de pronunciarse sobre la naturaleza jurídica de dicha figura, como así fue en STS de 3 de noviembre de 1988[33], donde se señala que "en aquellos negocios por los que una de las partes recibe de otra un capital o unos bienes determinados, a cambio de lo cual se obliga a darle alojamiento, manutención y toda clase de asistencia y cuidados durante su vida, es un contrato autónomo, innominado y atípico, al que se le viene conociendo como contrato de vitalicio, compraventa por alimentos, cesión de bienes a cambio de alimentos, congrua, de pensión alimenticia o también de alimentos vitalicios y cuya causa es, para una de las partes, la transmisión que la otra le

---

calificó el contrato como compraventa, argumentando que aun cuando la carga que se le impuso al comprador de mantener en su casa y compañía al vendedor tanto sano como enfermo, tenga algún elemento aleatorio, no basta para desvirtuar la verdadera índole y naturaleza del expresado contrato de compraventa en el que, por lo demás, no concurren las circunstancias del de la renta vitalicia, definido en el art. 1802 del Código civil. FUENMAYOR CHAMPÍN analiza ambas sentencias, las citadas de 1908 y 1928, llegando a la conclusión de que parecen contradecirse en la calificación de los respectivos contratos, a pesar de que ambos supuestos no llegan a ser del todo idénticos. Voz "Derecho civil de Galicia", *Nueva Enciclopedia Jurídica*, tomo I, ed. Seix, Barcelona, 1950, p. 267 y ss. Puede consultarse también el comentario a estas sentencias de DÍAZ FUENTES, *Dereito Civil de Galicia, Comentarios á lei 4/1995*, ed. Do Castro, Sada, A Coruña, 1997, p. 170 y ss.

22 Ponente ESCRIBANO RUIPÉREZ, *RJ* 1965, marg. 3172.

23 Ponente GALLARDO ROS, *RJ* 1980, marg. 1785.

24 Ponente BELTRÁN DE HEREDIA Y CASTAÑO, *RJ* 1982, marg. 4213.

25 Ponente CASARES CÓRDOBA, *RJ* 1984, marg. 1952.

26 Ponente MARTÍN-GRANIZO FERNÁNDEZ, *RJ* 1987, marg. 170.

27 Ponente O'CALLAGHAN MUÑOZ *RJ* 2001, marg. 1319.

28 Ponente O'CALLAGHAN MUÑOZ *RJ* 2006, marg. 5241.

29 Ponente GARCÍA RAMOS *RJ* 1997, marg. 486.

30 Ponente SAAVEDRA RODRÍGUEZ, *RJ* 1999, marg. 1247.

31 Ponente SANDE GARCÍA, *RJ* 2005, marg. 5348.

32 Resulta especialmente significativo que, pese a la conceptualización que realiza del contrato de vitalicio, dicha STS gire, sin embargo, en torno a un asunto de competencia territorial del Juzgado de 1ª Instancia de Lugo.

33 Ponente MARTÍN MORALES, *RJ*. 1988, marg. 8407. Sobre la misma, *vid*. el comentario de la SAP de Cáceres de 21 de abril de 1997, ponente TENA ARAGÓN, *AC* 1997, marg. 1170.

hace de su capital o de sus bienes, y para ésta, el alojamiento, manutención y toda clase de asistencia durante su vida que aquella se obliga a prestarle".

La especificidad del vitalicio fue también remarcada por algunas resoluciones de las Audiencias Provinciales en lo referente al fin que los contratantes perseguían y, en tal sentido, la SAP de Córdoba de 8 de febrero de 1994[34] indicó que lo que tal vez singulariza este contrato fuese la causa del mismo, entendiendo por tal causa, según la más autorizada doctrina, el propósito de alcanzar un determinado resultado empírico con el negocio siempre que sea reconocido por ambos contratantes, o al menos exteriorizado de forma relevante. Se pretende, por ello, la integración en un hogar aún a costa de integrarse en el de una familia extraña para así conformar el propio. Este móvil es el decisivo para comprender la actuación de los contratantes y es relativamente frecuente, en nuestro entorno, en personas de edad avanzada, discapacitados en mayor o menor medida, o para los grandes mayores, con sus peculiaridades, para los que, entre otros, la soledad y la falta de cuidados y atenciones son, probablemente, algunos de los más relevantes males que les aquejan.

Esta afirmación nos obliga a profundizar en el contenido cierto del compromiso adquirido a la celebración del contrato por las partes que no parece simple y exclusivamente dirigido a obtener una serie de atenciones materiales a favor de los cedentes los cuales podrían cubrir sus necesidades materiales utilizando otros medios[35], contractuales o no, teniendo en cuenta sus posibilidades patrimoniales o su realidad familiar. Ello lleva a deducir la posible existencia de un trasfondo moral en el compromiso entre las partes, ya que los mayores pretenden, en un frecuente número de casos, la integración en el hogar familiar, realizando estipulaciones en tal sentido en el contrato, con lo que dicha integración conlleva en cuanto a atención, compañía y cariño, amén de otras vivencias y sentimientos[36].

Desde una perspectiva jurídica es necesario tener en mente la dificultad que presenta, en este particular tipo contractual, la separación nítida entre la moral y la norma jurídica y es que, teniendo en mente el modo en que la prestación se realiza, difícilmente cláusula alguna por muy precisa y concreta que pueda

---

[34] Ponente PUEBLA POVEDANO, *AC* 1994, marg. 1028.

[35] Ya que, en otro caso, podría entenderse que exista una falta de causa o un ánimo defraudatorio. En este sentido, SAP de Ourense de 18 de enero de 2005, ponente GODOY MÉNDEZ, *AC* 2005, marg. 240 en la que en su Fundamento de Derecho tercero se señala que "por esta razón no se comprende que se puedan transmitir 18 fincas rústicas y dos casas, una, la habitada por la cedente, y la otra en ruinas, para recibir en compensación por alimentos valorados en 100.000 pesetas" destacando que, además, "los gastos de mantenimiento de la mujer a la que cuidaba eran sufragados con los ingresos que ella misma obtenía pues la declarante carecía de ellos, hasta el punto que ella misma sufragaba sus gastos con dinero de Doña Carmela durante todo el tiempo que la cuidó, hasta su fallecimiento".

[36] *Vid.* SAP de La Rioja de 31 de julio de 1997, ponente MOTA BELLO, *AC* 1998, marg. 105.

ser permita asegurar al alimentista que las prestaciones pactadas se van a realizar por afecto o sin frialdad; son contratos llamados de contenido ético[37] en los que será el Derecho el que por medio de la normativización se encarga de transformar un contenido de tal origen en otro jurídico, hasta donde ello resulte posible y conveniente dando lugar tanto a deberes patrimoniales como morales que serán difíciles de determinar en todo su alcance e intensidad[38].

1.2. Situación en Galicia

Más particularmente en Galicia, como consecuencia inevitable del progresivo envejecimiento de la población campesina y del fenómeno de la emigración, se produjo una toma de conciencia respecto de la proliferación de las situaciones de desamparo y soledad generadas[39], que quedó así plasmada en la Exposición de Motivos de la Propuesta legislativa de Compilación de 22 de marzo de 1991 que fue elaborada por la Comisión Parlamentaria no permanente de Derecho civil de Galicia. En dicha Exposición se resaltaba la necesidad de recuperar el vitalicio como contrato diferenciado de la renta vitalicia, que debía girar sobre la prestación alimenticia y, en concreto, sobre el cuidado del cedente. Esta apreciación resultaba acertada en cuanto a las causas de su difusión ya que en orden a su existencia jurídica hasta el momento, cabe advertir que *o vitalizo* ha estado vinculado a costumbres y prácticas tradicionales del medio agrario, si bien disimulando el contrato, en ocasiones, a través de ventas con reserva de usufructo o añadiendo un pacto resolutorio[40]. Dicho de otra manera, el interés del paisano es lograr la contraprestación de cuidado y amor familiares

---

[37] En este sentido, LACRUZ BERDEJO, J.L: *Elementos de Derecho Civil,* tomo IV, vol I, ed. Dykinson, Madrid, 2010, p. 16.

[38] SABATER BAYLE, E.: "Contrato de vitalicio y resolución de obligaciones", *Aranzadi Civil*, t. 1 vol II, ed. Aranzadi, Pamplona, 1997, p. 28.

[39] REINO CAAMAÑO, J.: "El retracto legal y la libre contratación", *RGLJ* nº 33, 1918, pag. 274 y ss, describe la situación que caracteriza a la población agraria gallega poniendo de relieve que es frecuente que el propietario asocie al cultivo de sus tierras al que habrá de heredarle, concertando pactos que bautizan con el nombre de compra y venta. Cuando están en quiebra sus energías físicas, llama al pariente de su mayor aprecio y le transmite su fincabilidad, con reserva del usufructo, por una cantidad insignificante de pesetas, que de ordinario se confiesan recibidas, imponiéndole la obligación de vivir en su compañía, cuidarle, asistirle y funerarle. Es el afianzamiento, la seguridad que el achacoso ofrece al que voluntariamente ha de velar por él, de que no quedarán sin premio sus servicios. En esta clase de contratos es mayor el valor de la asistencia que el del dinero, porque cuando no se pueden sufrir las durezas del tiempo ni los agobios del cultivo, las atenciones, apoyos y cuidados se hacen imprescindibles, con lo que significan poco las monedas y representan mucho los alimentos.

[40] LORENZO MERINO, F.J., *El Derecho civil... cit.*, p. 37.

que no puede darle una pensión o el sistema público de asistencia, toda vez que perviven en cedente[41] el arraigo al campo y la atención a los bienes.

Con anterioridad a su plasmación legislativa en el texto gallego de 1995, en ese ámbito territorial podemos detenernos en la SAP de Ourense de 1 de octubre de 1994[42] en la que se estudia un asunto en el cual, en 1974 y en documento privado, una anciana madre parte en vida sus bienes a sus hijos, reservándose el usufructo de una casa y un huerto, a cambio de determinadas cantidades a pagar por cada uno de sus dos hijos en productos como maíz, patatas o centeno, los cuales se obligan a asistirla y cuidarla cuando esté enferma o lo precise, sufragándose estos gastos a partes iguales entre ambos y cuidándola por días, semanas o meses por convenio entre los hijos y si alguno estuviere en el extranjero quedará liberado previo pago a su hermano o a otra persona que su madre acepte. En su Fundamento de Derecho segundo recoge el perfil de ese contrato, conceptuándolo de la siguiente manera.

> "Dicho contrato, de costumbre arraigada en Galicia, en donde se perfila con características propias, por virtud de la libertad contractual las partes pueden convenir que una de ellas entregue a la otra, no una cosa o conjunto de cosas muebles o inmuebles, sino un patrimonio, recibiendo no una determinada cantidad de dinero o productos en especie, sino todo lo que sea necesario para la vida, en razón de las necesidades materiales y espirituales del cedente, pudiendo llegar a convivir juntos, proporcionándosele alimentos, vestido, alojamiento, asistencia médico-farmacéutica en caso de enfermedad, y rodeando en suma de afecto y cuidados a dicho cedente, que cede todos sus bienes a una familia para integrarse en ella, en «la casa», en cuanto institución no personificada y forma jurídica de una comunidad doméstica, que surge como institución consuetudinaria de raíz germánica para proteger al individuo de la miseria y del abandono".

A continuación, la Sala caracteriza este contrato, señalando que:

> "Así pues, se trata de un contrato principal; aleatorio, en el doble sentido de ser incierto tanto respecto de su duración conectada al de la vida de la persona tomada en consideración, como de la extensión o cuantía de las prestaciones, que dependerá de las cambiantes necesidades del cedente; oneroso, bilateral y del carácter familiar".

La Ley 4/1995, de 24 de mayo, de Derecho civil de Galicia, en adelante LDCG de 1995, daba una noción de este contrato que coincide en lo sustancial

[41] LORENZO FILGUEIRA, V.: "Estudios para una Ley de Bases de reforma de la Compilación del Derecho civil especial de Galicia", *Foro Galego* nº 181, 1985, p. 76 y ss.

[42] Ponente GODOY MÉNDEZ, *AC* 1994, marg. 1739.

con la ofrecida por la propuesta de Compilación antes citada y que es acorde con los perfiles del vitalicio más extendidos en la doctrina y jurisprudencia. Por ello, en el art. 95 de la ley gallega podía leerse: "Por el contrato de vitalicio una o varias personas se obligan, respecto de otra u otras, a prestar alimentos en la extensión, amplitud y términos que convengan a cambio de la cesión o entrega de bienes por el alimentista. En todo caso, la prestación alimenticia comprenderá el sustento, habitación, el vestido y la asistencia médica del alimentista, así como las ayudas y cuidados, incluso los afectivos, adecuados a las circunstancias de las partes".

La plasmación en un texto legal de esta figura por el legislador gallego supuso una novedad que llamó la atención toda vez que en la Compilación de 1963 no se había incluido ese contrato, sin perjuicio de su arraigo en Galicia, si bien parece que se debió a que no se habían logrado configurar en forma definitiva sus auténticos perfiles por lo que sus redactores confiaban en la labor integradora de la Jurisprudencia al respecto[43].

En este sentido la SAP de Pontevedra de 11 de mayo de 2006[44], recoge en su Fundamento de Derecho tercero:

> "La existencia del denominado vitalicio, como señala la sentencia del TS de Galicia en sentencia de 5.11.1998, con anterioridad a la Ley de Derecho Civil de Galicia no sólo viene de la libertad de contratación sino que su presencia se constata en múltiples resoluciones de la extinguida Audiencia Territorial de La Coruña y del propio TS (23.5.1965, 1.7.1982, 18.4.1984, 13.7.1985, 30.11.87, 3.11.1988, 8.5.1992 y 2.7.1992), convirtiendo la Ley Gallega en notorio lo que llevaba tiempo siendo derecho consuetudinario por el uso continuado de la citada modalidad contractual. El propio TSG, en la sentencia reseñada de 5.11.98 se remite a las de 11 de junio de 1996 y 2.XII. 1997. Se trataba, antes de la Ley 4/1995, de 24 de mayo, de un contrato atípico, aleatorio y bilateral, como reseña la sentencia del TSG de 2.XII.1997, al que es innata la facultad resolutoria del 1124 del CC no exigiéndose ningún requisito formal, siempre que concurren los requisitos necesarios para su validez (art. 1278 del CC), pues supone inexcusablemente obligaciones mutuas de entrega de bienes a cambio de alimentos, en este caso hasta la muerte de una persona. Actualmente, manteniendo las características de aleatorio y bilateral, se encuentra regulado en la Ley 4/1995, de 24 de mayo de Derecho civil de Galicia".

---

43 En este sentido se manifiesta LOSADA DÍAZ, A.: "El contrato de *o vitalizo*", en *Libro del I Congreso de Derecho gallego*, La Coruña, 1974, p. 514 y ss.

44 Ponente MENÉNDEZ ESTÉBANEZ, *AC* 2006, marg. 866.

Este concepto legal coincide en lo sustancial con el incluido en la LDCG en su versión de 25 de mayo de 1995[45], si bien, por razones de técnica legislativa, se prefirió en la actual regulación tratar en dos preceptos distintos el concepto legal y el contenido de la prestación[46] toda vez que el juicio de valor acerca de su configuración normativa fue favorable[47].

Es, por ello, por lo que en el art. 147 de la ley gallega de 2006 se puede leer: "Por el contrato de vitalicio una o varias personas se obligan respecto a otra u otras a prestar alimentos, en los términos que convengan, a cambio de la cesión de determinados bienes o derechos".

En varias ocasiones, se ha predicado del vitalicio su carácter *cuasifamiliar* como institución acogedora de las relaciones familiares y agrarias en el ámbito rural entre personas de edad avanzada y sus parientes próximos, empujadas, sin duda, por el carácter restrictivo de los alimentos legales, así en el Congreso de Derecho gallego celebrado en La Coruña en 1972[48]. No obstante, aunque la celebración de este contrato entre parientes[49] es frecuente, en la actualidad

[45] Como señala LORENZO MERINO, F. J.: *Ley de Derecho civil de Galicia*, ed. Tecnos, Madrid, 2006, pag. 51, el concepto legal que la actual LDCG ofrece en su art. 147 perfecciona el de la anterior al simplificar su contenido y acudir a una terminología más precisa.

[46] Así, se trata el concepto legal en el art. 147 para de forma separada señalar, a continuación, en el art. 148 tanto el posible contenido de la prestación como para los supuestos de pluralidad de obligados el carácter solidario que, como regla general, se predica para reforzar la garantía de dicha prestación.

[47] En este sentido, la conclusión Tercera del III Congreso de Derecho Gallego: "*Con respecto ó contrato de vitalicio: 1. A Lei de Dereito civil especial de Galicia supuxo un extraordinario avance en canto se adentrou por vez primeira na regulación legislativa dunha figura de indiscutible raizame histórica, pero, á vez, dunha vida puxante (factores como o envellecimento da población son claramente determinantes deste fenómeno). Evidentemente, é a dialéctica establecida na vida da norma a que nos ofrece a mellor orientación en canto ás adaptacións que se deben facer naquela á hora de garanti-la súa aplicación e, sobre todo, a súa utilidade. No relatorio só se tentou unha reforma desde esta óptica, é decir, unha proposta de reforrma que mellore o "uso" e o futuro da norma, respectando simultaneamente o espírito da institución e especialmente as notas da función aistencial (cun contido mínimo), a onerosidade, a aleatoriedade, o carater meramente persoal e a autonomía da vontade modalizada pola necesaria protección dos alimentistas.*" VV.AA., *III Congreso de Dereito Galego*. Coruña, de 27 a 29 de novembro de 2002, Foro Galego, 2003, p. 354.

[48] Fueron dos, concretamente, las conclusiones adoptadas en el I Congreso de Derecho gallego de las cuales, a lo que aquí atañe, interesa la Primera que indica lo siguiente: "Por tratarse de una institución distinta de la renta vitalicia, pedimos que la compilación revisada reconozca y regule la costumbre arraigada en Galicia conocida con el nombre de o vitalizo o sea el contrato que se otorga por persona que, careciendo de herederos forzosos, conviene con terceros la transmisión de bienes a éstos a cambio de su convivencia o cuidado y asistencia en salud y enfermedad, y de cualquier otra obligación que se una a estas principales". *Vid.* IGLESIAS CORRAL, M.: *Estudos do Dereito Civil de Galicia*, ed. Sept, Pontevedra; 1973, p. 271 y ss. LORENZO FILGUEIRA, V.: *Realidad e hipótesis de futuro del derecho foral de Galicia*, Pontevedra, 1986, p. 156.

[49] *Vid.* acerca del carácter eminentemente familiar de este contrato en Galicia, ARTIME PRIETO, en cuya opinión el vitalicio es un contrato por el cual una persona cede todos sus bienes a una determinada familia para integrarse en ella, proporcionándole todo lo que sea necesario para su subsistencia, conforme la clase y la condición social de la familia a la que se incorpora,

también lo es su conclusión con extraños y no necesariamente debido a la carencia de herederos forzosos del cedente o alimentista[50]. En algún proyecto o publicación se consideró, sin embargo, dicha carencia de herederos forzosos como elemento definitorio del vitalicio, como es el caso del trabajo sobre la Compilación del Derecho civil gallego, presentado por el Consello da Cultura Galega, donde se proponía como definición: "*O contrato de vitalicio, polo que unha persoa anciá e sen herdeiros forzoso lle cede a outra tódolos seus bens, ou parte deles, en troques de coidados e atencións durante toda a sua vida...*"[51].

Por último, conviene señalar, siquiera brevemente, que la convivencia de las partes en un único domicilio para dar cumplimiento a la obligación de asistencia del cesionario del alimentista se ha querido ver también como elemento esencial del contrato[52] aunque finalmente se configure como elemento accidental del mismo.

1.3. Conceptualización jurisprudencial y doctrinal. Concepto legal

Han sido variadas las definiciones ofrecidas por la doctrina. La importancia de la STS de 28 de mayo de 1965, fue decisiva para la jurisprudencia posterior y para la admisión de la autonomía de este contrato e irradió su luz sobre los diversos autores[53].

Indudablemente, el vitalicio era definido jurisprudencialmente antes de su regulación en la Ley 4/1995 de Derecho Civil de Galicia como lo hace la STSJ

---

integrándose en el complejo familiar galaico, en donde todos sus componentes unen su sangre al suelo con lazos indisolubles, porque el destino de estas familias está en la tierra sobre la que se alza. "El pacto vitalicio o el *contratus* vitalicio", *Foro Gallego*, nº 144, 1969, p. 426.

[50] Como en el caso, entre otras, de la SAP de Lugo de 13 de junio de 1995, ponente PRADA GUZMÁN, *AC* 1995, marg. 2295, donde la cedente, a pesar de tener una hija, tuvo que recurrir a sus hermanos como remedio doloroso a una situación de necesidad real y objetiva, para que le prestaran asistencia, alimentación y cuidado durante toda su vida. En cuanto a extraños, entre otras, la SAP de Pontevedra de 11 de mayo de 2006, ponente MENÉNDEZ ESTÉBANEZ, *AC* 2006, marg. 866, en la que la cedente y la cesionaria tienen un estrecha relación llegando a convivir juntas durante unos dos años, en relación casi familiar, yéndose la que sería la cesionaria a trabajar a Suiza de donde retorna a España para comprobar el estado de la futura cedente tras una caída aprovechando ambas para convenir un contrato de vitalicio.

[51] *Foro Gallego* nº 184, 1982, p. 53.

[52] Destaca en esta línea en nuestra doctrina, las apreciaciones de LORENZO FILGUEIRA. V, "Estudios para una Ley de bases...,*op. cit*, p. 76 y 77, para el que es fundamental en el vitalicio que una persona se obligue con respecto a otra a convivir con ella, y las de BADENAS CARPIO, J.M.: *La renta vitalicia onerosa*, ed. Aranzadi, Pamplona, 1995, p. 305, según el cual, en este contrato el deudor se compromete entre otras cosas, a albergar en su casa a las personas designadas en el contrato.

[53] Así, entre otros, GULLÓN BALLESTEROS y LETE DEL RÍO en sus obras respectivas, *Curso de Derecho civil. El negocio jurídico*, ed. Tecnos, Madrid, 1972, p. 371 y *Derecho de obligaciones*, vol II, ed. Aranzadi, Cizur Mayor, 2006, p. 188.

de Galicia de 11 de febrero de 2000[54] con referencia, entre otras, a la sentencia antes reseñada como contrato autónomo, innominado y atípico regulado en vía consuetudinaria.

> "Como bien se deduce de la sentencia recurrida, lo que ella razona es la posibilidad de existencia de un vitalicio con anterioridad a la Ley 4/1995 de Derecho Civil de Galicia con fundamento en jurisprudencia de la extinta Audiencia Territorial de A Coruña y de este mismo Tribunal, señalando al efecto que la Ley Gallega convierte en notorio lo que llevaba tiempo siendo derecho consuetudinario por el uso continuado de esa modalidad contractual.
>
> A ello cabe añadir que el propio Tribunal Supremo admitió la existencia del vitalicio como un contrato autónomo, innominado y atípico (SS. 28 mayo 1965, 12 noviembre 1973, 6 mayo 1980, 13 julio 1985 y 30 noviembre 1987 y 3-11-1988), también denominado de «pensión alimenticia» o «alimentos vitalicios», de naturaleza totalmente distinta al de renta vitalicia, aunque por su índole aleatoria presente ciertas semejanzas con el mismo y cuya causa es, para una de las partes, la transmisión que la otra le hace de un capital o de unos bienes, y para ésta, el alojamiento, manutención y toda clase de asistencia durante toda su vida, que aquélla se obliga a prestarle. También esta Sala ya tuvo ocasión de dejar sentada la vigencia del vitalicio en Galicia con anterioridad a la LDCG en sus sentencias de 11 de junio de 1996 y 2 de diciembre de 1997 y 5 de noviembre 1998".

Se ha dicho también que es "un negocio jurídico bilateral, por el cual una persona denominada constituyente se obliga a transmitir el dominio de un bien mueble o inmueble o un capital a cambio de que el otro sujeto, llamado deudor, se comprometa a alimentar, cuidar, albergar en su casa, y procurar todo tipo de asistencia médica y farmacéutica a la persona o personas designadas en el contrato durante el resto de su vida, sujeto o sujetos, estos últimos que frecuentemente suelen coincidir con la persona o personas del constituyente"[55] haciendo hincapié tanto en los caracteres básicos del contrato como en sus distintas posibilidades.

Se ha definido, por otro lado, como "aquel contrato por el cual una persona (alimentista-cedente), se obliga a transmitir el dominio u otro derecho real sobre determinados bienes muebles o inmuebles a otra persona (alimentante-cesionario) a cambio de la obligación de esta última para con aquella o para con un tercero, de prestarle alimentos, cuidados y asistencia, con convivencia o sin ella, durante el tiempo que se pacte (generalmente durante la vida del

---

[54] Ponente REIGOSA GONZÁLEZ, *RJ* 2000, marg. 4238.

[55] BÁDENAS CARPIO, J.M.: *La renta ...op. cit.* p. 305.

alimentista), y en la extensión y medida que asimismo se acuerde, según las necesidades del alimentista"[56].

Siguiendo la articulación realizada por el legislador gallego de 2006 derivaría un concepto legal de la conjugación de los arts. 147 y 148.1 como "contrato en virtud del cual una o varias personas se obligan respecto de otra u otras, a prestar alimentos –comprendiendo esta prestación el sustento, la habitación –"vivienda", en el CC–, el vestido, la asistencia médica, así como las ayudas y cuidados, incluidos los afectivos, adecuados a las circunstancias de las partes– a cambio de la cesión de determinados bienes o derechos"[57].

A la vista del contenido de los arts. 147 y 148.1 de la LDCG de 2006 puede definirse como" aquel contrato consensual, bilateral y oneroso en virtud del cual una de las partes (cedente) transmite a la otra bienes o derechos, a cambio de una prestación continuada por ésta (cesionario o alimentante) a favor del transmitente o de un tercero (alimentista), durante toda la vida del mismo, que comprenda, al menos, la cobertura de las necesidades básicas de la vida, junto con las ayudas y cuidados, incluso afectivos, adecuados a las circunstancias de las partes"[58].

2. LOS CARACTERES DEL CONTRATO

Podemos extraer los caracteres de este tipo contractual tanto del concepto legal como del régimen que la LDCG 2/2006 establece, tomando en consideración la configuración que por vía jurisprudencial presenta, junto con la prestación mixta de dar y hacer de contenido ético *cuasifamiliar*, por el que "deberá comprender el sustento, la habitación, el vestido y la asistencia médica, así como ayudas y cuidados, incluso los afectivos, adecuados a las circunstancias de las partes"[59].

2.1. El carácter consensual y bilateral del vitalicio

2.1.1. La consensualidad del contrato

El contrato consensual es aquel en el que el sólo consentimiento de las partes genera eficacia obligacional sin que sea necesario el traspaso de la posesión

[56] CHILLÓN PEÑALVER, S.: *El contrato de vitalicio: caracteres y contenido*, ed. Edersa, Madrid, 2000, p. 25.

[57] Así lo define BUSTO LAGO, J.M.: "El contrato de vitalicio en la ley 2/2006, de 14 de junio de Derecho Civil de Galicia (aproximaciones jurisprudenciales)", *R.D.P.*, vol. 92, n. 7/8, 2008, p. 8.

[58] PEÓN RAMA, V.: "Capítulo III. Del vitalicio", en *Comentarios a la Ley 2/2006 de derecho civil de Galicia*, ed. Aranzadi, Cizur Menor, 2008, p. 624.

[59] Art. 148 LDCG 2/2006.

al adquirente del bien para que se produzca dicho efecto, sin perjuicio de que para la propia existencia de todo contrato se exija siempre el consentimiento así como para la vinculación de las partes[60], a diferencia de lo que sucede en el comodato[61], el simple préstamo[62], el depósito voluntario[63] y la prenda[64] pertenecientes a la categoría de los tradicionalmente denominados contratos reales, en los cuales además se debe entregar la cosa, transmitiendo su posesión material para que el contrato exista y se despliega la eficacia obligacional deseada por las partes.

La opinión más extendida[65] respecto del contrato de vitalicio se orienta en señalar el carácter consensual de dicho contrato de modo que, sin necesidad de entrega y por el simple acuerdo de los interesados, uno queda obligado a transferir al otro los bienes o derechos y el otro a prestar los alimentos en los términos que convengan. No obstante, nada excluye que ambas partes puedan acordar que, en un momento posterior al del acuerdo entre ellas, se entregará por el uno al otro los bienes o derechos de que se trate en dicho hipotético supuesto, aunque en ese momento el otro comience ya la prestación alimenticia. En este sentido, en la STSJ de Galicia de 29 de abril de 2004[66] se debate respecto a un contrato por el que el mismo día que recibe el alta hospitalaria, un señor se traslada al domicilio de su sobrina confeccionándose un documento privado entre ambos en el que se dice que formalizan el contrato de compraventa de las cuatro fincas que en el mismo documento se describen junto con una serie de estipulaciones. Tras señalar la Sala la presunción de capacidad de los contratantes y la realidad de un contrato de vitalicio, pese a la denominación antes utilizada, entra a valorar si hubo o no entrega de tales bienes en el Fundamento de Derecho cuarto, número dos, realizando el siguiente razonamiento.

> "El contrato de vitalicio se perfeccionó entre los contratantes y para uno y otro resultó obligatorio al haber consentido en los bienes a ceder y en la extensión de la prestación alimenticia, y en nada obsta a dicha perfección que los bienes no hubiesen sido entregados (si es que no lo fueron), requisito éste, el de la entrega, exclusivamente necesario para la consumación del contrato: argumento *ex* artículos 95.1 LDCG y 609,

60 *Vid.* arts. 1254, 121.1 y 1258 Cc.

61 Art. 1741 Cc.

62 Art. 1753 Cc.

63 Art. 1758 Cc.

64 Art. 1863 Cc.

65 En este entido se pronuncian, entre otros REBOLLEDO VARELA, A.L.: "El contrato de vitalicio (Especial consideración de su regulación en la Ley 4/1995, de 24 de mayo, de Derecho civil de Galicia)", *AC* 1996, nº 39 p. 851 y ss, BELLO JANEIRO, D. "Los contratos en la Ley de Derecho civil de Galicia", *Libro homenaje a Ildefonso Sánchez Mera,* La Coruña: Colegio Notarial de La Coruña, Colegios Notariales de España, Madrid 2002, p. 232, PEÓN RAMA, V., *op. cit*, p. 624.

66 Ponente SANDE GARCÍA, *EDJ* 2004, marg. 283650.

párrafo segundo, 1095, 1254 y 1261 CC y *ad exemplum* STSJG 27/2003, de 19 de septiembre en la que la Sala comparte la apreciación del Tribunal a quo en orden a calificar como vitalicio un contrato (también celebrado antes de la entrada en vigor de la LDCG y por los contratantes denominado de compraventa) que no dejaba de reunir sus notas típicas por el hecho de que el cedente de los bienes se reservase el usufructo de los mismos".

Es igualmente posible que, mediando pacto de las partes al respecto, comience el alimentante su prestación alimenticia y asistencial en un momento posterior al de la celebración del contrato, configurándolas en ese caso como un contrato con término inicial o incluso como un precontrato de vitalicio.

En cuanto al tratamiento que el vitalicio recibe en la Ley gallega, se sostiene, con gran acierto[67] que, como ya sucedía en la anterior redacción del texto gallego, su carácter es consensual pese a que el art. 147 LDCG de 2006[68] parece contemplar la obligación desde el exclusivo punto de vista del cesionario toda vez que alude a que "una o varias personas se obligan" y que dicha prestación surge a cambio de la cesión o entrega de bienes por el alimentista. Sin embargo el art. 153 del texto gallego[69] al prever la posibilidad de resolución por incumplimiento es simplemente un contrato consensual. Ello permite entender que la perfección del contrato se produce por la prestación del consentimiento de las partes intervinientes, sin que sea necesaria la entrega inmediata de los bienes, sino que pueda quedar pospuesta a otro momento posterior e incluso al propio fallecimiento del alimentista.

En contra de la opinión anterior, se mantuvo el carácter real del vitalicio[70] en base a que hasta que se hacía la entrega o cesión bienes por el alimentista no nacía la obligación de prestar alimento y, por consiguiente, no bastando para su perfección el simple consentimiento sino precisándose la entrega de la cosa. De forma consecuente con dicha aseveración, el contrato de vitalicio se vería configurado como un contrato unilateral porque una vez perfecto no produciría más obligaciones para las partes que la de prestar alimentos por parte del cesionario, sin imponerse obligación de clase alguna para la otra parte del contrato por lo que podría afirmarse que la cesión o entrega de bienes por el alimentista no es una prestación sino, como en todo contrato real, un elemento constitutivo de la relación obligatoria contractual.

---

67 REBOLLEDO VARELA, A.L., *op. cit.* p. 854.

68 *Vid.* art. 95.1 LDCG 4/1995.

69 *Vid.* art. 99 LDCG 4/1995.

70 LETE DEL RIO, J.M.: *Comentarios al Código civil y Compilaciones forales*, dirigidos por ALBALADEJO GARCÍA, M. y DÍAZ ALABART, S., tomo XIX, *R.D.P.*, 1997, p. 656 y ss.

2.1.2. Su pretendida unilateralidad. Solución jurisprudencial

Algunas sentencias aisladas señalaron una pretendida unilateralidad del contrato de vitalicio, asi la STS de 1 de julio de 1998[71] y la STS de 17 de julio de 1998[72]. Estas resoluciones reproducen en parte las del Tribunal Supremo de fecha 14 de octubre de 1960[73] y de 21 de octubre de 1992[74]. La importante consecuencia que se desprendería de este argumento de la unilateralidad sería la de impedir la aplicación al contrato de vitalicio de la condición resolutoria tácita implícita en las recíprocas *ex* art. 1124 Cc[75] con las consecuencias que de ello derivarían. Así, en la mencionada STS de 17 de julio de 1998, se manifiesta que el contrato de vitalicio, por su carácter unilateral, no es susceptible de que le sea aplicada la facultad resolutoria del art. 1124 del Código civil con sus consecuencias restitutorias por lo que sólo procede, en dicho caso, la devolución de los bienes cuando así se haya pactado y previsto expresamente por las partes. En otro caso, el incumplimiento sólo faculta para exigir el cumplimiento. Perfeccionado el contrato de vitalicio por el consentimiento surgen obligaciones para ambas partes de manera que el cedente transmitirá la propiedad o la titularidad que ostente respecto del bien o del derecho a transmitir, en terminología de la LDCG de 2006, teniendo el alimentante la obligación de realizar la contraprestación de las atenciones y cuidados pactados, como consecuencia de su carácter recíproco o sinalagmático.

La referida STS de 21 de octubre de 1992, en semejante línea a la anterior, y en alusión, igualmente, a la posible aplicación a esta clase de contratos del art. 1124 Cc señala que:

> "Tratándose de un contrato atípico, carente en absoluto de normativa específica, debe tenerse en cuenta, para resolver las cuestiones que plantea, que su naturaleza es la de un contrato unilateral, pues sólo contiene obligaciones para el demandado que se ha comprometido a alimentar, no le es aplicable la facultad resolutoria del art. 1124 y el incumplimiento no pude dar lugar más que a exigir el cumplimiento".

---

71 Ponente GONZÁLEZ PÓVEDA, *CCJC.*, nº 49, enero-marzo 1999, p. 19 y ss.

72 Ponente GONZÁLEZ PÓVEDA, *A.Civ.* 1998, marg. 1114.

73 Ponente DE VICENTE TUTOR Y GUELBENZU, *RJ.* 1960, marg. 3086.

74 Ponente MARINA MARTÍNEZ-PARDO, *RJ* 1992, marg 8592.

75 *Vid.* BÁDENAS CARPIO, J.M., "Comentario a la STS de 1 de julio de 1998", *CCJC.* enero-marzo 1999, p. 27, que considera bilateral la naturaleza del contrato de vitalicio y, salvo eventuales excepciones prescritas por el propio ordenamiento jurídico, señala que debería ser de aplicación el art. 1124 del Código Civil, ya que de la propia estructura y naturaleza de la relación que nace cuando se constituye el vitalicio, considera, surgen tras su perfección, no una obligación sino dos: la del deudor de la prestación de hacer y la del constituyente de la relación de entregar el bien o capital objeto del contrato.

No obstante dichas afirmaciones, la jurisprudencia en general se muestra partidaria del carácter bilateral del vitalicio. En el ámbito territorial de nuestra Comunidad Autónoma y respecto de su jurisprudencia, cabe poner de relieve la doctrina mantenida por el Tribunal Superior de Justicia de Galicia en sentencias de 2 de diciembre de 1997[76] y de 5 de noviembre de 1998[77].

En la primera de las sentencias mencionadas se pone de manifiesto que el contrato es considerado bilateral o sinalagmático. En este sentido, el Fundamento de Derecho quinto afirma que ni del contrato se deduce la no bilateralidad ni la jurisprudencia ni la doctrina científica caracterizan al vitalicio por su unilateralidad frente a la calificación realizada de parte.

> "Sorprende un tanto la calificación jurídica de «unilateral» del contrato de vitalicio que hace el recurrente. Ni la sentencia (de nuevo se incurre en el vicio de interpretar subjetivamente el contrato, sin respetar las claras referencias a la bilateralidad del mismo hechas en el relato fáctico), ni la literalidad del contrato (basta con ver el comienzo de la estipulación segunda, cuando dice: «En contraprestación, don José Antonio L. D., se obliga...), ni la jurisprudencia, ni la doctrina científica, hablando ya genéricamente del vitalicio, establecen en ningún caso la unilateralidad como característica del mismo. Bien al contrario, unánimemente es considerado como bilateral o sinalagmático, pues supone inexcusablemente obligaciones mutuas, entrega de bienes a cambio de alimentos y cuidados. No es admisible, en consecuencia, la tesis propuesta".

De otra parte, la segunda de las sentencias añade en su Fundamento de Derecho tercero, respecto de lo señalado en la anterior, que la doctrina jurisprudencial mayoritaria configuró el vitalicio como un contrato atípico, aleatorio y bilateral, al que le es innata la facultad resolutoria establecida en el art. 1124 del Cc para el caso de incumplimiento.

> "La doctrina jurisprudencial aplicable al supuesto que nos ocupa, elaborada a partir del examen de los contratos, ciertos o simulados, que de características semejantes se sometían a su consideración, configuró mayoritariamente el vitalicio como un contrato atípico, aleatorio y bilateral, como puso de relieve esta Sala en la Sentencia antes citada de 2 de diciembre de 1997, al que le es innata la facultad resolutoria establecida en el artículo 1124 del Código Civil para caso de incumplimiento, y que no está sujeto a ningún requisito formal, siempre que en él concurran las condiciones esenciales para su validez".

---

76 Ponente SAAVEDRA RODRÍGUEZ, *R.J.A.* 1998, marg. 8251.

77 Ponente SAAVEDRA RODRÍGUEZ, *R.J.A.* 1999, marg. 1247.

La STS de 18 de enero de 2001[78] en la que es objeto de la *litis* la pretensión de declara nula una cesión de ciertos bienes realizada en escritura pública en 1986, respecto de los cuales el matrimonio cedente se reserva el usufructo, comprometiéndose la otra parte a realizar cuantos servicios y cuidados se precisen. Tras realizar diferentes razonamientos, señala respecto de lo aquí tratado y en su Fundamento de Derecho primero lo siguiente:

> "En la escritura pública mencionada, bajo fe del Notario, los padres adoptivos de la demandante «ceden y transfieren a la otra compareciente, doña Antonia A. P. (la demandada en la instancia y parte recurrida en casación) la nuda propiedad de la finca anteriormente descrita» y se reservan el usufructo vitalicio; respecto a la otra parte, «en pago de la cesión anteriormente efectuada, la cesionaria, doña Antonia A. P. (la demandada) o sus causahabientes, queda obligada a cuidar y prestar cuantos servicios y cuidados precisen... (a los padres de la demandante)». Es el contrato que doctrinal y jurisprudencialmente ha sido calificado como contrato de vitalicio, contrato autónomo, innominado o atípico, que participa en parte del carácter del de renta vitalicia aunque no es enteramente el mismo, por el que se hace cesión de bienes a cambio de la obligación de dar asistencia y cuidados durante toda la vida del o de los cedentes".

Igualmente, en este sentido, se muestra la Audiencia Provincial de Ourense, en sus sentencias de fecha 4 de mayo de 1993[79] y de 1 de octubre de 1994[80] y en las que se califica el vitalicio como "contrato principal, aleatorio, oneroso, bilateral y de carácter familiar".

Por tratarse de un contrato de ejecución continuada es normalmente el cedente el que, al celebrar el contrato, entrega los bienes o derechos de que se trate y tras esa entrega *ficta*, instrumental o real, el cesionario lleva a cabo las prestaciones y cuidados pactadas, aunque no es inhabitual el que se comiencen los cuidados y, posteriormente, se pacta el vitalicio con la consiguiente transmisión en orden a garantizar la continuación de los cuidados pactados durante el tiempo establecido.

También es destacable el cambio que, en el tenor literal, se produjo en la LDCG de 2006 respecto del anterior texto que, de alguna manera, parece mostrar una intención no expresada directamente pero si deducida de la omisión realizada por el legislador gallego del 2006 del término "entrega". En el anterior

---

78 Ponente O'CALLAGHAN MUÑOZ, *RJ* 2001, marg 1319.

79 Ponente GODOY MÉNDEZ, *Revista Xurídica Galega*, nº 4, 1993, p. 84 y ss.

80 Ponente GODOY MÉNDEZ, *Colección Jurisprudencia del Tribunal Superior de justicia y de las Audiencias Provinciales de Galicia*, 1995, marg. 73, p. 124 y ss.

texto[81] se aludía a la actuación del cedente con el siguiente tenor "a cambio de la cesión o entrega de bienes por el alimentista" en la que algún sector de la jurisprudencia y de la doctrina[82] encontraban un apoyo para calificar a este contrato como real y de ello deducir su carácter unilateral. En el texto de 2006 el legislador, quizá para despejar dicha duda, ha modificado la literalidad del concepto señalando en el art. 147 "a cambio de la cesión de determinados bienes o derechos" lo que configura de forma patente la contraprestación de una parte y una configuración del tipo contractual dentro del grupo de consensuales y bilaterales.

En definitiva, no vemos razón para que no baste en el vitalicio el consentimiento para su perfección, como en cualquier otro contrato, consideración que está en la línea de nuestra tradición civilística y que ha sido proclamado por la jurisprudencia en multitud de ocasiones, incluso con referencia a algún otro supuesto que planteaba dudas similares como era el supuesto del art. 1667 del Cc relativo a la forma de constitución de la sociedad civil. Coincidimos, además, con la idea de que en nuestro Derecho está cada vez más en revisión la categoría de los contratos reales, por lo que, como ya se ha visto, la doctrina mayoritaria considera al vitalicio como contrato puramente consensual y sinalagmático del que derivan obligaciones de carácter recíproco para ambas partes: la cesión de determinados bienes o derechos por el alimentista y la prestación de alimentos para el cesionario siendo la una causa de la otra (art. 1274 Cc).

2.2. El carácter oneroso

La onerosidad se predica de un contrato cuando cada parte recibe una prestación de la otra, aunque ambas prestaciones no sean equivalentes o recíprocas.

El contrato de vitalicio es un contrato oneroso[83] ya que las recíprocas prestaciones que asumen las partes, aunque no tengan por qué ser exactamente igual de gravosas, conllevan un sacrificio patrimonial tanto para el cedente como para el alimentista. Esto es así porque, como señala el art. 147 LDCG de 2006 ,"una o varias personas se obligan respecto a otra u otras a prestar alimentos en los términos que convengan, a cambio de la cesión de determinados bienes

[81] Art. 96 de la LDCG de 1995.

[82] *Vid.* el epígrafe correspondiente al estudio de las obligaciones de las partes intervinientes en este contrato y, más concretamente, del cedente.

[83] No parece posible en base a la regulación en el texto gallego y a la anterior jurisprudencia del TS la constitución de un vitalicio gratuito y así lo entiende la mayoría de la doctrina, entre otros BELTRÁN DE HEREDIA, J., BELTRÁN DE HEREDIA, J.: *La renta vitalicia*, ed. Revista de Derecho Privado, Madrid, 1963. p. 855. Algún autor como DELGADO DE MIGUEL, JF.: "Perfiles jurídicos de un contrato de asistencia rural: cesión de bienes a cambio de alimentos", *Estudios de Derecho agrario*, ed. Montecorvo, Madrid 1993, p. 252 considera, sin embargo, que es posible que el vitalicio pueda tener su origen tanto en causa onerosa como gratuita.

o derechos". Ambas partes del contrato obtienen ventajas del mismo, siendo las unas contrapartida de las otras, de las cuales traen recíprocamente causa, si bien no conocen desde el momento de la celebración del contrato la ventaja que obtendrá cada uno de los contratantes y que, dada la aleatoriedad que concurre, no implica una estricta correspondencia económica.

En este sentido, la SAP de A Coruña de 30 de junio de 2008[84] al describir los caracteres del contrato en el nuevo texto legal gallego, entre otros, indica lo siguiente.

> "Es consensual y bilateral, pues aunque inicialmente parece normarse las obligaciones del cesionario, lo cierto es que al cedente le asiste la facultad de "rescindir" el contrato (artículo 95) más propiamente de "resolver", (Sentencia del Tribunal Superior de Justicia de Galicia de 24 de mayo de 2006), como ya se recoge en el artículo 153 de la actual Ley de Derecho Civil de Galicia 2/2006, de 14 de junio. Poniendo de manifiesto el Profesor Juan Ramón que el análisis de todos los preceptos reguladores del contrato de vitalicio obliga a concluir que «es simplemente un contrato consensual en el que las obligaciones son de carácter recíproco siendo una causa de la otra». Y también como contrato sinalagmático lo configura las sentencias de la Sala de lo Civil y Penal del Tribunal Superior de Justicia de Galicia de 18 de octubre de 2005, 17 de enero de 2002, 11 de febrero de 2000, 5 de noviembre de 1998 y 2 de diciembre de 1997".

2.2.1. *Su trascendencia respecto de las legítimas*

La onerosidad o, en otro caso, una posible gratuidad del contrato por la que uno de los contratantes proporcionase, sin recibir nada a cambio, una ventaja a otro, tendría una importancia trascendente ya que de la una o la otra depende no sólo una pura caracterización teórica del contrato sino una evidente trascendencia notable en cuanto pueda afectar a las legítimas que por ley puedan corresponder a los herederos forzosos[85] en los supuestos de sucesión *mortis causa*. De ser un contrato gratuito podrían verse vulneradas las legítimas correspondientes con dichas atribuciones patrimoniales, con las consiguientes posibilidades de reducción como donación inoficiosa para el caso de que los

---

[84] Ponente FERNÁNDEZ-PORTO GARCÍA, *EDJ* 2008, marg. 191524.

[85] El actual texto gallego regula las legítimas en el capítulo V de su Título X de la sucesión por causa de muerte siguiendo un sistema que difiere del establecido en el derecho común, entre otras, respecto de las personas que ostentan el carácter de legitimarios así como de la cuantía que corresponde a los herederos forzosos. *Vid.* ESPINOSA DE SOTO, J. L.: Capítulo V. "De las legítimas", en *Derecho de sucesiones y y régimen económico familiar de Galicia: comentarios a los Títulos IX y X y a la Disposición adicional tercera de la Ley 2/2006, de 14 de junio y a la Ley 10/2007, de 28 de junio*, volumen II, Colegio Notarial de Galicia y Colegios Notariales de España, ed. Consejo General del Notariado, Madrid, 2007, p. 609 y ss.

Tribunales lo entendieran así en el supuesto concreto una vez realizada la correspondiente reclamación en vía judicial. En este sentido, la STS de 6 de mayo de 1980[86] respecto de una supuesta vulneración de las legítimas aducida por los recurrentes, la contrapone a la falta de domicilio y de atenciones al progenitor y señala lo siguiente.

> "Que igual suerte desestimatoria ha de correr el séptimo y último de los motivos formulados que denuncia la violación de los arts. 1275 y 1276 del C. Civ. argumentando que el contrato tuvo causa simulada y fue otorgado defraudando los derechos legitimarios de los herederos, ya que del contenido de lo actuado se deduce con toda claridad que el padre de la recurrente tuvo que otorgar el contrato para obtener un domicilio y atenciones necesarios para los últimos años de su vida, domicilio y atenciones que sus hijas no le prestaron".

Resulta también clarificadora, en igual sentido, la STSJ de Galicia de 3 de marzo de 2010[87] sobre el debate producido respecto de un contrato de cesión de bienes por alimentos otorgado en documento público en Narón, con la pretensión de que dicho contrato es nulo o anulable por simulación y perjuicio de los legítimos derechos hereditarios de la demandante en la herencia de su padre, de quien fue declarada heredera *ab intestato* en unión de su hermana a partes iguales. Tras recaer sentencia y una posterior apelación de la actora, se interpuso recurso de casación ante el TSJ de Galicia, entre otros motivos, por inaplicación de los arts. 1274 y 1277 del Cc referentes a la causa en los contratos onerosos y remuneratorios y la presunción de existencia y licitud de la causa.

> "Por otra parte, tampoco es convincente el primer párrafo del fundamento tercero para justificar la posible existencia de causa ilícita. Señala dicho párrafo que: "En el hecho tercero de la contestación a la demanda se puso de manifiesto, de manera inconsciente, la verdadera finalidad del contrato de litis, remunerar los servicios prestados al causante por el marido de la demandada, que, al parecer, le había buscado trabajo y con el que mantenía excelentes relaciones, de suerte que se trataría, en realidad, más que del negocio aparente de una donación remuneratoria".

Se señala que dada la grave enfermedad que afectó al alimentista, padre de la demandante y de la demandada y suegro del codemandado casado con ésta, no es extraño que quisiera estar en compañía de aquellos que lo vienen asistiendo, recibiendo cuidados, atención y afecto de los que se ve precisado en ese momento y que le son dados en la propia vivienda de los alimentantes,

---

86 Ponente GALLARDO ROS, *RJ* 1980, marg. 1785.

87 Ponente SAAVEDRA RODRÍGUEZ, *EDJ* 2010, marg. 122260.

donde falleció. De esta forma, matiza los caracteres del contrato de vitalicio en lo atinente a este caso.

> "Esta particularidad, la de los cuidados, atención personal, afecto, etc., son los que caracterizan de siempre este singular contrato gallego, diferenciándolo de otros con los que pueda tener otras notas en común, y ciertamente alejado de la estricta obligación de alimentos que impone el Código Civil a los parientes (art. 142 y ss. del Código Civil). Y esta peculiaridad la ha venido repitiendo esta Sala, partiendo de la costumbre gallega, en constante Jurisprudencia y que consagró tanto en la Ley de 1995 como en la vigente LDCG de 2006. Y con la característica también expuesta de ser un contrato oneroso, lo que excluye que esté viciado de atentar a las expectativas de los legitimarios (como hemos reiterado en sentencias de 17-1-2002 y 21-6-2009, pudiendo igualmente constatarse en las del TS de 6-5-1980, 30-11-1987 y 31-7-1991), criterio que a mayores emplea la sentencia recurrida para redundar en la nulidad".

Cabe plantearse si tal perjuicio podría presentarse en el caso de herederos voluntarios de manera que pudieran impugnar los actos dispositivos realizados por aquel de quien traen causa. Tal es el supuesto planteado en la SAP de 30 de septiembre de 2003[88] al entrar a conocer de un contrato de compraventa de fincas en el que se fija como condición de la compraventa el que la compradora ha de cuidar, alimentar y atender al vendedor en todas sus necesidades hasta el día de su fallecimiento quedando sin efecto tal compraventa de no hacerlo así. Una hermana del vendedor, heredera voluntaria del mismo, formula demanda solicitando que se declare nulo tal contrato de compraventa denunciando la falta de elementos esenciales en tal contrato. La Sala antes de entrar a determinar la validez y eficacia del contrato, estudia en el Fundamento de Derecho segundo una posible falta de legitimación activa de la actora diferenciando entre actos válidos y aquellos en que faltan los elementos esenciales del contrato, indicando que el heredero voluntario no puede impugnar los actos válidos realizados por el testador porque vendría a ser una forma de ir contra los propios actos al ser continuadores de la personalidad del difunto lo que los diferencia de los herederos legitimarios que, en cambio, actúan en defensa de su cuota.

> "Ahora bien, cuestión distinta, y que ya mencionamos aquí, es que el heredero voluntario no puede impugnar los actos realizados por el testador, cuando éstos son existentes y válidos pues de lo que carece el heredero como continuador de la personalidad del difunto es de las acciones que tampoco tendría el causante si pretendiera ir contra sus propios actos. En la sentencia del TS de 7 de marzo de 1980, tratando del tema de la donación encubierta bajo la forma de contrato de compraventa, en punto

---

[88] Ponente HERRERO DE PADURA, *AC* 2004, marg. 372.

a la legitimación activa para el ejercicio de la acción de simulación, señala que la jurisprudencia distingue entre los herederos legitimarios, que actúan «ex iure proprio» en defensa de su cuota, y los restantes sucesores por delación voluntaria o intestada, que deberá guardar respeto a la voluntad auténtica del causante manifestada al realizar la donación, por más que la hubiera ocultado bajo la forma de escritura pública de compraventa".

2.2.2. El contrato a favor de tercero y la causa

En la práctica es habitual configurar el contrato de vitalicio como un contrato a favor de tercero, esto es, aquel mediante el cual se pacta una prestación a favor de alguien ajeno al contrato, adquiriendo el favorecido derecho a reclamarla[89]. De esta manera, el beneficiario de la prestación alimenticia y de cuidados será una persona que no ha sido parte en el contrato[90] aunque reciba las consecuencias beneficiosas del mismo, si bien no realiza prestación alguna respecto del cedente y del cesionario-alimentante. No podemos decir que en este caso exista una causa gratuita porque el tercero no es parte, como ya se ha indicado, y la onerosidad del contrato se predica de entre las partes del mismo que, efectivamente, realizan un efectivo sacrificio patrimonial. El cesionario se obliga a alimentar y cuidar al cedente no por liberalidad sino por la cesión de bienes y derechos que recibe y el cedente obtiene la prestación deseada, los alimentos al tercero, a cambio de la cesión que realiza.

Se señala que no era un contrato de compraventa sino de vitalicio por las obligaciones asumidas por las partes y en base al principio general en materia de contratos de que los contratos son lo que son y no lo que las partes digan que sean. Tras aludir a la regulación entonces vigente del art. 96 de la LDCG de 1995 que disponía que "las normas del vitalicio serán de aplicación cualquiera que fuese la calificación jurídica que las partes atribuyesen al contrato", se dispone en el Fundamento Jurídico quinto que la heredera voluntaria por su cualidad, no puede impugnar los actos del testador debiendo respetar la voluntad del mismo.

[89] Tal y como indica LACRUZ BERDEJO, J. L.: *Nociones de Derecho Civil Patrimonial e Introducción al Derecho*, ed. Dykinson, Madrid, 2004, p. 304, advirtiendo que "la promesa hecha por un contratante al otro a favor de tercero produce un efecto inmediato, a saber atribuir al favorecido el derecho a aceptarla" cabiendo la transmisibilidad de dicho derecho a sus herederos, como regla general. Señala, también, que por la aceptación, el beneficiario adquiere derecho frente al obligado o promitente, e impide al estipulante revocarla.

[90] El art. 1257 del Cc después de indicar que el contrato sólo produce efectos entre las partes contratantes, dispone en su párrafo segundo que si el contrato contiene estipulación a favor de tercero, éste podrá exigir su cumplimiento si hizo saber su aceptación al obligado antes de que la estipulación a su favor hubiese sido revocada.

"Establecida la naturaleza jurídica del contrato de que tratamos, independientemente de su denominación, no se puede hablar de falta de causa, dado que hay cesión de bienes y contraprestación de servicios asistenciales, ni siquiera como simulación relativa, encubriendo un convenio, con inexistencia real, otro con realidad causal (STS de 22.12.1987)] pero aun en esa hipótesis, como se expuso anteriormente, no tratándose de un supuesto de inexistencia o nulidad radical el contrato, la actora, como heredera voluntaria no puede impugnar los actos realizados por el testador, como continuador de la personalidad del difunto es de las acciones que tampoco tendría el causante si pretendiera ir contra sus propios actos, debiendo guardar respeto a la voluntad auténtica del causante manifestada al realizar el contrato. No cabe, por demás, introducir la duda de si se trata de una donación modal o remuneratoria, dado que, no se ha acreditado que primase la liberalidad en el otorgamiento, y que no se trataba de premiar servicios asistenciales o de otro tipo ya prestados".

2.2.3. *La desproporción entre los bienes transmitidos y los cuidados prestados*

Existe la posibilidad de que un contrato de alimentos pudiera ocultar una atribución patrimonial no ya a título oneroso sino a título gratuito, resultando indiciaria en tal sentido la desproporción entre los bienes transmitidos y los cuidados prestados[91]. En tal sentido la SAP de Ourense de 18 de enero de 2005[92] se afirma que de la prueba practicada se demostraba la falta de prestación a cargo de la demandada, unido al único propósito de la causante de desheredar a su hija, la cual solicitaba la nulidad del contrato de "cesión de bienes por alimentos" otorgado por su madre y la demandada. La actora, se señala, no mostraba afectividad cordial hacia su madre a la que visitaba una vez al año, permaneciendo breves instantes en su compañía. Por tal motivo el Fundamento de Derecho tercero indica que el contrato de vitalicio es oneroso debiendo existir contraprestación compensatoria entre las prestaciones de una y otra parte y entendiendo que en tal supuesto falta prestación a cargo de la demandada.

"Respecto del vitalicio, el artículo 95 de la Ley de Derecho Civil de Galicia exige que la prestación de la cesionaria comprenda el sustento, habitación, vestimenta y asistencia médica, así como las ayudas y cuidados, incluso los afectivos, adaptados a las circunstancias del caso, y la demandada salvo los cuidados que efectivamente consta que los realizó adecuadamente, no compensó a la cedente con su participación en su atención dado que la habitación, en algún momento incluso para

[91] Así se ha recurrido a la comparación analógica con la normativa fiscal de tributación por la aplicabilidad analógica de esa norma al derecho material. *Vid.* BELLO JANEIRO, D., *op. cit.*, p. 1201 y ss.

[92] Ponente GODOY MÉNDEZ, *AC* 2005, marg. 240.

> ambas, y el dinero de todos los gastos, incluidos los médicos (a cargo de MUFACE como aseguradora de la pensionista) corrían a cargo de la madre de la apelada. Y esa falta de prestación de algún tipo a cargo de la demandada vicia de nulidad el contrato, presidido, como se dijo, por causa ilícita –subterfugio urdido para atentar contra los derechos legitimarios de la demandante por parte de su madre, con la participación de la demandada, y necesariamente debidamente instruidas, como lo evidencian los nuevos contratos celebrados por doña Carmela en el año 2000 y 2001, incluido la designación, en escritura pública, de tutora a la demandada para el caso de que se declarase su incapacidad, cuando su capacidad de raciocinio era pericialmente más que dudosa".

Sin embargo, el art. 1274 del Cc establece respecto de los contratos onerosos como causa de los mismos, la prestación o promesa de una cosa o servicio por la otra parte lo que no significa una equivalencia de las atribuciones patrimoniales de las partes, pudiendo, por tanto, existir desproporción entre las prestaciones sin que suponga que se ha realizado un negocio a título gratuito bajo la apariencia de otro oneroso[93]. Así podemos observar la SAP de 16 de Septiembre de 2002[94] respecto de un contrato de cesión que pudiera ser considerada una donación encubierta a los fines de tomarla en cuenta para el cómputo del cálculo del haber partible. En instancia fue calificado de tal donación por entender que no existía onerosidad sino una donación encubierta entre una pareja de hecho. En el Fundamento Jurídico tercero la Sala entra a ver si existe una causa onerosa o una causa simulada subyacente, una liberalidad.

> "La Sala que revisa la sentencia objeto del recurso de apelación entiende que se está en presencia de un contrato de vitalicio toda vez que los contratantes se obligaron a las prestaciones recíprocas, onerosas, que lo definen. Concurría además en el cedente la necesidad de recibir la asistencia contratada para paliar los efectos de la enfermedad que padecía, cuya asistencia no podía recabar de sus hijos legitimarios por mantener éstos respecto de su padre una actitud de total incomunicación y absoluta indiferencia. No se puede hablar de falta de proporcionalidad en las prestaciones pues nada hacía presagiar un próximo fallecimiento del cedente, quien, según informe de sanidad, no estaba en fase terminal –tenía señalada fecha posterior a su fallecimiento para un reconocimiento por servicios médicos especialistas–, siendo el estado postoperatorio satisfactorio y sin complicaciones".

De existir y acreditarse una intención de cualesquiera de las partes de beneficiar a la otra seguiría existiendo intercambio de prestaciones, entendiéndose como *negotium mixtum cum donatione* que sí se considera un negocio oneroso

---

[93] MESA MARRERO, C., *op, cit*., p. 33.

[94] Ponente GARCÍA RODRÍGUEZ, *AC* 2002, marg. 294.

pese a celebrarse en condiciones más ventajosas para una de las partes, por lo que parece más razonable examinar la estructura económica del acto ya que existe sacrificio económico de ambas partes, al constatar la cesión de bienes o derechos a cambio de alimentos, querida realmente por las partes, independientemente de su valor económico. De no haberlo, serían de aplicación las normas que regulan las donaciones, perdiéndose la nota de la onerosidad[95] resultando entonces de aplicación el art. 634 del C.c con la necesaria reserva de bienes que para si ha de hacer el donante. De otra parte resultaría atípica la calificación de remuneratoria de una donación efectuada en consideración a una asistencia que se prestaría con posterioridad al acto de liberalidad que se les impone a los donatarios y no en atención a méritos o servicios ya prestados al donante[96].

Ahora bien, que normalmente sean los hijos, por su condición de legitimarios, quienes, por la posible defraudación de sus expectativas hereditarias, combatan el contrato de vitalicio, por su carácter oneroso, entendiendo la existencia de una donación onerosa, no justifica que se califique al acto como gratuito ya que el causante puede hacer el uso que desee de su patrimonio para procurarse atenciones y cuidados[97] y todo ello sin caer en la prodigalidad[98].

A nuestro juicio, la nota de la onerosidad debe fijarse al inicio y no con un examen posterior de las circunstancias ya que, si cada parte pretendió y obtuvo una prestación, la pactada, aunque ambas prestaciones no sean equivalentes, el negocio es *ab initio* oneroso porque, de entrada, al existir y darse en mayor o menor medida o intensidad las conductas pactadas, no cabe hablar de gratuidad en el negocio. Parece como si se pretendiera establecer una especie de conmutatividad aleatoria pero hay que tener presente que no se sabe ni en que medida ni en que intensidad se producirán las prestaciones pactadas, aunque sean por muy poco tiempo. Existen parámetros difícilmente mensurables como el dolor o los cuidados o la intensidad emocional de atender a un enfermo terminal que, conocedor de esa circunstancia, desea unos cuidados específicos y continuados, paliativos o no, durante el tiempo que constituya su expectativa de vida, determinado en base a un sistema de probabilidades por un facultativo. De otra parte, existirán también desplazamientos para consultas y tratamientos específicos y otras atenciones o cuidados como la empatía o el comportamiento asertivo con el alimentante, que pueden resultar desconocidas y quizá no comprendidas por quien no haya tenido la experiencia vital personal de dar cuidados a un enfermo, crónico o no, o a una persona en fase terminal.

---

95 DÍEZ-PICAZO, L., *Fundamentos del derecho civil…*, p. 64.

96 STSJ de Navarra de 13 de octubre de 1992, ponente RODRÍGUEZ FERRERO, *RJ* 1992, marg. 9427.

97 CHILLÓN PEÑALVER, S, *op. cit*., p. 35.

98 Sin perjuicio de que los legitimados, si los hay y lo estiman conveniente, puedan instar el procedimiento judicial de declaración de prodigalidad regulado en el art 748.1 de la LEC.

Quizá por estas razones se esgrime el argumento habitual por el cual si se ha cuidado por poco tiempo, el contrato resulta ser "poco" oneroso pero, entendemos que dicho argumento no debe ser considerado ya que, de una parte no existe equivalencia necesaria entre duración y onerosidad y de otra parte, ha de tenerse en consideración la aleatoriedad, característica de este contrato. Estas circunstancias no dejan de estar presentes en otros contratos aleatorios como sucede en el supuesto contractual de la prima de seguro de vida.

2.3. El carácter aleatorio

A diferencia de los contratos conmutativos en los que las prestaciones determinadas previamente están equilibradas, en los contratos aleatorios no cabe previsión en cuanto a dicha proporcionalidad y por ello siempre existe el riesgo de pérdida o ganancia para cada parte contratante[99] que dependerá del azar y constituirá un elemento esencial de este tipo contractual.

En este sentido, la STS de de 18 de enero de 2001[100] indica de manera detallada en su Fundamento de Derecho segundo, lo siguiente.

> "El tercero de los motivos de casación alega, también al amparo del núm. 4° del artículo 1692 de la Ley de Enjuiciamiento Civil, la infracción del artículo 1790 del Código Civil que define el contrato aleatorio.

No se entiende dónde incluye la infracción. El contrato aleatorio, por definición, es el que se basa en el «alea», suerte, y las partes, asumen, cada una, el riesgo de pérdida o ganancia. Así, el contrato de vitalicio es aleatorio y concuerda con este concepto y con aquella norma, que no aparece infringida.

Hace hincapié este motivo del recurso en la palabra «en equivalencia» contenida en aquel artículo, la cual significa la relación de las prestaciones, sometidas al «alea»; en ningún caso tiene el sentido, que parece darle el recurrente, de precisar ser equivalentes las prestaciones, pues ello sería convertir el contrato en conmutativo e incluso ir más allá pues en éstos no se exige que, siendo bilaterales, las prestaciones de cada parte sean equivalentes, pues basta el consentimiento no viciado de las partes para llegar a la perfección del contrato".

Este riesgo, a nuestro parecer, es cierto y posible para ambas partes conociendo los contratantes que la ventaja que uno obtenga comportará pérdida para el otro aunque sólo posteriormente a la finalización del contrato por su extinción se conocerá cual de las partes quedó mas desequilibrada respecto de la otra o,

---

99 ALBALADEJO, M.: *Derecho Civil II. Derecho de Obligaciones*, ed. Edisfer, Madrid, 2008. p. 405.

100 Ponente O'CALLAGHAN MUÑOZ, *RJ* 2001, marg. 1319.

incluso, se podrá verificar que existió un equilibrio económico entre alimentos y cuidados realizados respecto de los bienes y derechos transmitidos, sin por ello perder la nota de la aleatoriedad.

2.3.1. *Incertidumbre de la vida contemplada y coste variable de las necesidades*

Dos notas marcan, a nuestro entender, la aleatoriedad de este contrato de vitalicio. De una parte, el desconocimiento de cuándo finalizará la vida contemplada y, de otra, el coste variable de las necesidades del alimentista que, a lo largo de los años de duración del contrato y de sus circunstancias personales, presentará oscilaciones más o menos marcadas[101] e incluso de permanecer las mismas, tendrán un equivalente económico fluctuante en función de la marcha de la economía en general y, además, supondrán una mayor o menor carga económica para el alimentante en función de su también variable capacidad adquisitiva para hacer frente a dichas necesidades amén de las propias y las de su familia que se vayan sucediendo.

La duración de la vida del cedente de los bienes y titular de los alimentos marca la nota, en el caso del vitalicio, de aleatoriedad en cuanto a la incertidumbre sobre el resultado económico del negocio de que se trata. Por su parte, la jurisprudencia ha destacado, asimismo, la aleatoridad del contrato de vitalicio[102]. En este sentido, la STSJ de Galicia de 11 de febrero de 2000[103] tras señalar que el Tribunal Supremo admitió la existencia del contrato de vitalicio y la Sala su vigencia en Galicia con anterioridad a la LDCG 4/1995, recoge en su Fundamento de Derecho quinto la índole aleatoria de dicho contrato.

> "Venía considerado por la jurisprudencia como un contrato aleatorio en el que las partes pactan que una de ellas se obliga con respecto a la otra a prestarle una pensión de alimentos en sentido estricto («*in natura*») o bien en sentido amplio (asistencia, cuidado, servicios, etc., además de la alimentación propiamente dicha) mediante una contraprestación que se fija, normalmente en la transmisión en propiedad de determinados bienes. Contrato autónomo, innominado, sin tipificación específica, cuya validez se fundamentaba en el principio de autonomía de la voluntad (art. 1255 CC), y al que podían ser aplicables las normas contenidas en los

[101] NÚÑEZ ZORRILLA, M.C.: *El contrato de alimentos vitalicio: configuración y régimen jurídico*, ed. Marcial Pons, Madrid, 2003., p. 37.

[102] Sobre el carácter aleatorio del vitalicio, *vid.* entre otras muchas, la STS de 10 de julio de 1979, ponente GONZÁLEZ-ALEGRE Y BERNARDO, *RJ* 1979, marg. 2494; STS de 18 de abril de 1984, ponente CASARES CÓRDOBA, *RJ* 1984, marg. 1952; STS de 13 de julio de 1985, ponente FERNÁNDEZ RODRÍGUEZ, *RJ* 1985, marg. 4054.

[103] Ponente REIGOSA GONZÁLEZ, *RJ* 2000, marg. 1238.

artículos 1802 a 1808 del CC que regulan la análoga institución de la renta vitalicia con la que, por su índole aleatoria, presenta ciertas semejanzas, pero sin olvidar sus diferencias, lo que permite aplicar al vitalicio la facultad resolutoria tácita del artículo 1124 del Código Civil para caso de incumplimiento, dada su naturaleza de contrato bilateral o sinalagmático que ya puso de relieve la sentencia de esta misma Sala de 2-12-1997".

En relación a este aspecto, la STS de 28 de julio de 1998[104], resolviendo una *litis* planteada por los herederos forzosos de una mujer afectada de un irreversible proceso canceroso frente a la hermana de la misma y su cuñado solicitando la nulidad del contrato de vitalicio suscrito en documento privado tras otro público, señala que "los demandados conocían el carácter irreversible y la inminencia de la muerte de doña Febes M., lo cual elimina la aleatoriedad esencial del contrato de vitalicio que se plasma en el documento privado de 21 de noviembre de 1991 y que altera el documento público de compraventa de la misma.

Dicha muerte tuvo lugar el día 5 de febrero de 1992, por lo que al tratarse de un contrato de vitalicio no aplican el art. 1804 Cc por analogía, sino que entienden que la aleatoriedad, siendo elemento esencial del contrato, desapareció toda vez que existía el conocimiento de la seguridad e inminencia de la muerte.

El legislador debería, a nuestro entender, haber señalado un lapso temporal en forma parecida al previsto por el art. 1804 Cc, aplicado en algunas sentencias[105], que respecto de la renta vitalicia señala ser nula la constituida cuando a la fecha del otorgamiento, padezca una enfermedad que cause su muerte dentro de los veinte días siguientes a aquella fecha. En este sentido, de realizarse tal previsión para el vitalicio se contará con una seguridad jurídica mayor derivada del propio texto legal al establecer un parámetro objetivo, sin perjuicio de

[104] Ponente O'CALLAGHAN MUÑOZ, *AC* 1998, marg. 1165.

[105] Así la SAP de Pontevedra de 27 de diciembre de 2004, *JUR* 2006, marg. 23214, ponente RODRÍGUEZ GONZÁLEZ indica en su Fundamento Jurídico tercero que "ese conocido y próximo fallecimiento, revelador de manera categórica de una imposible o proporcionada prestación alimenticia a favor del Sr. T. contemplado por cierto en el art. 1804 del Cc para el contrato de renta vitalicia al declararlo nulo cuando al tiempo del otorgamiento del contrato el pensionista se encuentra padeciendo una enfermedad que llegue a causar su muerte dentro de los veinte días siguientes a aquella fecha, da sentido a la estipulación alimenticia establecida en beneficio de su esposa y a cargo del hijo y nuera de esta, y que contempla como fecha de finalización de la prestación de alimentos a su fallecimiento. La resolución aplica analógicamente el art. 1804 del Cc, de hecho la STS de 31 de julio de 1991 reconoce en relación con el vitalicio que "participa, en parte de la naturaleza del contrato de renta vitalicia", además añade la STS de 1 de julio de 1982 que "las normas establecidas en los art. 1802 y 1808 CC tendrán que ser aplicables analógicamente, acomodadas a las especialidades de cada supuesto, al vitalicio".

que no fuera la única nota determinante de la aleatoriedad sino también de la extensión de la prestación[106].

La aleatoriedad del contrato se pone de manifiesto no sólo en la duración más corta o más prolongada de la vida del alimentista o alimentistas que se tome en consideración como medida de duración –no en cambio la de un tercero sin derecho a alimentos[107]– sino también en que igual carácter aleatorio tendrán los alimentos y las ayudas y cuidados pactados que serán adecuados las circunstancias de las partes.

Alude a ambos aspectos la SAP de Pontevedra de 27 de diciembre de 2004[108] respecto de un asunto ante ella planteado en vía de recurso para el caso de un cedente que fallece diez días después de pactar un vitalicio, conteniendo cláusula de aleatoriedad de cuidados, argumentando la alimentante haber realizado cuidados con anterioridad a su suscripción, como recoge el Fundamento Jurídico tercero.

> "Ello determina que la nulidad del contrato que nos ocupa por falta de aleatoriedad y de equilibrio en las prestaciones sin que por una parte pueda tenerse en cuenta a los efectos pretendidos las atenciones prestadas antes de su suscripción el 10 de septiembre de 2002 y desde el mes de marzo, las cuales son analizadas correctamente en la instancia debiendo añadir en esta resolución que no está probado que desde entonces se fuera a vivir con su hermana (lo cual tampoco es exigible como condición sine qua non en el vitalicio) entre otras cosas porque cuando firma el contrato de vitalicio manifiesta al Notario un domicilio distinto al de su hermana y pacta que "a la obligación solidaria, simultánea y sucesiva de prestar al primero (cedente) sustento, habitación, vestido y asistencia médica, según su posición social, teniéndole en casa y compañía, si fuera necesario", de lo que no cabe deducir entonces que viva con ella. Pero, por otra parte, las prestaciones anteriores al contrato, con independencia de que la Sala estima que fueron prestadas con ánimo de liberalidad y no excedían de lo normal en el ámbito de una relación estrictamente fraterna, podrán dar lugar a la reclamación correspondiente pero no derivada de la constitución del vitalicio cuyos efectos se producen desde que se perfecciona en adelante".

---

[106] Argumenta PEÓN RAMA, V., *op. cit.* p. 627, que merece una valoración positiva que no se introdujera con la reforma de la Ley gallega una norma a tal efecto ya que puede generarse un gasto muy elevado en cuidados en un plazo muy corto de tiempo, extremo este último que a nuestro juicio es totalmente acertado.

[107] No cabe en la configuración del vitalicio de la ley gallega la toma en consideración a efectos de determinación de su duración de la vida de un tercero que no ocupe o vaya a ocupar la posición de alimentista en dicha relación. En este sentido, *vid.* art. 149.3 LDCG.

[108] Ponente RODRÍGUEZ GONZÁLEZ, *JUR* 2006, marg. 23214.

En igual sentido, muy acertadamente, la SAP de A Coruña de 30 de junio de 2008[109] señala las distintas características del contrato tras la LDCG de 2006.

> "La aleatoriedad, en cuanto se hace depender la permanencia del contrato de un acontecimiento futuro e incierto como es la duración de la vida humana del alimentista (pues la obligación del alimentante se transmite salvo pacto en contrario, conforme al artículo 97 de la Ley de Derecho Civil de Galicia de 1995). Esta aleatoriedad conlleva una incertidumbre sobre el resultado económico, pues la cesión o entrega de bienes realizada puede resultar, a la postre, totalmente insuficiente (quizá en esa circunstancia radica que el Código Civil encuadrase este contrato en el título de los "aleatorios o de suerte")".

Alude, por tanto, no solo a la duración de la vida humana sino también a la variabilidad de las prestaciones.

> "Aleatoriedad que no solo se refiere a la duración, sino también a la variabilidad de las prestaciones, porque no se trata de pagar una pensión fija como en la renta, sino de atender al alimentista, que tendrá unas necesidades variables a lo largo de su existencia; si bien esa atención a la necesidades variables se matiza que debe ser «adecuada a las circunstancias de las partes», por lo que las del alimentista pueden variar (necesidad de auxilio para tareas básicas de la vida la envejecer, mayor atención médica, etcétera), pero también deben considerarse las posibilidades del alimentante".

Esta mutabilidad dependerá de un cúmulo de circunstancias tanto personales, la salud, los padecimientos sufridos, las atenciones requeridas, los desplazamientos precisados y el medio a realizarlos, como de las circunstancias económicas del cesionario o las personales del mismo ya que de devenir enfermo quizá no pueda desarrollar por sí tales actuaciones y deba delegar en un tercero dichos cuidados, contratándolo a tales fines.

En la STS de 26 de mayo de 1997[110] señala la Sala que se encuentra ante un contrato de donación con carga o gravamen encubierto bajo la forma de otro de vitalicio que fue otorgado en escritura pública por el que se transmiten cinco fincas al hijo y sobrino del tutor del incapaz señalándose lo siguiente.

> "En dicho documento, que se inscribió en el Registro de la Propiedad cuatro años después de su otorgamiento, se detalla que los adquirentes se obligan a pagar al Sanatorio Psiquiátrico «S.J.» de Málaga la cantidad

[109] Ponente FERNÁNDEZ-PORTO GARCÍA, *EDJ* 2008, marg. 191524.
[110] Ponente GARCÍA VARELA, *RJ* 1997, marg. 4234.

de quinientas cincuenta y una mil setecientas quince pesetas (551.715 pesetas), adeudadas al centro por la residencia y asistencia de don Ricardo V. G., e, igualmente, a abonar todos los gastos, tanto ordinarios como extraordinarios, entendidos como alimentos y con la amplitud señalada en los artículos 142 y concordantes del Código Civil, que ocasione el internamiento del incapaz hasta su muerte, así como el impedimento de enajenar las fincas referidas en vida de éste".

En su Fundamento de Derecho segundo se indican las escasas probabilidades de vida del alimentista por contar 91 años y los exiguos gastos de mantenimiento del incapaz.

"La presencia de las puntuales particularidades reseñadas acto seguido, incluye lo acaecido dentro de aquellos pactos configurados como ilícitos por el matriz inmoral de la operación de su conjunto y que, de acuerdo con el artículo 1275 del Código Civil, determinan que el contrato, por poseer una causa torpe, no produzca efecto alguno; en este sentido, se tiene en cuenta la formalización del negocio jurídico cuando don Ricardo V. G. contaba 91 años de edad y, por tanto, eran escasas sus posibilidades de prolongación de vida; se valora la ausencia de significado económico auténtico en el convenio, debido a que no era necesario para atender la deuda por asistencia en el sanatorio y los exiguos gastos mensuales de mantenimiento del incapaz, que se podían satisfacer con los recursos de su pensión anual y las utilizadas del dinero obtenido por la venta anterior de una casa en Málaga; y se considera la expresada relación de parentesco entre el tutor y los cesionarios".

En último lugar, señala en su Fundamento de Derecho cuarto que no hay causa onerosa y que no se da la aleatoriedad requerida por ser mayor, enfermo y con escasas probabilidades de vida.

"Estamos ante una relación jurídica desprovista de causa onerosa, que no es posible por la clara desproporción entre la importante aportación patrimonial puesta a cargo de los adquirentes y lo recibido a cambio por el incapaz, tan sólo quinientas cincuenta y una mil setecientas quince pesetas (551.715 pesetas) y unas mensualidades por alimentos de veintiséis mil pesetas (26.000 pesetas) –de las que sólo se devengaron las ocasionadas desde la fecha del contrato hasta el fallecimiento de don Ricardo V. G., cerca de tres meses y medio después–, sin que se diera la aleatoriedad por la avanzada edad de éste, enfermo senil y que, además, padecía una afección crónica mental y, según antes se argumentó, con escasas probabilidades de prolongación de vida".

2.3.2. La proximidad del fallecimiento del alimentista

En la STSJ de Galicia de 15 de diciembre de 2000[111] se trata un contrato de vitalicio suscrito el 6 de junio de 1996 entre un matrimonio con el hijo de su esposa y su mujer, falleciendo el cedente el 19 de junio de 1996. La sentencia de instancia entendió que existía una voluntad disimulada de hacer una donación, mientras que la Audiencia de Pontevedra la revocó manifestando no compartir la afirmación de que no existía *alea* por dos razones que aparecen en el Fundamento de Derecho cuarto.

> "a) no consta que el fallecido supiese la proximidad de su fallecimiento, a pesar de que viniese de estar internado en centros hospitalarios pocos días antes de morir, y b) que en todo caso la voluntad del dueño de los bienes incluía imponer una obligación a los cesionarios de alimentar, además de a él, a su esposa, madre de los obligados, por lo que no puede afirmarse como única conclusión razonable la de disimular una donación ni que la de constituir el vitalicio fuese sólo una simulación de voluntad".

Sin embargo, la Sala en su Fundamento de Derecho octavo indica que llega a una certeza relativa respecto de la proximidad del fallecimiento en base, entre otros, a la urgencia de la formalización del contrato.

> "Prueba directa, fehaciente y categórica de la existencia de urgencia en la formalización del contrato la ofrece la propia escritura en el que se instrumentalizó al expresar el notario autorizante, en cumplimiento sólo parcial del artículo 175.2.c del Reglamento notarial, que no se procedió a la obtención de la información registral a que se refiere el art. 175.1 del vigente Reglamento notarial, por imposibilidad de obtenerla yo, el Notario, y por existir además razones de extrema urgencia o necesidad, que la parte adquirente (sic) me manifestó, y confirma en este momento".

Da trascendencia también, a efectos de tal convicción, al abandono de un centro hospitalario por el cedente, pocos días antes del otorgamiento.

> "Salvo prueba en contrario, y teniendo en cuenta el otorgamiento del contrato por don Gabriel T. en su propio domicilio pocos días después de abandonar el centro hospitalario en el que estuvo internado y su fallecimiento trece días después a su otorgamiento, son circunstancias por sí solas suficientes para poder afirmar, en un deducir lógico, con un máximo grado de certeza, que la causa de la urgencia que se le hizo saber al notario autorizante por la parte requirente –no adquirente– y que éste no expresó

---

[111] Ponente TRILLO ALONSO, *RJ* 2001, marg, 4332.

con la exigible concreción, no era otra que el esperado fallecimiento en fechas próximas del referido señor T. Innecesario es acudir, ante la evidencia a que conduce las circunstancias indicadas, al resultado de una prueba testifical y de confesión poco segura para determinar el estado evolutivo de la sí cierta enfermedad del señor".

Concluye la Sala señalando que las escasas probabilidades de prolongación de la vida impiden apreciar causa onerosa o aleatoriedad entendiendo que la finalidad de dicho contrato fue la siguiente.

"Revestir formalmente un fraude urdido para desposeer a la demandante recurrente de unos derechos hereditarios reconocidos por su padre en extensión mayor que a los legitimarios en su último y definitivo testamento, fraude preconcebido que si tenía por finalidad conceder a la viuda codemandada el usufructo del inmueble que constituía el hogar familiar podía viabilizarse por la vía del usufructo voluntario de viudez (arts. 118 y siguientes de la Ley 4/1995) pero que en realidad pretendía un más amplio designio cual es el favorecer así mismo a título de liberalidad al hijo y nuera de su esposa, ya obligado legalmente el primero a la prestación de alimentos con respecto a su madre, bien es cierto que con la extensión propia de su regulación legal (arts. 142 y siguientes del Código Civil)".

La STSJ de Galicia de 30 de julio de 2004[112] versa sobre un pleito respecto de dos contratos de vitalicio sucesivos, el último de 1995, entre iguales otorgantes en el que entre otros pedimentos, se solicitaba la nulidad respecto del segundo de ellos. La Audiencia Provincial de Pontevedra en apelación confirma la de instancia desfavorable a tal pedimento por entender se había producido una novación extintiva perfectamente válida, justificando el segundo contrato al hacerse las condiciones más gravosas para la alimentante al pasar a vivir en una morada distinta. Señala el TSJ en el Fundamento de Derecho segundo que ambos contratos estipulan la misma prestación.

"«... alimentar, cuidar y asistir con provisión médica, médico-quirúrgica y farmacéutica, así en salud como en enfermedad al cedente mientras viviera y en todo caso dichas obligaciones tendrían la extensión máxima que establece el artículo 142 del Código Civil, a saber, lo que es indispensable para el sustento, habitación, vestido y asistencia médica, dichas prestaciones serán satisfechas por la cesionaria mientras el cedente habitara en su domicilio actual o en el que de común acuerdo fijaran y en la medida en que lo solicitara o precisara el cedente»".

---

112 Ponente SOUTO PRIETO, *RJ* 2005, marg 5282.

El Tribunal Superior entra en los motivos del recurso advirtiendo en su Fundamento de Derecho tercero que el primer vitalicio tiene carácter oneroso pero que el segundo rompe con la aleatoriedad y no tiene causa distinta al primero. Para ello manifiesta que la aleatoriedad del segundo contrato estaba englobada en la del primero.

> "Pero el contrato es también aleatorio y es evidente que si en el primero de ellos se había pactado la prestación alimenticia con la máxima extensión, el cambio de domicilio y la variación de las circunstancias que se mencionan estaban comprendidos ya en aquella estipulación y no se justifica la segunda cesión de bienes a cambio de lo mismo a lo que ya venía obligada la cesionaria. En todo caso, aunque se hiciesen mayores las necesidades del alimentista, esa variación estaría comprendida en la propia aleatoriedad del contrato, que quedaría eliminada en caso de variar la prestación de uno sin variar la prestación del otro".

No obstante, en la STSJ de Galicia de 3 de marzo de 2010[113] tras manifestar su disentimiento con el parecer de la Audiencia que declaraba nulo un contrato por falsedad en la causa al ser calificado como contrato de cesión de bienes por alimentos y como en primera instancia se conceptuó como contrato de vitalicio, nulo además por carecer del requisito de aleatoriedad por entender que lo que se buscaba era una donación remuneratoria, manifiesta que la causa se presume y que es cierta en base al art. 1277 del C.c ya que de la escasa y pobre prueba no se puede concluir otra cosa. Señalaba también la Audiencia que "el vitalicio es un contrato aleatorio en el que es importante el tiempo durante el cual el cedente de los bienes deba recibir alimentos, de suerte que si se conoce que éste será efímero carecerá de un requisito esencial y será, en su caso, otra cosa".

Al entrar el TSJ a valorar la aleatoriedad del contrato, que reconoce sin duda como de vitalicio y, por tanto, oneroso al tiempo que aleatorio, señala que debe examinar si existió o no aleatoriedad que determine o no, en su caso, la nulidad por falta de causa como indica en el Fundamento de Derecho quinto. Advierte que, en ese caso, no hay elementos fácticos que la excluyan con contundencia.

> "Nada hay en la literalidad de sus cláusulas, prevenciones del alimentista incluidas respecto a la resolución del contrato, que nos haga dudar de su validez intrínseca. Entendemos, por otro lado, que es del todo lícito y lógico que quien se ve aquejado de una enfermedad grave, o si se quiere terminal, pretenda pasar el resto de sus días en compañía de aquellas personas a las que, como es del caso, está unida por lazos familiares y afectivos, que lo vienen cuidando, recibiendo de éstas los cuidados, atención y afecto, de los que se ve precisado en dichos momentos de su

[113] Ponente SAAVEDRA RODRÍGUEZ, *EDJ* 2010, marg. 122260.

existencia. Cuidados y atenciones que le son dados en la propia vivienda de los alimentantes donde falleció, en correspondencia a los bienes recibidos".

Realiza también ciertas consideraciones respecto de otros contratos aleatorios.

"Debemos significar que esas características propias del contrato deben ser tomadas en consideración al respecto, pues su peculiaridad le aleja de otros contratos aleatorios en los que el aleas debe ser medido con mayor rigor por primar en ellos fundamentalmente el carácter meramente sinalagmático de las contraprestaciones, que como indica el art. 1790 del CC dependen simplemente de un acontecimiento incierto o que ha de ocurrir en tiempo indeterminado, lo que refuerza la mera aleatoriedad, o suerte en su caso, como causa del contrato (ver, entre otras, STSJG de 17-1-2002 y 25-6-2009)".

Establece, asimismo, una comparativa con el contrato de renta vitalicia.

"Contaríamos con un parámetro objetivo, legalmente establecido para el contrato de renta vitalicia en el art. 1804 del CC, que determina la nulidad por ausencia de aleatoriedad si la renta se constituye sobre la vida de una persona que al tiempo del otorgamiento se halle padeciendo una enfermedad que llegue a causar su muerte dentro de los veinte día siguientes al otorgamiento del contrato. En el caso presente se ha superado dicho límite temporal (28 días)".

Alude la propia sentencia a que la Sala sólo había tenido la oportunidad de decretar la nulidad de un contrato de vitalicio en sentencia de 15 de diciembre de 2000. El contrato se otorgó en el domicilio del fallecido después de abandonar el centro hospitalario falleciendo el otorgante a los 13 días de la formalización del contrato. La edad del alimentista y la extrema urgencia para el otorgamiento del contrato manifestada por el adquirente al Notario, junto con otros datos, llevaron a la Sala a presumir que la finalidad del contrato era la de desheredar a la demandante, única hija reconocida del alimentista, a favor de la cual había otorgado testamento con anterioridad en el cual la instituía única y universal heredera por lo que concluye que existió fraude en dicho caso. Sin embargo, a diferencia de ese, respecto del caso que se juzga manifiesta lo siguiente.

"No ocurre así en el caso que nos ocupa, pues ni el finado Sr. Fausto consta que estuviese hospitalizado, sino simplemente a tratamiento médico, ni el contrato se otorgó en el domicilio sino en sede notarial, ni que falleciese dentro del plazo de veinte días que abocarían a la nulidad por aplicación analógica del art. 1804 CC, ni, por último se alegaron al otorgar

> el contrato causas de extrema urgencia por parte del alimentante como ocurrió allí, sino que por ambas partes contratantes se alegó mera urgencia y se prescindió de la información registral por parte de la comparadora por conocer la situación jurídica del inmueble (sic en el contrato). El prescindir de la información registral es por demás práctica no infrecuente en la contratación ante notario".

Procede, en consecuencia, a confirmar la resolución dictada en primera instancia y a su calificación como contrato de vitalicio.

En último lugar, es preciso señalar que como posibilidades de mejora respecto de la regulación anterior del vitalicio en el texto gallego de 1995, y respetando la onerosidad, la aleatoriedad, el carácter meramente personal y la autonomía de la voluntad modalizada por la necesaria protección de los alimentistas, se apuntaba en el *III Congreso de Dereito Galego* celebrado en A Coruña, de 27 a 29 de noviembre de 2002, como tercera conclusión[114] el *potencia-lo carácter oneroso-aleatorio do contrato, especialmente en conexión co fenómeno sucesorio, permitindo expresamente o vitalicio entre parentes (incluido o caso de pais e fillos)* tal y como aparece plasmado en el art. 149.1 de la LDCG de 2006.

2.4. El carácter personal

El carácter personal de este contrato es patente tomando en consideración la prestación que el cesionario realizará para el cedente tanto alimenticia como de ayudas y cuidados, incluso los afectivos, como a la inversa. Tal carácter se manifiesta también dada la voluntad de cumplimiento implícita en el contrato para ambas partes y, más concretamente, por la necesidad que el cesionario tiene respecto del cedente para que éste contribuya con su conducta a permitir que el deudor realice las prestaciones que sean adecuadas, de acuerdo con lo pactado y respetando el contenido mínimo señalado por la Ley. Es claro que una falta de entendimiento, una inadecuación de caracteres, una dificultad en la convivencia, si se hubiese ésta pactado, devendrán causa de incumplimiento o de resolución. Incluso de no haberse pactado la convivencia pero sí los cuidados puede producirse el mismo resultado, por ejemplo, por divergencia en los criterios a seguir para las atenciones médicas o las actividades cotidianas de que se encargue el alimentante.

[114] VV.AA. "III Congreso..., *op. cit.*, Foro Galego, 2003, p. 354.

2.4.1. La necesaria cooperación para el cumplimiento de las prestaciones

La persona o personas que sean acreedoras han de cooperar con los deudores permitiéndoles realizar las prestaciones pactadas en la forma y tiempo señalados, en su caso. De ahí la esencial confianza que ambas partes han de tenerse recíprocamente y que tendrá su origen, en unos casos, en una previa relación de conocimiento, ya sea por razón de vecindad, de parentesco más o menos próximo, de liberalidad o incluso derivada de una relación de tipo contractual previa por existir, por ejemplo, una relación laboral, mercantil o civil que llevase a realizar labores semejantes a las partes y que por la cordialidad entre ellas, les condujese a desear la configuración de su relación en base de contrato de vitalicio. No resulta extraña en la actualidad la configuración de un contrato de vitalicio entre padres e hijos[115].

De esa previa relación de conocimiento, ya sea con un familiar, ya con un extraño, devendrá habitualmente la relación de recíproca confianza entre las partes que asentará este contrato. No sólo las razones personales de cordialidad en el trato, capacidad para realizar debidamente las prestaciones pactadas, en especial las de corte afectivo, los datos físicos del alimentante o las afinidades entre ellos, serán determinantes sino también, como más adelante veremos, su entorno familiar[116] o su capacidad económica para hacer frente a las obligaciones asumidas. E, incluso, frente a un posible incumplimiento toda vez que de producirse tal incumplimiento el alimentista se dirigirá en una acción personal contra el cesionario para exigirle la realización de la prestación pactada, al tratarse de un derecho de crédito de naturaleza personal[117], del cual éste responderá, de acuerdo con el principio de responsabilidad patrimonial universal, con todos sus bienes presentes y futuros, pudiendo pactar las partes otras posibles formas de garantía adicional. Sin perjuicio ello de lo dispuesto en el art. 156 por el legislador gallego respecto de la restitución de los bienes y derechos cedidos aunque conviene tener presente la dificultad que pueden presentar en algún caso las obligaciones pactadas, particularmente las afectivas, en cuanto a su cuantificación económica[118].

---

[115] El art. 149.2 de la vigente ley gallega no sólo lo permite en dicho grado sino entre ascendientes y descendientes sin limitación en cuanto al grado de parentesco entre ellos, aunque guarde silencio respecto de los cónyuges o de las parejas de hecho constituidas o no según lo dispuesto en la Disposición adicional tercera de dicha Ley.

[116] A los efectos de lo dispuesto en el art. 153.1 de la norma gallega que considera como posible causa de resolución contractual a ejercitar por el cedente, entre otras, la conducta injuriosa o vejatoria grave no sólo del alimentante sino también de su cónyuge, pareja o hijos que convivan aunque no sean parte del contrato.

[117] DELGADO DE MIGUEL, J.F.:" Perfiles jurídicos de un contrato de asistencia rural; la cesión de bienes a cambio de alimentos", *Homenaje a Juan Berchmans Vallet de Goytisolo.* Vol. V. Madrid, 1988. p. 175 y ss.

[118] NUNEZ ZORRILLA, M.C., *op. cit.*, p. 41.

Se puede observar esta necesidad de convivir de forma armónica en cuanto a gustos y tendencias en la STS de 9 de julio de 2002[119], en la que se trata de un contrato suscrito en escritura pública por dos cónyuges respecto de otros esposos, que ellos denominan de cesión de bienes a cambio de alimentos. Consiste, en cambio, en un vitalicio, dándose la circunstancia de que al fallecer uno de los alimentistas, su mujer continúa con la convivencia con los alimentantes pero decide al año ir a Madrid a casa de sus hermanos, sin retornar, pretendiendo posteriormente una compensación económica amén de otros requerimientos. El Fundamento Segundo de dicha sentencia refiere el argumento de la sentencia recurrida, narrándolo, para después señalar que no lo comparte.

> "La sentencia recurrida argumenta que «la particularidad de los vitalicios es la de vivir "en familia", es decir, la de la prestación de asistencia, atención y cuidado y sobre todo cariño a la persona acogida ya que no se entiende una convivencia o atención no deseada por alguna de las partes contratantes», y que «la rotura de ese vínculo de afecto, con toda seguridad producido por la intervención de otros familiares de la demandante, residentes en Madrid, constituye un ataque a la "línea de flotación" de tal convenio fundado tanto en el afecto como en el interés, que hace imposible su vigencia, por lo cual, más que la imposición del acuerdo, no querido por una de las partes, lo que procede es el de determinar las consecuencias jurídicas del desacuerdo que se concretan en que una de las partes prestó una atención a la otra a cambio de nada cuando lo acordado era una contraprestación: la cesión de bienes".

Continúa exponiendo la Sala que, sin embargo, es la actora la que vulnera la convivencia alimenticia pactada al mantener una conducta obstativa.

> "En estas circunstancias, no cabe la permanencia del sistema alimenticio convenido en los estrictos términos pactados, pues no se puede obligar a quién no quiere en una relación como la que nos ocupa, donde, por encima de lo establecido, de ámbito económico o patrimonial, incide el necesario ajuste de dos o más personas en carácter, costumbres o aficiones para lograr la convivencia, es decir, en lo que se denomina congeniar, por lo que procede acercarse a la petición principal de la demanda, consistente en el abono de una cantidad para cubrir las necesidades de la actora, que, aunque no está recogida en el contrato, constituye la respuesta a la problemática, mediante la aplicación analógica del artículo 149 de Código Civil".

[119] Ponente GARCÍA VARELA, *RJ* 2002, marg. 5904.

2.4.2. *Limitaciones al pacto de convivencia*

La posibilidad de una pluralidad de alimentistas aparece en el texto de la Ley gallega[120] con lo cual de todos ellos se predicará dicho carácter personal al igual que sucederá con los supuestos de pluralidad de obligados alimentantes.

En cambio, no será necesaria respecto del cedente que no ostente el carácter de alimentista por haberse concluido el contrato a favor de un tercero que acepte dicha estipulación respecto del cual si se deberán tomar en consideración sus cualidades personales. En la LDCG de 1995 al no darse la novación subjetiva en la persona del alimentante, salvo pacto expreso entre las partes a tal efecto, no cabía la posibilidad de que el alimentista, ya fuese parte en el contrato ya tercero beneficiario, se encontrase con una situación inesperada respecto del obligado a las prestaciones de alimentos y asistencia toda vez que la posición del deudor de alimentos era irremplazable[121], aunque ya no lo es en la actual LDCG de 2006[122].

Todo ello sin perjuicio de que el alimentante pueda utilizar personal adecuado para realizar la prestación de que se trate, si nada se pactó en contra, al efecto de realizar distintas actuaciones como, a modo de ejemplo, las de cocinar, servir, masajear, prestar asistencia médica o de otra clase, etc. Incluso mediante pacto expreso entre las partes y al amparo del 1255 del Cc cabría limitar las personas, ya por parte del alimentante, ya por la del alimentista, que convivan en el domicilio en el que se encuentre el alimentista, de haber pacto de convivencia La razón de ser de tal cláusula no es otra que la de evitar conflictos, por ser bastante habitual el que surjan tensiones derivadas de fricciones con otros convivientes no alimentantes o incluso con otros alimentistas que traigan su cualidad de un diferente contrato suscrito por los mismos sujetos alimentantes, salvo que se hubiera pactado la exclusividad.

2.4.3. *Del carácter personalísimo al carácter personal*

Como anticipamos, la posición del acreedor de alimentos era intransferible por ser un derecho estrictamente personal, salvo pacto entre las partes y sin

---

[120] Así se alude a esta posibilidad en los art. 149 en sus números 2 y 3 ó en el art.153.3 para referirse a cónyuges alimentistas.

[121] En este sentido RODRÍGUEZ LÓPEZ, F.: "La cesión de bienes a cambio de alimentos: el contrato de vitalicio". *Estudios en Homenaje a Juan Berchmans Vallet de Goytisolo.* Vol III. Madrid, 1988, p. 721 y ss.

[122] La LDCG de 1995 señalaba en su art. 97 que "la obligación de prestar alimentos… será transferible a los herederos o legatarios del obligado a satisfacerlos"diferenciándose así de la LDCG de 2006 que en su art. 151 establece como regla general la transmisión a los sucesores del alimentante, salvo pacto.

perjuicio de la previsión del art. 97 de la LDCG ya que no regía la prohibición establecida en el art. 151 del Cc en sede de alimentos entre parientes. Para su transferencia se requeriría ese previo consentimiento y la puesta en conocimiento del mismo a los efectos de realizar correctamente la prestación.

La STSJ de Galicia de 2 de diciembre de 1997[123] respecto de un contrato celebrado con anterioridad a la LDCG de 1995 trata acerca del carácter personalísimo e intransferible de los derechos y obligaciones de tal carácter dimanantes del vitalicio para, a continuación, contraponerlos respecto de la acción resolutoria por incumplimiento, señalando que ya había nacido antes de la muerte de la alimentista y era susceptible de transmisión a su heredera por ser valuable económicamente, como indica en su Fundamento de Derecho tercero.

> "La cuestión debe analizarse a partir del hecho probado del incumplimiento del contrato por parte del recurrente con anterioridad al 31 de julio de 1989 (fundamento primero de la resolución objeto de recurso), que por no rebatido en forma debe permanecer inalterable y que el fallecimiento de doña Asunción L. L. ocurrió con posterioridad, concretamente el 7 de julio de 1990, habiendo otorgado testamento en aquella fecha, en el que instituía heredera universal a su hermana, la aquí actora, y en el que estableció que era su deseo que si la muerte la sorprendiese en trámite para alcanzar la nulidad del contrato de vitalicio o preparando la demanda a tal fin, que el heredero o heredera continúe el ejercicio de dicha acción resolutoria o de nulidad de dicha escritura.
>
> Con independencia de la intención cierta de la causante de resolver el contrato y de que no hay constancia de si se habían o no iniciado los trámites para interponer la demanda, a lo que se une su enfermedad y muerte al relativamente poco tiempo de otorgar el testamento, con todo el valor interpretativo que ello tiene, como pone de relieve tanto la resolución de instancia como la de apelación, es lo cierto que la limitación que impone el precepto que se dice infringido (artículo 1257 del Código Civil) a la norma general de transmisibilidad de bienes y derechos por causa de muerte (artículo 659 del propio Cuerpo Legal) y más concretamente la de los efectos de los contratos, no es sino que una norma de tipo especial que por tanto es preciso interpretar restrictivamente , y en el caso concreto que nos ocupa se limita sólo a los derechos y obligaciones de tipo personalísimo derivados del contrato de vitalicio –que es de estructura compleja en cuanto a las obligaciones y derechos que genera– como lo puso de manifiesto la Sentencia del Tribunal Supremo de 2 julio 1992, dictada en un caso semejante, al sentar que: «... la acción resolutoria por el incumplimiento de obligación recíproca ya había nacido y era susceptible de transmisión hereditaria, al ser de carácter económico y no personalísimo ...» siguiendo el criterio general de transmisibilidad de las obligaciones y

[123] Ponente SAAVEDRA RODRÍGUEZ, *RJ* 1998, marg. 8251.

derechos nacidos de vínculos contractuales (entre otras, SSTS 12 mayo 1959 y 14 noviembre 1986)".

Conviene señalar que a estos efectos son profundas las diferencias que separan el tenor literal de la LDCG de 1995 respecto de la LDCG de 2006 en relación a la transferencia de derechos y de obligaciones a los herederos del alimentista y del alimentante. La posibilidad de transmisión de derechos a los herederos del alimentista parecía presente en el antiguo art. 97 junto con la no necesaria transmisión a los herederos o legatarios del obligado a satisfacer alimentos. La actual redacción del art. 151 que trata de dicha materia parece resolver tales dudas[124], como más adelante veremos.

Ello no obstante y con la vigente legislación, las partes pueden configurar un contrato por el cual se establezca un carácter personalísimo del alimentante excluyendo así la transmisión *mortis causa* de la obligación del alimentante a sus herederos para el caso en que éste fallezca sin haberse extinguido el contrato o permitiéndola pero preconfigurando quienes serían la concreta persona o personas que realizarían tal sucesión. Aunque la doctrina parece renuente a la calificación de *intuitu personae*[125] de este contrato con carácter general, las circunstancias personales de los contratantes son de mucho peso a la hora de concluirlo por lo que existirán abundantes supuestos en los que una cláusula en tal sentido funcione como un dato esencial para la conclusión del contrato.

Ahora bien, ha de tenerse en cuenta que entre las conclusiones de la sección V respecto del contrato de vitalicio[126] del *III Congreso de Dereito Galego* celebrado en el 2002, se señalaba una variación de ese carácter personalísimo a un carácter meramente personal puntualizando que "*no relatorio só se tentou unha reforma desde esta óptica, é dicir, unha proposta de reforma que mellore o "uso" e o futuro da norma, respectando simultáneamente o espírito da institución e especialmente as notas de función asistencial (cun contido mínimo), a onerosidade, a aleatoriedade, o carácter meramente persoal e a autonomía da vontade modalizada pola necesaria protección dos alimentistas*".

De esta manera, queda plenamente justificada, a nuestro juicio, tanto en base al actual texto legal, como a las opiniones antes reseñadas, la posibilidad

---

[124] El art. 151 LDCG de 2006 señala que la obligación alimenticia dura hasta el fallecimiento del alimentista (desapareció el "salvo que se acuerde otra cosa) y añade que, se transmitirá, salvo pacto en contrario, a los sucesores (en vez de a herederos o legatarios) del obligado a prestarlos.

[125] CHILLÓN PEÑALVER, S., *op. cit.* p. 59 considera que puede decirse que el contrato de vitalicio es un contrato que habitualmente se celebra *intuitu personae*. BELLO JANEIRO, D., *op. cit.*, p. 235, indica ser este contrato *intuitu personae* por tener su fundamento "en la confianza mutua que ambas partes se profesan" y señala la especial notoriedad de tal carácter si existe pacto de convivencia entre las partes. MESA MARRERO, C., *op. cit*., p. 43, señala, en cambio, su carácter personal incluso cuando se incluya la convivencia de alimentante y alimentista.

[126] VV.AA. "III Congreso ..., *op. cit*., Foro Galego, 2003, p. 354.

de pactar la intransmisibilidad *mortis causa* e incluso una sucesión *inter vivos* que, a diferencia de su prohibición en el derecho común[127], es admisible en el Derecho civil de Galicia[128], o la restricción de la transmisibilidad de la posición del cesionario o de incidir en la intransmisibilidad de la posición del cedente alimentista, señaladas como posibilidades de mejora en dicha conclusión tercera y trasladadas a la actual legislación.

[127] Recuérdese que el art. 1271 del Cc al regular el objeto del contrato dispone en su párrafo segundo que "sobre la herencia futura no se podrá, sin embargo, celebrar otros contratos que aquellos cuyo objeto sea practicar entre vivos la división de un caudal y otras disposiciones particionales, conforme a lo dispuesto en el art. 1056" no siendo, por ello, admitida la sucesión *inter vivos* en el ámbito del derecho común, dada la prohibición tajante de los pactos sucesorios, cabiendo excepciones a tal regla en el caso de la división de caudal *ex* art. 271 Cc, la donación de bienes presentes por razón de matrimonio entre aquellos que lo van a contraer *ex* art. 1341 Cc y, finalmente, las promesas de mejorar o de no mejorar comprendidas en los art. 825 y ss del Cc Resulta de interés, en este sentido, el estudio realizado por FERNÁNDEZ HIERRO, J.M.: *Teoría general de la sucesión. Sucesión legítima y sucesión contractual*,.ed. Comares, Granada, 2007, p. 449 y ss.

[128] La LDCG de 2006, en el capítulo III del título X, trata los pactos sucesorios tras disponer en su art. 181 que "la sucesión se defiere, en todo o en parte, por (…) 2° cualquiera de los pactos sucesorios admisibles conforme al derecho". Señala el art. 209 del mismo texto que "sin perjuicio de los que fueran admisibles conforme al derecho, de acuerdo con la presente ley son pactos sucesorios: 1° Los de mejora. 2° Los de apartación". Para un estudio más detallado de los mismos *vid.* ORDÓÑEZ ARMÁN, F.M., PEÓN RAMA, V.J. Y VIDAL PEREIRO, V.M.: Capit III. De los pactos sucesorios. Sección 1ª Disposiciones generales, en *Derecho de sucesiones y y régimen económico familiar de Galicia: comentarios a los Títulos IX y X y a la Disposición adicional tercera de la Ley 2/2006, de 14 de junio y a la Ley 10/2007, de 28 de junio*, volumen I, Colegio Notarial de Galicia y Colegios Notariales de España, ed. Consejo General del Notariado, Madrid, 2007, p. 331 y ss.

CAPÍTULO II.
LAS PARTES INTERVINIENTES Y LOS TERCEROS EN EL CONTRATO

En el contrato de vitalicio encontraremos, como regla general, dos partes contratantes. De un lado, la parte cedente, compuesta por una o varias personas que realizan la cesión de determinados bienes o derechos de cualquier clase y a favor del cual o de los cuales se realizará la prestación de la contraparte, esto es, del cesionario que se obliga en base al contrato a realizar la prestación de alimentos convenida a favor del cedente o cedentes. Conviene recordar que en la composición de la parte cesionaria cabe tanto una configuración única como múltiple con el régimen que posteriormente se verá.

El cedente[129] tiene, además, un carácter determinante respecto de la prestación a realizar de alimentos, atenciones y cuidados, ya que será su vida[130], su existencia, la que será módulo sobre el cual se determinará la duración del contrato de vitalicio convirtiéndole en acreedor de dicha prestación hasta su fallecimiento.

Puede suceder que el beneficiario de la prestación de alimentos sea un tercero[131], una persona distinta del cedente, que sin transmitir bienes o derechos, sin embargo, devenga acreedor de la prestación de alimentos pactada, configurándose así el contrato como un contrato de vitalicio con estipulación a favor de tercero a la cual hace expresa referencia el art. 149.1 de la LDCG[132]. Esta estipulación a favor de tercero se constituiría a la vista de los dispuesto

---

[129] REBOLLEDO VARELA, A.L., *op. cit.*, p. 858, señala al respecto que ni el Código Civil ni la jurisprudencia ni la Ley 4/1995 exigían que cedente y alimentista fueran una misma persona.

[130] Al disponer el art. 143.3 de la LDCG que la vida en cuya contemplación pueda constituirse el vitalicio será, únicamente, la del alimentista o alimentistas.

[131] DÍEZ PICAZO, L. y GULLÓN BALLESTEROS, A.: *Sistema de Derecho civil,* vol II, 9ª ed. Ed. Tecnos, Madrid 2010.

[132] Señala dicho artículo, admitiéndolo en forma expresa, que el vitalicio se podrá constituir a favor del cedente de los bienes o de un tercero, en cuyo caso, como ya se indicó, será la vida de este alimentante y no la del cedente la que será tomada en consideración como módulo de vida a contemplar de acuerdo con el art. 149.3 del mismo cuerpo legal. PEÓN RAMA, V., *op. cit.,* p. 635, considera que sólo el arrastre histórico y la confrontación con la renta vitalicia justifican la

en el art. 1257, párrafo 2º del Cc, como una excepción al principio general de que el contrato sólo produce efectos entre los otorgantes y sus herederos, que toma su base en el principio de autonomía de la voluntad para contratar que se consagra en el art. 1255 del Cc La aceptación del tercero no es requisito para que la perfección del contrato pues el tercero no es parte del mismo pero, no obstante, dicha aceptación es requisito fundamental para que el contrato despliegue todos sus efectos. El beneficiario mediante la aceptación expresa o tácita, ostentará un derecho de crédito para exigir el cumplimiento de dicha prestación estipulada a su favor.

Del contrato celebrado entre cedente y cesionario, las dos únicas partes del contrato[133], nace un derecho subjetivo a favor de este tercero de tal manera que éste podrá exigir su cumplimiento al obligado de la prestación siempre que le hubiese hecho saber su aceptación[134] antes de que la estipulación haya sido revocada. Aceptándola, desplegará efectos para él el negocio y será su vida la tomada como módulo de cálculo de la duración del contrato de vitalicio, siendo esta la otra posibilidad que cabe en el diseño realizado en el art. 149.3 del texto gallego. Como señalamos la aceptación puede ser expresa o tácita[135] y recepticia.

---

necesidad de una norma específica en la Ley 2/2006 ya que en lo restante las cuestiones que puedan plantearse se resolverán por remisión a la doctrina general sobre esta figura.

[133] No compartimos la opinión de que el contrato de vitalicio se concierta entre alimentista y alimentante, para los casos en que el alimentista no es el cedente, como parece desprenderse de la opinión formulada por BUSTO LAGO, J.M., *op. cit*, p. 11, al señalar que "el contrato de vitalicio se concierta entre un sujeto que tendrá la condición de alimentista y que puede, o no, coincidir con el cedente de los bienes o de derechos y el sujeto que se obliga a prestar los alimentos-alimentante– y que tiene la condición de cesionario de aquellos bienes y derechos" toda vez que de no realizar aportación es tercero y no parte del contrato.

[134] CHILLÓN PEÑALVER, S., *op. cit.*,p. 224, advierte que se admite por la doctrina que no sólo alguna estipulación sino todo el contrato se estipule a favor de tercero.

[135] Respecto de la constancia en escritura de la aceptación de la estipulación a favor de tercero se ha de tener en cuenta lo dispuesto en el Reglamento Notarial, aprobado por decreto de 2 de junio de 1944 que dispone en su art. 176.2 que "La aceptación de la oferta a que se refiere el artículo 1262 y de la estipulación a favor de tercero del artículo 1257, la ratificación del párrafo 2º del artículo 1259, todos del Código Civil, y, en general, la adhesión a todo negocio jurídico, cuando en las escrituras matrices no aparezca la nota que las revoque o desvirtúe y la Ley no exigiere expresamente el requisito de la unidad de acto, podrán formalizarse mediante diligencia de adhesión en dichas matrices, autorizada dentro de los sesenta días naturales a contar desde la fecha de su otorgamiento, o en escritura independiente, sin sujeción a plazo".

Debe además añadirse el art. 178 3º de dicho Reglamento que fue modificado por el RD 45/2007, de 19 de enero según el cual "se hará constar al final o al margen de la escritura matriz, por medio de nota, que deberá ser transcrita en cuantas copias de cualquier clase sean libradas en lo sucesivo: (…) 3º Las de adhesión a que se refiere el párrafo 2º del artículo 176 anterior, cuando aquélla conste en escritura independiente".

Señala su párrafo 2º que "el notario que autorice alguna de las escrituras comprendidas en los tres primeros números anteriores lo comunicará telemáticamente al notario en cuyo protocolo se hallen las matrices que contengan los negocios a que la nueva escritura afecte mediante el sistema de información Central del Consejo General del Notariado. El notario que reciba la comunicación

Aparecen así configurados en la LDCG de 2006 respecto del contrato de vitalicio [136] tres sujetos: el cedente (sea alimentista o no), el cesionario como lo denomina la LDCG o alimentante y el alimentista (sea o no cedente) si bien como partes en el contrato sólo encontramos al alimentante y al alimentista, propuesta que, a nuestro juicio, es la más correcta.

Para una mayor claridad expositiva se utilizarán sin embargo, dado el ámbito legislativo tratado, las expresiones utilizadas por el legislador gallego matizadas, de ser necesario.

1. EL CEDENTE

El cedente en el contrato de vitalicio es la persona que, como tal denominación indica, realiza la cesión de bienes o derechos generalmente para recibir a cambio la prestación mixta de dar y hacer consistente en alimentos y cuidados en cuyo caso, coinciden en la persona las cualidades de cedente y alimentista.

En este supuesto, como resulta obvio, se ha de tratar exclusivamente de una persona física ya que no cabe que una persona jurídica pueda recibir una prestación de cuidados y atenciones incluso afectivos. Al tener que realizar actos de disposición de bienes debe tener plena capacidad de obrar y poder de disposición sobre tal bien o derecho[137], tratándose de un mayor de edad no incapacitado[138].

En la jurisprudencia se encuentra un variado repertorio de supuestos respecto del cedente en el contrato de vitalicio. Una única persona, un matrimonio, madre e hijos pero quizá las más son aquellas en que nos encontramos a un persona de edad avanzada que cede sus bienes a cambio de recibir alimentos y cuidados ya sea por razón de soledad, de enfermedad inmediata y grave para la que requiere ciertos cuidados o bien porque se sienta mayor y desee estar atendido.

---

lo hará constar al margen por nota indicativa de la fecha de la segunda escritura y el nombre y residencia del notario autorizante. Si la primitiva matriz obrase en el mismo protocolo del notario autorizante del último documento, él mismo pondrá la nota".

[136] BELLO JANEIRO, J., *op.cit.*, p. 220 y ss., hace referencia a que en ninguno de los preceptos de la actual LDCG dedicados al contrato se especifica de modo concreto las partes contractuales y su denominación proponiendo como más correcto denominar al obligado a la prestación principal de alimentos "cedente" aunque propone como más ajustada la de "alimentante" considerando pintoresca la normativa de la Ley gallega de 1995, fruto de la combinación, según indica, de los dos textos propuestos al Parlamento, pero señalando que el texto actual en su conjunto ha mejorado la redacción.

[137] Al disponer el art. 1160 del Cc que de tratarse de obligaciones de dar, como sucede en este caso, no será válido el pago por aquella persona que no tenga la libre disposición de la cosa debida y capacidad para enajenarla.

[138] Arts. 322 y 1263 del Cc.

1.1. Capacidad de obrar

En este grupo de supuestos, lo que generalmente se plantea a la hora de impugnar esos contratos por ciertos parientes es el estado mental de la persona que los suscribió.

Podemos observar en la SAP de Pontevedra de 19 de julio de 2009[139] instando la nulidad de un contrato de vitalicio celebrado el 19 de marzo de 2001 contra una cesionaria que a su vez, había promovido declaración de incapacidad de la cedente el 7 de noviembre de 2000 de la cual desistió por fallecimiento de la misma el 4 de abril de 2001. La Audiencia aprecia vicio del consentimiento "por inexistencia" declarando la nulidad del contrato de vitalicio sin entrar en otros motivos alegados de nulidad. Concretamente la cesionaria al instar la declaración de incapacidad decía de la que sería su cedente como se recoge en el Fundamento de Derecho segundo, c.

> "c) Con fecha 7 de noviembre de 2000, la cesionaria Dª Maite, demandada en la presente litis, presentó demanda sobre declaración de incapacidad de Dª Daniela, haciendo constar en los hechos:
>
> Desgraciadamente, Daniela, se encuentra aquejada de demencia senil, dicha enfermedad le impide valerse y gobernarse por sí misma en cuanto a su persona y bienes, incapacidad de obrar que de no ser legalmente subsanada podría irrogar graves perjuicios a la propia persona del enfermo, a sus intereses y a los de la sociedad en general".

Señala la sentencia que se admite la posibilidad de que se pueda efectuar prueba en contrario de la presunción de capacidad y del juicio notarial que demuestre la situación de incapacidad real de la otorgante y señala al respecto tres informes médicos a lo largo de dos años.

> "a) El Dr. Fernando, informa en fecha 25 de noviembre de 1999, que Dª Daniela, de 78 años de edad, "padece de arterioesclerosis cerebral que evoluciona hacia una demencia senil" y hace constar "la necesidad de que una persona se ocupe de ayudarla en los cuidados médicos y en su vida doméstica".
>
> b) Con fecha 25 de septiembre de 2000, el Complejo Hospitalario "X.C." informa en los términos siguientes: "paciente que presenta desde hace más de un año, deterioro importante de funciones superiores, sobre todo desde hace cinco meses, en que no es capaz de caminar, de comer por sí misma, de asearse, ni de mantener una conversación. No reconoce a sus familiares", concluyendo como juicio clínico: "Demencia muy evolucionada, probable enfermedad Alzheimer".

---

[139] Ponente CARRERA IBARZÁBAL, *JUR* 2007, marg. 307042.

d) El Servicio de Medicina Interna del Hospital "N.", con fecha 19 de febrero de 2001, señala, como "Antecedentes personales "deterioro cognitivo moderado-severo" y en cuanto a la exploración, consigna "consciente, desorientada, demenciada".

Cabe expresar que, como es sobradamente conocido, existe una presunción de plena capacidad de obrar del mayor de edad toda vez que cumpla los dieciocho años y sin que se recurra de nuevo al dato de la edad para realizar una restricción de dicha capacidad. Asi, la SAP de A Coruña de 30 de septiembre de 2004[140] que dispone en su Fundamento de Derecho tercero.

> "Dado que las partes en alzada insisten en la cuestión referida a la capacidad de D. César para prestar su consentimiento en el momento del contrato, hacemos nuestros íntegramente los razonamientos contenidos en el fundamento de derecho tercero de la sentencia, en el que a la vista del informe pericial del Dr. B. y de la declaración testifical del Dr. V., se afirma que no se acreditó que el fallecido tuviese mermadas sus facultades mentales para otorgar el contrato, y sabido es que la capacidad de las personas se presume, por lo que la impugnación del acto del que se tacha de incapaz exige prueba de su falta de aptitud para querer y entender en el momento de contratar, prueba que en el supuesto de autos no existe".

Dichos razonamientos, entre ellos, el que señala que sólo una prueba concluyente destruye la presunción de capacidad mental, así como el fallo de la Audiencia se confirmaron por STSJ de Galicia de 29 de abril de 2004[141].

1.1.1. Discapacidad

Conviene recordar que la práctica y las estadísticas demuestran que un número elevado de mayores y grandes mayores sufrirán discapacidades, dentro de las cuales no será la menor la demencia senil o el Alzheimer, careciendo el ordenamiento español de una adecuada respuesta a dicho fenómeno, ya que la por el momento única posibilidad es la incapacitación judicial[142]. De no existir tal incapacitación por no haber sido solicitada, podemos encontrar a un sujeto que tenga limitada o mermada su capacidad volitiva aunque se le presume plena capacidad de obrar.

---

[140] Ponente HERRERA DE PADURA, *AC* 2004, marg. 372.

[141] Ponente SANDE GARCÍA, *EDJ* 2004, marg. 283650.

[142] Sobre la incapacitación *vid.* GULLÓN BALLESTEROS, A.: "Capacidad jurídica y capacidad de obrar", en *Los discapacitados y su protección jurídica*, CGPJ, Madrid, 1999, p. 13 y ss; MARTÍNEZ DÍE, R., "Los discapaces no incapacitados. Situaciones especiales de protección" en *Estudios de derecho judicial*, nº 22, 1999, p. 173 y ss.

A nuestro juicio, debería existir una precaución probatoria respecto de su capacidad por los otorgantes a los fines de prever una posible impugnación, ya por la vía de la nulidad con lo que conlleva respecto del ejercicio de acciones y plazo para poder ejercitarla, como de una anulabilidad. Parece, quizás, lo más idóneo acompañar informes médicos que acrediten una capacidad suficiente para tal toma de decisiones en aplicación de un protocolo generalmente considerado como válido del tipo del "Documento Sitges" de 2005 o la versión de 2009 en el cual se reflexiona por un grupo de profesionales, incluidos juristas, entre capacidad y autogobierno y, por ello, sobre la toma de decisiones para el caso de una demencia indicando, entre otras, las condiciones neurológicas para poder tomar decisiones en la esfera personal y patrimonial.

1.1.2. Enfermedad grave

Dentro de los posibles supuestos jurisprudenciales encontramos aquellos casos en los que el cedente es un persona con un enfermedad grave que desea ser atendida, entendiendo cierta jurisprudencia el que por ello puede faltar el requisito de la aleatoriedad sin perjuicio de entrar en la onerosidad. De alguna manera se transmite la sensación de que el vitalicio no es la solución para un enfermo terminal con unas expectativas de vida limitadas, de manera que se genera una prohibición de contratación de forma intrínseca en relación al contrato de vitalicio de estar en disputa derechos hereditarios de los legitimarios. En este sentido es interesante la STSJ de Galicia de 8 de junio de 2004[143] que en su Fundamento de Derecho segundo, 2, 3ª alude a la posibilidad de "predecir" la muerte unido al dato de la desproporción con los bienes cedidos.

> "3ª Acreditado en las dos sentencias de instancia, frente a lo que gratuita y contrariamente afirma el recurrente, que el estado de salud del cedente de los bienes era "bueno" cuando suscribió el vitalicio y que deba descartarse el poder "predecirse" entonces el final de sus días, esto es, lejos de estar probado que su fallecimiento apareciese como conocido, inmediato o próximo al tiempo de formalizar el contrato, y no con una certeza absoluta sino relativa, resulta intrasladable al caso enjuiciado la doctrina jurisprudencial que recogimos desde la STSJG 31/2000, de 15 de diciembre; doctrina según la cual, tratándose de supuestos que permiten alcanzar tal certeza relativa, y en los que están en disputa derechos hereditarios de los legitimarios, sí se puede concluir, en términos de lógica y razonabilidad, que no existe aleas ni causa contractual, "bien porque esa proximidad relativamente cierta de muerte presenta como verosímil una imposibilidad real de la contraprestación alimenticia, bien porque esa proximidad reduce dicha contraprestación a tal grado que, aún teniendo en

[143] Ponente, SANDE GARCÍA, *EDJ* 2004, marg. 267976.

cuenta su dificultosa evaluación económica por el carácter frecuentemente personalísimo y afectivo de los cuidados, se revela como palmariamente desproporcionada en relación a los bienes cedidos".

En este sentido nos parece muy interesante la STSJ de Galicia de 3 de marzo de 2010[144] en la que la Sala declara la existencia y licitud de un contrato de vitalicio en el que el cedente falleció 28 días después de la firma. En lo que en este momento importa respecto a la enfermedad terminal se señala lo siguiente.

> "Nada hay en la literalidad de sus cláusulas, prevenciones del alimentista incluidas respecto a la resolución del contrato, que nos haga dudar de su validez intrínseca. Entendemos, por otro lado, que es del todo lícito y lógico que quien se ve aquejado de una enfermedad grave, o si se quiere terminal, pretenda pasar el resto de sus días en compañía de aquellas personas a las que, como es del caso, está unida por lazos familiares y afectivos, que lo vienen cuidando, recibiendo de éstas los cuidados, atención y afecto, de los que se ve precisado en dichos momentos de su existencia".

1.1.3. Déficit de voluntad

En cuanto a la existencia de déficit de voluntad que pudiese afectar al consentimiento y en relación con la presunción de plena capacidad de obrar podemos señalar la STSJ de Galicia de 29 de abril de 2004[145] respecto de un cedente que sufrió un grave infarto cerebral isquémico y que recibiendo el alta se traslada al domicilio de su sobrina donde se confecciona un documento privado en el que, se dice, formalizan un contrato de compraventa que incluye como condición el cuidar, alimentar y atender al vendedor en todas sus necesidades hasta el día de su fallecimiento, hecho que acaeció unos seis meses después. En lo que aquí nos interesa respecto de su capacidad, indica en el Fundamento de Derecho tercero, 2, 3ª lo siguiente respecto de la falta de capacidad del cedente a la hora de firmar, alegada por la recurrente y que la Sala no encuentra acreditada, atendiendo a la presunción de capacidad y, por tanto, a la aptitud para entender y querer.

> "3ª. La incapacidad que obsta a la prestación del consentimiento contractual válido requerido por el artículo 1261 CC EDL1889/1 exige, a salvo su declaración judicial como determina el artículo 199 CC, una cumplida demostración mediante una adecuada prueba directa ya que la capacidad mental se presume siempre mientras no se destruya por una prueba concluyente, y tal cuestión –de hecho– no cabe ser revisada

---

144 Ponente SAAVEDRA RODRÍGUEZ, *EDJ* 2010, marg. 122260.

145 Ponente SANDE GARCÍA, *EDJ* 2004, marg. 283650.

> en casación (así, por todas, STS 546/2001, de 30 de mayo). Huelga, pues, el tener que esforzarnos más en descartar que se haya producido la vulneración de los artículos 385 y 386 LEC por causa, según afirma la recurrente, de que "no se ha probado la capacidad (del señor Blas) en el momento de la firma del contrato" y menos por existir prueba (la en realidad invocada testifical) que, también en opinión de la recurrente, acreditaría su incapacidad".

Remarca la importancia de las pruebas periciales indicadas, frente a los restantes medios probatorios, señalando que de ellas no se deduce una alteración de la capacidad volitiva y aplica la presunción de capacidad.

> "En este último sentido, y aún a costa de resultar repetitivos de lo que explícitamente reflejan las sentencias de instancia, subrayamos que éstas coinciden al señalar que del análisis de la prueba practicada (con especial relevancia de la pericial, ahora absolutamente ignorada por la recurrente) "no se puede declarar acreditado que D. Blas en el momento de suscribir el contrato padeciese una patología neuropsiquiátrica que supusiese incapacidad para otorgar cualquier contrato con suficiente conocimiento del acto dispositivo que realizaba y libertad para manifestar sus deseos" así como que el doctor que lo atendió en el año 1994 manifestó que "no podía afirmar si su capacidad para la comprensión y ejecución de actos voluntarios estuviese alterada", por lo que "a falta de prueba en contrario" y "sabido que la capacidad de las personas se presume", ha de entenderse que D. Blas "no tenía mermadas sus facultades mentales" para otorgar el contrato o que no carecía de "aptitud para querer y entender en el momento de contratar".

1.1.4. Trascendencia de los actos anteriores y coetáneos

En esta idea respecto de la capacidad incide también la SAP de A Coruña de 30 de junio de 2008[146] poniéndola en relación con los actos anteriores y coetáneos al otorgamiento de contrato de vitalicio en litigio promovido por ciertos herederos que, al formar inventario, alcanzaron a conocer la existencia de dicho contrato. En su recurso ante la Audiencia se alega, entre otros, falta de capacidad de uno de los otorgantes, el fallecido, aunque no respecto de su viuda, la otra cedente, entrando a dirimir tal punto dicha Sentencia en su Fundamento de Derecho sexto, 2º señalando que la incapacidad necesaria para obstar un consentimiento válido exige cumplida prueba o declaración judicial de incapacidad según el TSJ de Galicia que toma en este sentido la doctrina clásica del TS.

---

[146] Ponente FERNÁNDEZ-PORTO GARCÍA, *EDJ* 2008, marg. 191524.

"2º.– Se insiste en la falta de capacidad de D. Ismael. Ante todo, debe recordarse, como dice la sentencia de la Sala de lo Civil y Penal del Tribunal Superior de Justicia de Galicia de 29 abril de 2004, la incapacidad que obsta a la prestación del consentimiento contractual válido requerido por el artículo 1261 del Código Civil exige, a salvo su declaración judicial como determina el artículo 199 del Código Civil, una cumplida demostración mediante una adecuada prueba directa; ya que la capacidad mental se presume siempre mientras no se destruya por una prueba concluyente. Recoge así la doctrina clásica del Tribunal Supremo (Ts. 24 de septiembre de 1997, 28 de junio de 1990, 20 de febrero de 1989, 26 de septiembre de 1988, 10 de abril de 1987, y 10 de febrero de 1986, entre otras muchas) de que la capacidad mental de las personas físicas se presume siempre, con carácter "iuris tantum", mientras no se destruya esa presunción por una prueba concluyente en contrario, que ha de ser de cumplida demostración y por prueba directa; sin que se admita que esa presunción legal y jurisprudencial pueda ser destruida mediante otra presunción de las llamadas «de hombre» («presumptio hominis» o «presumptio facti»), contempladas en el actual artículo 386 de la Ley de Enjuiciamiento Civil".

Indica, por otra parte, que no hay prueba que acredite la deficiencia mental del otorgante como desorientación o incoherencias ni se ha pedido informe al médico de cabecera.

"Y debe compartirse la sentencia de instancia, en cuanto establece que no existe en las actuaciones prueba alguna sobre la supuesta deficiencia mental del otorgante. A lo que podría añadirse que no se ha practicado ninguna prueba que acredite de forma directa y concluyente, como se exige jurisprudencialmente, de la supuesta incapacidad de D. Ismael para prestar un consentimiento válido a la hora de contratar, ni atisbo de no rigiese mentalmente (como se afirma), ni de esa supuesta desorientación espacial cuando salía de su casa, ni de incoherencia en las conversaciones. Llama la atención el que, reconociéndose que tomaba diversos fármacos y por lo tanto acudiría con relativa regularidad a su centro de salud, no se solicitase un informe al médico de cabecera".

Señala, a continuación –recuérdese que se presume capaz– como de las actuaciones practicadas se deduce claramente su capacidad aludiendo a dos entrevistas en Notarías y otorgando, además, dos documentos notariales distintos, al testimonio de empleada de Correos y al informe médico de la UCI con indicaciones en planta y terapéutica que no aluden a padecimiento mental alguno.

"Es más, debe destacarse que la prueba practicada en las actuaciones conduce a la conclusión contraria a la pregonada por los recurrentes:

a) El 17 de septiembre y el 24 de septiembre de 1997 acude a dos notarías distintas, donde no sólo habla con el personal, sino también otorga ante distintos Notarios dos documentos de trascendencia jurídica. Y nadie advirtió esa supuesta desorientación, ni la incoherencia en su diálogo.

b) Tanto la empleada de Correos y Telégrafos como una vecina han testificado que D. Ismael era una persona mentalmente normal.

c) Y sobre todo ha de tenerse en consideración el informe de alta del Servicio de Medicina Intensiva (usualmente conocido como UCI) del Hospital N. de Ferrol (folio 143 de las actuaciones), en el que ingresa el 4 de noviembre de 1997 (afectado de una neumonía tratada oportunamente con un antibiótico, pese a lo cual empeora), siendo dado de alta en el Servicio, para pasar a planta, por mejoría en su estado de salud. Y en dicho informe no consta referencia alguna a padecimientos mentales, ni a enfermedades que puedan afectar al cerebro, ni la medicación que venía tomando era para este tipo de dolencias (la Digoxina y el Seguril son fármacos para el corazón y diuréticos, habituales en personas de cierta edad); y en la indicación terapéutica cuando pasa a planta tampoco consta medicación alguna para subsanar posibles enfermedades mentales o específicas para mejorar el riego sanguíneo cerebral".

La Sala destaca cómo, sin embargo, dichos herederos no aluden a problemas de consentimiento respecto del testamento otorgado días antes.

"Por lo que debe concluirse que no existe prueba alguna, directa y concluyente, sino ni siquiera indiciaria que permita establecer que D. Ismael tenía mermadas sus facultades mentales y no sabía lo que hacía cuando otorgó el contrato de vitalicio. Es más, llama la atención el que se insista en su falta de capacidad mental para otorgar este contrato, y se silencie que en ese caso debería conllevar también la nulidad del testamento otorgado unos días antes, dado que su incapacidad sería la misma".

Como argumento de parte, se señala sospechoso de falta de capacidad haber testado una única vez y una semana después haber constituido un vitalicio, razonando la Sala, en igual Fundamento de Derecho, que lo mismo se podría predicar de su mujer y no se hace de parte.

"3°.- Se menciona como "sospechoso" de esa falta de capacidad mental para otorgar un consentimiento válido el que D. Ismael hubiese otorgado un único testamento en su vida, concretamente el de 17 de septiembre de 1997, y una semana después otorgue el contrato de vitalicio cuya nulidad se pretende. Se omite que:

a) No estaríamos en presencia de una prueba directa, sino que sería una presunción en el mejor de los supuestos. Y el Tribunal Supremo no admite presunciones para negar la capacidad de las personas, como se dijo.

b) Si de esa "sospecha" pudiera deducirse la falta de capacidad de D. Ismael, habría que concluir que también carecía de capacidad quien entonces era su esposa, la Sra. Penélope, pues otorga testamento el mismo día (como se reseñó), y también después el contrato de vitalicio".

La Sala, partiendo de las afirmaciones de la viuda, expresa que el cambio de opinión se debe a que, habiendo conocido con posterioridad al testamento la existencia del contrato de vitalicio, deciden informarse en dos Notarios y un abogado para reflexionar antes de constituir el vitalicio, como finalmente hicieron.

"La viuda del causante, Dª Penélope (madre y abuela de los recurrentes) aclaró perfectamente lo acontecido, tanto en el juicio 707/2005 del Juzgado de Primera Instancia número tres de Ferrol (cuya grabación aportaron los recurrentes como prueba), como en el acto del juicio que ahora se revisa: Fueron los dos a la notaría de Mugardos, y una vez otorgados los testamentos les dijeron de que había una ley nueva, y que podían dejar todo a la hija que los cuidaba, mencionándoles el contrato de vitalicio; que el matrimonio lo estuvo comentando durante unos días y consideraron conveniente hacerlo así; que consultaron con un abogado de Pontedeume, que les confirmó que era cierto que podían otorgar ese contrato de vitalicio; y finalmente fueron a la notaría de Pontedeume, donde les facilitaron la misma información, razón por la cual otorgaron el contrato litigioso. La explicación responde a un discurso lógico y normal: hay un cambio de opinión porque reciben una información sobre una posibilidad de actuación que hasta ese momento desconocían. El Notario de Fene (que sustituía en la notaría de Mugardos), sin duda ante las manifestaciones de los testadores sobre cuáles eran sus deseos, les ofrece una información jurídica; y previa recapacitación y verificación de la información, deciden actuar conforme a sus voluntades (que eran uniformes)".

En cuanto a ese aspecto, todos los hijos demandantes afirmaron que dicho cedente no regía y se desorientaba en el último año, aspecto no manifestado por los demandados. Este argumento se desvirtúa, además de por capcioso, por la forma de responder de los demandantes.

"Lo que se está diciendo es que los demandantes, y ahora apelantes, al ser interrogados, afirmaron al ser interrogados en el acto del juicio que su padre carecía de las facultades mentales necesarias para otorgar un negocio jurídico válido. Pero eso no es más que defender la tesis en que se fundamenta la demanda. Y quienes lo niegan son los demandados. Pero no es un elemento probatorio digno de tener en consideración; al margen de que, dadas las formas de responder, vista la grabación, tiene que ponerse en duda la veracidad de lo afirmado (que no narrado)".

1.1.5. Restricciones

Indudablemente ha de tenerse en cuenta la posibilidad de que exista una restricción a la capacidad de obrar que derive de la existencia de una declaración judicial constitutiva de la incapacitación en tal sentido en cuyo caso, se habrá de estar a los dispuesto en la misma respecto a la capacidad para suscribir por si tal incapaz el concreto contrato de vitalicio o, en otro caso, la necesidad de actuación por su representante legal tras los pertinentes trámites procesales, como más adelante veremos al tratar de la forma del contrato de vitalicio como sucederá con el pródigo[147].

Respecto del concursado existe una limitación a su capacidad de obrar por la declaración de concurso en función del tipo o clase del concurso y respecto de los bienes, derechos y obligaciones que se integren en el concurso[148]. Dicha limitación se predica sólo respecto de los bienes de la masa y no, en cambio, respecto del patrimonio personal de aquel. El concursado puede realizar actos de administración y disposición respecto de bienes inembargables pudiendo además contratar, asumir obligaciones, etc, siempre que no se trate de la administración o disposición de los bienes concursales[149].

1.2. Contratación a favor de tercero

De no coincidir en el cedente ambas cualidades, nos encontraríamos con un contrato de alimentos con estipulación a favor de tercero[150], en cuyo caso el

[147] La situación del pródigo es semejante a la del concursado, debiendo excluirse la aplicación de los arts. 1304 y 1314 del Cc que, en cambio, se aplican al menor y al incapaz en tanto les protegen de sí mismos en el caso de que se ejercite una acción de anulación contractual.

[148] *Vid.* BERCOVITZ RODRÍGUEZ-CANO, R.: *Comentarios a la ley concursal: Ley 22/2003, de 9 de julio, Concursal Ley Orgánica 8/2003, de 9 de julio, para la Reforma Concursal, por la que se modifica la Ley Orgánica 6/1985, de 1 de julio, del Poder Judicial*, vol. 1, ed. Tecnos, Madrid, 2004, p. 358 y ss. Señala, no obstante, a tal respecto que "cuando el concursado es una persona física o natural, mayor de edad y no incapacitada, no hay más remedio que aceptar que nos encontramos ante un supuesto de incapacitación, por muy peculiar que el mismo sea y por muy concretos que sean sus efectos".

[149] De producirse por el concursado la realización de actos que supongan la infracción de las limitaciones patrimoniales a él impuestas, procedería la anulación de los mismos, particularmente a través del art. 40.7 de la Ley 22/2003 concursal. Para un estudio más detallado de tal situación del deudor y sobre sus generales facultades patrimoniales *vid.* SÁNCHEZ ÁLVAREZ, M.M.: "Efectos de la declaración de concurso sobre las facultades patrimoniales del deudor", *Comentarios a la Ley Concursal*, ed. Marcial Pons, Barcelona, 2004, p. 199 y ss.

[150] Art. 1257, p. 2º Cc con la constancia en escritura de la aceptación de la estipulación a favor de tercero, art. 176, párrafo 2º y 178, 3º del Reglamento Notarial, modificado el último indicado por Real Decreto 45/2007, de 19 de enero.

tercero alimentista para aceptar ha de tener capacidad para entender y querer la concreta prestación de que se trate[151]. En este caso configurado el vitalicio como un contrato con estipulación a favor de tercero, sin ser tal tercero parte en el mismo[152], el cedente es estipulante y se compromete a realizar la prestación de cesión o entrega de bienes a favor del promitente que actuará como alimentante del tercero realizando a su vez la prestación pactada de alimentos y cuidados siempre que dicho tercero acepte, pasando a detentar tal tercero, en dicho momento y como alimentista, la titularidad de un derecho de crédito derivado del contrato de vitalicio celebrado[153].

La mayoría de la doctrina[154], pese al tenor literal del art. 1257 del Cc, entiende que la aceptación no es una condición para la adquisición del derecho de que se trate sino que actúa como un límite en el tiempo a la facultad de revocar que puede ejercitar el estipulante por considerar que la Ley le otorga un derecho propio e independiente que puede reclamar frente al promitente de forma autónoma, ya que no se subroga en la posición del estipulante[155].

Asimismo será la vida de tal alimentista la que determine la duración de la prestación[156] y no la del cedente. En esta línea se manifiesta también la STSJ de Galicia de 15 de diciembre de 2000[157].

> "Ningún obstáculo o prohibición se infiere de los artículos 95 y 99 de la Ley Autonómica 4/1995 para entender que en el seno de un contrato de vitalicio se estipule como beneficiario de la pensión alimenticia un tercero, ajeno a la relación contractual, fijándose como fecha término de la

---

151 Art. 625 del Cc o en caso de estar incapacitado judicialmente actuará su representante legal que para repudiar tal estipulación necesitará autorización judicial de acuerdo con lo dispuesto en el art. 271,3º del Cc El caso de la representación voluntaria estaría igualmente abierto incluyendo por supuesto los poderes preventivos.

152 En tal sentido, NÚÑEZ ZORRILLA, M.C., *op. cit.*, p. 52.

153 No en la Ley gallega pero sí en la Ley 41/2003 respecto del contrato de alimentos con el que el vitalicio se halla íntimamente unido se señala que "su utilidad resulta especialmente patente en el caso de que sean los padres de una persona con discapacidad quienes transmitan al alimentante el capital en bienes muebles o inmuebles en beneficio de su hijo con discapacidad, a través de una estipulación a favor de tercero del artículo 1257 del Código Civil" al valorar el legislador estatal tal estipulación como un mecanismo útil para proteger a dicho colectivo de discapaces y de personas con dependencia como también lo son los ancianos en cuanto a sus necesidades que, en el caso gallego, incluirían también las necesidades afectivas.

154 DÍEZ-PICAZO, L.: *Fundamentos del Derecho Civil Patrimonial. Las relaciones obligatorias*, ed. Civitas, Madrid 2008. 6ª edición, p. 437; MARTÍNEZ DE AGUIRRE Y ALDAZ, C.: *Curso de Derecho civil II. Derecho de obligaciones*, edit. Colex, Madrid, 2008, p. 405.

155 PÉREZ CONESA, C. *et alt.*: *Manual de Derecho Civil. Contratos.*, ed. Bercal, Madrid, 2003, p. 71.

156 El art. 149.3 de la LDCG de 2006 permite tal posibilidad al señalar que el vitalicio sólo se puede constituir sobre la vida del alimentista o alimentistas.

157 Ponente TRILLO ALONSO, *RJ* 2001, marg. 4332.

> obligación de prestar alimentos, y determinando así su carácter aleatorio, la del fallecimiento de ese tercero".

Varias razones pueden darse para que exista un contrato de vitalicio con estipulación a favor de tercero que no incidirán en el contrato de vitalicio directamente, ya que el tercero no es parte en el mismo, pero que sí pueden verse afectadas por la suscripción de dicho contrato[158]. De una parte, es posible que exista un interés por del cedente en realizar una liberalidad a favor de ese tercero, con las repercusiones que tal liberalidad pudiera tener en su caso respecto de los legitimarios de dicho cedente. Sería posible que, en vez de ello, se debiese a la necesidad del cedente de llevar a cabo una obligación a él imputable que existiera con anterioridad a la suscripción del contrato de alimentos. Finalmente, podría darse el caso de que el cedente suscribiera el contrato de vitalicio a favor de tercero para recibir de dicho tercero el propio cedente una contraprestación.

1.2.1. Conveniencia de constancia fehaciente del negocio jurídico subyacente

A nuestro juicio, parece conveniente, cara a una posible impugnación de dicho contrato, hacer constar en escritura pública, ya sea en la propia que plasme el contrato de vitalicio, ya en otra que a tal efecto se otorgue e incluso en un acta de manifestaciones, la base jurídica que sirve de soporte y por la cual se procede a realizar dicha estipulación a favor de tercero, acreditándola, para mayor seguridad jurídica de las partes del propio contrato de vitalicio, amen del propio alimentista. En este sentido, la STSJ de Galicia de 15 de diciembre de 2000[159] intenta deducir de lo probado en juicio la razón de ser de tal estipulación a favor de tercero dado el silencio y la falta de concreción de los datos reseñados.

> "Ahora bien, esa estipulación que a favor de tercero debe admitirse en un contrato de vitalicio, bien a título de liberalidad, bien a título de cumplimiento de una obligación preexistente, bien a título de crédito de una obligación futura, y que ciertamente se pacta en el contrato de litis a favor de doña Benita P. F., a diferencia de los supuestos contemplados en las dos sentencias precedentemente referenciadas, en las que el tercero beneficiario es hija de la parte contratante cedente y la estipulación en su beneficio se formula a modo de adelanto o compensación de sus derechos legitimarios no cuestionados, en el enjuiciado no consta expresamente a qué finalidad responde la estipulación a favor de doña Benita y lo que

[158] Tal y como manifiesta NÚÑEZ ZORRILA, M.C., *op. cit.*, p. 51 y ss.

[159] Ponente TRILLO ALONSO, *RJ* 2001, marg. 4332.

realmente cuestiona la recurrente es el contenido íntegro del contrato de vitalicio, incluida la estipulación a favor de tercero, y ello por entender que no es más que una fórmula fraudulenta de no respetar sus derechos hereditarios reconocidos en la disposición testamentaria.

No puede aceptarse que en el caso enjuiciado la estipulación a favor de doña Benita, designándola no sólo beneficiaria de la pensión alimenticia sino también usufructuaria del inmueble objeto de cesión, responda a «causa credendi», pues ni se sostiene por los demandados, ni ello resulta de las circunstancias o hechos facilitados por las partes. Tampoco puede aceptarse que responda a «causa solvendi», pues la única circunstancia conocida que permitiría afirmarla serían las impensas o mejoras que con cargo a bienes gananciales del cedente y de doña Benita se mencionan sin concreción en la escritura de formalización del contrato y que, caso de ser ciertas, como ya se dijo, deben traerse a colación al momento de la disolución y liquidación de la sociedad de gananciales. Sólo pudo responder a título de liberalidad".

A diferencia del legislador gallego de 1995 que guardaba silencio al respecto, la propia LDCG de 20006 alude directamente a tal posibilidad de la existencia de un tercero, no sólo en el art. 149.1 al señalar que el vitalicio se puede constituir a favor de un tercero, sino también al contemplar en su art. 154 la acción de resolución a instancias de los herederos del cedente cuando el alimentista se trate de un tercero y siempre para limitarla temporalmente al momento en que permanezca con vida dicho alimentista[160].

Cabe plantearse si el tercero podrá instar la resolución del contrato, del cual no es parte, si el cesionario incumple[161]. Conviene traer a colación que la facultad resolutoria tácita implícita en las obligaciones recíprocas contemplada en el art. 1124 del Cc se entiende entre obligados partes del contrato. El texto gallego de 1995 sin realizar previsión específica respecto del tercero, recogía, sin restringirla por tanto al cedente, la posibilidad de que el alimentista podría, entre otros, rescindir el contrato en caso de incumplimiento total o parcial que

[160] Señala BELLO JANEIRO, D., *op. cit.*, p. 243 que "los conflictos que puedan derivarse de la relación triangular entre el cedente de los bienes, alimentista y cesionario-alimentante deben de resolverse partiendo de la idea de que esa relación se concluye con la entrega de los bienes y a partir de ella el contrato no genera derechos y obligaciones más que para las dos últimas partes". Si bien se ha de tener en cuenta respecto de esta afirmación, la posibilidad de resolución a instancia del cedente o de sus herederos cuando el alimentista fuera un tercero según el art. 154 de la LDCG de 2006.

[161] En este sentido MESA MARRERO, C., *op. cit.*, p. 84 y ss, sostiene que el derecho de crédito que el tercero recibe en virtud del contrato acarrea consigo todas las facultades que corresponden a su titular tanto la de exigir el cumplimiento de lo estipulado como la de instar la resolución del contrato, señalando tal posibilidad en el contrato de alimentos de acuerdo con lo indicado en el art. 1795 del Cc.

no fuera imputable a su perceptor, indicación esta última que parece aludir no tanto al cedente como a un tercero alimentista[162].

A nuestro juicio, podemos observar que, sin embargo, la actual redacción del texto gallego de 2006, parece desdecir tal posibilidad por dos vías. La primera contemplada en el art. 153 al conceder al cedente, que ya no al alimentista como se decía en la LDCG de 1995, la posibilidad de resolución del contrato en los supuestos allí regulados respecto de conductas relacionadas con la prestación de alimentos y el alimentista (que no cedente) a diferencia de la anterior redacción. La segunda vía es la ya tratada del art. 154 de la LDCG de 2006 que recoge la posibilidad de que los herederos del cedente puedan ejercitar la resolución si el alimentista fuese un tercero y sólo mientras éste viva. En nuestra opinión, se permite exclusivamente al tercero exigir el cumplimiento de la prestación mixta de alimentos y cuidados en función de su finalidad asistencial, reservando para el cedente la facultad resolutoria ya que, siendo él el que aportó dichos bienes, a él le corresponde reclamar su restitución. De otra parte, en nada beneficiaría al tercero la restitución de los bienes al cedente o a sus herederos ya que de interesarle algo es la prestación de alimentos y asistencia que aceptó derivada de dicho contrato de vitalicio.

De no coincidir la posición de cedente y alimentista, el cedente podría ser perfectamente no sólo una persona física sino también una persona jurídica que, por permitírselo su capacidad jurídica y su objeto, cediese dichos bienes o derechos a favor del alimentante para que asistiese a ese tercero determinado en el contrato de vitalicio, pudiendo actuar a través de su representante legal.

1.2.2. El tercero menor de edad

Para el caso de que se tratase de un tercero menor, se necesitaría la autorización del Juez para repudiar un legado de alimentos dispuesto a favor de tal menor o para las donaciones que se le ofreciesen. Este contrato podría celebrarse por un tiempo determinado, por ejemplo hasta su mayoría de edad, pero en la actualidad lo característico sería la duración de por vida del mismo, con lo que, de celebrarse por plazo o término se trataría de un vitalicio atípico pese a su posible justificación[163].

---

162 El art. 99 del la LDCG de 1995 recogía los supuestos por los que el alimentista podría rescindir el contrato incluyendo en su letra b el relativo al incumplimiento.

163 En base a la prescripción que, respecto de la duración del vitalicio se señala en el art. 151 de la LDCG de 2006 que indica que "la obligación de prestar alimentos durará hasta el fallecimiento del alimentista".

Los padres, en todo caso, de haberlos y no estando privados del ejercicio de la patria potestad, deberían controlar la situación del menor y sus actividades, estando en contacto con el mismo y con sus alimentantes ya que deben velar por el menor. Lo mismo sucedería para el caso de que el menor estuviese bajo tutela, respecto del tutor.

El menor tiene derecho a ser escuchado para que se conozca su opinión, debiendo prestar su consentimiento a partir de los doce años para la celebración del contrato. Si tiene 16 años y se trata de bienes adquiridos con su trabajo podrá, con el asentimiento de sus padres o tutor, celebrar por si mismo el contrato.

Es perfectamente posible que el cedente sea un menor cuando sus circunstancias justifiquen la realización de dicho contrato al juicio de los titulares de la patria potestad o de la tutela con la ventaja de que, al necesitar autorización judicial debido a la aportación de bienes, existirá, al menos, cierto control judicial.

Consideramos que, a diferencia de lo que opina cierto sector[164], es legalmente admisible que, debido al nivel económico o a las circunstancias personales de los padres, aprecien éstos conveniente para el menor, dadas tales circunstancias o incluso las del propio menor, asegurarle ciertos cuidados ya no para evitar realizarlos por si mismos sino para prevenir la imposibilidad de cumplir con sus obligaciones. Las causas pueden ser variadas: por circunstancias personales, no necesariamente patrimoniales, como una previsible futura enfermedad o una presente, o la perspectiva de una designación de tutores o su falta, de un posible acogimiento, una guarda de hecho, etc[165]. En otros casos, los progenitores podrán prestar tales cuidados al momento de celebración del contrato pero quizá con un nivel inferior de dedicación o de cuidado al que el menor pudiera necesitar en el futuro, por ejemplo, en función de la evolución de una enfermedad o discapacidad de tal menor que, sin embargo, como consecuencia del carácter aleatorio del contrato de vitalicio, quedaría cubierta.

El vitalicio en este caso podrá ser configurado como un contrato con estipulación a favor de tal menor si bien es posible que sea el propio menor quien por si o mediante representante celebre tal contrato al hacer aportación de bienes o derechos que le pertenezcan o de los que sea titular.

Entendemos, por tanto, que también en este caso el contrato de vitalicio se realizará con el mínimo legal establecido y atendiendo a las circunstancias de

[164] Entre otros, NÚÑEZ ZORRILLA, M.C., *op. cit*, p. 57.

[165] Respecto de estas posibles previsiones en cuanto a la protección de la persona y de los bienes del menor en via testamentaria e incluso del nombramiento de administrador de bienes transmitidos a título gratuito, *vid.* DÍAZ MARTÍNEZ, A.: "Disposiciones testamentarias de protección de descendientes de causante menores de edad", en *Revista de derecho de familia: Doctrina, Jurisprudencia, Legislación* nº 34, 2007, p. 23 y ss.

ese menor durante su minoría y las hipotéticas en su mayoría, de ahí la aleatoriedad. Un caso evidente sería el del menor titular de un patrimonio por su propio derecho que estuviese en un supuesto de incapacidad natural o incapacitado judicialmente respecto del cual se realizase este negocio. Consideramos que sería precisamente ese deber de velar por el menor el que llevaría a la conclusión de tal negocio. Un caso de fraude de ley conllevaría, sin duda, la nulidad de dicho negocio. Por ejemplo, si se utilizase para encubrir una pretendida adopción o como una vía para mediante una declaración de voluntad liberarse de los deberes inherentes a la patria potestad.

De cederse bienes inmuebles y siendo el menor emancipado el cedente, necesitará el consentimiento de sus padres o curador[166]. De tratarse de un incapacitado habrá de estarse a lo dispuesto en la resolución de incapacitación en cuanto al sistema de representación y su capacidad para actuar por sí, ya sea mediante la patria potestad prorrogada o rehabilitada, la tutela o la curatela[167]. De estar curatelado, intervendrá el incapaz necesitando el asentimiento del curador o de estar bajo las otras formas intervendrá el representante legal en nombre del sometido a patria potestad en cualquiera de sus variedades o a curatela.

Cabe, además, que alimentista no cedente lo sea un concebido no nacido a quien se le atribuya dicho carácter mediante una donación que podrá ser aceptada por quienes le representarían de haberse producido ya su nacimiento[168].

1.3. El parentesco

Es posible valorar también los supuestos en que el cedente alimentista tiene una relación de parentesco con el alimentante de las que da lugar al deber legal de alimentos entre parientes. En alguna ocasión, la jurisprudencia ha considerado que no cabía dicho contrato dada tal relación de parentesco, ya fuese por altruismo, ya por el propio parentesco unido a otros factores. La SAP de Lugo de 27 de febrero de 2002[169] considera que hubo una simulación de vitalicio por el parentesco y la convivencia de cedentes y cesionarios, junto con otros factores que se ponen en relación con una deuda persistente y varios procedimientos contra los cedentes, tal y como recoge en su Fundamento de Derecho segundo.

> "La referencia a la regulación del contrato de vitalicio por la Ley 4/95 de Derecho Civil de Galicia en nada se opone a lo anteriormente expuesto,

[166] Art. 323 del Cc.
[167] Arts. 267 y 287 del Cc.
[168] Art. 627 del Cc.
[169] Ponente PEDROSA LÓPEZ, *EDJ* 2002, marg. 8408.

al estar acreditada la simulación contractual por indicios tan contundentes como la relación de parentesco entre las partes, la posterioridad de la fecha de otorgamiento contractual en relación a la fecha de la deuda, la convivencia de cedentes y cesionarios sin cambio real de la posesión de los bienes, la existencia de diversos procedimientos contra los cedentes todo conduce a estimar que la única finalidad del contrato de vitalicio fue la de salvaguardar el patrimonio escamoteándolo frente a las reclamaciones de los acreedores y, por lo tanto, con ausencia de causa verdadera, lo cual lleva a considerar, como hizo la sentencia de instancia, que el contrato vitalicio simulado, siendo inexistente el negocio jurídico y careciendo de los efectos pretendidos por la hoy recurrente".

Al silencio que respecto de esta situación se produjo en la LDCG de 1995 y tras la celebración del III Congreso de Derecho civil de Galicia celebrado en A Coruña, la vigente LDCG responde permitiendo el vitalicio en forma expresa entre ascendientes y descendientes[170] sin perjuicio de la obligación de alimentos entre parientes establecida por Ley[171]. En dicho Congreso se trató tal circunstancia y las particularidades que podrían darse[172] estableciéndose en la Conclusión Tercera, 2[173] como posibilidad de mejora "*potencialo carácter oneroso-aleatorio do contrato especialmente co fenómeno sucesorio, permitindo expresamente o vitalicio entre parentes (incluido o caso de pais e fillo)*". Dicha posibilidad de vitalicio entre parientes se reflejó en el texto legal sólo entre ascendientes y descendientes autorizándolo, pero no incluye restricción de clase alguna respecto de cualquier otro grado o de la colateralidad o, de otra parte, de un posible parentesco por afinidad o adoptivo, por lo que a nuestro juicio es perfectamente admisible[174].

De tratarse de hermanos, y pese a la obligación legal de alimentos o la posibilidad de una conducta altruista, la jurisprudencia ha venido admitiendo

---

170 Art. 149.2 de la LDCG.

171 Art. 142 y ss. del Cc.

172 Es sumamente interesante el Acta de la Sección Quinta de dicho III Congreso que como se puede comprobar en VV.AA. "III Congreso… *op. cit.*, p. 352 señala que el Sr. Presidente de dicha sección, D. Juan Reigosa, solicita una aclaración tras el relatorio sobre el vitalicio realizado por el Sr. Peón Rama para el supuesto de vitalicio con un hijo cuando existen varios a lo cual responde el Sr. Peón indicando que se trata de una transmisión onerosa y manifestando "*é triste ter que comprala, pero obedece a unha realidade subyacente: o pai queda co fillo con quen se leva. Coa proposta trátase de evita-la sinatura dos irmans para logra-la cesión da casa sen problemas coas lexítimas e logra-la utilidade dos bens propios, dun patrimonio adquirido non hereditario, para darllo a quen lle garanta a súa vida no fin desta. Unha atribución dun pai terminal podería entenderse a título gratuito. O fundamental é o risco no contrato, a existencia dunha contraprestación*".

173 VV.AA. "III Congreso *op. cit.*, p. 354.

174 En este sentido BUSTO LAGO, J.M., *op. cit.*, p. 12 considera que hubiera sido oportuno en la LDCG de 2006 la extensión expresa del vitalicio respecto de otros parientes que no sean ascendientes y descendientes entre los cuales pueda existir obligación de alimentos y más concretamente respecto de los cónyuges.

la posibilidad de vitalicio. De este modo, la SAP de Pontevedra de 14 de junio de 2004[175] confirma la sentencia de instancia en el sentido de desestimar la nulidad de un contrato de cesión de bienes por alimentos realizado en 15 de junio de 1996 porque las hermanas del causante, que era el padre de la actora, cumplieron su obligación de alimentos. Señala la Sentencia las circunstancias que dieron lugar a la suscripción del contrato y las dolencias el cedente.

> "A los folios 40 y siguientes obra la escritura de cesión de bienes por alimentos otorgada por D. Carlos María a favor de las demandadas Dª María Consuelo y Dª Trinidad y en cuya estipulación primera se dice que transmite a sus hermanas la finca descrita, a cambio de la obligación de prestarle sustento, habitación, vestido y asistenta médica, según su posición social, teniéndolo en su compañía.
>
> En primer lugar, nos encontramos con que el Sr. Carlos María en el momento de otorgar la cesión padecía cáncer en el pulmón, se encontraba viviendo solo en España y con unos recursos económicos muy reducidos, pues pese a que por la actora se alega que cobraba dos pensiones una en España y otra de Venezuela, resulta que lo único que realmente quedó acreditado es que aquí percibía una pensión que ascendía a la cantidad de 36.510 pesetas, tal y como consta en el certificado remitido por el INSS (f. 183), pues los testigos que declararon al respecto no fueron capaces de afirmar que efectivamente cobrara dos pensiones, tal y como sostiene la actora y aún menos la cuantía de las mismas. Tampoco resultó acreditado que estuviera en posesión de otros bienes distintos a la finca cedida y la casa en ella construida."

Se acredita también que lo atendieron, que le acompañaron al médico e incluso que para vivir con él, dejaron a sus familias en A Coruña, según las testificales.

> "No obstante en lo que si coincidieron todos los testigos, incluso los que depusieron a instancia de la actora, es que las cesionarias atendieron a su hermano desde que enfermó hasta su fallecimiento, así lo declararon los testigos Sr. Lázaro, al contestar a la repregunta c) a la 5ª, al igual que Serafin. En el mismo sentido se pronunciaron los testigos propuestos por las demandadas, Luis Antonio, Juan Miguel, Eva o Milagros, concretando que se trasladaron a vivir con él, dejando incluso a sus familias en Coruña, también quedó probado que eran ellas quienes lo acompañaban siempre al médico para recibir el tratamiento a que fue sometido".

Dicha asistencia no se ve comprometida tampoco porque su hermano falleciera al poco tiempo de la enfermedad que padecía ya que le acompañaron hasta el final.

---

[175] Ponente MARTÍN VELÁZQUEZ, *EDJ* 2004, marg. 282750.

"Por tanto, ninguna duda cabe de que las demandadas aún cuando no le dieran dinero en sentido literal, y no realizaran desembolso alguno como mantiene la recurrente, si cumplieron con su obligación de prestarle aquella asistencia y cuidado a que se comprometieron, pues no solo le dieron compañía sino que además le atendieron y ayudaron en el sentido más amplio hasta su final y ello con independencia de que esta prestación no se prolongara durante mucho tiempo dado el fatal desenlace del cedente, no obstante ello no es imputable a las demandadas que cumplieron con su contraprestación mientras fue posible.

No se da por tanto la inexistencia de la causa ni tampoco la ausencia de contraprestación con lo que, no apreciándose ninguna de las causas de nulidad alegadas, no procede sino la íntegra desestimación del recurso".

1.4. El matrimonio y la convivencia *more uxorio*

En el caso de los cónyuges, cabe plantearse si el deber de auxilio recíproco o la obligación legal de alimentos podrían cubrir dichos cuidados y, por ello, no podría suscribirse un contrato de vitalicio. Como ya se ha indicado, la LDCG de 2006 autoriza en su art. 149.2 el vitalicio entre ascendientes y descendientes sin perjuicio de la obligación de alimentos señalada por al ley. Igualmente se podría plantear dicha cuestión respecto de parejas de hecho inscritas o no en el Registro de parejas de hecho de Galicia[176] o respecto de las existentes con anterioridad a la regulación de la convivencia *more uxorio* en nuestro ámbito territorial.

Debemos destacar, en primer lugar, que parece generalmente admitido que bajo la Ley 4/1995 era posible tal contrato entre parientes y también entre cónyuges[177]. La actual LDCG no explicita tal caso pero sí contempla la posibilidad de cesión conjunta[178] por ambos cónyuges a un cesionario a los efectos de señalar que el superviviente podrá instar la resolución que conllevará la ineficacia total del contrato. Sin embargo, guarda silencio, como ya anticipamos,

[176] Téngase presente que la Disposición adicional tercera de la LDCG de 2006 y a los efectos de aplicación de dicha ley gallega extiende a las parejas de hecho inscritas en el Registro de Parejas de Hecho de Galicia los derechos y obligaciones que el legislador gallego reconoce a los cónyuges en dicho texto gallego, guardando silencio respecto a las restantes convivencias en relación a las cuales no se produce tal equiparación. Conviene señalar, sin embargo, que el concepto de pareja de hecho no ha sido uniforme para la ley 2/2006 y en tal sentido ha de tenerse en cuenta la modificación legal sufrida por dicho texto para adecuarlo a la real voluntad del legislador mediante Ley 10/2007, de 28 de junio, de reforma de la disposición adicional 3°. Han de ser objeto de mención, asimismo, las cuestiones de inconstitucionalidad 5657-2010, 5658-2010 y 1826/2011 planteadas a dicha Adicional en su nueva redacción.

[177] En dicho sentido, entre otros, se manifiesta PEÓN RAMA, V., *op. cit.*, p. 637, señalando que negarlo por entender que el contrato de vitalicio quedaría sin causa, supone desconocer el contenido más amplio del vitalicio y su no exigencia previa de estado de necesidad.

[178] Art. 153.3 de la LDCG.

respecto de la posibilidad de vitalicio entre cónyuges. Podemos entonces acudir al Tribunal Supremo que en Sentencia de 18 de enero de 2001[179] entra a conocer de un recurso sobre un contrato de vitalicio que fue calificado en sentencia de Instancia, como se solicitaba, de donación a reducir por inoficiosa, siendo revocada dicha sentencia por la Audiencia que desestimaba dicha pretensión.

El Tribunal Supremo trata sobre los distintos motivos alegados siendo uno de ellos el que el contrato de vitalicio se realizó en 1986 entre un matrimonio y la alimentista pero posteriormente al fallecimiento en 1987 de la esposa cedente, su viudo, también cedente, contrae matrimonio con la cesionaria por lo que la recurrente entiende que la obligación contractual deviene obligación legal de alimentos. Resalta la Sala la confusión de conceptos y la perfecta convivencia de vitalicio y deber de socorro mutuo, existiendo la obligación de cuidados y servicios por dos títulos e indicando que el vitalicio podría renacer en su aplicación en caso de crisis matrimonial.

> "Aparte de confundir la obligación de alimentos con el deber de socorro mutuo que impone recíprocamente a los cónyuges el artículo 68 del Código Civil, siendo aquélla sólo aplicable al caso de crisis matrimonial, tampoco advierte la parte recurrente que la obligación derivada del contrato de vitalicio tiene su carácter aleatorio derivado precisamente de desconocer su duración, que es el de la vida humana. El hecho de contraer matrimonio no extinguió la obligación de cuidados y servicios, sino que ésta existió desde aquél, por dos títulos, el legal y el convencional y este último podría renacer en su aplicación, en todo caso de crisis matrimonial".

En relación a parejas de hecho es posible conocer el tratamiento que la jurisprudencia ha dado al respecto. Por resaltar algunas de ellas, podemos destacar, en primer lugar, la STSJ de Galicia de 17 de enero de 2002[180] que, respecto de la alegación de falta de causa en un contrato de vitalicio celebrado por convivir *more uxorio* alimentante y alimentista, indica en su Fundamento Jurídico segundo que el alimentista carecía de cuidados de cualquier clase por parte de sus hijas.

> "En el caso que nos ocupa está declarada probada la falta de relaciones familiares entre el señor F. E. y sus hijas aquí recurrentes, con la consiguiente falta de ayuda y cuidados de todo tipo, incluidos los afectivos, por lo que recobran mayor realce los que le prestaba la señora G. G., que en expresión de la propia parte recurrente convivía «more uxorio» con el alimentista, por lo que, y a este respeto, carece de base el decir que el contrato de vitalicio que nos ocupa careciese de causa".

---

[179] Ponente O'CALLAGHAN MUÑOZ, *RJ* 2001, marg. 1319.

[180] Ponente SAAVEDRA RODRÍGUEZ, *RJ* 2002, marg. 6954.

Añade en su Fundamento de Derecho cuarto respecto del argumento planteado en recurso sobre si la convivencia *more uxorio* cubría ya las necesidades alimenticias sin que fuese preciso acudir al vitalicio ni tan siquiera para los cuidados afectivos.

> "Ni es hecho probado que el alimentista no tuviese necesidad de alimentos, ni la regulación legal exige ésta como requisito necesario para el otorgamiento del contrato. Sin volver a insistir en la primera conclusión, a lo que conviene añadir lo dicho sobre las ayudas y cuidados, incluidos los afectivos como elemento esencial en Galicia de la contraprestación del alimentante como típicos del contrato y que el recurrente pretende olvidar imponiéndolos a la alimentante por su convivencia marital con el alimentista, lo que no es de recibo pues ninguna norma legal lo impone así y por tanto no serían exigibles en los términos del art. 143 del Código Civil, conviene insistir en que ningún precepto de la LDCG impone como condición o requisito para el otorgamiento del contrato por parte del alimentista que éste se encuentre en la necesidad de recibirlos, como sí ocurre en la obligación legal de prestar alimentos en que lo dispone expresamente la Ley (art. 148 CC). No es de aplicación por ello al vitalicio lo dispuesto en el art. 147 del Código, ya que lo en él pactado depende exclusivamente de la autonomía de la voluntad y a ello, a lo pactado, habrá de estarse. Pretender otra cosa sería desvirtuar la naturaleza contractual del vitalicio y confundirlo con aquella institución de naturaleza jurídica totalmente diferente, aunque el concepto de alimentos sea común para ambos, por ello el alimentista puede venir a mejor fortuna sin que por eso se altere el contenido del contrato. Esto ya lo puso en su día de manifiesto el Tribunal Supremo en su sentencia de 1 de julio de 1969, y hoy es refrendado por la regulación legal gallega del mismo, que repetimos no exige la necesidad del alimentista como requisito del contrato, siendo meramente indicativa del contenido del mismo al respecto la relación legal de obligaciones que establece el párrafo 2 del art. 95 LDCG, pues no otro sentido puede tener, en relación a lo dispuesto en el párrafo 1, la expresión en todo caso que la preside".

Finalmente, expone que los cuidados afectivos pueden tener un carácter primario a la hora de contratar incluso con preferencia respecto de los alimentos para, a continuación, desestimar el recurso.

> "Nótese, por último, que los cuidados y ayudas de tipo afectivo, conforman junto a los alimentos un contenido típico del contrato, pudiendo ser incluso elemento determinante del otorgamiento de aquél, como parece ocurrir en el caso que nos ocupa, por lo que la prestación de alimentos puede ser incluso secundaria, aunque necesaria, como causa del contrato, por lo que en la configuración del mismo como contrato típico la necesidad de alimentos por parte del alimentista no aparece como determinante de

su esencia, y así lo ha establecido la Ley al no exigirla como requisito del mismo".

1.5. Pluralidad de cedentes y pluralidad de cesionarios

Cabe plantearse también la posibilidad de una pluralidad de cedentes. Para el caso de cónyuges, deben realizar la aportación ambos ya sea con un bien común, ya con bienes de titularidad exclusiva de cada uno de ellos[181]. En este sentido STSJ de Galicia de 15 de diciembre de 2000[182] entra a valorar si la comparecencia de una mujer junto a su marido en el contrato de vitalicio como parte de dicho contrato pero sin realizar aportación alguna, puede ser compatible con el carácter oneroso propio del contrato de vitalicio como elemento esencial y, por ello, incluso en el caso de pluralidad de partes contratantes, como indica la Sala en su Fundamento Jurídico sexto.

> "La pluralidad de partes contratantes, bien como alimentistas, bien como alimentantes, admitida legalmente en los términos expuestos, no permite sin embargo la consideración como parte contratante y en la posición de alimentista a aquél que aún figurando como tal en el contrato no se obliga con la cesión o entrega de bienes propios. La cesión o entrega de bienes por el alimentista constituye un elemento esencial del contrato y por ello para apreciar una pluralidad de contratantes, en la posición de alimentistas, se requiere que la cesión o entrega comprenda bienes de cada uno o bienes comunes. Mantener lo contrario, admitiendo como parte contratante a quien sin cesión o entrega de sus bienes figura en el contrato como alimentista, ya nominalmente, ya por la contraprestación alimenticia a su favor establecida en las cláusulas contractuales, no sólo contraviene el concepto general que de los contratos onerosos nos ofrece el artículo 1274 del Código Civil al decir que en dichos contratos se entiende por causa, para cada parte contratante, la prestación o promesa de una cosa o servicio por la otra parte, sino también el artículo 95-1 de la Ley de Derecho Civil de Galicia que determina como obligación del alimentista la entrega de bienes, único por cierto a quien el artículo 99 concede la facultad de instar la rescisión del contrato. De acuerdo con lo expuesto no cabe considerar como parte contratante a la codemandada doña Benita P. F. aunque figura como tal en la escritura pública de instrumentalización del contrato".

---

[181] REBOLLEDO VARELA, A.L., *op. cit.*, p. 858 considera, sin embargo, que debe admitirse un vitalicio con varios alimentistas conjuntamente aunque los bienes sean de titularidad exclusiva de uno de ellos, para indicar a continuación que "es un supuesto frecuente en el contrato de vitalicio constituido a favor de un matrimonio, aunque los bienes cedidos sean privativos de uno sólo de ellos".

[182] Ponente TRILLO ALONSO, *RJ* 2001, marg. 4332.

La Sala manifiesta como su intervención en la escritura lo será para dejar constancia fehacientemente de su aceptación o para constatar la aceptación de otras disposiciones hechas a su favor por su esposo pero como señala la Sala, por cualquier otra finalidad pero sin que dicha intervención suponga su consideración como parte en el contrato.

En nuestra opinión tal debe ser el carácter en el supuesto de pluralidad de miembros en el lado activo, en este caso un matrimonio o una pareja o en cualquier otro grupo, unido por lazos de afecto, parentesco o no. Serán cedentes los que sean partes en el contrato y cedan bienes o derechos, pudiendo ser alimentistas o no, pero para ser alimentistas y partes en el contrato, teniendo en cuenta la trascendencia de esta calificación a los efectos de una hipotética rescisión, será imprescindible realizar algún tipo de cesión de bienes o derechos. De no realizarla, no se será parte pero deberá estar clara la configuración de tal vitalicio como contrato con estipulación a favor de tercero en cuyo caso, tendrá el carácter de alimentista desde su aceptación ostentando sólo un derecho subjetivo a exigir su cumplimiento.

En los supuestos de pluralidad de alimentistas cabe plantearse qué sucede para el caso de que se haya establecido la realización de prestaciones en forma simultánea. De no haberse indicado nada y ante el silencio del legislador gallego al respecto, que reconoce dicha posibilidad al definir el contrato[183] pero sin entrar en su regulación, aplicaremos la regla general en materia de obligaciones en este caso respecto de la pluralidad de acreedores.

Se previene en el Cc que de no haberse pactado otra cosa o de no haberse determinado expresamente la solidaridad[184], se entenderá dividida la deuda, en este caso la prestación de alimentos y ayudas y cuidados en tantos créditos como acreedores haya reputándose créditos distintos los unos de los otros. La mancomunidad para mayor garantía de los intervinientes en el contrato exigirá una correcta determinación de las prestaciones de alimentos, ayudas y cuidados que se hayan de realizar a cada uno de los alimentantes. Si las partes no quieren la solidaridad y la prestación es divisible, cada acreedor podrá reclamar su parte de tener prestaciones distintas[185]. De no ser divisible, todos los acreedores deberán concurrir a solicitar la prestación actuando conjuntamente frente al deudor por no caber la división del crédito, lo que evita que puedan surgir problemas al determinar el derecho de crédito de cada acreedor[186]. Se crearía así un "co-

---

183 Al indicar en el art. 147 LDCG que el alimentante "se obliga respecto a otra u otras personas a prestar alimentos en los términos que convengan".

184 En este sentido, arts. 1137 y 1138 del Cc.

185 MESA MARRERO, C., *op. cit.*, p. 85.

186 PEÓN RAMA, V., *op.cit.*, p. 632, considera que quizá hubiera sido conveniente una norma expresa que respecto de la parte activa excluyera una mancomunidad entendida como necesidad de exigencia conjunta e incluso señala como mejor opción el que una disposición legal determinase que

munidad *sui generis"* puesto que el crédito no puede dividirse en tantas partes como acreedores haya porque las necesidades de cada uno son diferentes[187].

Ahora bien, al no regularse en la LDCG de 2006 la configuración de la cotitularidad activa pero, sin embargo, sí proceder a fijar por el legislador gallego un mínimo legal en la extensión del vitalicio matizado con su adecuación a la situación de las partes[188], a nuestro juicio, todos los alimentistas deberán tener cubierto dicho mínimo adaptado a sus necesidades concretas y no exactamente por igual en cuanto a la prestación a realizar, esto es, no necesariamente las mismas prestaciones para todos, sino mas bien similares prestaciones a un mismo nivel de necesidad dado que tal es el criterio legal no modificado por las partes[189].

En todo caso[190], el cesionario ha de cuidar y atender a cada alimentista en lo necesario en la búsqueda del mantenimiento de su calidad de vida. Todo ello sin perjuicio de una mayor determinación vía pacto, lo que estimamos más conveniente cara a una correcta asunción de riesgos por los alimentantes y respecto a una posible reclamación futura. Dicha individualización de la prestación de cada uno de los alimentistas podrá verterse ya sea en la propia escritura de constitución del vitalicio, ya por novación posterior o bien por la vía de hecho, si bien en este caso y de cesar dichas prestaciones, podrá devenir un problema de prueba a la hora de reclamar de producirse un posible incumplimiento.

La mancomunidad característica, a falta de pacto, decaerá a favor de la solidaridad entre los acreedores cuando ésta se hubiera pactado o cuando se deduzca dicho régimen del comportamiento de la partes o de sus actos inequívocos. El conocimiento de la voluntad de las partes expresa o tácita será fundamental para conocer el carácter solidario o no de la prestación de alimentos y cuidados.

En todo caso, puede parecer poco adecuado a este contrato pactar tal régimen de solidaridad entre todos los acreedores[191]. A nuestro juicio, tal regla

en caso de puralidad de acreedores "todos y cada uno de ellos deberán ver cubiertas sus necesidades individuales en la extensión pactada y en atención precisamente a sus necesidades propias".

[187] Como señala CHILLÓN PEÑALVER, S., *op. cit*., p. 203.

[188] Art. 148 de la LDCG.

[189] PEÓN RAMA, V., *op.cit.*, p. 632, considera que "resulta imprescindible que todo acreedor reciba la total cobertura de sus necesidades, sin que pueda verse afectado por la existencia de otros titulares".

[190] Conviene recordar que el art. 153 de la LDCG faculta al cedente para resolver el contrato en lo que a este supuesto atañe, aparte de por el incumplimiento de la prestación alimenticia o de los términos en que fue pactada como indica en su número 2º, por la falta de cuidados y atenciones necesarios para el alimentista, en cuanto haga posible el capital cedido, en la búsqueda del mantenimiento de su calidad de vida, tal y como dispone en su número 3º.

[191] En este sentido, RODRÍGUEZ LÓPEZ, F., *op.cit.*, p. 737, al igual que NÚÑEZ ZORRILLA, M.C., *op. cit.*, p. 64, justifican sólo esta solidaridad como una manera más cómoda o fácil, en su caso, de reclamar al deudor para repartirla posteriormente entre todos los acreedores.

podría resultar de interés para facultar la reclamación total de las prestaciones sin que aquel que la realice tenga que recurrir a un mandato expreso en tal sentido de sus compañeros acreedores en cuanto a lo que a èstos les pudiera corresponder ni a una gestión de negocios ajenos en lo que exceda a su parte. Permitiría, asimismo, y quizá esto sea lo más destacable, reclamar individualmente en casos de incumplimiento o solicitar la resolución contractual[192].

Parece útil para una gestión y seguimiento diario en el supuesto teórico de desigualdad en el estado de salud de los alimentantes o en su capacidad de querer o de manifestarse de manera que cualquiera de ellos pueda, con respaldo legal, reclamar lo que a cualquiera de todos les pudiera corresponder para después de acuerdo con su relación interna entre acreedores proceder al reparto o a la aplicación de lo obtenido. A nuestro entender, es factible también la ejecución material de la prestación de alimentos y cuidados realizada por el deudor y exigida por el acreedor solidario en el sentido reseñado en el pacto respecto de cualquiera de los restantes acreedores solidarios[193].

Es importante destacar[194] que la legislación gallega actual establece un mínimo imperativo de alimentos, atenciones y cuidados para cada alimentista que se le ha de garantizar ya se trate de un acreedor único, ya sea un coacreedor. El vitalicio al ser constituido señalará las prestaciones que el alimentista ha de recibir que, respetando el mínimo legal necesario han de ser las que, en todo caso, el acreedor reciba, ya contrate conjuntamente, ya en solitario. Siendo varios los miembros de la parte acreedora recibirán todos la prestación pactada para cada uno de ellos, que será la que le corresponda, estén todos con vida o haya fallecido alguno de ellos. Cosa distinta sería el pacto por el cual se estableciese que ciertos cuidados y atenciones de uno u otro orden, por encima del mínimo legal establecido, se dispensaran a uno de los acreedores y se estipulase que tales cuidados para el caso de su fallecimiento pasarían a ser dispensados a otro u otros en función del criterio de edad o por alguna otra razón expresamente pactada en tal contrato.

Cabe la posibilidad de que los acreedores de la prestación de alimentos y cuidados lo sean simultáneamente o sucesivamente[195]. Para el caso de la simul-

---

[192] Ha de tenerse presente lo que respecto a la resolución en el caso de varios cedentes dispone el art. 153 de la LDCG de 2006 en sus números 2 y 3.

[193] Por aplicación de las reglas previstas en los arts. 1162 y 1163 del Cc.

[194] Como lo hace PEÓN RAMA, V, *op. cit.,* p. 632. al entender que "resulta estéril el debate planteado sobre la titularidad solidaria, mancomunada o parciaria", señalando el carácter personalista de la prestación respecto del acreedor de la misma.

[195] Entiende REBOLLEDO VARELA, A.L., *op.cit.*, p. 859, que siendo varios los alimentistas con independencia de los bienes propios que cediese cada cual, no cabe extinción parcial para el caso de fallecimiento de uno respecto de los bienes por él aportados por ser el contrato único y las prestaciones unitarias y no divisibles. Incluso en caso de incumplimiento la resolución lo sería por el todo.

taneidad habrá de estarse a lo pactado en el contrato ya que la Ley de 2006 no señala nada al respecto para el caso de pluralidad subjetiva[196].

En todo caso, la prestación pactada se realizará a todos los acreedores al unísono de acuerdo con la extensión pactada y en función de las necesidades. De fallecer uno de los acreedores el contenido de su prestación disminuirá para el deudor[197] por la naturaleza personal de la obligación de alimentos al atender a las concretas necesidades de un individuo, salvo que se hubiese pactado el acrecimiento de su parte en beneficio de los que sobrevivan[198], postura que, dada la naturaleza de dicho derecho, no parece defendible. La situación de los restantes acreedores no se verá afectada por dicho fallecimiento ya que las prestaciones respecto de ellos continuarán siendo las pactadas[199].

En este sentido, podemos observar que es habitual pactar las atenciones y cuidados simultáneos respecto de cónyuges en un asunto que, en principio, fue calificado de donación con carga modal nula por defecto de forma y que la SAP de Ourense de 15 de junio de 2005[200] en su Fundamento de Derecho segundo lo califica de "contrato de congrua o vitalicio" y especificando las obligaciones asumidas respecto ambos cónyuges.

> "Tal conclusión no se comparte en primer término, porque de las estipulaciones del contrato de litis se deriva que los contratantes convinieron la celebración de "un contrato de congrua o vitalicio", en el que, teniéndose en cuenta "la edad y los achaques de D. Cristobal y esposa y los continuos cuidados y dedicación que necesitan", según reza textualmente, se acordó la transmisión del bien inmueble señalado a su hija, la demandante, a cambio de la obligación que esta asumía de "cuidarlos, vivir con ellos en la casa de referencia, alimentarlos, prestarles todo tipo de atenciones médicas o de cualquier clase que necesiten y en general todas las atenciones necesarias mientras vivan". De cuyos términos, se deriva, que de todas las prestaciones impuestas a cargo de la cesionaria la económica o alimenticia "estrictusensu" era la de menor importancia, siendo de mayor relevancia las obligaciones de carácter asistencial impuestas, que precisamente caracterizan el contrato de vitalicio definido en el art. 25 de la Ley de Derecho Civil de Galicia. Así se refiere tal norma

196 La conclusión tercera, 2 de la sección quinta del II Congreso de Derecho civil de Galicia señalaba como una posible mejora la regulación de los supuesto de pluralidad subjetivas en ambas posiciones contractuales. VV.AA. "III Congreso.. *op. cit.*, p. 354.

197 GUILARTE ZAPATERO, V., "Comentario de los arts. 1802 a 1808 del CC" en *Comentarios al Código civil y compilaciones forales*, dirigidos por ALBALADEJO GARCÍA, M. y DÍAZ ALABART, S., tomo XXII, vol 1°, ed. Edersa, Madrid, 1982, p. 462.

198 En contra de dicha posibilidad se posiciona NÚÑEZ ZORRILLA, M.C, *op. cit.*, p. 65.

199 LETE DEL RÍO, J.M., *et alt.*: *Manual de Derecho civil Gallego*, ed. Colex, Madrid, 1999, p. 143.

200 Ponente DOMÍNGUEZ-VIGUERA FERNÁNDEZ, *EDJ* 2005, marg. 133093.

"las ayudas y cuidados, incluidos los afectivos, según las circunstancias de las partes". Por lo que la dedicación y afecto con que tales servicios se prestan, constituye un elemento esencial del contrato".

Tampoco es inhabitual establecer las atenciones y cuidados para un grupo más numeroso y con carácter simultáneo, así en la STS de 1 de septiembre de 2006[201] donde se pactan cuidados para una madre y dos de sus ocho hijos mediante un contrato de vitalicio bajo la apariencia de donación con carga modal. Se señala en su Fundamento de Derecho segundo las circunstancias relativas al cuidado y a las personas a quienes había de prestarse.

"Sentado lo anterior, se hace preciso efectuar una labor de hermenéutica contractual a efectos de descubrir cuál fue la verdadera intención de las partes contratantes en el momento de efectuarse la donación de que se trata (artículo 1281, párrafo segundo, del Código Civil). Del examen de los términos en que se produce la donación de madre a hijo se desprende que se trata del contrato denominado de vitalicio que, como señalan, entre otras, las sentencias de 30 noviembre 1987, 31 julio 199 y, entre las más recientes, las de 18 enero 2001, 9 julio 2002 y 1 julio 2003, es contrato autónomo, innominado o atípico, que participa en parte del carácter del de renta vitalicia aunque no es enteramente el mismo, por el que se hace cesión de bienes a cambio de la obligación de dar asistencia y cuidados durante toda la vida del o de los cedentes. Ello porque en la escritura de donación (estipulación segunda) se impone al donatario la obligación de alimentar, tener en su compañía y atender a todas las necesidades de la donante así como de sus hijos don Felipe y don Augusto, de modo que si el donatario no cumpliera dicha donación (sic) la donante podrá instar la revocación de la donación efectuada".

Para el supuesto de prestaciones establecidas a favor de varios acreedores sucesivamente, se estará a los criterios que determinen el orden que corresponda en la realización de la prestación, sin que se simultaneen temporalmente y falleciendo aquel a quien le correspondiese se pasará al siguiente y así hasta el último, de manera que, a su fallecimiento se extinguirá la obligación para el deudor.

La posibilidad de pactar una duración limitada en el tiempo para cada uno de los alimentistas que no derive de su muerte parece excluida del espíritu de la ley, dada la función asistencial del contrato[202]. Sin embargo, aunque no hay

---

[201] Ponente SALAS CARCELLER, *RJ* 2006, marg. 8549.

[202] Entiende, sin embargo, REBOLLEDO VARELA, A.L., *op. cit.*, p. 858 y ss., que, aunque en la práctica no sea un supuesto frecuente, sería posible establecer varios alimentistas sucesivamente, ya no por la muerte del primero, como al llegar los otros a una determinada edad en que los cuidados se hagan necesarios.

una prohibición expresa de dicho pacto, el tenor literal de la LDCG en su art. 151 señala que la obligación alimenticia "durará hasta el fallecimiento del alimentista", por lo que entendemos que en caso de pactarse se trataría de un contrato atípico de vitalicio o ante un contrato de renta vitalicia. El alimentista a quien, de acuerdo con el orden señalado o por la aplicación del criterio de que se trate, le corresponda percibir la prestación será quien pueda reclamarla del deudor, pudiendo sólo dicho acreedor disponer de alimentos, ayudas y cuidados pactados[203].

1.6. Posibilidad de sucesión y subrogación del cedente y del alimentista

Resulta importante en este contrato plantear la posibilidad de que el cedente o el alimentista transmitan como acreedores ya sean únicos, ya sean múltiples su posición a un tercero, ya sea *inter vivos*, ya *mortis causa* teniendo presente que el art. 1112 del Cc establece que "todos los derechos adquiridos en virtud de una obligación son transmisibles con sujeción a las leyes, sino se hubiese pactado lo contrario".

La posibilidad de transmisión del derecho de crédito del acreedor se exceptúa bien cuando la ley la impida, bien cuando expresa o tácitamente se hubiese pactado lo contrario, al tratarse de obligaciones *intuitu personae*.

Encontramos así que la intransmisibilidad puede venir dada por disposición legal o también porque, aunque la ley permita su transmisión, las partes pacten su intrasmisibilidad mediante una cláusula de incedibilidad. En el caso presente en virtud del contrato de vitalicio, el cesionario, a cambio de unos bienes o derechos, se compromete a una prestación de alimentos y cuidados y atenciones a favor de un alimentista o alimentistas concretos cuyas circunstancias personales ha tenido en consideración para suscribir dicho contrato por lo que parece difícil que, salvo acuerdo entre las partes, pueda darse un cambio de acreedor o acreedores[204]. El alimentista por las razones antes señaladas, no podrá realizar un negocio jurídico para transmitir a otra persona la titularidad de su derecho de crédito ya que tal crédito, a estos efectos, se ha de entender intransmisible[205] por oponerse a la propia naturaleza del contrato. En este sentido, la STSJ de Galicia de 2 de diciembre de 1997[206] que recoge la posibilidad de que se transmita a la heredera de una cesionaria el derecho de carácter económico y no personalísimo

[203] NÚÑEZ ZORRILLA, M.C., *op. cit.*, p. 65 y BÁDENAS CARPIO, J.M., *op. cit.*, p. 142.

[204] MESA MARRERO, C., *op. cit.*, p. 88 indica que "difícilmente podría admitirse que el alimentante esté obligado a cumplir la prestación de alimentos y asistencia a un acreedor diferente". En idéntico sentido CHILLÓN PEÑALVER, S., *op. cit.*, p. 205 y ss., que alude a una "modalización" en este contrato de la regla general de la libre transmisión de los créditos.

[205] *Vid.* art. 1257 del Cc.

[206] Ponente SAAVEDRA RODRÍGUEZ, *RJ* 1998, marg 8251.

a resolver el contrato, al entrar sobre el tema concreto, realiza una reflexión de carácter general sobre el vitalicio en el Fundamento de Hecho tercero.

> "Con independencia de la intención cierta de la causante de resolver el contrato y de que no hay constancia de si se habían o no iniciado los trámites para interponer la demanda, a lo que se une su enfermedad y muerte al relativamente poco tiempo de otorgar el testamento, con todo el valor interpretativo que ello tiene, como pone de relieve tanto la resolución de instancia como la de apelación, es lo cierto que la limitación que impone el precepto que se dice infringido (artículo 1257 del Código Civil) a la norma general de transmisibilidad de bienes y derechos por causa de muerte (artículo 659 del propio Cuerpo Legal) y más concretamente la de los efectos de los contratos, no es sino que una norma de tipo especial que por tanto es preciso interpretar restrictivamente, y en el caso concreto que nos ocupa se limita sólo a los derechos y obligaciones de tipo personalísimo derivados del contrato de vitalicio –que es de estructura compleja en cuanto a las obligaciones y derechos que genera– como lo puso de manifiesto la Sentencia del Tribunal Supremo de 2 julio 1992, dictada en un caso semejante, al sentar que: «...la acción resolutoria por el incumplimiento de obligación recíproca ya había nacido y era susceptible de transmisión hereditaria, al ser de carácter económico y no personalísimo...» siguiendo el criterio general de transmisibilidad de las obligaciones y derechos nacidos de vínculos contractuales (entre otras, SSTS 12 mayo 1959 y 14 noviembre 1986)".

Cosa distinta sería, a nuestro juicio, que mediando acuerdo entre cedente-alimentista y cesionario, se realizara una novación subjetiva en la persona del alimentista que en función del art. 1255 del Cc[207] y que funcionara a modo de tercero alimentista, ya que en otro caso se daría una novación extintiva. En todo caso, entendemos que sería una hipótesis excepcional que requiere del consentimiento del deudor.

Al disponer el art. 151 de la LDCG que el contrato de vitalicio durará hasta el fallecimiento del alimentista[208], se deduce la extinción del contrato por dicho fallecimiento ya que la vida del cedente o cedentes o del tercero[209] será la tomada en consideración para establecer el lapso temporal del contrato

---

[207] En este sentido, NÚÑEZ ZORRILLA, M.C., *op. cit.*, p. 46.

[208] Se evita a través de la redacción de este artículo la discusión sobre el carácter natural que no esencial de la duración vitalicia del contrato a que daba pie, entre otras, la literalidad del antiguo art. 97 al señalar que la obligación de prestar alimentos duraría hasta el fallecimiento del alimentista, salvo que se señalara otra cosa. Parecería posible una interpretación de dicho artículo en el sentido de la transmisibilidad *mortis causa* a los sucesores del alimentista pero sin embargo, tal posibilidad se debe considerar excluida por la función del contrato. En este sentido, PEÓN RAMA, V., *op. cit.*, p. 643 y ss.

[209] Art. 149 de la LDCG.

durante el cual y respecto de dichos alimentistas, deberá cumplir la obligación de alimentos. No cabe, por ello, tampoco la sucesión hereditaria en la posición de alimentista salvo que dicho heredero y su carácter de alimentista fuesen observados en el contrato de vitalicio, en cuyo caso o bien sería parte por intervenir en el mismo o en otro caso se trataría de un tercero, respecto del cual se acordase recibiera los alimentos en forma sucesiva, después de aquel a quien sucede, con lo que se aplicará lo visto para contratos a favor de tercero. Por ello, consideramos que como regla general y en defecto de pacto que respete los principios sentados por la norma, no cabe la transmisión de la posición de acreedor por cesión *inter vivos* ni por transmisión *mortis causa*[210].

2. EL CESIONARIO O ALIMENTANTE

El cesionario[211] o alimentante es aquella persona o personas que se obligan a realizar la prestación de alimentos convenida a favor del cedente o de un tercero y por ello recibe como contraprestación la cesión de determinados bienes o derechos[212].

De ser una o varias personas físicas han de tener capacidad para contratar, tratándose por ello de mayores de edad no incapacitados o de menores[213] emancipados que no estén incapacitados[214]. De tratarse de un menor de edad, sus representantes podrán celebrar válidamente el contrato contando con el consentimiento de tal menor si este tiene suficiente juicio. Sin embargo, es conveniente reparar en el contenido del contrato en tanto genera una obligación de alimentos y cuidados y atenciones pactados para plantearnos si tal conducta es posible físicamente que sea realizada por tal menor ya que, en otro caso, no podría ser objeto de negocio. En este sentido, la SAP de Pontevedra de 16 de octubre de 2003[215] respecto de una menor de 10 años que actúa como alimentante en un supuesto de sucesión respecto de la cual señala la Audiencia que no puede atender a la cedente dada su escasa edad y su necesidad de escolarización y cuidados respecto de sí misma.

---

210 Al señalar que la posición del alimentista es intransmisible, REBOLLEDO VARELA, A.L., *op. cit.*, p. 859, destaca el carácter en cierto sentido personalísimo que dimana del conjunto de obligaciones derivadas de este contrato.

211 Ya que así se le denomina en la Ley 2/2006 de Derecho civil de Galicia, por ejemplo, en el art. 152 al regular el desistimiento, utilizando también dicha denominación los arts. 153.3, 155 y 156. En otros preceptos de la Ley se alude a obligados (art. 148.2 y 151) a prestar alimentos.

212 Art. 147 de la Ley 2/2006.

213 Art. 162.3 del Cc.

214 En este sentido, arts. 315, 322 y 323 en relación con el art. 1263 del Cc.

215 Ponente DOMÍNGUEZ-VIGUERA FERNÁNDEZ, *EDJ* 2003, marg. 246362.

"Baste decir, que cuando murió la cesionaria, su hija y heredera contaba con once años de edad, mientras que la cedente, según se deriva del informe médico obrante al f. 30 de los autos, presentaba parálisis, se hallaba confinada en una silla de ruedas desde hacía 10 años, precisaba pañales de incontinencia y ayuda de una persona las 24 horas del día. Asistencia y cuidados, integrantes del contrato de vitalicio, que no se agota en el mero contenido económico, y que obviamente no podía prestarle la heredera atendida su escasa edad".

Al igual que sucede con los cedentes, los cesionarios o alimentantes pueden ser nacionales o extranjeros, supuesto este último en el que se regirán en cuanto a su capacidad por su ley personal, que vendrá dada por su nacionalidad[216]. Para el caso de extranjeros parece razonable exigir la residencia habitual en Galicia[217] teniendo en cuenta que la cesión de bienes por no ser donación, no se rige por la ley nacional del donante[218] con las matizaciones realizadas por el art. 10.8 del Cc respecto de la validez de los contratos onerosos celebrados por incapaz extranjero según su ley nacional, si la causa de la incapacidad no estuviese reconocida por la ley española. Si se trata de nacionales, la vecindad civil determina la sujeción al Derecho civil de Galicia sin perjuicio de que se resida fuera y se respeten las normas de derecho interegional[219].

Entendemos que no existe impedimento alguno para que en el caso de personas físicas casadas o convivientes como pareja de hecho inscrita en el Registro de Parejas de Hecho de Galicia, o en cualquier otro registro administrativo, o no inscritas, sea sólo uno de los miembros de dicha pareja quien ocupe la posición de alimentante ya que el matrimonio de por sí no modifica la capacidad de obrar de los cónyuges. Destacamos, no obstante, que aunque no parezca, en un principio, necesario ni su consentimiento a dicho contrato ni el asentimiento del no alimentante, pueden derivar ciertas obligaciones para con él. Para el caso de que el alimentista se integre en el hogar familiar del alimentante, entendemos que se hace preciso el consentimiento de su cónyuge, que se hace extensivo a su pareja, por tratarse de un acto de administración del domicilio familiar de no ser de ambos su titularidad e, incluso, de disposición

---

216 Art. 9.1 del Cc.

217 El art. 3 de la LDCG plasma la eficacia territorial del Derecho civil de Galicia si bien exceptúa "los casos en que conforme al derecho interregional o internacional privado, hayan de aplicarse otras normas" teniendo en cuenta además las indicaciones del art. 10.5 del Cc en el sentido de que "se aplicará a las obligaciones contractuales la ley a que las partes se hayan sometido expresamente, siempre que tenga alguna conexión con el negocio de que se trate; en su defecto, la ley nacional común a las partes; a falta de ella, la de la residencia habitual común y, en último término, la ley del lugar de celebración del contrato".

218 El art. 10.7 del Cc dispone que "las donaciones se regirán, en todo caso, por la ley personal del donante".

219 El art. 16 del Cc realiza una remisión a las normas del Derecho internacional privado reguladas en el capítulo IV del Título Preliminar del Cc con ciertas particularidades.

onerosa y, por ello, anulable de tratarse de un bien de su sociedad de gananciales. Además es importante destacar el deber que emana del art. 68 del Cc[220] de tratarse de un alimentista que fuese dependiente.

Cabe plantear la posibilidad, al igual que respecto del alimentista y del cedente, acerca de si una persona jurídica podría ser cesionario en este contrato de vitalicio. En este sentido, entendemos que dada la capacidad jurídica de las personas jurídicas nada impediría dicha posibilidad[221].

Esta respuesta significa, sin embargo, que se ha de observar si además la legislación específica que regule el tipo social de que se trate, permite desarrollar dicha labor de prestación de alimentos y, por supuesto, en forma más concreta, si las propias reglas de funcionamiento, estatutos o normas por las que, en cada uno de los casos se rijan, permiten de acuerdo con su finalidad u objeto social realizar dicha prestación de alimentos, ayudas y cuidados respecto de las personas concretas que sean sus destinatarios. Un sector mayoritario se manifiesta en ese sentido[222] que parece reflejar el amplio margen de autorregulación que la LDCG de 2006 da a las partes para configurar su negocio. Quizá de entender el vitalicio como un contrato que conlleva necesariamente una integración en la vida familiar, ya del cedente, ya del alimentante, con obligación de convivencia o de trato "como si fuera uno más de la familia", podría comprenderse el reparo a dicha opción.

Ahora bien, en la actualidad la configuración legal del vitalicio no impone la obligación de integración o convivencia a modo de familia y, además, entre las personas jurídicas existen hoy algunas altamente especializadas en atención geriátrica o a discapacitados, por citar sólo dos de los posibles colectivos de usuarios del presente contrato, que no necesariamente han de optar por la institucionalización como respuesta única a este fenómeno. Consideramos que esta

[220] El art. 68 del Cc establece que "los cónyuges están obligados a vivir juntos, guardarse fidelidad y socorrerse mutuamente. Deberán, además, compartir las responsabilidades domésticas y el cuidado y atención ascendientes y descendientes y otras personas dependientes a su cargo". En este sentido, BENITO DE LOS MOZOS, A.I. "La influencia del Código civil en la vida de las mujeres españolas" en *La igualdad como compromiso*, edit. Universidad de Salamanca, Salamanca, 2007, p. 50, señala este derecho-deber que establece la corresponsabilidad de los cónyuges del cuidado de los dependientes, ya sean éstos los propios progenitores, o los del cónyuge o los hijos y las hijas, o cualquier otra persona que se tenga a cargo.

[221] Arts. 37 y 38 del Cc.

[222] En este sentido se manifiestan, entre otros, CHILLÓN PEÑALVER, S., *op. cit.*, p. 207; NÚÑEZ ZORRILLA, M.C., *op. cit.*, p. 52; MESA MARRERO, C., *op. cit.*, p. 68; LETE DEL RÍO, J. M., *Manual...op. cit.*, p. 140. En contra REBOLLEDO VARELA, A. L., *op. cit.*, p. 859 y ss., que de acuerdo con el texto de la LDCG de 1995 considera que en el vitalicio sólo puede ser cesionario una o varias personas físicas pero "no una persona jurídica y no sólo por la referencia expresa del art. 95 a una o varias personas frente al "deudor" del art. 1802 CC sino sobre todo por el contenido y la finalidad del contrato de vitalicio, enfocado tradicional y legalmente (art. 95.2) incluso en aplicación del Código Civil, entre personas físicas".

posibilidad podría ser admitida para la prestación de ayudas y cuidadosos, no sólo por lo anteriormente señalado sino también por ser otro tipo de alternativa, en forma, por ejemplo, de viviendas tuteladas con uno o varios responsables cuidadores que, dependientes de la persona jurídica o integradas en la misma, pudiesen cumplir con la obligación de prestar alimentos y ayudas y cuidados respondiendo a un modelo *cuasifamiliar*, de manera semejante a la que realizan ciertas instituciones públicas para el cuidado de las personas que se encuentran bajo su tutela o amparo[223]. Además, para el caso de pactarse la permanencia del alimentista en su domicilio, nada impide, a nuestro juicio, que las ayudas y cuidados pactados puedan se prestados por personal especializado contratado por dicha persona jurídica y vigilado y controlado por la misma al igual que se permite respecto de las personas físicas.

Es cierto que al tratar de las causas de resolución del vitalicio se indica en el art. 153.1.1ª de la Ley 2/2006 una conducta gravemente injuriosa o vejatoria de alimentante para, a continuación, aludir a la de "su cónyuge o pareja o de los hijos con los que conviva respecto del alimentista" sin hacer referencia, en cambio, a empleados o personas que estén al servicio de la familia. Entendemos, por consiguiente, que simplemente se cita una de las posibilidades de resolución expresada para el caso de personas físicas porque tal causa no tiene equivalente en las personas jurídicas y, en consecuencia, debe ser objeto de una interpretación restrictiva.

Encontramos diferentes supuestos de alimentante como persona jurídica si bien en dos de ellos aparece como cesionario *prima facie* personas físicas pero que o son propietarios o titulares de residencias o de vivienda comunitaria. Así, podemos destacar, en primer lugar, la STS de 26 de mayo de 1997[224] y la SAP de Barcelona de 3 de noviembre de 1999[225]. En la primera de las citadas en el Fundamento de Derecho primero se narra como a cambio de una serie de fincas los cesionarios se comprometen a pagar unas cantidades a un sanatorio psiquiátrico a condición de que este haga frente a la obligación convencional de alimentos vitalicios respecto de un incapaz.

> "En dicho documento, que se inscribió en el Registro de la Propiedad cuatro años después de su otorgamiento, se detalla que los adquirentes se obligan a pagar al Sanatorio Psiquiátrico «S.» de Málaga la cantidad de quinientas cincuenta y una mil setecientas quince pesetas (551.715 pesetas), adeudadas al centro por la residencia y asistencia de don Ricardo V. G., e, igualmente, a abonar todos los gastos, tanto ordinarios como

[223] En el ámbito gallego, los programas para acogimiento de mayores instados por la Xunta de Galicia a los que hacemos referencia en otro lugar.

[224] Ponente GARCÍA VARELA, *RJ* 1997, marg. 4234.

[225] Ponente DE ALFONSO LASO, *ARP* 1999, marg. 4993

> extraordinarios, entendidos como alimentos y con la amplitud señalada en los artículos 142 y concordantes del Código Civil, que ocasione el internamiento del incapaz hasta su muerte, así como el impedimento de enajenar las fincas referidas en vida de éste".

La segunda de las sentencias citadas entra a conocer un posible delito de estafa, como fue calificado por el Ministerio Fiscal y la acusación particular respecto de lo narrado en el hecho probado único. Se relata que el demandado entró en contacto con el demandante y su esposa para ofrecerle los servicios de una de las tres residencias de que era titular suscribiendo por ello un contrato en que, firmado ante Notario, se comprometía el acusado a proporcionarle al demandante y a su esposa de por vida la prestación de mantenimiento, habitación, vestido, alimentos y asistencia médica, a cambio de una suma de dinero y de la entrega mensual de una pensión. Realizada tal entrega y tras ingresar en la residencia y residir en ella unos meses, fallece su esposa, decidiendo el marido abandonar dicho lugar y reclamar la restitución del dinero. Tras señalar el Tribunal en el Fundamento de Derecho primero que los hechos no son constitutivos de delito de estafa, señala en su Fundamento de Derecho segundo lo siguiente:

> "Ha existido unanimidad entre todos los profesionales intervinientes en el desarrollo del Juicio Oral a la hora de calificar el contrato celebrado entre el acusado y el señor R. M. como de un «vitalicio»".

Advierte, además, que en el supuesto concreto de autos, dicho vitalicio no encubre una estafa.

> "Aparece al folio 24 la escritura pública por la que se formaliza la celebración del negocio jurídico que tuvo lugar entre el acusado y el señor R. M. En dicho documento se puede leer que la entrega supone un total de 11.618.474 pesetas por medio de dos cheques, y la entrega asimismo de una pensión mensual de 52.000 pesetas que obedece a la pensión por jubilación que correspondía al señor R. M. Y a cambio éste recibiría de por vida, junto con su esposa, el mantenimiento, la habitación, el vestido, la asistencia médica y la estancia en la residencia geriátrica. Por lo que efectivamente la conclusión a la que ha de llegarse no es otra que entre ambos se estaba pactando lo que las partes correctamente han denominado como «vitalicio» sin que, tal y como antes se dijo, haya de inferir del mismo que se está disfrazando lo que podría ser una pretendida estafa encubierta".

El Fundamento de Derecho cuarto describe la voluntad de cumplir puesta de manifiesto ofreciéndole ya en la misma plaza, ya en otra de las residencias de su propiedad.

> "En tal sentido, no puede sino analizarse cuál ha sido la conducta del acusado quien en ningún momento ha ofrecido vanas ilusiones, vagas expectativas o falsas promesas a la contraparte. Antes al contrario, el acusado cumplió siempre y en todo momento con lo pactado, sin que se aprecie, siquiera indiciariamente, una voluntad de no cumplir en algún momento. En tal sentido es de destacar la carta dirigida por éste al señor R. M. en la que le indica que (folio 50) «sigue teniendo a su disposición la plaza reservada en esa misma residencia geriátrica o si lo desea por algún motivo, en otra de las de su propiedad». Ello en sí mismo, unido a la prueba del cumplimiento de su parte del pacto no significa sino la inexistencia de una voluntad de incumplir lo pactado desde el primer momento hasta el final mismo".

En el ámbito gallego, podemos destacar la SAP de Ourense de 27 de enero de 2010[226] respecto de un hombre de edad que con anterioridad había estado con una familia acogedora dentro del programa de acogimiento de la Xunta de Galicia de 1998 que, descontento con su relación con la familia acogedora, pacta un contrato de vitalicio bajo la denominación de cesión de bienes en escritura pública de 11 de mayo de 2001, cediendo una casa de su propiedad, que sin conocerlo él se encontraba a nombre de la familia acogedora, a cambio de cierta contraprestación que se describe en el Fundamento de Derecho primero.

> "La transmisión se hacía a cambio de un derecho de habitación sobre una vivienda sita en el término de C., propiedad de las demandadas así como la obligación de cuidado, prestación de asistencia médica y sanitaria y trato personal como un miembro más de la familia asumiendo las adquirentes, además, la obligación de enterrarle en el panteón familiar de la casa".

Dicha casa familiar era realmente una vivienda comunitaria denominada A. S.L. como recoge el informe del Secretario provincial de la Dirección General de Servicios Sociales de la Consejería de Sanidad y Servicios Sociales de la Xunta de Galicia que se refleja en el Fundamento de Derecho cuarto. Una vivienda comunitaria es un equipamiento de pequeño o mediano tamaño destinado a acoger en régimen de convivencia cuasifamiliar a un número máximo de 12 personas totalmente autónomas con un responsable encargado de la gestión del centro[227].

---

[226] Ponente ALAÑÓN OLMEDO, *EDJ* 2010, marg. 20635.

[227] Orden de 18 de abril se 1996 de la Consellería de Sanidad y Servicios Sociales, tras su modificación por Orden de 13 abril 2007, ya que con anterioridad a dicha reforma se permitía este tipo de centros prestadores de servicios sociales para su uso por personas con elevado grado de autonomía.

> "Se trata de un documento público suscrito por funcionario del que no parecen desprenderse dato alguno que permita dudar de su veracidad. Señala que cuenta D. Pascual que a la muerte de su esposa fue acogido por el matrimonio Benjamín-María del Pilar dentro del programa de acogimiento familiar de la Dirección General de Servicios Sociales de 1998; que con el dinero de D. Pascual proveniente de sus ahorros y de la venta de la vivienda familiar de Ceboliño, la familia acogedora compró una casa en Vilar das Tres –el inmueble litigioso–; que como la relación con la familia acogedora no era buena, ingresó en la vivienda comunitaria "A." y siendo ya residente de ésta se enteró, a través del hijo de su titular, hoy demandada, a la sazón abogado en ejercicio – Nicanor – de que la finca en cuestión se encontraba a nombre de la familia acogedora".

2.1. Pluralidad de deudores

La parte alimentante puede estar compuesta por dos o más personas que se obligan simultáneamente frente al mismo o a los mismos alimentistas a cambio de la cesión de bienes o derechos de que se trate en tal caso. Deberá señalarse cómo se realiza dicho reparto de las titularidades de que trate dicha cesión entre los deudores de la prestación de alimentos. El reparto será lógicamente de la manera que se convenga en dicho contrato o en documento posterior o, en su caso, se generará una situación de comunidad que se regirá por las normas pactadas o, en defecto de la misma, por las disposiciones especiales que legalmente correspondan y, a falta de ellas, por las normas de la comunidad de bienes del Código civil[228] atendiendo a la naturaleza del bien de que se trate y a la posibilidad de transmisión restringida o no según la naturaleza de tal derecho.

Debe conocerse cuál es el régimen a aplicar a las relaciones entre alimentista y alimentantes de tratarse de varios deudores al mismo tiempo. En el ámbito gallego debemos establecer tres momentos temporales distintos respecto de este supuesto, a saber, antes de la LDCG de 1995, tras ella y con la vigente Ley 2/2006 de Derecho civil de Galicia.

2.1.1. La regla de la mancomunidad

Con anterioridad a la LDCG de 1995, en nuestro territorio se aplicaría, como es lógico, el régimen establecido en el contrato de vitalicio de que se trate, en el cual podrá señalarse turnos, días, prestaciones concretas a realizar por cada obligado, alimentos, ayudas y cuidados sean afectivos o no, ya sea alternamente o por temporadas o épocas, desplazamiento al domicilio del alimentante o cualquier otro régimen detallado o concreto o un sistema general. De no pac-

[228] En este sentido, arts. 392 y ss. del Cc.

tarse nada a este respecto o no conteniendo el pacto especificaciones respecto de las atenciones en cuanto a la manera de realizarse, se aplicaría la normativa correspondiente del Código civil por lo que la relación entre codeudores sería la de la mancomunidad[229].

Ello implica que el acreedor único o cada uno de los acreedores, de ser varios, sólo tendrá derecho a la realización de la prestación por el codedudor mancomunado en la parte de la deuda que a éste corresponda, que, salvo pacto, estará dividida en tantas partes iguales como deudores, y cumplirá realizando la misma pero no deberá realizar la de los demás porque su deuda se reputa distinta a la de los restantes.

Así sucede en el caso de que la prestación fuese divisible en aplicación de las reglas contenidas en el Código civil[230] y no hubiese pacto en contra plasmado en las estipulaciones que configuren el contenido de la prestación de alimentos, ayudas y cuidados. El deudor mancomunado al realizar la parte de la prestación que le fuera asignada quedará liberado.

Indudablemente, a nuestro parecer, tiene trascendencia esta regla no sólo en cuanto a su propio ámbito personal de responsabilidad sino también de la que le pudiera corresponder respecto de sus codeudores ya que el deudor mancomunado cumple realizando su parte y no responde de la de los demás ya que no tendrá que suplir o responder por ella.

El contenido tradicional del contrato de alimentos en lo relativo a la prestación alimenticia parece en un principio divisible[231] aunque, sin embargo, a nuestro parecer, es difícil adecuar la integración en una familia, como en un principio se entendía el contrato de vitalicio, con una prestación mancomunada divisible.

De considerarse de esta manera la prestación, se podría hurtar la finalidad perseguida por el contrato de vitalicio realizando alguna de las prestaciones como podrían ser la manutención y el alojamiento pero no las restantes con

---

[229] El art. 1138 del Cc dispone que "si del texto de las obligaciones a que se refiere el artículo anterior no resulta otra cosa, el crédito o la deuda se presumirán divididos en tantas partes iguales como acreedores o deudores haya, reputándose créditos o deudas distintos unos de otros".

[230] El art. 1151 del Cc señala que "se reputarán indivisibles las obligaciones de dar cuerpos ciertos y todas aquellas que no sean susceptibles de cumplimiento parcial" y, a continuación indica que "las obligaciones de hacer serán divisibles cuando tengan por objeto la prestación de un número de días de trabajo, la ejecución de obras por unidades métricas, u otras cosas análogas que `por su naturaleza sean susceptibles de cumplimiento parcial".

[231] En dicho sentido se manifiesta MESA MARRERO, C., *op. cit.*, p. 70, al indicar que en el contrato de alimentos cuyo contenido tiene un alto grado de parecido con el de vitalicio "el contenido de la prestación (que puede consistir en proporcionar al alimentista alojamiento, manutención, cuidados y asistencia de todo tipo) es susceptible de admitir un cumplimiento fraccionado por cada uno de los alimentantes siempre que con ello se satisfaga el interés del acreedor".

los problemas que, indudablemente, de ello podrían derivar respecto de los restantes codeudores a la hora de reclamar dichas prestaciones ya que el interés del cedente lo será por la totalidad de las prestaciones pactadas a cambio de las cuales entregó ciertos bienes y no sólo respecto de alguna o algunas. En este sentido, la STS de 9 de julio de 2002[232] valora la conducta obstativa al cumplimiento de la prestación pactada por un matrimonio respecto de otro matrimonio. Al quedar viuda la alimentista se va a vivir con ciertos parientes, pidiendo en un momento posterior la rescisión contractual. Se valora en la sentencia que vivir en familia y congeniar supone un necesario ajuste entre dos o más personas. Valora la Sala que los alimentantes manifiestaran su continua voluntad de cumplimiento de lo pactado y razona, en el Fundamento de Derecho segundo respecto de tal resolución y de la manera de efectuar la prestación pactada, realizando una conversión en metálico de la misma, *ex* art. 149 del Cc que entiende aplicable analógicamente.

> "En estas circunstancias, no cabe la permanencia del sistema alimenticio convenido en los estrictos términos pactados, pues no se puede obligar a quién no quiere en una relación como la que nos ocupa, donde, por encima de lo establecido, de ámbito económico o patrimonial, incide el necesario ajuste de dos o más personas en carácter, costumbres o aficiones para lograr la convivencia, es decir, en lo que se denomina congeniar, por lo que procede acercarse a la petición principal de la demanda, consistente en el abono de una cantidad para cubrir las necesidades de la actora, que, aunque no está recogida en el contrato, constituye la respuesta a la problemática, mediante la aplicación analógica del artículo 149 de Código Civil.
>
> Esta Sala, tras ponderar la circunstancias concurrentes, tanto subjetivas como objetivas, determina la cantidad de ciento ochenta euros con treinta céntimos (180,30 €) mensuales como la que los litigantes pasivos han de abonar, desde la fecha de esta sentencia, a la demandante para la atención de las obligaciones alimenticias derivadas del contrato de 8 de enero de 1993, mediante aportaciones en ciclos anticipados y dentro de los cinco primeros días de cada mes, con una sistemática de actualización anual según los índices de precios al consumo que fije el Instituto Nacional de Estadística, en sustitución del cumplimiento de dicha prestación en la casa de los demandados".

En el supuesto de que la prestación fuera indivisible[233] ya sea por naturaleza, ya por pacto, cuando cualquiera de los codeudores no cumpla se resolverá en indemnizar en daños y perjuicios al acreedor aunque distinguiéndose entre los

[232] Ponente GARCÍA VARELA, *RJ* 2002, marg. 5904.

[233] Art. 1150 Cc para las obligaciones mancomunadas indivisibles con aplicación del 1139 del mismo texto ya que el codeudor mancomunado no está obligado a cubrir la insolvencia de otro codeudor, estableciéndose reglas distintas para las obligaciones solidarias indivisibles en el art. 1145 del Cc.

deudores que estuviesen dispuesto a cumplir y los que no. Los deudores dispuestos al cumplimiento sólo contribuirán a la indemnización correspondiente al acreedor con la porción que les corresponda del precio de la cosa o servicio en que consista la obligación.

De fallecer alguno de los deudores de la prestación pactada se extingue la obligación respecto de él disminuyendo en esa porción los alimentos a recibir por el acreedor de ser una obligación mancomunada, salvo que haya pacto de que dicha obligación se transmita a sus herederos[234].

En el sistema del Código civil la solidaridad o viene determinada por la Ley o se pacta expresamente[235]. En este caso, mediante pacto expreso en el contrato de vitalicio, el acreedor tendría derecho a reclamar de todos y de cada deudor solidario la totalidad de la prestación con las ventajas que esto tiene a la hora de conseguir la realización íntegra de la prestación y también en el momento de tener que reclamar para el caso de incumplimiento de cualquiera de ellos, al poder dirigirse contra cualquiera de los demás para recibir la totalidad de la prestación. Para el caso de insolvencia de algún codeudor solidario, el resto estará obligado a cumplir con la totalidad sin perjuicio de que el deudor que cumpla pueda repetir respecto de los demás codeudores a prorrata de la deuda de cada uno[236]. Como cabe observar, se aumentan de esta manera tantos las posibilidades de cumplimiento efectivo como la garantía patrimonial en caso de incumplimiento.

Ahora bien, conviene tener presente que la interpretación del art. 1137 del Cc realizada por vía jurisprudencial entiende que la naturaleza del contrato o el interés jurídico protegido pueden llevar a entender como solidaria la obligación de que se trate. La jurisprudencia ha interpretado que puede existir también la solidaridad tácita que se deduzca de los términos empleados y evidencie la voluntad de las partes en lo referente a la solidaridad. Es interesante, en este sentido, la STS de 28 de octubre de 2005[237] que afirma, con cita de varias sentencias, respecto de la solidaridad tácita que aunque los créditos de los particulares deudores puedan desarrollarse con independencia, permanecen unidos entre sí por la identidad del fin de las prestaciones.

> "Resultaría de este modo una solidaridad tácita, lo que vendría a reforzar la concreta expresión que figura en el contrato dada la comunidad de objetivos, con interna conexión entre ellos, con lo que se trata, como ha dicho

---

234 BELTRÁN DE HEREDIA, J., *op. cit.*, p. 100, al no existir en el momento que estamos contemplando la previsión que en tal sentido hoy en día establece la LDCG de 2006 en su art. 151.

235 Art. 1137 Cc.

236 Art. 1145 del Cc aunque dado el carácter del contrato entendemos que no se producirá la presunción subrogatoria del art. 1210.3º del Cc.

237 Ponente MONTES PENADES, *RJ* 2005, marg. 7352.

esta Sala, de facilitar y estimular la garantía de los perjudicados (entre otras, Sentencias de 26 de julio de 2000, de 23 de junio de 2003 y de 19 de abril de 2001). Esta doctrina está consolidada, y se viene manteniendo hasta este momento. Así, la Sentencia de 17 de octubre de 1996 núm. 840 se refería a una «interpretación correctora» del precepto del artículo 1137 CC «para alcanzar y estimar la concurrencia de solidaridad tácita pasiva, admitiéndose su existencia cuando del contexto de las obligaciones contraídas se infiera su concurrencia, conforme a lo que declara en su inicio el artículo 1138 del código civil, por quedar patente la comunidad jurídica con los objetivos que los recurrentes pretendieron al celebrar el contrato y destaca que resulta suficiente que aparezca evidenciada la voluntad de los contratantes de haberse obligado in solidum, con referencia a decisiones anteriores.

La Sentencia de 26 de julio de 2000, num. 818, entiende que hay solidaridad cuando entre los obligados se da una comunidad jurídica de objetivos y se refiere, entre otras, a la Sentencia de 19 de julio de 1989, en la que se decía que «la concepción actual de la obligación solidaria requiere poner de relieve que aunque los créditos de los particulares deudores puedan desarrollarse hasta cierto grado con independencia, permanecen, no obstante, unidos entre sí a través de la identidad de fin de las prestaciones, que es el estar destinadas en común a la satisfacción del interés del acreedor, cuál sucede cuando existe una comunidad jurídica de objetivos entre las prestaciones de los diversos deudores». Y la Sentencia de 23 de junio de 2003, núm. 611 sostiene que ha de admitirse una solidaridad tácita cuando aparece de modo evidente la intención de los contratantes de obligarse «in solidum» o se desprende dicha voluntad de la propia naturaleza de lo pactado, por entenderse, de acuerdo con las pautas de la bona fides, que los interesados habían querido y se habían comprometido a prestar un resultado conjunto, por existir entre ellos una comunidad jurídica de objetivos, con cita de decisiones anteriores".

2.1.2. Incertidumbre ante el silencio del legislador de 1995

Una vez que el legislador gallego de 1995 recoge en su texto la regulación del contrato de vitalicio, no se produce cambio alguno respecto del sistema en relación a la solidaridad o mancomunidad en este contrato, toda vez que la LDCG de 1995 no contenía previsión expresa alguna respecto a dicho carácter de la obligación, ya en la parte activa, ya en la pasiva, por lo que resultaría de aplicación el art. 1137 del Cc siendo por tanto la mancomunidad de aplicación.

Sin embargo, cabe opinar al respecto la posibilidad de que fuese la regla a aplicar la solidaridad[238] considerando que, dados los caracteres del contrato y la prestación de que se trata, una prestación que no es de una renta la cuál admitiría una cómoda división, sino compleja, debería poder permitir exigir a cualquiera

[238] En este sentido REBOLLEDO VARELA, A.L., *op. cit.*, p. 859 y ss, que, manifestando su opinión al respecto con estos argumentos, se decanta por la solidaridad.

de los alimentistas la prestación íntegra como podría ser en relación al supuesto de premorencia de cualquiera de los obligados, en el cuál los demás deberían cubrir íntegramente la prestación, sin perjuicio de la previsión legal de la posibilidad de transferencia a los herederos o legatarios del fallecido. Además, al entender la prestación indivisible, si varios cesionarios están obligados frente al alimentista a la obligación de alimentos y cuidados y atenciones, cualquiera de ellos estaría obligado a la totalidad de la prestación.

No obstante, ante tal estado de cosas, se puede observar que no ha existido una opinión unánime al respecto al surgir opiniones tanto a favor de la solidaridad[239] como régimen a aplicar debido a las peculiaridades e intereses en juego en el contrato, como, de otro lado, la de aquellos que opinaban que tal relación sólo tendría lugar mediante pacto expreso entre las partes[240].

2.1.3. Solución legislativa. La regla general de la solidaridad

El legislador gallego recoge una regla general que admite pacto en contrario, de ser tal la voluntad de las partes al suscribir el contrato, sentando como principio regidor de la relación entre deudores de la obligación de alimentos, cuidados y atenciones, la solidaridad al establecer en el art. 148.2 de la LDCG de 2006 que la prestación de alimentos tendrá carácter solidario cuando exista pluralidad de obligados, salvo que en el título constitutivo se hiciera constar lo contrario. Se admite, asimismo, en dicho precepto que el cumplimiento de los codeudores de la prestación de alimentos pueda configurarse, mediante pacto, de modo conjunto e indivisible[241].

Se trata así de una novedad legislativa[242] que establece dos hipótesis de pacto como consecuencia de un principio general, el de la solidaridad entre deudores, que se adecuará a las resultas del negocio jurídico configurado por las partes en su negociación. Tal y como ya señalamos, a nuestro modo de ver,

---

239 A favor de la solidaridad se pronuncian, entre otros, RODRÍGUEZ LÓPEZ, F., *op. cit.*, p. 735; CHILLÓN PEÑALVER, S., *op. cit.*, p. 210; REBOLLEDO VARELA, A.L., *op. cit.*, p. 859 y ss.

240 A favor de la solidaridad cuando se pacte expresamente o exista voluntad de las partes en tal sentido se manifiestan, respectivamente, NÚÑEZ ZORRILLA, M.C., *op. cit.*, p. 55; MESA MARRERO, C., op. cit., p. 73.

241 Señala BUSTO LAGO, J.M., *op. cit.,* p. 14 y ss, que la elección entre ambas se efectuará según sea suficiente o no que la prestación la realice uno sólo de los obligados o, en otro caso, que la cobertura de las necesidades se realice por todos los obligados a la prestación, toda vez que el legislador gallego ha invertido la regla del 1137 del Cc respecto de la preferencia de la mancomunidad en obligaciones con pluralidad de sujetos.

242 PEÓN RAMA, V., *op. cit.*, p. 632, considera que la regulación no tiene la claridad suficiente señalando, entre otros motivos, que sólo contempla la posibilidad de un contrato con una pluralidad de obligados no regulando, en cambio, contratos yuxtapuestos en los que existieran contratos paralelos con distintos alimentantes con funcionamiento independiente.

parece de interés plasmar en el texto legal esta regla y establecer la excepción a la misma sólo para el caso de un pacto expreso en el título constitutivo para evitar que se tenga que realizar una labor interpretativa del contrato a la hora de inducir o deducir de su contenido una posible solidaridad. Razones de seguridad jurídica no sólo para el alimentista, en virtud de la prestación a recibir y de la garantía de la misma, sino también para los alimentantes al ofrecerles los parámetros dentro de los cuales se ha de desarrollar su prestación, facilitan su cumplimiento y determinan una posible responsabilidad para los casos tanto de mora *accipendi* como *solvendi* como de cumplimiento defectuoso o incumplimiento. Las hipotéticas responsabilidades patrimoniales que derivan del incumplimiento son también diferentes para los deudores de la prestación, con lo cuál tal opción parece garantizar un adecuado equilibrio entre las partes del contrato.

En la práctica, sin embargo, esas hipótesis de pacto no son las únicas posibilidades que puedan darse, siendo posible la suscripción por la misma persona en concepto de cedente de varios contratos de vitalicio con personas distintas y cediendo bienes diferentes respecto de un mismo alimentista en un lapso temporal semejante con los problemas que ello conlleva. Encontramos, así, la SAP de Pontevedra de 29 de septiembre de 2005[243] en la que la Sala entra a conocer de un recurso de apelación contra una sentencia recaída respecto de supuesto incumplimiento de obligación asistencial en lo que se identifica como dos contratos de compraventa con obligación de alimentos suscritos en documentos privados distintos en el mismo día con cesiones distintas, como se indica en el Fundamento Jurídico tercero.

> "No nos podemos mostrar más conformes con dicha valoración efectuada por la Juzgadora, ciertamente pormenorizada, porque, sin abundar más en lo que ya consta detalladamente en la resolución apelada, el examen del conjunto probatorio (sin perjuicio de demostrar el conflicto familiar subyacente al pleito y el carácter influenciable del demandante, apreciado por la Juez en virtud de la inmediación del interrogatorio prestado en su domicilio), revela que los demandados, en la medida de sus posibilidades, prestaron los cuidados a que venían obligados contractualmente, pues las testificales practicadas no demostraron lo contrario. A ello se debe añadir que el demandante había celebrado, el mismo día, un análogo contrato de compraventa a cambio de alimentos con su sobrina Ángeles (hermana del codemandado Matías), de donde fácilmente cabe colegir que ambos hermanos compartían –cuando menos hasta surgir los problemas familiares– sus deberes asistenciales para con el apelante. Como bien se expone en la sentencia recurrida, de la prueba practicada resulta que Ángeles y su esposo (que viven enfrente del actor)

243 Ponente MONTENEGRO VIEITEZ, *JUR* 2006, marg. 21563.

han dispensado mayores cuidados a D. Evaristo, pero no que los apelados hiciesen dejación de sus obligaciones. Por ello, consecuentemente, entendemos que no se ha producido la infracción denunciada de los preceptos legales invocados".

Volviendo nuevamente al referido precepto de la Ley 2/2006, su lectura parece simple en su dicción pero, sin embargo, presenta matices que no han de quedar desapercibidos. En primer lugar, a nuestro juicio, la necesidad de que se haga constar en el título constitutivo un pacto en contra de la solidaridad supone, por tanto, el que no quepa novación modificativa posterior del régimen legal previsto, de forma que cualquier posible modificación en dicho régimen que, como consecuencia del acuerdo de las partes se pudiera llegar a alcanzar, supondría la necesidad de pactar un nuevo título constitutivo con las importantes consecuencias que de ello derivarían. Parece claro que la exigencia de dicho pacto obedece a razones de seguridad pero no debe olvidarse que la forma en la vigente LDCG lo es *ad probationem*. Entendemos por ello, que a través de esta exigencia se dirige a las partes a la utilización de esa forma para que pueda verificarse la existencia de dicho pacto en contra, ya no sólo en ese caso para que produzca efectos frente a terceros, sino también para facilitar la prueba del régimen que rija las relaciones respecto de los codeduores de la prestación.

Una segunda consideración, a nuestro juicio, va dirigida a las posibilidades que de la norma se extraen. El art. 148.2 de la LDCG del 2006 señala que la prestación tendrá carácter solidario en caso de pluralidad de acreedores, permitiendo no obstante pactar lo contrario. Como es sobradamente conocido, frente a las obligaciones solidarias[244] encontramos las obligaciones mancomunadas[245], tal y como expresa para esta clase de obligaciones el Código Civil.

Las obligaciones mancomunadas son un único tipo de obligaciones pero en su cumplimiento difieren según sean o no divisibles. De ser divisibles, cada acreedor pude cumplir su obligación con independencia de los demás y la insolvencia[246] de un codeudor no repercute en los demás pues no están obligados a suplirla. De no ser divisibles esta circunstancia puede venir dada por la propia naturaleza[247], por convención entre los sujetos de la obligación que le atribuyen ese carácter[248] y, finalmente, por indivisibilidad legal al ser la Ley la que expresamente asigne tal carácter. Formuladas estas consideraciones, entramos de nuevo en el texto del precepto que, recordemos, alude a la mancomunidad como excepción cuyo pacto se permite e indica que "también podrá pactarse que los obligados cumplan la prestación alimenticia de modo conjunto e indivisible".

244 Art. 1137 del Cc.
245 Art. 1138 del Cc.
246 Art. 1139 del Cc.
247 Art. 1151 del Cc.
248 Art. 1255 del Cc.

De realizar tal consideración el legislador, lo será, a nuestro juicio, porque si bien la obligación es divisible por naturaleza, entiende que, como ya vimos, cabe a los efectos de su cumplimiento pactar que aún siendo divisible, se realice "de modo conjunto e indivisible", indicándolo como una posibilidad, entendemos que favorable para el cedente, toda vez que refuerza el sentido de atención completa al mismo, al tener que actuar todos los deudores de una manera que, a los efectos prácticos, semeja bastante a una solidaridad en el sentido de que todos los deudores obligados tendrán que actuar conjuntamente para satisfacer la prestación pactada. No cabe en el caso de la indivisibilidad, cualquiera que sea su origen, un cumplimiento parcial de la obligación y por ello se establece[249] que en tal caso se convierte en una obligación de indemnizar daños y perjuicios, que es ya una obligación divisible si bien con un distinto régimen según se haya estado dispuesto a cumplir o se haya provocado el incumplimiento. Esto significa que o se cumple o se indemnizan daños y perjuicios para el caso de dicho pacto.

A favor de la divisibilidad de la prestación, a los efectos de la LDCG de 2006, podemos encontrar argumentos en la STSJ de Galicia de 1 de septiembre de 2006[250] que alude a un contrato privado de compraventa de fincas entre un señor y su sobrino por precio que se confiesa recibido, comprometiéndose el sobrino a asistir, cuidar, tener en su compañía y alimentar vitaliciamente al vendedor con la amplitud que determina el art. 142 del Cc. El mismo día y con el mismo contenido, el vendedor concluyó otro contrato de compraventa de otras fincas con otra sobrina suya, hermana del anterior. La Sala no duda en calificar el contrato de vitalicio y tras estimar que por la fecha el contrato en 1989 no es de aplicación la LDCG 4/1995, señalando la Sala en su Fundamento de Derecho tercero que, en su caso, sería de aplicación una costumbre notoria sobre la que se asiente el pacto. Tras considerar que eso no sería posible, advierte que no cabe exigir la solidaridad alegando la divisibilidad de las prestaciones y el art. 145 del Cc[251].

> "En efecto, el conjunto de obligaciones del alimentante, aunque también de dar, es fundamentalmente de hacer, de tracto sucesivo y además es

---

[249] El art. 1150 del Cc establece al respecto que "la obligación indivisible mancomunada se resuelve en indemnizar daños y perjuicios desde que cualquiera de los deudores falta a su compromiso. Los deudores que hubiesen estado dispuestos a cumplir los suyos no contribuirán a la indemnización con más cantidad que la porción correspondiente del precio de la cosa o del servicio en que consistiere la obligación".

[250] Ponente BALLESTEROS PASCUAL, *RJ* 2007, marg. 772.

[251] El art. 145 del Cc en sede de obligación de alimentos entre parientes y en lo que a este supuesto atañe señala que "Cuando recaiga sobre dos o más personas la obligación de dar alimentos, se repartirá entre ellos el pago de la pensión en cantidad proporcional a su caudal respectivo.Sin embargo, en caso de urgente necesidad y por circunstancias especiales, podrá el Juez obligar a una sola de ellas a que los preste provisionalmente, sin perjuicio de su derecho a reclamar de los demás obligados la parte que les corresponda (…)".

divisible por lo que, no habiéndose pactado la solidaridad, el acreedor, de acuerdo con el artículo 1137 del Código Civil, no puede exigir a cada uno de los deudores sus dos sobrinos José Augusto, casado con doña Ángela también demandada, y Dolores la prestación íntegra de lo pactado durante todo el tiempo. A esta solución se llega también por la vía del principio sentado en el artículo 145 del Código Civil dado que también se alega infracción del artículo 142 del Código Civil. La aplicación de los preceptos mencionados nos conduce a pensar que está fuera de lugar un supuesto abuso de derecho".

En relación a una posible aplicación del art. 145 del Cc al contrato de vitalicio, conviene señalar, sin embargo, que la STS de 21 de octubre de 1992[252] indica expresamente en su Fundamento de Derecho quinto que no es aplicable, entre otros, al contrato de vitalicio el art. 145, pronunciándose en igual sentido la doctrina[253].

Encontramos, a nuestro juicio, otro posible argumento a favor de la consideración por la LDCG de 2006 de la divisibilidad de las prestaciones en el texto del art. 151 de la LDCG de 2006 al señalar que, salvo pacto en contrario, la obligación de prestar alimentos se transmite a los sucesores del obligado a prestarlos, como veremos con más profundidad.

2.2. Sucesión *inter vivos* y *mortis causa*

Resulta necesario plantear, respecto del cesionario alimentante, la posibilidad de que se de un cambio subjetivo en su posición del deudor de la prestación mixta de alimentos, toda vez que es posible modificar las obligaciones, siempre que exista un consentimiento claro e inequívoco del acreedor, sustituyendo a la persona del deudor[254] si bien dicha novación parece que será extintiva al devenir incompatibles la obligación nueva y la obligación originaria dados los distintos sujetos y los distintos patrimonios que responderían en cada caso[255].

Como sucede en el caso de la transmisión de deudas[256] se necesita del consentimiento del acreedor de la prestación que habrá tomado en consideración las circunstancias personales del deudor de su prestación ya que no le es indiferente

[252] Ponente MARINA MARTÍNEZ-PARDO, *RJ* 1992. marg. 8592.

[253] *Vid.* entre otros BÁDENAS CARPIO, J.M., *op. cit.*, p. 308; REBOLLEDO VARELA, A.L., *op. cit.*, p. 860.

[254] Art. 1203.2 del Cc.

[255] BERCOVITZ RODRÍGUEZ-CANO, R.: *Manual de derecho civil. Obligaciones,* ed. Bercal, Madrid, 2011, p. 124.

[256] Art. 1203, 2º del Cc. Se deduce del art. 1205 del Cc que la sustitución del antiguo deudor no puede hacerse sin el consentimiento del acreedor ya que no le resultará indiferente la persona del deudor y, en su caso, su solvencia. Si el acreedor acepta el cambio de deudor, no cabe por su parte reclamación al antiguo deudor en caso de insolvencia del nuevo como indica el art. 1206 del

quien ha de realizar la prestación pactada, de manera que el deudor no le puede imponer tal cambio[257]. Para ello, es obligado que exista bien un pacto en tal sentido en el contrato constitutivo que permita dicho cambio estableciendo su mecanismo de actuación en forma genérica, bien un puntual acuerdo posterior a tal efecto, siendo necesario el consentimiento del acreedor[258] para que produzca un efecto liberatorio respecto del deudor anterior[259]. Este acreedor puede ser el cedente para el caso en que coincida en él la posición de alimentista, o, en su caso, de haber estipulación a favor de tercero, será este tercero alimentista el que deberá prestar su consentimiento ya que, en otro supuesto, será el alimentante el que responderá frente a él y a quien podrá reclamarle el cumplimiento o ejercitar una acción para reclamar daños y perjuicios[260].

Conviene también tener presente la relevancia de la regla de la solidaridad entre deudores para el caso de alimentistas que sean cónyuges o parejas de hecho inscritas en el Registro de Parejas de Hecho de Galicia o no inscritas en el mismo pero sí acreditadas, por ejemplo, en los Registros municipales. Entendemos que resultará más sencillo en estos supuestos evitar los problemas que pudieran surgir para los casos de separación, divorcio o nulidad de ambos a los fines de hacer frente al cumplimiento de las prestaciones pactadas en tal vitalicio, aunque entendemos que para el caso de atribución de la vivienda familiar a uno de los miembros, habiendo pacto de convivencia, se facilita tal prestación, sin perjuicio de la reclamación que en su momento pueda realizar aquel a quien se le haya atribuido tal vivienda respecto del otro en relación al concepto de habitación, pudiendo cumplir el otro miembro con las prestaciones que no exijan tal uso o en otros conceptos de ayudas o cuidados, evitándose así la resolución del contrato de vitalicio. Con mayor razón resulta favorable para el alimentista, incluso para el caso de que haya orden de alejamiento respecto de una de las partes de la pareja. En un sentido semejante se pronuncia en su Fundamento de Derecho tercero respecto de un contrato de vitalicio, la SAP de Huelva de 15 de marzo de 2007[261] que bajo la denominación de donacion suscrito el 18 de abril de 2000 en el que los cesionarios adquieren una serie de bienes pero posteriormente se produce un divorcio entre ellos continuando por su carácter solidario siendo cuidada la cedente.

Cc excepto para el supuesto de que la insolvencia hubiese sido anterior y pública o conocida por el deudor que delegó la deuda de que se trate y desconocida para el acreedor.

[257] Art. 1161 del Cc.

[258] Art. 1205 del Cc.

[259] GETE-ALONSO Y CALERA, M.C.: "La modificación de la relación obligatoria". *Manual de Derecho Civil II. Derecho de Obligaciones. Responsablidad Civil. Teoría General del Contrato,* ed. Marcial Pons, ediciones jurídicas y sociales, Madrid, 2000, p. 392 y ss.

[260] NÚÑEZ ZORRILA, M.C., *op. cit.*, p. 42 y ss.

[261] Ponente MARTÍN MAZUELOS, *JUR* 2007, marg. 273024.

"En realidad el cedente no ha visto incumplida la contraprestación de ser atendido, primero personalmente por ambos cesionarios, luego a raíz de su divorcio por la mujer y en la última época mediante su ingreso en centro adecuado. La contribución debida por el marido demandado puede ser compensada a la hora de liquidar la comunidad de bienes matrimonial".

También resulta importante determinar las posibilidades de que tal cambio en el deudor alimentante se produzca *mortis causa* en caso de pactarse la transmisión a sus herederos o de producirse porque la Ley así lo determine[262]. De darse tal sucesión por parte de los herederos, éstos responderán con todo su patrimonio del cumplimiento de la obligación de alimentos, salvo que hubieran aceptado la herencia a beneficio de inventario[263]. El alimentista acreedor en ese caso podrá reclamar a los herederos y de haber varios y pagar uno más de lo que le corresponde a su participación en la herencia, podrá reclamar de los restantes coherederos su parte proporcional[264].

Se ha de destacar que las posiciones al respecto del cambio de deudor tanto *inter vivos* como *mortis causa* están íntimamente relacionadas con el carácter esencialmente personal o naturalmente personal que se prediquen, ya no sólo respecto del contrato de vitalicio sino, más concretamente en este caso, de las partes del mismo y del crédito del alimentante respecto del alimentista. Así, para un sector de la doctrina, nos encontramos con un derecho de crédito de naturaleza esencialmente personal que por regla general no es transmisible ni *inter vivos* ni *mortis causa*[265] sin perjuicio de pacto al respecto ya que la Ley no establece su intransmisiblidad. La jurisprudencia ha aludido a su naturaleza intransmisible en distintos supuestos. Así la STSJ de Galicia de 2 de diciembre de 1997[266] plantea esta cuestión al haber sido objeto del recurso una posible infracción del artículo 1257 del Código Civil en cuanto que tal precepto determina la intransmisibilidad a los herederos de los contratos cuando sean intransmisibles, por su naturaleza, por pacto o por disposición legal los derechos y las obligaciones procedentes de ellos, por entender la parte recurrente que el contrato de vitalicio que ligaba las partes es de carácter personalísimo.

[262] Art. 659 y 1257 del Cc.
[263] Art. 1003 del Cc.
[264] Respectivamente arts.1084 y 1085 del Cc.
[265] En este sentido CHILLÓN PEÑALVER, S., *op. cit.*, p. 97 y 98; NÚÑEZ ZORRILLA, M.C., *op. cit.*, p. 43 y ss.
[266] Ponente SAAVEDRA RODRÍGUEZ, *RJ* 1998, marg. 8251.

2.2.1. La regla general de la transferencia *ex lege mortis causa* y su aplicación a la sucesión *inter vivos*

Debemos, entonces, observar el tratamiento que a estos supuestos se le ha dado desde la legislación gallega. Con anterioridad a la regulación del vitalicio por al LDCG de 1995 no existía una norma concreta al respecto al ser el vitalicio un contrato innominado y atípico y, por tanto, era de aplicación el sistema, antes visto, del Código Civil en relación a las modificaciones de sujeto, junto con las disposiciones a tal respecto acordasen las partes[267], siendo habitual la previsión de cambio sobre todo respecto de la sucesión *mortis causa* donde como cláusula de estilo se solía incluir en los contratos la previsión de la transmisión de la obligación de prestar alimentos a los herederos del alimentante o alimentantes señalándose que " en caso de fallecimiento de los cesionarios, las obligaciones por ellos asumidas se transmitirán a sus herederos"[268]. Así aparece referido en múltiples sentencias, bastando señalar la SAP de Pontevedra de 16 de diciembre de 2003[269] que respecto de una pretensión resolutoria en relación a la heredera de una cesionaria hace referencia a tal estipulación en su Fundamento de Derecho primero por incumplimiento de las condiciones esenciales del contrato puesto que pactándose la alimentos y cuidados durante toda la vida de la cedente, al fallecer la cesionaria no se cumplió tal prestación ni lo fue por sus herederos tal y como se estipulaba en tal contrato, en su cláusula segunda.

El legislador gallego de 1995, al abordar la regulación del contrato de vitalicio, no realizó previsión alguna respecto de la transmisión *inter vivos* de la posición del alimentante, por lo que se continuaba con el sistema del Código Civil y el convenio que, en su caso, hubiesen suscrito las partes. Sin embargo, sí presentaba una novedad que era la regulación en su art. 97 de la duración de contrato de vitalicio hasta el fallecimiento del alimentista como regla general salvo pacto y, en lo que aquí importa, el que la obligación de prestar alimentos "será transferible a los herederos o legatarios del obligado a satisfacerlos". Este precepto por su trascendencia y por su formulación fue objeto de múltiples interpretaciones.

Se partía de la posibilidad de que dicha transferencia pudiera operar como una transferencia *ex lege* sin necesidad de convenio pero no de carácter imperativo, por lo que admitiría pacto en contrario[270] o, desde otro punto de vista, de la posibilidad de incluir este pacto de transmisibilidad de la obligación al constituir el vitalicio, según otra posible lectura del artículo. Aparte de por razones de técnica jurídica la inclusión en el texto legal tiene una finalidad clara

267 Art. 1255 del Cc.

268 Cláusula que en la actualidad no es habitual incluir, dado el tenor literal de la LDCG.

269 Ponente DOMÍNGUEZ-VIGUERA FERNÁNDEZ, *EDJ* 2002, marg. 246362.

270 En este sentido, REBOLLEDO VARELA, A.L., *op. cit.*, p. 860.

si la ponemos en relación en la conservación del contrato y, fundamentalmente, con su finalidad asistencial, de manera que se aseguraba la continuación en la prestación de los alimentos en aquellos casos en que existieran herederos o legatarios del cesionario[271]. Realizada así la regulación, la obligación respecto del alimentante no se configuraba como personalísima evitando que debido a su fallecimiento se extinguiera dicho contrato. Conviene, además, tener en cuenta que el cedente podría o no tener más bienes que los aportados, cara a la constitución de un nuevo vitalicio.

Dentro de las razones de tipo técnico podríamos recurrir al art. 1257 del Cc[272] al entender que los derechos y obligaciones que surgen del contrato, en este caso de vitalicio, son transmisibles y por ello producen efectos entre las partes que los otorgan y sus herederos. De otra parte, tampoco le resulta de aplicación el art. 150 del Cc previendo que la obligación de alimentos cese con la muerte del obligado[273].

Señalaba también la LDCG de 1995 la transmisión de la obligación a los herederos y legatarios del alimentista, expresión ésta que también dió lugar a numerosas interpretaciones como, por ejemplo, si se trataba de un gravamen real sobre el bien cedido, no tanto con los herederos sino, fundamentalmente, con los legatarios para saber cuales estaban obligados. Parece correcto pensar que por no distinguir la Ley, se deberían entender todos ellos obligados y no sólo los legatarios de parte alícuota o de cosa específica o sólo al legatario de los bienes cedidos con el contrato de vitalicio[274], en tanto la deuda de alimentos lo es del causante que en el derecho gallego se transmitía por Ley, pudiendo hacerse uso de las facultades inherentes a todo sucesor, ya a título particular, ya universal[275].

En todo caso, el actual legislador gallego parece haber tenido nuevamente en cuenta la finalidad asistencial del contrato estableciendo en su art. 151 *in fine* que "la obligación de prestar alimentos se transmitirá, salvo pacto en contrario, a los sucesores del obligado a prestarlos".

Si bien dicha transmisión parece operar en beneficio recíproco de las partes al dispensarse los cuidados y mantener la cesión realizada de los bienes, puede

---

271 PEON RAMA, V., *op. cit.*, p. 645.

272 Podemos observar que la Jurisprudencia aplicaba el art. 1257 del Cc a los herederos pero también y haciendo uso de la analogía a los causahabientes a título particular de los contratantes. En este sentido, REBOLLEDO VARELA, A.L., *op.cit.*, p. 680 con cita de la STS de 8 de mayo de 1982 (Ar. 3891).

273 En esta línea, BÁDENAS CARPIO, J.M., *op. cit.* p. 308; en igual sentido STS de 21 de octubre de 1992, ponente MARINA MARTÍNEZ-PARDO, *RJ* 1992, marg. 8592.

274 En uso de la facultad señalada al testador en el art. 858 del Cc.

275 Como indican PEON RAMA, V., *op. cit.*p. 647; REBOLLEDO VARELA, A.L., *op. cit.*, p. 860.

no serlo tanto en la realidad ya que los sucesores pueden o no estar capacitados para cuidarlos, desear o no hacerlo o, simplemente, ser mayores o menores, como podemos observar en la SAP de Pontevedra de 16 de octubre de 2003[276]. En esta sentencia se trata sobre la resolución de un contrato y reversión de los bienes cedidos, por incumplimiento por parte de la cesionaria, puesto que la obligación de alimentos y cuidados pactada se habría de cumplir de por vida de la cedente, aunque, por fallecimiento de la cesionaria, esa prestación no pudo ser cumplida ni tampoco lo fue por sus herederos como se estipulaba en el contrato.

Se confirma por la Audiencia la dictada en primera instancia entendiendo que se había producido un incumplimiento objetivo por el fallecimiento del alimentante y debido a que la heredera de once años de edad, al utilizarse la objetivación del incumplimiento, ya no podía proporcionarle a la cedente las atenciones y alimentos durante toda su vida como se señala en el Fundamento de Derecho segundo, frustrándose el fin del negocio, incidiendo además la Sala en que la menor no puede realizar las prestaciones pactadas cuando ella misma, debido a tal minoría, debe recibir atenciones.

> "Alega el apelante, que la heredera de la cesionaria cumplió la prestación que a esta última incumbía, afirmación que ha resultado totalmente desvirtuada mediante la prueba practicada en el curso del juicio acertadamente analizada por la juzgadora de instancia. Baste decir, que cuando murió la cesionaria, su hija y heredera contaba con once años de edad, mientras que la cedente, según se deriva del informe médico obrante al f. 30 de los autos, presentaba parálisis, se hallaba confinada en una silla de ruedas desde hacía 10 años, precisaba pañales de incontinencia y ayuda de una persona las 24 horas del día. Asistencia y cuidados, integrantes del contrato de vitalicio, que no se agota en el mero contenido económico, y que obviamente no podía prestarle la heredera atendida su escasa edad, cuando ella misma, en edad escolar, precisaba de las atenciones propias de una menor sometida a patria potestad".

El texto del 2006 en vez de utilizar la expresión "será transferible" opta por "se transmitirá", con lo cual señala un matiz imperativo respecto de la anterior redacción, con una clara transferencia *ex lege*, añadiendo que "salvo pacto en contrario", de manera que el elemento de transmisión de la obligación de los deudores de alimentos a sus sucesores pueda ser excluído mediante acuerdo expreso en el contrato de vitalicio. Podemos, por ello, deducir fácilmente que dicha posibilidad de exclusión mediante pacto convierte esa garantía de continuación por los sucesores en un elemento natural del contrato de vitalicio, a

[276] Ponente DOMÍNGUEZ-VIGUERA FERNÁNDEZ, *EDJ* 2003, marg. 246362.

nuestro juicio, de manera más acertada respecto de la anterior redacción, de la cual, mediante la simple lectura, parecía desprenderse el carácter de elemento accidental de tal garantía, que, realmente, no parecía atender a la configuración consuetudinaria de dicha figura ni a su construcción jurisprudencial. Ahora bien, en ambas parece latir la misma convicción del legislador de que se trata por parte del deudor de alimentos de una prestación que no tiene un carácter personalísimo.

Al advertir el actual texto gallego que quedarán obligados los sucesores se refiere a una obligación solidaria independientemente de que lo sea a título universal o particular y sin perjuicio de lo señalado en el testamento[277]. La doctrina manifiesta que independientemente de quien haya sido el adjudicatario de los bienes concretos entregados con motivo de la suscripción del contrato de vitalicio[278] responderá asumiendo la obligación de alimentos o cuidados, salvo que otra cosa se hubiese pactado y teniendo en cuenta, de no haber pacto, la posibilidad de desistimiento.

A esto ha de añadirse el problema, en el supuesto del desistimiento así como en el del incumplimiento, de la devolución de los bienes y derechos cedidos de no estar gravados con condición resolutoria expresa o con pacto de reserva de dominio o con hipoteca, por ejemplo de máximo, en garantía del abono de la indemnización a que dicha situación diera lugar. Se trataría, por ello, de una hipoteca de seguridad en garantía de una obligación futura con el rango registral que le corresponda a la fecha de su inscripción pero de una determinación posterior.

A nuestro juicio, no resultan asumibles las afirmaciones[279] de que el pacto de reserva de domino quede cubierto en cuanto a su funcionalidad por la cláusula resolutoria expresa ya que, como es sabido, mediante la utilización del primero no hay transmisión de la propiedad de los bienes de que se trate, supuesto que si se da en el segundo caso con las consecuencias que ello implica, por ejemplo, en lo relativo a las hipotecas legales tácitas. En cuanto a la complejidad de fijar la cantidad en la hipoteca de máximo tampoco debería resultar más dificultoso de lo que es habitualmente en el mundo de los negocios bancarios, toda vez que de tratarse de varios bienes respecto de cada uno de los cuales se realiza el reparto de la responsabilidad máxima que vendría dada por su valoración actual

---

[277] PEÓN RAMA, V., *op.cit.*, p. 648. Las relaciones de los sucesores a título de herederos son entre sí solidarias *ex.* art. 148.2 LDCG y 1084 Cc y, además, el legado no incluido en el 1084 Cc sí lo estaría con la expresión sucesores de la ley gallega.

[278] En este sentido BUSTO LAGO, J.M., *op. cit.*, p. 29, señala que todos los sucesores, herederos o legatarios, incluso a título de legatario "sub modo" o en el caso de un sublegado, responden siendo indiferente quien de entre esos sucesores haya sido el adjudicatario de tales bienes.

[279] RAPOSO ARCEO, J.J. "El vitalicio", *Anuario da Facultade de Dereito da Universidade da Coruña*, n. 8, 2004, p. 668.

respecto de una cantidad a determinar en el futuro con los criterios señalados en la constitución de la hipoteca, pero sin que tal importe pueda constituir un tope en cuanto a las prestaciones a recibir sino en cuanto a su vinculación directa a la garantía de dicho pago.

A nuestro juicio, además, dicha redacción supone una puerta abierta a la posibilidad por nosotros aceptada de que sea una persona jurídica la alimentante, ya que con la anterior redacción al aludir al heredero y al legatario nos circunscribíamos al fenómeno sucesorio de las personas físicas, pero con la nueva redacción los sucesores pueden serlo tanto de una persona física, lo más habitual, como un supuesto de sucesión de empresas por utilizar esta terminología. Igualmente sería predicable tal sucesión para el caso de la compañía familiar gallega.

Otra cuestión a añadir es la posibilidad de sucesión ya no sólo *mortis causa* sino *inter vivos* admisible en la LDCG y en qué medida en tal sucesión podría transferirse dicha titularidad. Entendemos que, a nuestro juicio y en todo caso, sería necesario el consentimiento expreso del alimentante a dicha cesión de contrato, ya dentro de un supuesto de sucesión universal o de una a título particular, si bien el tenor literal no parece exigirlo.

2.2.2. El pacto en contrario a la transmisión

Un factor a tomar en consideración sería el de las consecuencias que para el alimentista tendrá el pacto en contrario de la transmisión a los sucesores del cesionario. Entendemos que, debido a su fallecimiento y para el caso en que fuera deudor único de la prestación de alimentos, el contrato de vitalicio finalizaría y, por tanto, se extinguiría el derecho a obtener la prestación de alimentos y cuidados, lo que dejaría al alimentista quizá en una complicada situación. Aunque el contrato de vitalicio se caracteriza por su aleatoriedad en cuanto a la duración y cuidados, al incidir normalmente uno de los elementos de la aleatoriedad en la persona del cedente alimentante se deja de lado el supuesto de fallecimiento del alimentista individual.

Entendemos, por lo anteriormente expuesto, que sería muy conveniente de haberse pactado la no sucesión, establecer un sistema de garantía voluntario a suscribir por las partes del tipo de seguro de atenciones, ya con cargo al cedente o al cesionario de manera que, de producirse tal deceso, se active dicha garantía quedando al cubierto las necesidades del alimentista en la medida de lo posible. Cosa distinta sería el supuesto de varios alimentistas obligados solidariamente o conjunta e indivisiblemente donde de fallecer uno de los obligados quedarían en el primer supuesto cubiertas la obligación alimenticia y en el segundo, a nuestro juicio funcionaría una causa de resolución, la prevista en el art. 153.2ª de la LDCG con las consecuencias que de ellos derivan en orden a los bienes.

Es conveniente advertir, por tanto, la ausencia de una previsión en la LDCG de 2006 para el caso en que se haya pactado la intransmisibilidad respecto de los sucesores[280], lo cual puede constituir una crítica al actual texto legal. Por ello, es preciso el que las partes acuerden convencionalmente qué sucederá en tal caso, siendo una posible orientación dentro de la libertad de pacto de los contratantes el régimen previsto para tal supuesto en el contrato de alimentos[281]. A nuestro juicio, tal posibilidad de pacto de pensión, como ya anticipamos, puede ser valorada positivamente, si bien, dada la aleatoriedad del suceso desencadenante de su producción, la muerte del alimentante, resultará difícil una previa cuantificación. A nuestro parecer, quizá fuese más conveniente hacerla en función de parámetros cuyo cálculo llevase a la cuantificación a través de sencillas fórmulas referidas al IPREM acumulado calculado sobre el importe de los bienes que se ha recibido o al abono por parte del alimentante del importe de la renta necesaria para, por ejemplo, su ingreso en un centro geriátrico en función de su estado de salud al día en que ocurra. Conviene también tener en cuenta a estos efectos, la posibilidad de pactar el uso del baremo de valoración de la situación de dependencia[282] a la hora de determinar los servicios y atenciones que va a requerir y determinar objetivamente el importe de dicha pensión.

---

280 En este sentido, se pronuncia BUSTO LAGO, J.M., *op. cit.*, p. 29.

281 El art. 1792 del Cc dispone que "de producirse la muerte del obligado a prestar los alimentos o de concurrir cualquier circunstancia grave que impida la pacífica convivencia de las partes, cualquiera de ellas podrá pedir que la prestación de alimentos convenida se pague mediante la pensión actualizable a satisfacer por plazos anticipados que para esos eventos hubiere sido prevista en el contrato o, de no haber sido prevista, mediante la que se fije judicialmente".

282 Publicado en el Real Decreto 174/2011, de 11 de febrero, por el que se aprueba el baremo sobre valoración de la situación de dependencia establecido por la Ley 39/2006, de 14 de diciembre de Promoción de la Autonomía Personal y Atención a las personas en situación de dependencia.

CAPÍTULO III.
LA FORMA DEL NEGOCIO

1. CELEBRACIÓN DEL NEGOCIO EN FORMA ORAL O ESCRITA. LA FORMA EXPRESA Y TÁCITA

Al configurarse el contrato de vitalicio en Derecho civil de Galicia como un negocio jurídico *inter vivos*, hemos de prescindir de otras posibilidades, como serían la constitución de una institución de iguales o semejantes caracteres *mortis causa,* lo que sucedería en el supuesto del legado de alimentos[283] a través de la voluntad unilateral del testador. Es, por ello, por lo que la configuración actual en la legislación gallega toma como base para tal contrato un negocio jurídico *inter vivos*.

Como ya vimos, el contrato de vitalicio se venía configurando con anterioridad a su normativización como un contrato atípico, bilateral, oneroso y aleatorio. Partimos, por tanto, de un negocio jurídico *inter vivos* y oneroso por el cual una o varias personas ceden determinados bienes o derechos a cambio de alimentos, ayudas y cuidados. Por ello, en base a una obligación voluntariamente asumida por las partes, en el contrato de vitalicio una de ellas contrae la obligación de prestar alimentos, esto es, sustento, habitación, vestido, asistencia médica, ayudas y cuidados, incluso los afectivos, que resulten adecuados, en los términos que convengan a una persona o personas a lo largo de su vida y, a cambio, ésta le cede determinados bienes o derechos.

También es posible que dicha prestación de cuidados y atenciones sea pactada en cuanto a su realización, no ya a favor del cedente sino de un tercero extraño a la relación contractual configuradora del contrato de vitalicio, por lo que habrá de tratarse sobre su intervención en el mismo.

[283] En esta dirección, el art. 879 Cc.

Dicho acuerdo, dado el carácter consensual del contrato, podría celebrarse ya en forma oral[284], ya en forma escrita, al perfeccionarse desde la prestación de consentimiento. Incluso en algunos casos una posible forma verbal podría venir dada por un pacto tácito de carácter consuetudinario por el cuidado de enfermos o personas mayores pero, en todo caso, se vería afectada no sólo por lo dispuesto en el art. 1280 del Cc, como más adelante veremos, sino también por la específica normativa gallega a tal efecto. Esa posible forma verbal presentaría probablemente dificultades respecto de la identidad de las partes y su carácter de sujetos, en cuanto a su capacidad en el momento de la perfección o por sus efectos frente a terceros[285], como anticipamos.

Cabe citar, como referencia respecto de la posibilidad de forma del tipo pacto tácito, la SAP de Pontevedra de 30 de octubre de 2003[286] conociendo de un recurso de apelación respecto de un contrato de vitalicio plasmado en una escritura pública de "cesión de bienes", por la que la demandada "adquiría" una serie de fincas a "cambio" de prestar sustento, habitación, vestido y asistencia médica, según su posición social, teniéndolo en su casa y compañía y valorando cada prestación en un millón de pesetas, como resalta particularmente la sentencia. El alimentista era un varón viudo, siendo la alimentante una sobrina de su difunta esposa suscribiéndose dicha escritura poco tiempo después de fallecer ésta el 30 de septiembre de 1994.

Destaca la Sala los cuidados anteriores a su tía, incluso coincidentes con la prestación de servicios pactada, en su Fundamento de Derecho segundo.

> "Finalmente y de trascendental importancia a los efectos que aquí interesan, hay que reseñar que, ya en vida de Dª Ariadna, la demandada-apelante, prestó los servicios a que se comprometió formalmente en la referida escritura, a ambos cónyuges, dándose la circunstancia de que Dª Ariadna falleció en el domicilio de su referida sobrina, lo mismo que ocurrió, años más tarde, con su viudo, D. Óscar y ambos, en un principio y luego solamente al cónyuge viudo, la sobrina de su esposa, les prestó la asistencia propia de lo que se dice en la estipulación Primera de dicha escritura (folio 69), como reconoce, en parte, el propio actor, al confeccionar el texto de la quinta posición que sometió a la demandada".

Al abordar la necesaria aleatoriedad y onerosidad del contrato, alude a la prestación de bienes y a la contraprestación de alimentos, no sólo al cónyuge supérstite sino también, con anterioridad, a su entonces ya difunta esposa reconociéndole, por tanto, efectos y calificándola de prestaciones.

---

[284] CALVO ANTON, M., "El contrato de alimentos como figura contractual independiente", *RGLJ*, 1989, p. 633 y ss.

[285] En este sentido se expresa CHILLÓN PEÑALVER, S., *op. cit.*, p. 281.

[286] Ponente NÚÑEZ VIDE, *EDJ* 2003, marg. 246461.

> "En el presente caso, la valoración del patrimonio aportado por el titular, que fue de un millón de ptas. (ver folio 69), y la contraprestación; no olvidemos, aleatoria, como es la naturaleza del contrato que nos ocupa, que, si duró la vida del beneficiario de los "alimentos" escasamente dos años, bien pudo serlo mucho más y a tener en cuenta también las prestaciones precedentes a la esposa".

Conviene traer a colación el que en la doctrina se ha distinguido tradicionalmente entre contratos consensuales, reales y formales en relación con los requisitos exigibles para su perfeccionamiento lo que, en el caso de los contratos formales o solemnes, supone el cumplimiento de una forma especial determinada por ley, apartándose de esa manera del principio general en materia de contratación característico del Derecho español de libertad de forma en la celebración de los contratos consagrado en el art. 1278 del Cc.

El contrato de vitalicio no se incluye en la categoría de los formales, pero al cederse bienes o derechos le será de aplicación la exigencia contenida en el art. 1280[287] de que deban constar en escritura pública ciertos actos y contratos entre los que se encuentran "los actos y contratos que tengan por objeto la creación, transmisión, modificación o extinción de derechos reales sobre bienes inmuebles" y "la cesión de acciones o derechos procedentes de un acto consignado en escritura pública" o "por escrito, aunque sea privado[288], los demás contratos en que las prestaciones de uno o de los dos contratantes exceda de 1500 pesetas"[289].

Esta exigencia lo es a los fines exclusivos de que "los contratantes podrán compelerse recíprocamente a llenar aquella forma desde que hubiese intervenido el consentimiento y demás requisitos necesarios para su validez", no entendiéndose este contrato como formal sino como consensual y siendo dicha elevación a público facultad de los contratantes como ya señalamos. En este sentido, se pronuncia la RDGRN de 14 de mayo de 1999[290] señalando que las declaraciones de voluntad en documento público tienen un valor recognoscitivo

---

[287] *Vid.* SANTOS MORÓN, M.J.: *La forma de los contratos en el Código civil*, ed. BOE, Madrid, 1996.

[288] Respecto de los documentos privados y los problemas en cuanto a la capacidad de las partes LEÑA FERNÁNDEZ, R.: "El tráfico jurídico negocial y el discapacitado", *La protección jurídica de discapacitados, incapaces y personas en situaciones especiales*, ed. Cívitas, Madrid 2000, p. 187, que señala que personas mayores con facultades muy disminuidas realizan actos de administración o disposición por sí mismos ya que pueden retirar dinero del banco, realizar transferencias e "incluso celebrar contratos privados de disposición de bienes" y "a su fallecimiento, sus herederos ratificarán y elevarán a públicos, mediante la oportuna escritura, en unión de la otra parte contratante".

[289] Conviene recordar que esta cuantía no ha sido cambiada quizá, entre otras razones, por la amplitud probatoria de la Ley de Enjuiciamiento Civil del 2000 que admite no sólo los sistemas tradicionales de prueba sino también cualesquiera otros medios admitidos en derecho. En este sentido, *vid.* art. 299 y ss. LEC.

[290] *RJ* 1999, marg. 3260.

del documento privado, exigiendo para su otorgamiento el consentimiento de todos los que fueron parte o de sus herederos.

> "Sin necesidad de entrar en el exámen de la naturaleza jurídica del negocio por el que se eleva a escritura pública un documento privado, las declaraciones de voluntad en él emitidas, aunque limitadas a dar forma pública a otro preexistente, el contenido en aquel documento, tienen entre otros un evidente valor recognoscitivo de su existencia y contenido –recuérdese que el artículo 1224 del Código Civil habla de reconocimiento del acto o contrato, no del documento–, pero tan sólo con relación a quien las formula. Es por ello que en el caso de contratos bilaterales o plurilaterales, tanto su revestimiento de forma pública como la autenticidad que con aquel reconocimiento implícito adquieren exigen la concurrencia al otorgamiento de la escritura de todos los que en ellos fueron parte o sus herederos, y así ha de deducirse tanto de las reglas generales en materia de contratación (artículos 1261.1º y 1262 del Código Civil), como del propio valor unilateral del reconocimiento (cfr. artículo 1225)".

Así sucede en la SAP de Ourense de 22 de junio de 2000[291] en la que se narra cómo las partes realizan primero un documento privado para después celebrar una escritura pública de compraventa que se entiende disimula una donación remuneratoria en vez de un contrato de vitalicio como sostienen los demandados. El valor que se da al documento privado queda reflejado en el Fundamento de Derecho primero.

> "La sentencia de instancia desestima la demanda de nulidad, al entender que la escritura notarial que se impugna tiene su origen en el documento privado de 9 de enero de 1983 en el que se plasma el contrato de vitalicio, documento que se dice fue otorgado ante el apoderado de doña Concepción y el esposo demandado, cuando en realidad tal documento privado es inexistente frente a terceros pues su fecha carece de fehaciencia y su contenido no fue adverado, por lo que no tiene credibilidad probatoria. Así resulta que el único ejemplar que obra en autos es una defectuosa fotocopia que aporta el actor con su demanda y que afirma le fue entregado por el administrador-apoderado de su hermana doña Concepción, cuando al fallecimiento de ésta como legitimado en su herencia se interesó para conocer su caudal relicto resultando sospechoso que no se aportase por la demandada el original, que no se autenticare a medio de la testifical que lo suscribe y que, incluso, si como dice el apoderado (folios 291 y 292), se redactó en casa del señor P. y se otorgó en presencia de doña Concepción, no se traiga a declarar sobre tal extremo el señor P. y no lo hubiera firmado dicha propietaria".

---

[291] Ponente CARVAJALES SANTA EUFEMIA, *AC* 2000, marg. 1339.

Por ello, alude a la interpretación que se da al documento privado que sirve de base a la reclamación.

> "En consecuencia debe aplicarse la jurisprudencia interpretativa del art. 1227 del Código Civil respecto a la eficacia de los documentos privados frente a terceros que exige que su autenticidad o veracidad se afirme o corrobore por otros medios de prueba, de tal modo que aunque dicho precepto sólo se refiera a la fecha del documento y no a su contenido y no imposibilita que los tribunales reconozcan su eficacia, es imprescindible que quede constatada por otros elementos probatorios, elementos que han de ser ajenos al interés de la parte otorgante, lo que no ocurre en el caso que nos ocupa por lo que, en definitiva, frente a la comunidad hereditaria actora aquel documento no reconocido por ella carece de eficacia jurídica".

Lo dispuesto en el art. 1280 Cc no impide que, al amparo del art. 1255 Cc, las partes puedan acordar el cumplimiento de una determinada forma que, en ese supuesto, devendría requisito esencial del contrato vía pacto expreso elevándola a condición. Así es perfectamente posible que al amparo del art. 1255 del Cc las partes acuerden que la formalización del contrato se haya de realizar de una manera determinada, ya sea elevando a un documento privado el acuerdo verbal o, en otro caso, determinando que el documento privado sea elevado a público. Consideramos que realmente la forma negocial será la que el legislador estime conveniente en función de cada supuesto, por lo que el contrato existiría y sería válido al cumplir los requisitos legales a tal efecto establecidos. Cosa distinta sería que las partes la pactasen como forma de valer en cuyo caso no podían modificarla posteriormente salvo pacto.

Conviene añadir las consecuencias señaladas en la RDGRN de 17 de marzo de 2003[292] que expresa en su Fundamento de Derecho segundo.

> "Porque la elevación a Público de documentos privados es facultad exclusiva de los contratantes (artículo 1279 del Código Civil) y, en tanto esto no ocurra, esos documentos no son susceptibles de inscripción (artículo 3 de la Ley Hipotecaria) ni aún de presentación en el Registro (artículo 420.1 del Reglamento Hipotecario) y no pueden servir de elemento de calificación para el Registrador (artículo 18 de la Ley Hipotecaria)".

La cuestión de la forma del vitalicio en el texto gallego de 1995 parecía especialmente controvertida debido al tenor literal del art. 96 de esta norma que señalaba en su número 2 que "este contrato se formalizará en documento

---

292 *RJ* 2003, marg. 3954

público" lo que llevó a que se plantearan dos posibles vías interpretativas que diferían en función a que atendiesen o no a la literalidad de la norma.

De una parte, que el documento público no fuese un simple medio probatorio sino que, en base a una interpretación literal y estricta[293], viniese impuesto como requisito esencial para la validez del contrato, una forma *ad solemnitatem* con valor, por tanto, imperativo. El tiempo verbal y la estructura de la frase eran claras al señalar una obligación y no una recomendación, una imperatividad y no una indicación.

De tal manera dicho mandato pudiera preconizarse como una vía para atajar otras formas de celebrar el contrato más habituales, no sólo el documento privado sino también el contradocumento o la simulación relativa en las que las partes utilizan vías indirectas o figuras anómalas con el peligro para la seguridad del tráfico jurídico que ello conlleva[294] y la inseguridad que genera, no sólo para las partes, sino también para sus familiares o para aquellos que traigan causa de ellos y para sus acreedores, intereses los de todos ellos necesitados de protección, y, por ende, para la sociedad en general.

Se afirmaba[295] que el texto gallego de 1995 acercaba la forma del vitalicio a la donación de inmuebles regulada en el art. 633 del Cc que establece dicho requisito formal para su valida constitución, de igual manera que el art. 96.2 de la LDCG de 1995 exigía forma *ad solemnitatem*, por lo que cualquier pacto en contrario respecto a dicha disposición y a tal forma no podía admitirse[296].

Ahora bien, se podría argumentar al respecto que tal interpretación como imperativa de dicha norma, contradecía la libertad de forma que se establecía como criterio jurisprudencial a los efectos de la celebración del contrato de vitalicio.

La STS de 31 de julio de 1991[297], en cuanto a la interpretación respecto de un contrato de vitalicio, señala en su Fundamento Jurídico segundo, cómo un documento que más adelante se califica de "torpe" junto con unos depósitos a plazo, constituyen un vitalicio.

---

[293] En este sentido, REBOLLEDO VARELA, A. L., *op.cit.*, p. 854 y ss.

[294] LETE DEL RÍO, J.M.: *Comentarios al Código civil y Compilaciones Forales,* dirigidos por ALBALADEJO GARCÍA y DÍAZ ALABART, t XXXII, vol 1°, ed. Edersa, Madrid, 1997, p. 687 y ss.

[295] *Vid.* NIETO ALONSO, A., .: *La donación onerosa y vitalicia. Perspectiva del incumplimiento de las cargas*, ed. Trivium, Madrid, 1998, p. 198.

[296] Así, CARPIO GONZÁLEZ, I., "Ley de derecho Civil de Galicia. Estudio de la reforma" en *Boletín informativo Ilustre Colegio Notarial de Granada*, nº 177, octubre 1995, p. 2712, señalaba que la expresión del texto se podía considerar una forma de ser dado el tecnicismo utilizado en relación a la transmisión y extinción.

[297] Ponente FERNÁNDEZ RODRÍGUEZ, *RJ* 1991, marg. 5676.

"La sentencia recurrida expresamente reconoce que tanto el documento que aparece suscrito por el fallecido D. Juan C. S. en favor de D.ª Rosa C. I. y D.ª Francisca A. C. como la imposición a plazo fijo efectuada en la sucursal de Benisa de la Caja de Ahorros de Alicante y Murcia a nombre de los mencionados D. Juan C. S., D.ª Francisca A. C. y D.ª Rosa C. I., objeto del actual debate jurídico, responden a un contrato vitalicio, por entenderlo significativo de la transmisión por parte del tan aludido D. Juan C. S. de los referidos bienes en favor de los meritados D.ª Francisca A. C. y D.ª Rosa C. I., a cambio de recibir aquél de éstas adecuada asistencia durante su vida."

Del mismo modo, determina en su Fundamento de Derecho tercero, respecto de la sentencia de instancia, que confirma, no haber lugar al recurso y expresa lo siguiente.

"El hecho de que en tal documento se indique que la transmisión efectuada responda a que el transmitente indique «puesto que tengo recibido de los mismos –refiriéndose a los demandados– cuidados equivalentes al valor de la citada vivienda –alúdese a la objeto de transmisión»– dado que la sentencia recurrida, para llegar a la indicada apreciación y consiguiente solución que acoge, se basa no en los estrictos términos del citado documento de 26 de noviembre de 1975, que aprecia de tosca redacción en los términos que emplea, sino en conexión del mismo con posterior actividad contractual llevada a cabo por el mismo transmitente también en favor de las aludidas demandadas."

La STJ de Galicia de 5 de noviembre de 1998[298], al abordar el estudio de uno de los motivos que dieron lugar a la interposición de recurso de casación, señala en su Fundamento de Derecho tercero lo que se expone a continuación.

"La primera denuncia inaplicación del artículo 96 LDCG que en su apartado 2 establece que el contrato de vitalicio se formalizará en documento público, cuando la Audiencia de Pontevedra (Sección 1ª) aplica al contrato existente entre los litigantes el resto de la normativa que para el vitalicio establece la citada LDCG."

Indica la Sala que el contrato es de fecha anterior a la LDCG de 1995, por lo que se le aplica el principio de libertad de forma, aunque no se pronuncia sobre lo que sucedería en otro caso.

"Conforme a lo que antecede, no es de aplicación al contrato celebrado entre las partes lo dispuesto en el artículo 96.2 LDCG, sino la libertad de forma vigente en el momento de su celebración, por lo que el contrato es

[298] Ponente SAAVEDRA RODRÍGUEZ, *RJ* 1999, marg. 1247.

perfectamente válido y eficaz. Y todo ello sin perjuicio de cuál pueda ser el alcance del citado precepto para los contratos celebrados bajo su vigencia, que, por lo dicho, no es del caso analizar ahora".

Interpretar la exigencia legal de la LDCG de 1995 como una forma constitutiva generaría en Galicia una importante problemática al ser muy habitual en el ámbito territorial de nuestra Comunidad Autónoma, la utilización de documentos privados para formalizar las relaciones jurídicas por diversas razones, ya jurídicas, ya de otra índole, como su sencillez o el posible ahorro que supone económicamente a las partes. Estos y aquéllos motivos llevaban a interpretar dicha exigencia contenida en tal precepto de una manera menos rigorista por la cual, en vez de *ad solemnitaten*, el requisito sería *ad probationem*[299] lo que parecía también más acorde con el carácter consensual que, en general, se predica del contrato de vitalicio como anteriormente hemos señalado.

Por otro lado, existía la postura en defensa de una interpretación flexible del art. 96.2 de dicha Ley que, de una manera más oportuna, sin concebirla como una forma *ad solemnitatem*, entendía que la norma concedía el derecho a las partes contratantes a solicitarse recíprocamente la elevación de dicho acuerdo a público para el caso que dicho contrato hubiese sido celebrado bajo forma distinta a ésta, ya fuese verbal, ya privada, sin otra consecuencia en cuanto a su validez. Se obliga así a la parte que quiere reclamar en base a dicho contrato y para el caso de que la otra parte se oponga a lo en él dispuesto, a conseguir que el acuerdo se eleve a documento público para continuar con su reclamación[300]. El contrato celebrado bajo la legislación gallega anterior sin sujeción a forma pública, lejos de una posible invalidez, quedaría sólo sujeto a la condición legal de otorgamiento de forma siendo un contrato válido y no nulo pero sin desplegar por tanto su eficacia[301].

La forma se concibe como un medio de exteriorización del contrato para darlo a conocer a los demás, teniendo en cuenta la obligatoriedad de los contratos en base al art. 1278 del Cc independientemente de la forma que se hayan celebrado, pues es característico del Derecho civil el principio de libertad de forma en la contratación.

Por ello, la regla habitual es el uso de la forma como medio de prueba de la celebración del contrato, de manera que la exigencia de forma pública lo sea para evitar la oposición de una de las partes a la eficacia de un contrato, por

[299] En este sentido, SOTELO NOVOA, E.: "El contrato de vitalicio", *Derechos civiles de España*, dirigido por BERCOVITZ y MARTÍNEZ-SIMANCAS, ed. Aranzadi, Madrid, 2000, p. 1821 y ss.

[300] Como indica ALBALADEJO GARCÍA, M., *Derecho Civil*, tomo II, *op.cit*, p. 401.

[301] En esta dirección, REBOLLEDO VARELA, A .L, *op. cit.*, p. 862.

otra parte, perfectamente válido, por no constar el contrato en la forma legal prevista.

Es innegable que la exigencia de forma solemne podría determinar un mayor grado de seguridad jurídica por el control notarial de capacidad y legalidad, por el efecto de fe pública que de la escritura se deduce por sus formalidades, por la propia tradición instrumental que pueda beneficiar indudablemente al cesionario o finalmente por la fuerza ejecutiva de dicho instrumento o por la posibilidad de acceso a los Registros Públicos, como ya señalamos.

La exigencia de una forma *ad solemnitatem*, a nuestro entender, no era la más adecuada al convertirla en requisito esencial para la validez del contrato de vitalicio, con lo que ello implicaría de no adoptarse tal forma a la hora de realizar las partes sus recíprocas gestaciones ya no sólo a la hora de recibir la prestación mixta de dar y hacer de alimentos y ayudas y cuidados sino también a la hora de recibir bienes a cambio y su posible integración en el patrimonio del cesionario o una futura transmisión de los mismos, teniendo presente la teoría del título y el modo propia de nuestro derecho.

Sin embargo tal interpretación estricta en materia de forma parecía chocar con la previsión que respecto de interpretación de contratos realizaba el legislador gallego de 1995[302] la cual, de aplicarse generaría una nulidad de aquel contrato que versase sobre la relación jurídica objeto del contrato de vitalicio normado, cualquiera que fuese la denominación que las partes le hubiesen atribuido, y donde tal forma exigida no se hubiese observado, independientemente de su calificación[303].

Por ello y pese a su tenor literal[304] debería entenderse dicha norma como un supuesto de forma *ad utilitatem* de manera que la forma pública sería necesaria, no para la vinculación *inter partes* sino para que el contrato produzca efectos frente a terceros y se puedan predicar del mismo las consecuencias que a tal forma llevan aparejadas las leyes, siendo quizá no la menos importante en este caso, en lo que a una de las partes atañe, el permitirle el acceso a tal contrato

[302] Al señalar en el art. 96.1 de dicho texto que las normas contenidas en el Capítulo relativo al vitalicio serían de aplicación cualquiera que fuere la calificación jurídica que las partes atribuyesen al contrato que hubiesen celebrado.

[303] BELLO JANEIRO, D., *op. cit*., p. 224, señala que la coexistencia en un mismo artículo de dos disposiciones como la del 96.1, respecto de la calificación del contrato, y la del 96. 2, respecto de la forma del contrato, de la LDCG de 1995 obedecía a la conjunción indiscriminada de dos Proyectos.

[304] Que, de admitirse la comparación, no difiere demasiado en cuanto a su redacción con la del art. 1280 del Cc al señalar éste que "deberán constar en documento público" pero siempre teniendo en cuenta su íntima conexión en cuanto a tal afirmación con lo dispuesto en el art. 1279 del mismo cuerpo legal a los fines de que las partes puedan compelerse recíprocamente a llenar aquella forma, sin perjuicio de la validez del contrato de que se trate, como regla general.

así instrumentalizado a los Registros Públicos correspondientes[305] con las importantes consecuencias que de ello dimanan.

En esta dirección, resulta muy interesante tanto por su relativa cercanía en el tiempo como por su reflexión acerca del requisito de forma en la LDCG de 1995, la SAP de Ourense de 22 de enero de 2009[306]. Se plasma en ella una *litis* relativa a un contrato de vitalicio suscrito en un documento de fecha 18 de febrero de 2003, vigente, por ello, la exigencia del art. 96.2 de la LDCG de 1995, respecto del cual se plantea recurso frente a la sentencia de instancia por entender, entre otros motivos, que tal resolución apelada cometió error al considerar nulo el contrato de vitalicio por interpretar el precepto antes mencionado y entenderlo como un requisito *ad solemnitatem*, lo que determina la inexistencia del negocio y no, en cambio, *ad probationem* como pretendía la recurrente.

A tales fines, en el Fundamento de Derecho segundo, la Sala indica la ausencia de resoluciones al respecto.

> "El artículo 96.2 de la Ley 4/1995 de derecho civil de Galicia establece que el contrato de vitalicio se formalizará en documento público. No se han encontrado resoluciones del TSX de Galicia que aborden la interpretación del referido precepto".

Tras plasmar la carencia de antecedentes al respecto, estudia en primer lugar los argumentos de parte relativos a la presencia de forma *ad probationem*.

> "La parte demandada sobre la base de la interpretación jurisprudencial que de los artículos 1279 y 1280 ha venido haciendo el Tribunal Supremo considera que esa disposición faculta a las partes para instar la elevación a documento público del privado en el que se contienen, de tal modo que la forma cumple una función ad probationem y no ad substantiam. La sentencia de 19 de febrero de 2004 establece que "Conviene destacar que «la exigencia de forma escrita contenida en el último párrafo del artículo 1280 ("también deberán hacerse constar por escrito, aunque sea privado, los demás contratos en que la cuantía de las prestaciones de uno o de los dos contratantes exceda de 1.500 pesetas"), no tiene el alcance de forma solemne con repercusión en la eficacia obligatoria de los contratos, según viene declarando reiteradamente la jurisprudencia de esta Sala, desde las sentencias antiguas de 19 de octubre de 1901, 4 de febrero de 1911, 21 de diciembre de 1925 y 5 de diciembre de 1940 , pues, a mayores razones, el artículo 1278 de manera terminante y sin admitir excepción alguna,

[305] Como podría ser al Registro de la Propiedad. En este sentido el art. 3 de la LH.

[306] Ponente ALAÑÓN OLMEDO, *EDJ* 2009, marg. 53305.

consagra en nuestro ámbito jurídico una vez más el principio espiritualista del Ordenamiento de Alcalá (Sentencia de 27 de febrero de 1999)»".

Entra, tras ello, a señalar cómo para ciertos contratos la forma es un requisito esencial, citando algunos como la donación de bienes inmuebles pero rechazando tal carácter para el contrato de sociedad civil.

"Lo anterior, sin embargo, no empece a que determinados contratos deban fijarse en escritura pública y ese requisito sea esencial para determinar su existencia. Así, en relación con la donación, es nula la de bienes inmuebles que no se hace constar en escritura pública, tal y como previene el artículo 633 del Código Civil. Sobre el contrato de sociedad, el artículo 1667 exige la escritura pública cuando a la misma se aportaban bienes inmuebles, pero este precepto ha sido interpretado en el sentido de que su contenido debe entenderse sometido a los postulados del artículo 1278 y, en consecuencia, entre los socios será válido el contrato a pesar de no constar en escritura pública (Sentencias de 27 mayo y 24 julio 1993, 9 octubre 1995 –que cita las precedentes de 15 junio 1984, 5 mayo 1986, 9 octubre 1987 y 21 junio 1990 –). Si se exige, como requisito de validez, que las capitulaciones matrimoniales consten en escritura pública (artículo 1327)".

Finalmente, reflexiona sobre el principio de libertad de forma propio de nuestro Derecho desde el Ordenamiento de Alcalá para finalizar señalando que, al ser idéntica la redacción del art. 1278 del Cc y la del art. 96.2 de la LDCG de 1995, deben aplicarse las mismas consecuencias, en este caso, las previstas en el art. 1279 del Cc.

"La sentencia de 18 de octubre de 2002 indica que nuestro Derecho se ha consagrado, desde el Ordenamiento de Alcalá, el principio de libertad de forma, que proclama el artículo 1278 del Código Civil , salvo muy contadas excepciones y que cuando el artículo 1280 enumera unos casos en que, dice literalmente, que deberán constar en documento público no significa otra cosa que, como dispone el artículo 1279, las partes podrán compelerse recíprocamente a llenar aquella forma. Con arreglo a lo expuesto no cabe sino rechazar la argumentación de la sentencia apelada pues la dicción del precepto en el que se apoya, el artículo 96.2 de la Ley 4/1995 es idéntica a la contenida en el artículo 1280 y la misma no tiene otro efecto que el de permitir a las partes el otorgamiento de la correspondiente escritura más ello no afecta a la validez del contrato".

Afirma, por tanto, que la validez del contrato no queda afectada porque no se haya otorgado tal instrumento público y señala que la única finalidad de dicha norma sería el facultar a las partes a compelerse recíprocamente a elevar dicho documento privado a uno público.

Cabe señalar que el legislador gallego de 2006 no ha eludido el tema de la forma en el contrato señalando el art. 150 que "para que tenga efectos frente a terceros, el contrato de vitalicio habrá de formalizarse en escritura pública". Parece, así, que el texto gallego evoluciona de lo que en un principio aparentaba una forma de ser en el anterior texto legal a la actual forma de valer que, por ello, es más conforme con el sistema espiritualista propio del Derecho civil. Se ha planteado si no se habría producido igual resultado de suprimir este artículo por la remisión que conllevaría al Derecho común en cuanto a la forma y, por supuesto, a la doctrina del TS. Pese a ello parece más acertada para resolver las pretendidas discrepancias, la manifestación hecha por el legislador gallego de 2006 en el sentido de apostar su validez al concurrir los elementos esenciales del contrato sin configurar a la forma como uno de tales para el caso de este negocio.

En relación a estos efectos frente a terceros y a la forma en documento público, resulta de interés la STS de 2 de abril de 1990[307] que alude al valor probatorio de dicho elemento en cuanto el hecho que motivó su otorgamiento es una compraventa de inmueble que encubre una donación remuneratoria.

> "Que tratan de deducir de falta de aplicación del art. 1218 del Código Civil, porque si es cierto que tal precepto dispone «que los documentos públicos hacen prueba, aun contra tercero, del hecho que motivó su otorgamiento» sin embargo esa normativa en manera alguna quiere decir que lo consignado en documento público tenga certeza absoluta, puesto que, como tiene declarado esta Sala en Sentencias de 8 de mayo de 1973, 9 de mayo de 1980, 15 de febrero de 1982, 14 de febrero y 14 de marzo de 1983, el valor o eficacia del documento público aunque se extiende al contenido del mismo, o a las declaraciones que en ellos se contenga, su veracidad intrínseca puede ser desvirtuada por prueba en contrario, porque, como ponen de manifiesto las Sentencias de 21 de abril de 1961, 8 de marzo, 27 de mayo de 1983 y 25 de enero, 25 de marzo, 8 de julio y 10 de octubre de 1988, la prueba documental pública no es necesariamente superior a otras, y más aún en cuanto que tiende a demostrar hechos, pero no cualidades o apreciaciones jurídicas, como indica la Sentencia de 24 de octubre de 1983; y, de otra parte, por sí solo tal medio de prueba no basta para enervar una valoración probatoria conjunta, cual la realizada en la sentencia recurrida, como expresan las Sentencias de 24 de mayo, 15 de julio, 30 de septiembre y 27 de noviembre de 1985, 7 de julio de 1986 y 10 de octubre de 1988, lo que tanto quiere decir si vincula al órgano

[307] Ponente FERNÁNDEZ RODRÍGUEZ, *RJ* 1990, marg. 2689.

jurisdiccional respecto al hecho de su otorgamiento y su fecha, el resto de su contenido puede ser sometido a apreciación con otras pruebas".

Respecto del clausulado libremente pactado por las partes para adecuar su negocio a sus circunstancias, podemos indicar la STSJ de 2 de diciembre de 1997[308] sobre la resolución de un contrato de vitalicio por incumplimiento de obligación recíproca, que narra las vicisitudes del contrato al que se refiere en su Antecedente de Hecho primero.

> "Con fecha de registro de 19 de mayo de 1995, doña Pilar L. L. presentó demanda de juicio de menor cuantía ante el Juzgado de Primera Instancia de Becerreá, en la que ejercitaba acción de nulidad de contrato de vitalicio contra don José Antonio L. D. Alegaba al efecto que había sido nombrada heredera universal por su hermana doña Asunción L. L., fallecida el 7 de julio de 1990, y que ésta con fecha de 6 de junio de 1986 había otorgado escritura de contrato de vitalicio con su sobrino, el ahora demandado, en la que le transmitía en pleno dominio una serie de fincas en contraprestación por los cuidados y asistencias típicas de este contrato, so pena de tener por resuelta la transmisión en caso de incumplimiento, y que éste se había producido con anterioridad a la muerte de su hermana y que era voluntad de ella resolver el contrato, lo que efectuaba la demandante como sucesora suya. En conclusión solicitaba que se declarase sin ningún efecto ni valor la estipulación primera del contrato de vitalicio, por incumplimiento de la estipulación seguida, teniendo por resuelta la transmisión de bienes efectuada conforme con lo pactado en la cláusula tercera. Que el contrato deviniese nulo y que se declarasen también nulos los actos e inscripciones efectuadas por el demandado en relación con los bienes que se le habían transmitido".

Cabe la celebración del contrato de vitalicio en forma verbal, amparado en la libertad que a tal efecto se reconoce a las partes en la regulación de la vigente LDCG si bien con las prevenciones que a tal efecto realiza el texto legal. Podemos observar al respecto la alegación recogida en la SAP de Islas Baleares de 9 de marzo de 2010[309] en la que el único heredero de la alimentista demanda a la sobrina cuidadora de su causante y exige la restitución de fondos depositados en cuentas en un principio de titularidad exclusiva de la causante y, posteriormente, de titularidad indistinta con su sobrina. A tal pretensión se opone la celebración de un contrato verbal de vitalicio, en virtud del cual las cuentas pasaron a ser de titularidad conjunta, lo que permitía a esta última la extracción de la cantidad reclamada. La sentencia recurrida consideró que, por tal contrato, existió la "real transmisión de los fondos propios de la causante

[308] Ponente SAAVEDRA RODRÍGUEZ, *RJ* 1998, marg. 8251.
[309] Ponente ROSSELLÓ LLANERAS, *JUR* 2010, marg. 177153.

depositados en cuentas indistintas" como consecuencia de "la obligación asumida de cuidarla y alimentarla hasta la muerte".

Razona la Sala al respecto en el Fundamento Jurídico segundo, aplicando la doctrina legal sobre cuentas bancarias conjuntas o indistintas, entendiendo que no hubo transmisión de la propiedad.

> "La argumentación de la sentencia recurrida para considerar que existió la real transmisión de la titularidad de los fondos propios de la causante depositados en las cuentas indistintas y por el hecho de haber incluido como cotitular de las mismas a su sobrina hoy demandada, contradice abiertamente la doctrina legal que cita sobre las cuentas bancarias conjuntas o indistintas que no producen el efecto de atribuir la propiedad de los fondos por partes iguales a los titulares, prevaleciendo siempre y en todo caso la procedencia de las cantidades depositadas, en este sentido se pronuncian, además de las citadas por la sentencia apelada, las SS.T.S. de 29 de mayo de 2000, 10 de febrero y 12 de noviembre de 2003 precisando que el carácter indistinto de una cuenta corriente no afecta a la propiedad del capital, que no está sujeta a la estructura o características de la cuenta, sino a su propia naturaleza intrínseca, y no presupone condominio y se puede aportar prueba en contra, sólo a falta de prueba se entiende que ambos titulares son dueños por mitad de la suma de los fondos depositados".

Entiende la Sala que aún cabiendo prueba en contra de la titularidad exclusiva de los depósitos, la mera alegación de contrato de vitalicio celebrado verbalmente, sin otra prueba, no es suficente para probar su existencia.

> "Pues bien, en el caso ha quedado incólume que los depósitos bancarios eran de la exclusiva propiedad de la causante Sra. Filomena y que no existió donación u otro acto jurídico eficaz transmitiendo la propiedad de los mismos a favor de su sobrina por los cuidados que le dispensaba, por lo que no puede sostenerse la existencia real y verdadera de un contrato de vitalicio para amparar la extracción de los fondos y su apropiación por parte de la demandada, inexistencia del contrato que conlleva la obligación de restituir a la masa hereditaria la cantidad distraída por la demandada al ser de la exclusiva propiedad de la causante. Se estima el motivo y el recurso".

2. FORMA NOTARIAL

La intervención notarial pude resultar, además, muy interesante para los fines no sólo de la determinación de la identidad de las partes, sino también de la capacidad de las mismas, ya que el juicio notarial de capacidad supone una presunción *iuris tantum* con especial relevancia de certidumbre y que sólo podrá ser destruida mediante prueba que no deje margen racional de duda[310].

Indudable trascendencia tiene también su intervención en orden a prevenir posibles abusos de una de las partes del contrato frente a la otra, generalmente frente al cedente. También, en su caso, para señalar el cauce o vía para la aceptación de las prestaciones a favor del tercero alimentista. Conviene recordar que las funciones del notario a este respecto consisten en configurar la escritura pública según la voluntad común de las partes, adecuándola a las exigencias legales y solicitando que clarifiquen y concreten sus declaraciones de voluntad, en su caso[311].

2.1. Relevancia del juicio de capacidad

En cuanto al juicio notarial de capacidad[312] conviene apuntar, al menos, la trascendencia que respecto del mismo presenta la Convención de la ONU sobre los Derechos de las personas con Discapacidad y su Protocolo Facultativo[313], en concreto, el art. 12[314] que alude , entre otros, a conceptos como apoyo para

---

310 En este sentido, entre otras, la STS de 4 de mayo de 1998, ponente SIERRA GIL DE LA CUESTA, *RJ* 1998, marg. 3230.

311 Art. 149 del Reglamento de la Organización y Régimen del Notariado aprobado por Decreto de 2 de junio de 1944 señala a este respecto que:

"Los Notarios redactarán los instrumentos públicos interpretando la voluntad de los otorgantes, adaptándola a las formalidades jurídicas necesarias para su eficacia.

Siempre que los otorgantes entreguen al Notario proyectos o minutas relativas al acto o contrato que sometan a su autorización, éstos lo harán constar así, sin perjuicio de revisarlos y rectificar su redacción con anuencia de aquéllos, al efecto de que expresen clara y concretamente el sentido de las declaraciones de voluntad y los convenios que comprendan.

Si los otorgantes o las partes contratantes insistieran en la redacción propuesta al Notario, podrá éste negarse a la autorización o salvar su responsabilidad, haciendo constar las advertencias procedentes al final del instrumento público".

312 Art. 156. 8º del Reglamento Notarial al disponer al respecto que "la afirmación a juicio del Notario, y no apoyada en el solo dicho de los otorgantes, de que éstos tienen la capacidad legal o civil necesaria para otorgar el acto o contrato a que la escritura se refiera".

313 BOE de 21 de abril de 2008.

314 El art. 12 de dicho Instrumento bajo la denominación *Igual reconocimiento como persona ante la ley* dispone que:

"1. Los Estados Partes reafirman que las personas con discapacidad tienen derecho en todas partes al reconocimiento de su personalidad jurídica.

2. Los Estados Partes reconocerán que las personas con discapacidad tienen capacidad jurídica en igualdad de condiciones con las demás en todos los aspectos de la vida.

3. Los Estados Partes adoptarán las medidas pertinentes para proporcionar acceso a las personas con discapacidad al apoyo que puedan necesitar en el ejercicio de su capacidad jurídica.

4. Los Estados Partes asegurarán que en todas las medidas relativas al ejercicio de la capacidad jurídica se proporcionen salvaguardias adecuadas y efectivas para impedir los abusos de conformidad con el derecho internacional en materia de derechos humanos. Esas salvaguardias asegurarán que las medidas relativas al ejercicio de la capacidad jurídica respeten los derechos, la voluntad y las

el ejercicio de su capacidad jurídica, aunque se refiere a nuestro concepto de capacidad de obrar, a la exigencia de salvaguardias efectivas para impedir abusos y asegurar que en el ejercicio de su capacidad se respeten los derechos, la voluntad y las preferencias de la persona, que no haya influencias indebidas así como a la posibilidad de controlar sus propios asuntos económicos. La adaptación normativa española está generando nuevos conceptos sobre la autonomía de la voluntad en España a la espera de su concreta plasmación normativa, entre otros, en el campo que aquí nos interesa.

Para el caso de un cedente-alimentista persona física[315], el notario determinará si tiene plena capacidad de obrar y si ostenta poder de disposición respecto del bien o derecho que va a ceder[316]. Si, en cambio, el alimentista fuese un tercero que pueda dar a conocer su aceptación en el mismo acto o bien posteriormente[317], sólo se le exigirá la aptitud para entender y querer[318].

En el supuesto de cedente-no alimentista podríamos encontrar tanto personas físicas como jurídicas, teniendo que acudir, en cuanto a éstas últimas, a las reglas generales de contratación en relación a su capacidad como sujetos del tráfico jurídico y atendiendo a sus normas internas. Esta normativa interna vendrá dada por el negocio jurídico constitutivo de la misma o por la ley que las reconozca, de tipo estatutos o reglas de constitución, en cuanto a su objetivo o finalidad, de forma que permita a tal persona jurídica la conclusión del presente negocio y que diseñe el mecanismo social interno para la formación de voluntad de la persona jurídica y emisión de la misma a través de los órganos sociales que, en cada caso, tengan encomendada esa misión.

Otra posibilidad que podría plantearse al contratar sería la del cedente-alimentista menor de edad en cuyo caso precisaría de un complemento de

---

preferencias de la persona, que no haya conflicto de intereses ni influencia indebida, que sean proporcionales y adaptadas a las circunstancias de la persona, que se apliquen en el plazo más corto posible y que estén sujetas a exámenes periódicos, por parte de una autoridad o un órgano judicial competente, independiente e imparcial. Las salvaguardias serán proporcionales al grado en que dichas medidas afecten a los derechos e intereses de las personas.

5. Sin perjuicio de lo dispuesto en el presente artículo, los Estados Partes tomarán todas las medidas que sean pertinentes y efectivas para garantizar el derecho de las personas con discapacidad, en igualdad de condiciones con las demás, a ser propietarias y heredar bienes, controlar sus propios asuntos económicos y tener acceso en igualdad de condiciones a préstamos bancarios, hipotecas y otras modalidades de crédito financiero, y velarán por que las personas con discapacidad no sean privadas de sus bienes de manera arbitraria".

315 Ya que no caben una prestación mixta de alimentos y ayudas y cuidados a favor de una persona jurídica por su propia esencia.

316 El art. 1160 del Cc exige para la validez del pago en las obligaciones de dar que se tenga la libre disposición de la cosa debida y capacidad para enajenarla.

317 Respecto de la constancia en escritura de la aceptación de la estipulación a favor de tercero, art. 176, párrafo 2º y 178, 3º del Reglamento Notarial, modificado el último indicado por Real Decreto 45/2007, de 19 de enero.

318 *Ex* art. 625 Cc.

capacidad[319]. En función de su edad y el grado de discernimiento[320] actuarán sus representantes legales[321] quienes, acreditando su carácter, al igual que en todas las decisiones que le afecten, deberán escuchar al menor que tuviera suficiente juicio y, en todo caso, si fuera mayor de doce años antes de contratar[322] necesitando la autorización judicial previa al otorgamiento, con audiencia del Ministerio Fiscal cuando la contraprestación a cambio de los alimentos consista en ceder inmuebles, establecimientos, objetos preciosos o valores mobiliarios[323]. En cambio, si el menor tiene dieciséis años y consiente en documento público, no será necesaria la autorización judicial[324], todo ello sin perjuicio del cumplimiento de los deberes que, respecto del menor hijo o tutelado, les impone la ley a progenitores y tutores.

De tratarse de un incapacitado[325], sea menor o mayor de edad, el notario requerirá la intervención de su representante legal determinado en la resolución recaída a tal efecto de acuerdo con la normativa rituaria, ya sea configurado como tutor, curador, ya se trate de la patria potestad prorrogada o rehabilitada, necesitando la previa autorización judicial. De estar sometido a tutela se estará a lo antes señalado, salvo indicación de la resolución judicial el respecto[326], actuando los representantes legales. De estar sometido a curatela en atención a su grado de discernimiento[327] podrá actuar el incapaz asistido por su curador, en atención a la resolución de incapacitación[328].

Las precisiones antes realizadas corresponden a los supuestos en que se deduce la plena capacidad de obrar a los sujetos intervinientes, actuando por sí solos o mediante representante voluntario o, en otro caso, como señala el art. 1263 del Cc, de tratarse de menores no emancipados o incapacitados judicialmente, a través de la representación legal.

---

[319] Art. 1263.1 del Cc.

[320] Conviene tener presente que la Ley Orgánica 1/1996, de 15 de enero, de Protección Jurídica del Menor establece en su art. 2.2 que "las limitaciones a la capacidad de obrar de los menores se interpretarán de forma restrictiva".

[321] *Vid.* art. 162 del Cc respecto de los progenitores de dicho menor y el art. 267 del mismo cuerpo legal en lo relativo a sus tutores.

[322] Art. 156, 2º del Cc y art. 273 del mismo cuerpo legal, para progenitores y tutores, respectivamente.

[323] Art. 166 del Cc respecto de los progenitores y en similar sentido, incluyendo la realización de actos que tengan carácter dispositivo y se tengan que inscribir en un Registro, art. 271, 2º del Cc respecto de los tutores.

[324] Art. 166 *in fine* del Cc.

[325] En el mismo sentido, PEON RAMA, V, *op. cit.*, p. 642, que, además, considera que no hay razón para un "personalismo formal" que impidiese el negocio representativo sin perjuicio de la autorización judicial cuando se requiera normativamente.

[326] Art. 267 del Cc.

[327] Art. 287 del Cc.

[328] Arts. 289 y 290 del Cc.

2.2. Actuación por medio de representante

El otorgamiento de la escritura pública de contrato de vitalicio se puede realizar por el propio sujeto interesado o bien por otra persona que actuando en nombre de aquél concierte dicho negocio. Acudimos, por tanto, a la figura de la representación legal o voluntaria a través, en este último supuesto, del apoderamiento o bien mediante ratificación posterior.

2.2.1. Representación voluntaria. Poder preventivo y apoderamiento con subistencia de efectos

Quizá el más habitual de los supuestos representativos sea el de la representación voluntaria mediante poder o apoderamiento que regula parcialmente el Cc, acudiendo al contrato de mandato para complementarla. Ha de tenerse presente que el negocio jurídico subyacente al representativo podrá tener diferentes orígenes así se trate de un contrato de mandato, un arrendamiento de servicios o simplemente una gestión realizada por amistad.

Debemos destacar, asimismo, el tipo de facultades que se precisarían, ya sea un poder general o uno especial con facultades precisas para el caso concreto y autorización no sólo para constituir el vitalicio, sino también para realizar el acto de cesión de bienes y derechos en el caso de tratarse del cedente. Otra de las posibilidades que habitualmente se tratan es la de si se puede o no facultar al apoderado para autocontratar debido a la necesidad de prevenir la colisión de intereses. Se entiende válida la autocontratación cuando no hay conflicto de intereses, porque el poderdante la permita facultando al apoderado en tal sentido, con anterioridad a la celebración del negocio, o por medio de ratificación posterior así cómo en aquellos casos en que la ley de vías de solución a un posible conflicto.

La STS de 8 de enero de 2007[329] realiza un detallado estudio respecto de un contrato de vitalicio otorgado en escritura pública el 28 de marzo de 1996 ante el Notario de Chantada actuando el mandatario en representación del cedente, por el que se cedían bienes a su propio favor, al de su esposa y al de sus hijos, utilizando para ello las escrituras de poder que a su favor se había otorgado con distintas facultades de gestión pero incluyendo licencia para la autocontratación, facultades de administración y facultades de disposición. Con anterioridad, tal cedente, que residía en la casa del mandatario junto a la familia de éste, había otorgado testamento a favor de los miembros de la familia acogedora instituyéndoles herederos universales.

[329] Ponente MONTES PENADES, *RJ* 2007, marg. 812.

La sentencia de instancia niega que el contrato de vitalicio se hiciera con el conocimiento y consentimiento de quien en la misma figuraba como cedente, al acudir el apoderado sólo a la Notaría y no entregar copia de la misma a su poderdante, circunstancias que los demandados rebaten de la manera señalada en el Fundamento de Derecho segundo.

> "Los recurrentes acuden a la existencia de la intención de D. Braulio de donar sus bienes a la familia Humberto, que se revela en el testamento, para negar la existencia de un abuso de poder, y a la relevancia de un consentimiento prestado notarialmente. Pero, a parte de que estas dos cuestiones poco tienen que ver con una presunta infracción del artículo 1282 CC, que es la que se denuncia en el presente motivo, que sólo por esta razón ya podría ser desestimado sin más, no resisten un análisis mínimamente atento: como señala la sentencia de primera instancia, el vitalicio añade al testamento, entre otras muchas variantes, un elemento esencial, ya que de este modo el beneficiario previsto de los bienes alcanza un derecho actual e irrevocable sobre los bienes. Y en cuanto al consentimiento prestado notarialmente, no se refiere a la operación en sí, sino a un conjunto de facultades que se conceden al apoderado en abstracto, sin conexión concreta con un negocio u operación determinados, amén de que no siempre un profano está en condiciones de valorar si las facultades que se le presentan, en términos técnicos, alcanzan o no para realizar actos o contratos de cierta trascendencia".

En tal sentido, el ponente reitera aspectos como la información al poderdante y el dolo y la falta de buena fe del apoderado.

> "En la Sentencia no se discute el valor de la escritura como documento, ni la forma o competencia para el otorgamiento. Se discute la información que se suministró al poderdante, y se afirma la falta de buena fe en la actuación del apoderado y la maquinación insidiosa que llevó a cabo, todo ello mediante el contrato de vitalicio, del que el apoderamiento fue un mero instrumento. El Notario que autorizó la escritura de apoderamiento no tenía por qué conocer los propósitos del apoderado, ni la operación que se preparaba, y mal podría, en tal caso, informar al poderdante. Además, el otorgante del poder podía perfectamente dar un consentimiento en abstracto, preparatorio de una operación que pudiera surgir en el futuro o meramente destinado a proveer al apoderado de un instrumento para llevar a efecto alguna operación que se pudiera presentar y que se habría de autorizar o consentir en el futuro. El apoderamiento no puede ser entendido como un consentimiento de presente a cualquier acto de disposición de bienes que se le ocurra al apoderado, lo que es coherente con la línea jurisprudencial que exige para los actos de riguroso dominio no sólo el carácter expreso, sino además el carácter especial (Sentencias de 1 de

marzo de 1990, 30 de junio de 1993, 3 de noviembre de 1997, 6 de marzo de 2001, etc.)".

Condena finalmente, apreciando parcialmente la reconvención, al reintegro de las cantidades utilizadas para atender al acogido entre el 12 de mayo de 1995 y el 29 de marzo de 1996, día posterior al otorgamiento de la escritura de vitalicio, al procederse a la restitución de bienes y derechos dada al nulidad del vitalicio y el enriquecimiento sin causa del acogido.

> "Si partimos de la existencia de tal convenio, que sería un auténtico «contrato de vitalicio», mal podríamos afirmar que el contrato declarado nulo, contenido en la escritura que autorizó el Notario de Chantada D. Manuel Ángel Martínez García, en 28 de marzo de 1996, por más que a través de maniobras irregulares, careciera del conocimiento y del consentimiento de D. Braulio, como se dice contundentemente en el Fundamento Jurídico Segundo de la Sentencia recurrida. Si, como parece más probable, no había voluntad por parte del Sr. Braulio en lo referente a la cesión actual e inmediatamente operativa de sus bienes, y por ello la utilización de la figura de la autocontratación, mediante el otorgamiento de los poderes generales y cuasiabsolutos, como ha sido ya comentado, que incide en el ejercicio abusivo del poder y en la captación de voluntad que determina la nulidad por dolo, pero había un convenio o una convención, sería la descrita en la sentencia de primera instancia: alimentos a cambio de una cesión post-mortem de los bienes. El convenio, tal y como ha quedado descrito, habría de ser vinculante para el alimentista, en la voluntad de las partes, pues de otro modo carecería de sentido que se prestaran alimentos a la espera de una designación en la sucesión mortis causa que implica una decisión personalísima del testador, esencialmente revocable (artículos 670, 737, etc. CC)".

Respecto de la actuación a través de representante voluntario es de destacar la posibilidad de actuación a través de apoderamiento preventivo[330] que puede definirse como "negocio jurídico por el que una persona en previsión a su –conocida o no– posible incapacidad, otorga a favor de otra u otras personas para que la representen, incluso después de sobrevenida ésta, y hasta que se declare su extinción por el Juez tras la declaración judicial de su incapacidad"[331]. En consecuencia, permitirá la actuación cuando su poderdante se encuentre en una situación de discapacidad natural hasta el momento en que, en su caso, sea

[330] Sobre este trascendente tema, *vid.* VVAA, *Protección Jurídica patrimonial de las personas con discapacidad*, coordinador José Pérez de Vargas, ed. La Ley, 2006. ROVIRA SUEIRO, M.: *Relevancia de la persona para afrontar su propia discapacidad,* Editorial Universitaria Ramón Areces, Madrid 2005. PUENTE DE LA FUENTE, F.: "El mandato preventivo", en *Protección jurídica del discapacitado. II Congreso Regional*, ed. Tirant Lo Blanch, Valencia, 2007, p. 150 y ss.

[331] FERNÁNDEZ LOZANO, J.L.: "La representación", *Instituciones de Derecho Privado*, T. I Personas, vol. 2º, coord. José Ángel Martínez Sanchíz, ed. Thomson-Aranzadi, Madrid, 2003, p. 679.

declarada judicialmente incapacitada dicha persona. Dentro de dicha expresión se engloban, de una parte, el poder preventivo en sentido estricto y, de otra, el poder con subsistencia de efectos[332].

El poder preventivo en sentido estricto lo es respecto de la incapacidad del poderdante pudiendo determinarse por criterios objetivos o subjetivos[333], señalando el poderdante por referencia a esas indicaciones el momento en que ha de comenzar a producir efectos, así como las facultades que confiere su apoderado en cuanto a extensión, términos, negocios, etc. Este poder podrá extinguirse por resolución judicial al determinarse el organismo tutelar o bien posteriormente a instancia del tutor[334]. El Notario, a la vista de los criterios expuestos en tal poder, solicitará su acreditación para que el apoderado pueda ejercitar las facultades conferidas en los términos en él fijados, que pueden incluir la autocontratación y la facultad de sustitución o delegación, a los efectos de realizar en este caso el contrato de vitalicio y recabará información sobre la posibilidad de que se hayan dado las causas de extinción del art. 1732 del Cc. De no acreditarse los requisitos denegará su participación en dicho otorgamiento.

El apoderamiento con subsistencia de efectos es un poder que produce efectos desde su otorgamiento siendo eficaz pese a esa incapacidad natural sobrevenida o declarada del poderdante. El Notario en este caso ya no deberá verificar criterio alguno y de no haberse dado las causas de extinción del 1732 del Cc podrá actuar el apoderado.

En ambos casos estos poderes habrán sido en el momento de su otorgamiento notificados por el Notario autorizante al Registro Civil en donde consta inscrito el nacimiento del poderdante[335].

Sin embargo, es habitual en este tipo de contratos la intervención de discapacitados, ya sean grandes mayores, mayores o jóvenes con su facultades disminuidas y sobre los que no ha recaído resolución judicial de incapacidad con las repercusiones que esto puede tener para el negocio de que se trate. Nos referimos a los naturalmente incapaces que, por sus propias características físicas o psíquicas, no pueden entender o querer el acto que realizan y que

[332] PUENTE DE LA FUENTE, F., *op.cit.*, p. 159 y ss.

[333] Esto es, dictamen médico a propuesta del apoderado o del poderdante acreditando un concreto grado de discapacidad fijada por el poderdante, cuando lo determine un organismo independiente en función también del grado de discapacidad fijado por el poderdante, cuando el mismo considere que el apoderado ha devenido incapaz o cuando sea incapacitado judicialmente.

[334] Art. 1732 *in fine* del Cc.

[335] El art. 46.ter de la Ley de Registro Civil de 8 de junio de 1947, añadido en virtud de lo dispuesto por el art. 1.5 de la Ley 1/2009, de 25 de marzo, señala que: «En todo caso el notario autorizante notificará al Registro Civil donde constare inscrito el nacimiento del poderdante las escrituras de mandato o de otra relación o situación jurídica de la que se derivara la atribución de apoderamiento a favor de cualquier persona para el caso de incapacidad del poderdante».

no intervienen representados por apoderado con algunas de las especies de poderes preventivos vistos. Un sector amplio de la doctrina[336] considera que estos negocios en los que ellos participasen de tal manera serían nulos de pleno derecho por faltar el consentimiento que, como elemento esencial del contrato, es imprescindible para su existencia y validez, a tenor de lo dispuesto en el art. 1261 del Cc. Esto implica, como es sabido, que el ejercicio de la acción para que se declare judicialmente la nulidad del contrato y desaparezca su apariencia no tiene un plazo determinado, pudiendo ser solicitada por cualquier persona e incluso por el propio Juez de oficio, ya que la acción ni caduca ni prescribe. No cabe respecto del mismo ni convalidación ni confirmación del negocio.

Quizá esta solución sea demasiado rígida[337], aunque tal vez se deba a que no están especialmente protegidos por un tutor o curador, y a la vista de la Convención de la ONU sobre los Derechos de las personas con Discapacidad y su Protocolo Facultativo, se promulgue en el desarrollo de sus previsiones alguna norma específica para este supuesto.

La relevancia del juicio notarial de capacidad, e incluso de las conversaciones habidas con el Notario que no han sido reflejadas en la escritura pública, pueden ser de capital importancia en algún supuesto, ya que no es inusual la celebración de un contrato de vitalicio por alguien capaz pero que, posteriormente, quizá ante un cambio de circunstancias personales, pretende la restitución en concepto de responsabilidad civil alegando engaño por padecer un notable deterioro mental y utilizando para ello la vía penal mediante la imputación de un delito de estafa agravada. En este sentido, y respecto del papel del Notario junto con el de otras personas, es ilustrativa la SAP de Barcelona de 3 de noviembre de 1999[338] que en su Fundamento de Derecho tercero narra las pruebas que llevaron al Tribunal a la convicción de que era plenamente consciente y de todo punto conocedor del contrato que celebraba.

> "En la causa se ha practicado exhaustiva prueba tendente a acreditar que el señor R. M. era una persona (en la fecha de la celebración del

[336] DE CASTRO Y BRAVO, F.: *El negocio jurídico*, Madrid, ed. Civitas, 1985, p. 95. TORRALBA SORIANO, V.: "La incapacidad contractual", en *Estudio de derecho civil en homenaje al Prof. J. Beltrán de Heredia y Castaño*, Salamanca, Universidad, 1984, p.707 y ss, entre otros.

[337] Existe abundante jurisprudencia del Tribunal Supremo respecto de la nulidad absoluta en supuestos de sujetos no incapacitados judicialmente. Así, la STS de 4 de abril de 1984, ponente PÉREZ GIMENO, *RJ* 1984, marg. 1926, que narra el supuesto de la firma de un contrato por una mujer con deterioro de capacidad psicosomática que firmó el contrato en un vehículo del que ni siquiera se apeó, a la puerta de la Notaría. STS de 1 de febrero de 1986, ponente MARTÍN-GRANIZO FERNÁNDEZ, *RJ* 1986, marg. 408, que señala que el estado mental originador de una disminución de la aptitud volitiva e intelectiva puede dar lugar al juego del art. 1263. 2º del Cc. STS de 4 de mayo de 1998, ponente SIERRA GIL DE LA CUESTA, *RJ* 1998, marg. 3230, en que la vendedora padecía una demencia arterioesclerótica, con graves trastornos de memoria.

[338] Ponente ALFONSO LASO, *ARP* 1999, marg. 4993.

contrato) que se hallaba absolutamente carente de conciencia y voluntad en todas aquellas acciones que emprendía. Más, entiende el Tribunal que ello no era así. Dejando aparte la pugna dialéctica desarrollada entre los dos expertos doctores (psiquiatra y neuropsicólogo) que han vertido sus pericias en el acto del Plenario, y que no conduciría a una salida fértil, la Sala se ha valido de otras muchas pruebas que acreditan la más que suficiente conciencia y voluntad del señor R. M. en el momento de celebrar el contrato para alcanzar a comprender plenamente el sentido y significado de lo que estaba llevando a cabo".

Señala la Sala que, tanto en Comisaría, mediante su declaración y la aceptación del ofrecimiento de acciones, como ante el Notario e, incluso, designando a su propio letrado ante el Magistrado o en las sucursales bancarias donde canceló cuentas, actúa con racionalidad.

"En efecto, no se aparece al Tribunal como siquiera livianamente probable entender que el señor R. M. no supiera lo que estaba haciendo. Así es de tener en cuenta que el mismo declaró en comisaría (folio 9) y lo hace con absoluta racionalidad. Raciocinio que se desprende de la lectura de dicha declaración. Asimismo, al folio 62 se le hace el ofrecimiento de las acciones debidas, manifestando y firmando posteriormente que desea ejercitarlas. En idéntico sentido, al folio 67, realiza personalmente ante el Ilmo. Sr. Magistrado Instructor de la causa, la designa de su Letrado Defensor. De otra parte, el Notario señor Vicente P. S. (folio 25) manifiesta expresamente que «le juzgó con capacidad legal necesaria para el acto que estaba celebrando». Sin olvidar que el propio Notario (folio 28) recoge como manifestación del señor R. M. que el mismo le manifiesta en ese acto que tanto él como su esposa viven en la residencia geriátrica desde hace quince días y que se encuentran bien atendidos y satisfechos. No pudiendo dejarse pasar por alto que los dos encargados de las sucursales bancarias realizaron la cancelación de sus cuentas, sin que apreciaran nada anormal en la conducta y decisión del señor R. M.. Y finalmente, trayendo las testificales de las asistentas de la Seguridad Social, de la propia residencia geriátrica y la testifical del doctor que le atendía (señor Pedro U. A.), se aprecia que todos ellos le tenían por persona correcta y conocedora de los actos que realizaba".

2.2.2. La representación indirecta

Otra posibilidad es la constitución del contrato de vitalicio utilizando ya no la simulación sino la figura de la representación indirecta. Acudimos, para ello, a la SAP de Murcia de 18 de febrero de 2003[339] que trata sobre la resolución de un contrato de vitalicio por incumplimiento de los alimentantes. Al entrar a

[339] Ponente FRESNEDA ANDRÉS, *JUR* 2003, marg. 196519.

conocer del asunto la Audiencia narra el supuesto fáctico para después darle el encaje jurídico correspondiente.

> "El supuesto fáctico de que se parte es el siguiente: Dª Lourdes entregó a Dª Edurne la cantidad de 5.000.000 pesetas para que ésta comprara una vivienda y la pusiera a su nombre a cambio de que se encargara de su cuidado y atención. Dª Edurne llevó a cabo la compra el 17 de mayo de 1993 (Folio 45), figurando en la escritura pública de compraventa como adquirente ella y su esposo, D. Carlos Antonio, comenzando a prestar el cuidado y atención a que se había obligado. Pasado cierto tiempo y viéndose imposibilitada Dª Edurne de cumplir su obligación, con el consentimiento de la actora contactó con los demandados Dª Leticia y D. Serafin, quienes asumieron el cuidado y atención de Dª Lourdes a cambio de la vivienda que figuraba a nombre de Dª. Edurne, otorgándose escritura pública de compraventa a favor de los demandados el 14 de noviembre de 1.994, quienes constituyeron hipoteca sobre ella en garantía de un préstamo en fecha el 12 de agosto de 1997. En 1.998 Dª Lourdes, de 91 años, se vio obligada a abandonar el domicilio de los demandados, en el que residía, ante la falta de atención y cuidados que precisaba dada su condición y estado".

De tales escrituras de compraventa y del cuidado pactado en ambos casos, extrae la Sala sus consecuencias señalando la existencia de dos contratos de vitalicio entregándose la vivienda por los antiguos alimentistas a los nuevos alimentistas.

> "De tales hechos se desprende que existió un contrato vitalicio, entre Dª. Lourdes y Dª Edurne, que quedó resuelto por acuerdo de ambas partes, y otro contrato vitalicio entre Dª Lourdes y los demandados, cuya resolución es pretendida por la actora en base a incumplimiento contractual. Al resolverse el primer contrato vitalicio se acordó que la vivienda recibida fuera entregada directamente a los demandados en lugar de a Dª. Lourdes y en concepto de contraprestación por las obligaciones que estos asumían, instrumentalizándose tal entrega a través de un contrato de compraventa entre Dª. Edurne y los demandados".

La Audiencia, en base a las pruebas practicadas, reconoce a los primeros alimentantes el carácter de representantes en nombre propio pero por cuenta ajena en ambos contratos.

> "Una de las cuestiones previas a resolver, es cuál ha sido la actuación de Dª Edurne y su esposo en los contratos de compraventa celebrados. De las alegaciones de las partes y de la prueba practicada se desprende con absoluta claridad que Dª Edurne y esposo actuaron en nombre propio

pero por cuenta de Dª. Lourdes. Y tal condición de mandataria no podía pasar inadvertida a la parte demandada por el tipo de acuerdo adoptado, constituyendo la compraventa realizada por éstos el instrumento por el que Dª Lourdes cumplía la prestación asumida en el segundo contrato vitalicio".

Señala por otra parte, cómo después de adquirir los representantes la propiedad en virtud del primer contrato de vitalicio realizado en forma verbal, al resolver por mutuo acuerdo, actuaron en el segundo contrato de vitalicio como mandantes de la cedente aunque en nombre propio transmitiendo la propiedad a los segundos alimentistas.

> "Así las cosas, en el primer contrato de compraventa Dª Edurne adquirió el bien no por virtud de dicho título, pues actuaba como mandataria de Dª. Lourdes, sino en virtud del contrato verbal de renta vitalicia formalizado entre ellas, y que quedó resuelto por mutuo acuerdo devolviendo el bien Dª Edurne, quien de nuevo actuó como mandataria de Dª Lourdes para, por igual causa, contrato vitalicio, transmitir la propiedad del inmueble a los demandados".

3. EL PROBLEMA DE LA SIMULACIÓN EN EL VITALICIO Y SU RELACIÓN CON LA FORMA CONTRACTUAL UTILIZADA

Es doctrina consolidada que los contratos son lo que son y no lo que las partes quieren o digan que sean. A ello cabe añadir que la calificación de los contratos, en todo caso, es tarea reservada a los Tribunales que habrán de investigar en su contenido y no en la denominación que le den las partes, por lo que, en principio, no sólo parecía innecesario sino también poco afortunado lo dispuesto en la anterior LDCG[340]. Pretendía quizá el legislador gallego de 1995, conocedor sobrado de la función calificadora atribuida a los Jueces y Tribunales, un fin distinto al de la simple reiteración de la doctrina expuesta, motivado, posiblemente, por lo que en la práctica estaba aconteciendo con el vitalicio.

Conviene tener presente que hasta que fue objeto de regulación por la LDCG de 1995, el vitalicio no era en España un contrato tipificado. Lo cual favorecía que se presentase bajo multitud de variantes y con distintas denominaciones, entre las que cabe destacar la de compraventa a cambio de alimentos, pensión alimenticia, alimentos vitalicios, cesión de bienes a cambio de alimentos o la de

[340] El art. 96.1 del texto de 1995 exponía que "las normas del presente capítulo serán de aplicación cualquiera que fuese la calificación jurídica que las partes atribuyesen al contrato", estableciendo, a continuación, en su segundo párrafo, que el contrato de vitalicio se formalizaría en documento público.

cesión de bienes por asistencia. Pero el problema no era tanto la denominación que recibían los contratos en que se transmitían bienes a cambio de alimentos y asistencia cómo la realidad de que los interesados evitaban cualquiera de las denominaciones citadas con un claro fin de disimulación del contrato. No era extraño, por tanto, encontrar fórmulas negociales como la de la compraventa, donación modal o donación remuneratoria, siendo una abundante jurisprudencia prueba de ello[341].

En este sentido, se pronuncia la STSJ de Galicia de 11 de abril de 2000[342] resolviendo un Recurso de Casación en relación a la controversia planteada entre las partes por pretender una la existencia de un contrato de vitalicio bajo la forma de contrato de compraventa con reserva de usufructo y responder la otra solicitando se declarase la nulidad o simulación de la compraventa y se declare la existencia de una donación con carga modal. Al proceder al examen de los distintos motivos casacionales se señala en el Fundamento de Derecho tercero lo siguiente:

> Considera el recurrente en el segundo motivo que el negocio disimulado era una donación remuneratoria prevista en el artículo 619 del Código Civil con la consiguiente consecuencia de su irrevocabilidad, a salvas las excepciones previstas en los artículos 644 y 648 del CC. Ciertamente existe numerosa jurisprudencia del Tribunal Supremo que admite la posibilidad de una donación encubierta bajo la forma de compraventa, la que producirá sus efectos siempre y cuando se reúnan los requisitos propios de la donación, como es el otorgamiento de una escritura pública".

El desarrollo de la *litis* llevó al Juzgado de Primera Instancia a fallar en el sentido de que el contrato adolecía de simulación relativa recogiendo realmente una donación de la nuda propiedad de un inmueble.

> "Conforme ha sido planteado el litigio por las partes, ambas vienen a coincidir en que el contrato de compraventa notarialmente formalizado era simulado. Y aunque la pretensión principal de la actora era impetrar la nulidad absoluta por la existencia de dolo o ausencia de causa, lo cierto es que subsidiariamente viene a pretender el reconocimiento de la existencia disimulada de un vitalicio cuya rescisión interesa.

---

341 En este sentido REBOLLEDO VARELA, A. L.: "Derecho civil de Galicia: Presente y futuro" en *Revista Jurídica de Navarra*, nº 46, 2008, p. 32 y ss, señala que planteaban "problemas de validez en los frecuentes contratos simulados de compraventa en documento privado que encubren un vitalicio, que la jurisprudencia había ido solventando hasta que la Ley 4/1995 con la doctrina de que, a diferencia de la donación, el vitalicio es un contrato no formal, doctrina que, sin embargo, chocaba frontalmente con una exigencia legal de escritura pública, aparentemente con carácter constitutivo",

342 Ponente REIGOSA GONZÁLEZ, *AC* 2000, marg. 4328.

Así las cosas, resulta obvio que el eje central del debate viene a ser la determinación del contrato disimulado, frente a lo que previamente hay que señalar que esta vía casacional no integra una tercera instancia con pleno estudio de las alegaciones y pruebas vertidas en primera y segunda instancia. Lo que a la casación compete, dentro de los limitados motivos que le son propios, es analizar, con fundamento en alguno de aquéllos, la sentencia recurrida, esto es enjuiciar la actividad jurisdiccional para determinar si ha aplicado correctamente el derecho tanto en el aspecto material o sustantivo (apartado 1 del art. 2 de LRCG), como en orden a la valoración de las pruebas (apartado 2 del art. 2 de LRCG)".

Entendía, en cambio, la Audiencia Provincial de A Coruña, en su parte dispositiva, que adolecía de simulación relativa fallando en dicho sentido pero entendiendo que el negocio encubierto era el de un contrato de vitalicio.

"Si bien conforme se ha desarrollado el litigio en ambas instancias podrían existir razones que avalaran cualquiera de aquellas contrapuestas posiciones, de hecho cada una de las sentencias optó por una distinta, en este momento procesal el discurso viene determinado por el planteamiento de la casación que impugna la sentencia de la Audiencia por el motivo indicado y con las razones en que se fundamenta. De manera que dentro de esos límites deberá ser examinada la sentencia para determinar si incurrió o no en la infracción legal que se denuncia".

Es quizá una de las posibles razones por la que las partes utilizan diferentes clases de modelos contractuales, aunque con preferencia hacia fórmulas jurídicas de la compraventa, la de la fiscalidad de dichas operaciones, puesto que el tratamiento tributario que recibiese este contrato pueda resultar en los diferentes momentos temporales excesivamente riguroso según el sentir de las partes. Conviene recordar que la conclusión segunda de la ponencia de la Sección IV del Libro del I Congreso de Derecho Gallego[343] señalaba que "se considera muy conveniente recordar que esta institución, dado su carácter casi familiar, no sea asimilada a efectos fiscales al contrato de renta vitalicia, sino al de compraventa u otro que por la entidad de su tributación no fuese tan gravoso que la hiciese escapar de su documentación escrita y en razón de los escasos recursos económicos que generalmente poseen las partes contratantes".

No era inhabitual que los contratantes declarasen concluir una compraventa transfiriendo bienes del cedente, generalmente inmuebles, declarando recibir el correspondiente precio a cambio, si bien manifestando tenerlo percibido con anterioridad, dando carta de recibo del mismo. Frente a la publicidad así obtenida, quizá en algunos casos para poder acceder a la protección registral

343 *Libro del I Congreso de Derecho Gallego* celebrado en La Coruña los días 23 al 28 de octubre de 1972, La Coruña, 1974.

por la inscripción del mismo en el Registro de la Propiedad[344] era frecuente la realización de ciertos documentos privados en los que las partes contratantes ponían de manifiesto la verdadera finalidad perseguida, indicándose de esa manera la existencia de una prestación de alimentos y cuidados a favor del cedente convirtiéndose en un documento que revela palmariamente el negocio auténticamente celebrado por las partes. Téngase presente que, frente a terceros, consta la celebración de lo plasmado en documento público y, en su caso, inscrito, con los efectos que de ello se desprenden. Ahora bien, no es tal lo que sucede respecto de las partes y sus herederos y llegar a ser conocido y debatiéndose tal asunto en los Tribunales, éstos valorarán la verdadera intención de las partes a la vista del documento privado que funciona como complemento de la escritura pública o como contradeclaración, según su confección.

Tal contradocumento tendrá efectos interpartes, si es reconocido, pero quizá no frente a legitimarios si existe una anterior escritura pública nula. Así sucede en la STS de 28 de julio de 1998[345]en la que se plantea la cuestión en relación a una compraventa entre una hermana respecto de otra hermana y su cuñado celebrada ante el Notario de Santurce en 1991, habiendo la primera otorgado testamento a favor de unos nietos, descendientes de una hija premuerta. Las partes en el contrato realizan contradocumento, indicando la Sala los efectos del mismo respecto de tales nietos.

> "La cuestión que se plantea es el documento público, que hace prueba y afecta a tercero, según el artículo 1218 del Código Civil que plasma una compraventa aparente y el artículo 1230 del mismo Código que establece que «los documentos privados hechos para alterar lo pactado en escritura pública, no producen efecto contra tercero»: es el llamado «contradocumento» que, siendo privado, no puede cambiar el contenido de uno público en perjuicio de terceros. Por tanto, lo expresado y pactado en el documento privado de 21 de noviembre de 1991 no puede afectar a los demandantes, herederos y legitimarios de doña Febes".

Señala la Sala la nulidad por falta de causa de tal compraventa con la correspondiente cancelación de los asientos registrales, al no haber adqurido la propiedad de tales bienes los adquirentes, indicando que deben, por ello, dichos bienes formar parte del *caudal relicto* de la difunta.

> "En consecuencia, el contrato de compraventa plasmado en documento público (escritura pública de 21 de noviembre de 1991) es inexistente por

[344] Téngase presente que frente a la atipicidad y ante el temor a la denegación de inscrición del contrato de que se tratase, entre otras motivaciones, la simulación se utilizaba como medio de elusión de los efectos no queridos.

[345] Ponente O'CALLAGHAN MUÑOZ, *RJ* 1998, marg. 6449.

falta de causa. El documento privado de la misma fecha 21 de noviembre de 1991 obliga y afecta a las partes intervinientes, pero no a los legitimarios de la vendedora, que son terceros respecto al negocio jurídico –contrato de vitalicio– que se plasma en dicho documento privado . La jurisprudencia de esta Sala ha mantenido este criterio: la Sentencia de 10 marzo 1944 dio valor a «una declaración complementaria, por cuyo medio las partes fijaron los términos exactos del vínculo obligacional que entre ellos se estableció...» lo que significó que dio valor al documento privado «inter partes», no frente a tercero; lo mismo ocurrió en las Sentencias de 7 marzo 1981, 25 febrero y 14 junio 1989 en que se aceptó el «carácter eminentemente declarativo del documento privado» por el que las partes «completaron la escritura pública» en el sentido de que «fijaron los términos exactos del vínculo obligacional que entre ellas existía» por lo que sólo se reconoció su eficacia «inter partes»; lo que precisa más aún la de 2 julio 1994 en este sentido: «las partes otorgantes de una escritura pública pueden, de conformidad con la libertad de pacto que consagra el artículo 1255 del Código Civil, alterar o modificar lo convenido en esa escritura pública, pues la prohibición de modificación o alteración, contenida en el artículo 1230 del mismo Cuerpo Legal, solamente se refiere a sus efectos contra tercero, pero no a la eficacia "inter partes".

Se hace necesario, por otra parte, para realizar una interpretación correcta de la normativa gallega en función al tema que se trata, observar que, en lo atinente a la forma, el art. 150 de la LDCG de 2006 establece que "para que tenga efectos frente a terceros, el contrato de vitalicio habrá de formalizarse en escritura pública". La actual redacción deja de lado, por ello, la cuestión sobre si el anterior precepto de la LDCG de 1995[346] regulador de la forma encerraba una exigencia de forma *ad solemnitatem* o de mera forma *ad utilitatem*, como ya se anticipó.

Cierto es que la intervención de fedatario público, además de su carácter básico, consiste también en asesorar legalmente a las partes intervinientes por lo que los sujetos del negocio podrían tomar conciencia respecto de la decisión a adoptar y sus efectos, tanto favorables como adversos, en su caso, en base a una mayor reflexión obtenida a través de la información que dicho notario les facilitara, además de su experiencia. No obstante, la intervención de fedatario y la plasmación del negocio en documento público notarial no impiden la simulación como tiene declarado el Tribunal Supremo. En este sentido, la STS de 9 de mayo de 1988[347] y en parecidos términos, la STS de 8 de febrero de 1996[348] que señala en su Fundamento Jurídico segundo:

[346] El art 96.2 de la LDCG de 1995 indicaba respecto del contrato de vitalicio que "este contrato se formalizará en documento público" dando lugar a dicha controvertida cuestión.

[347] Ponente GONZÁLEZ-ALEGRE Y BERNARDO, *RJ* 1988, marg. 4048.

[348] Ponente GONZÁLEZ PÓVEDA, *RJ* 1996, marg. 952

> "Tiene declarado esta Sala (Sentencias de 23 de septiembre 1990 y 16 septiembre 1991) que la simulación contractual se produce cuando no existe la causa que nominalmente expresa el contrato, por responder éste a otra finalidad jurídica distinta sin que se oponga a la apreciación de la simulación el que el contrato haya sido documentado ante fedatario público".

Además, es preciso advertir, como lo hace la citada Sentencia de 9 de mayo de 1988, lo siguiente:

> "Si bajo el negocio simulado existe el negocio disimulado, la forma de éste será la propia del simulado y si es la exigida por la ley para el tipo de negocio al que pertenece cumple con el requisito formal correspondiente; yerra por tanto el recurrente al estimar que la exigencia de escritura pública para la donación no se cumple aplicando lo que el notario autorizó como contrato de compraventa, puesto que en verdad el Notario estaba autorizando un contrato de donación".

Un caso similar se produce en la STS de 21 de enero de 1993[349], referida a una donación remuneratoria, encubierta bajo la forma de contrato de compraventa, documentado en escritura pública, y en donde el Tribunal estima que "la ausencia de literal expresión de la voluntad de aceptar la donación no debe ser obstáculo para la eficacia del contrato disimulado –donación–, si este reúne –como ocurre en el caso ahora planteado–, además de los requisitos generales de todo contrato, los que corresponden a su naturaleza especial; esto es, individualización de los bienes donados y la aceptación –conocida por el donante– del acto de liberalidad llevado a cabo por éste".

En esta línea, la STS de 23 de Septiembre de 1989[350] considera que "la eficacia de los contratos otorgados ante Notario no alcanza a la verdad intrínseca de las declaraciones de los contratantes, ni la intención o propósito que oculten o disimulen, porque esto escapa a la apreciación notarial, dado que, evidentemente, el documento notarial da fe del hecho y de la fecha, es decir, de lo comprendido en la unidad de acto, pero no de su verdad intrínseca".

En este mismo sentido, se expresa la STS de 26 de febrero de 1990[351], que declara la nulidad de los contratos de compraventa por falta de precio y rechaza la existencia del contrato de vitalicio por no quedar demostrados los requisitos del contrato disimulado. En el caso expuesto lo único que aparece amparado por la fe notarial es que los otorgantes de las respectivas escrituras públicas

---

[349] Ponente SANTOS BRIZ, *RJ* 1993, marg. 481.

[350] Ponente GONZÁLEZ PÓVEDA, *RJ* 1989, marg. 6352.

[351] Ponente MORALES MORALES, *AC* 1990, marg. 527.

manifestaron que el vendedor había recibido el precio con anterioridad, pero no la certeza y la verdad de dicha manifestación.

Idéntico sentido a las anteriormente citadas encontramos en las STS de 29 de noviembre de 2002[352] y de 18 de marzo de 2002[353].

Ello no obstante, conviene señalar la diferencia de tratamiento en la línea jurisprudencial que se sigue en la actualidad respecto de la donación encubierta debido a las fluctuaciones jurisprudenciales que se producen al existir posiciones contrarias y favorables al cumplimiento de las exigencias formales de una donación de inmuebles encubierta en escritura de compraventa.

Las posturas existentes oscilan entre aquellas que niegan que la donación de inmuebles pueda ser disimulada, aquellas otras resoluciones que se pronuncian acerca de la validez de tales donaciones y un tercer criterio que se decide por resolver atendiendo a las circunstancias del caso.

Esta nueva línea de inflexión jurisprudencial se plasma, entre otras, en la STS de 11 de enero de 2007[354] en la que es criterio mayoritario en la Sala considerar que la nulidad de la escritura pública de compraventa impide que se considere válida la donación de inmuebles que se dice encubría, incluso aunque se hubiese probado que hubo *animus donandi* del donante y aceptación por el donatario del desplazamiento patrimonial, ya que la forma sustancial de la donación de imuebles se debería referir a una escritura específica en la que deben expresarse aquellos consentimientos. Si bien se debe indica que se formuló voto particular en el sentido de considerar dicha tesis literalista como de excesivo rigor formal y una respuesta insatisfactoria a comportamientos sociales que prefieren ocultar a terceros su voluntad real, así como por la inoportunidad de un cambio jurisprudencial que genera una "norma jurisprudencial" que no es irretroactiva. En igual sentido al señalado, las STS de 26 de febrero de 2007[355], de 21 de diciembre de 2009[356], de 3 de febrero de 2010[357] y de 22 de diciembre de 2011[358].

Conviene tener presente la STS de 11 de junio de 2003[359] recaída en casación sobre la solicitud de la parte actora para que se declarase la nulidad de los contratos de cesión en venta vitalicia, utilizando distintos razonamientos, de entre los que interesa destacar el realizado en el escrito de conclusiones por

352 Ponente MARTÍNEZ –CALCERRADA Y GÓMEZ, *RJ* 1989, marg. 7921.
353 Ponente MARTÍNEZ-CALCERRADA Y GÓMEZ, *RJ* 2002, marg. 2663.
354 Ponente GULLÓN BALLESTEROS, *RJ* 2007, marg. 1502.
355 Ponente GULLÓN BALLESTEROS, *RJ* 2007, marg. 1769.
356 Ponente CORBAL FERNÁNDEZ, *RJ* 2010, marg. 297.
357 Ponente SALAS CARCELLER, *RJ* 2010, marg. 421.
358 Ponente ROCA TRÍAS, *RJ* 2012, marg. 164.
359 Ponente GONZÁLEZ PÓVEDA, *RJ* 2003, marg. 5347.

la actora a la vista de la prueba pericial practicada sobre el valor de las fincas objeto del contrato y comparando ese valor con el importe de las ventas pactadas, resaltando la desproporción entre las contraprestaciones de las partes y razonando como sigue en su Fundamento de Derecho segundo.

> "De acuerdo con el art. 1802 del Código Civil, el de renta vitalicia es un contrato aleatorio, siendo incierto el tiempo durante el cual habrá de pagarse la renta; si en virtud de la desproporción existente entre las prestaciones de las partes, desaparece para una de ellas ese requisito de la aleatoriedad podrá llegarse a la declaración de nulidad del contrato, pero no por la existencia de dolo, sino por la inexistencia de causa, y siempre que no conste la existencia de un «animus donandi»; al no fundarse las acciones de anulabilidad ejercitada en la falta de causa, esa pretendida desproporción de las prestaciones, no puede ser considerada como integrante del dolo alegado".

No siempre se pretende la nulidad del vitalicio por iguales causas. Así se verá cómo es posible que, entendiendo que se utiliza la simulación de vitalicio en fraude de ley por su causa ilícita, las herederas impugnen uno no correctamente celebrado. Así sucede en la SAP de Santa Cruz de Tenerife de 15 de abril de 2011[360] en donde la Sala alcanza la certeza de la existencia y licitud de un contrato de vitalicio y de su causa, entendiendo que el cedente logra a través del mismo la integración en la vida familiar y la obtención de unos afectos que no obtuvo de las demandadas, como señala en el Fundamento de Derecho quinto, aclarando, además, otras cuestiones.

> "Pues bien, partiendo de la naturaleza jurídica y conceptuación legal y jurisprudencial del negocio litigioso de "vitalicio" suscrito entre don Eloy y dona Ana; de la legalidad y conformidad a derecho del propósito negocial perseguido por las partes; de la plena capacidad de éstas para su otorgamiento, –por lo demás no cuestionada de contrario–; de las manifestaciones de las partes, y restante prueba practicada en la instancia, este Tribunal no puede admitir, como tampoco lo hiciera la resolución de la instancia, la concurrencia de una causa ilícita en la celebración del contrato cuya nulidad se pretende. Y ello por cuanto, el propósito negocial perseguido por las partes, no sólo no contraviene ninguna disposición legal o prescripción moral, sino que concilia perfectamente con el contrato convenido, y el resultado práctico perseguido, ya que nada hay en los autos, más allá de las meras consideraciones subjetivas de las recurrentes, que permite cuestionar que la auténtica y verdadera intención de don Eloy no fuera la de transmitir la titularidad jurídica de determinadas fincas a la demandada, y la de ésta la de aceptar dicha transmisión efectuada a

[360] Ponente AFONSO RODRÍGUEZ, *EDJ* 2011, marg. 159819.

> su favor y obligarse a prestar alimentos y cuidar al alimentista cedente durante toda su vida, de acuerdo con la naturaleza y caracteres del contrato suscrito. Obligación de asistencia, ayuda, habitación, y sustento de cuyo cumplimiento hay sobrada prueba en autos, sin que por lo demás haya sido objeto de contradicción por la parte actora".

El que se pierdan, ya en forma total, ya parcialmente, los derechos legitimarios al disminuirse el caudal *relicto* del causante e, incluso, desaparecer, no conlleva la calificación de celebración en fraude de ley del contrato de vitalicio ya que su fin es lícito y no torticero como indica la STSJ de Galicia de 12 de septiembre de 2011[361] ya que se pretende el aseguramiento de la asistencia por aquellas personas que gozaban del afecto del alimentista, como se recoge en el Fundamento de Derecho cuarto.

> "Sin un fin ilícito no hay razón para el artificio de la simulación, no hay "causa simulandi" (sentencias del Tribunal Supremo de 18 de marzo de 2008 y las citadas por ella). No nos encontramos, pues, ante un contrato sin causa, ni ante una simulación relativa, ni ante una causa ilícita: las partes quisieron celebrar el contrato de vitalicio, no otro, y desde luego su causa existe y es legítima, como se ha expuesto".

No se produce fraude de ley imperativa al requerir éste como elemento esencial el que existan actos en apariencia legales, que violen el contenido ético de las leyes, independientemente de que se tenga conciencia de burlar la ley, como se señala en el Fundamento de Derecho cuarto.

> "Tampoco podemos compartir la idea de que nos encontremos ante un negocio celebrado en fraude de ley imperativa (artículo 6.4 del Código Civil), como instrumento concebido con el fin de eludir los derechos legitimarios de la hija que acaba finalmente reclamando la paternidad, sin posesión de estado y con impugnación de otra contradictoria, por la poderosa razón de que la pérdida total o parcial de estos derechos, al desaparecer o disminuir el caudal relicto del causante, padre de la actora, es una consecuencia de un contrato oneroso celebrado con un fin lícito, no torticero, como se ha expuesto, de modo que no cabe aplicar los esquemas de las donaciones o de la desheredación por vía de preterición intencional, y así, las normas de cobertura aplicadas, las propias del contrato oneroso de vitalicio, son las especialmente previstas para el contrato que nos ocupa y su texto no ha sido, pues, utilizado como mero amparo y mecanismo de elusión de norma imperativa, al tiempo que el resultado obtenido, se ha explicado, es acorde con el Ordenamiento Jurídico en su conjunto y no está prohibido: el caudal relicto lo integran los activos y pasivos del causantes en el momento de su muerte (artículo 659 del Código Civil) y

---

361 Ponente BALLESTERO PASCUAL, *RJ* 2011, marg. 6833

rige el principio de libertad de contratación (artículo 1.255 del Código Civil), sin más límites que los impuestos por la ley, la moral y el orden público, ninguno de los cuales se ha sobrepasado, como se ha expuesto" .

Igualmente, en la SAP de A Coruña de 12 de junio de 1999[362], en relación a un contrato de compraventa suscrito por las partes, que la sentencia de instancia entendió adolecía de simulación relativa recogiendo una donación de inmueble, entiende la Sala se encuentra ante un contrato de vitalicio disimulado señalando a tal efecto en su Fundamento de Derecho tercero.

> "En el supuesto litigioso, dado el tiempo escaso de convivencia de la demandante con los demandados, que ni siquiera la testifical de la demanda trató de precisar, no se puede estimar que estamos en presencia de una donación remuneratoria por los servicios ya prestados sino ante un auténtico vitalicio. Así la absolución a la posición 4ª de la actora "se la daba con la condición de que la cuidasen mientras viviese y que la ganaría cuando muriese".

La testificales son poco precisas, fundamentalmente porque estamos no ante una apreciación de hechos sino de conceptos jurídicos difícilmente apreciables por los testigos, que obviamente tampoco conocen la que acontece en el ámbito de la intimidad familiar".

Finaliza indicando que no hay ni compraventa ni donación por las razones que se exponen.

> "Concluyendo no estamos ante una compraventa pues no existió precio, ni ante una donación como sostiene el juez de instancia, sino ante un contrato de vitalicio disimulado".

En la STS de 3 de noviembre de 1988[363] el objeto de la *litis* es una compraventa realizada de la nuda propiedad de unas fincas por dos esposos a favor de un tercero reservándose el usufructo y confesando haber recibido el precio con anterioridad. En la misma fecha del otorgamiento de la escritura se suscribió un documento privado en el que se reconocía una contraprestación a la nuda propiedad por parte del comprador.

> "Quedaba (el comprador) obligado a atender y cuidar de los citados esposos durante todos los días de su vida, tanto sanos, como enfermos,

[362] Ponente RUÍZ TOVAR, *EDJ* 1999, marg. 20382 y resuelto el recurso interpuesto en su contra fallando no haber lugar al mismo por la STSJ de Galicia de 11 de febrero de 2000, ponente REIGOSA GONZÁLEZ, *RJ* 2000, marg. 4238.

[363] Ponente MORALES MORALES, *RJ* 1988, marg 8407.

procurándoles toda clase de asistencia, médica-farmacéutica y cuidados de toda índole, además de corresponder a los mencionados esposos, durante su vida, el usufructo de todas las aludidas fincas, comprometiéndose también el señor P. M., para el caso de no dar cumplimiento a la obligación contraída, a hacer a los citados esposos "retransmisión de la nuda propiedad de las mencionadas fincas".

Dicha sentencia en su Fundamento de Derecho tercero señala la circunstancia de que las sentencias de ambas instancias han calificado al contrato como vitalicio y no como un contrato de renta vitalicia.

> "Pues la calificación que corresponde a un contrato, como es el de litis, instrumentado en este caso mediante los ya citados escritura pública y documento privado, ambos de fecha 4 de noviembre de 1970, por el que una de las partes recibe de otra un capital o unos bienes determinados, a cambio de lo cual se obliga a darle alojamiento, manutención y toda clase de asistencia y cuidados durante toda su vida, no es la de donación o de contrato de renta vitalicia, sino la de un contrato autónomo, innominado y atípico, al que se viene conociendo como «contrato vitalicio» o de «pensión alimenticia» o, también, de «alimentos vitalicios», de acuerdo con constante y uniforme jurisprudencia de esta Sala –Sentencias de 28 de mayo de 1965, 12 de noviembre de 1973, 6 de mayo de 1980, 13 de julio de 1985, 30 de noviembre de 1987, cuya calificación es la que correctamente atribuye los juzgadores de la instancia, en sus contestes sentencias, al contrato objeto de litis, y que ha de ser mantenida en esta vía casacional".

Sin embargo, en otros casos, las partes han enajenado por compraventa ciertos bienes pero puntualizando en documento privado la realización de ciertos cuidados y atenciones aunque las dos instancias y el Tribunal Supremo finalmente decretan la nulidad del negocio por entender se trata de una donación encubierta. Así sucede en la STS de 7 de mayo de 1993[364] en la que se dilucida respecto de una enajenación por compraventa de la nuda propiedad de unos inmuebles realizada por una tía a favor de cinco sobrinos, suscribiéndose en la misma fecha un documento privado en el que «se comprometen, en compensación, de tales ventas a cuidar de doña Apolonia Ll. R. tanto en salud, como en enfermedad, durante toda su vida, prestándole todos los servicios necesarios para ello en la forma que en el mismo se indica en orden a los turnos de servicio».

El Fundamento de Derecho sexto señala que la causa de la compraventa y del documento privado es nula.

[364] Ponente MALPICA GONZÁLEZ-ELIPE, *RJ* 1993, marg.3465.

> "Y otro tanto acontece con los motivos séptimo y octavo –el primero se basa en la supuesta infracción del art. 633 del Código Civil y el segundo por vulneración de la doctrina jurisprudencial al respecto–, que desconocen en definitiva las tesis mantenidas en la jurisprudencia de tendencia unánime actual y por ello puede decirse que en la escritura de compraventa se expone un consentimiento que recae sobre una causa negocial inexacta o falsa por lo que es nula y el documento privado en que aflora la causa negocial auténtica de la donación, es igualmente nula porque al recaer sobre bienes inmuebles no se cumple el rigor formal exigido por el art. 633 del Código Civil, que como dice también la doctrina científica no excepciona ninguna clase de donación (SS. 31-5-1982 y 9-5-1988)".

Otra posibilidad es la de una simulación relativa por la que se realiza en primer lugar una escritura pública de compraventa si bien seguida de "contradocumento" conteniendo contrato de vitalicio, advirtiendo que no produce efectos frente a terceros. Entiende, en este caso, el TS que el contrato de compraventa carece de causa siendo inexistente y dando en un principio validez al contradocumento como señala la STS de 28 de julio de 1998[365]. En el Fundamento de Derecho primero se describe cómo una mujer enferma pasa a vivir a casa de su hermana y del marido de ésta en 1991. El 21 de noviembre de 1991, vendió a su hermana y a su marido la nuda propiedad de todos sus inmuebles en escritura pública; en la misma fecha, suscriben un documento privado las partes contratantes en el que manifiestan que no hubo precio en aquella compraventa y expresan literalmente:

> "Aunque la operación se ha realizado en la forma expresada, la realidad es que se transmite la expresada nuda propiedad, a cambio del establecimiento, en favor de la transmitente, de una pensión vitalicia (cuidados, alimentos, convivencia en la vivienda del adquirente, etc.) lo que los comparecientes reconocen y aceptan. Tal obligación la ha contraído la adquirente doña María Jesús M. D.".

El día 5 de febrero de 1992, la mujer enferma fallece y, posteriormente, los nietos de la difunta interponen demanda instando la nulidad de la escritura pública y del documento privado. Señala el Fundamento de Derecho segundo lo siguiente:

> "...la sentencia de primera instancia y mantenida por la dictada en apelación: estiman que la compraventa, de la que se ha probado que no hubo precio, tiene causa falsa, constituye un caso de simulación relativa, que disimula un contrato de vitalicio que, a su vez, se halla viciado de nulidad por carecer del elemento de aleatoriedad y si la verdadera causa

[365] Ponente O'CALLAGHAN MUÑOZ, *RJ* 1998, marg. 6449.

> es la liberalidad y disimula una donación, ésta es nula por ilicitud de la causa al haberse realizado en fraude de las normas de derecho necesario que rigen la legítima.

Esta Sala no comparte este criterio. El contrato de compraventa es inexistente, al faltarle el elemento de todo negocio jurídico que es la causa; al no haber precio, el negocio jurídico bilateral, contrato de compraventa, cuya función objetiva es la contraposición entre entrega de cosa y pago de precio, carece de causa entendida ésta en el sentido objetivo que se deriva del artículo 1274 del Código Civil y al faltar este elemento no llega a existir. La compraventa otorgada en escritura pública de 21 de noviembre de 1991 es inexistente: como tal negocio jurídico que no ha llegado a existir, no produjo transmisión dominical a los compradores demandados…”.

Pero añade, más adelante, en relación al documento privado y respecto de los legitimarios lo que sigue, planteándose, de esta manera, el problema de la eficacia frente a terceros del contrato de vitalicio plasmado en documento privado.

> “En consecuencia, el contrato de compraventa plasmado en documento público (escritura pública de 21 de noviembre de 1991) es inexistente por falta de causa. El documento privado de la misma fecha 21 de noviembre de 1991 obliga y afecta a las partes intervinientes, pero no a los legitimarios de la vendedora, que son terceros respecto al negocio jurídico –contrato de vitalicio– que se plasma en dicho documento privado”.

Del mismo modo, podemos encontrar negocios concertados como una compraventa aunque en la parte expositiva del correspondiente clausulado aludan a la obligación de alimentos vía contrato de vitalicio. A esta posibilidad hace referencia la SAP de Huesca de 23 de febrero de 2011[366] al tratar un asunto que ante ella se plantea como consecuencia de la reclamación de parte del precio aplazado de ciertos bienes en una compraventa de inmuebles, comprendiendo de una parte, cantidades que se decían ya habían sido satisfechas en el momento de la firma de la escritura junto con otras que correspondían al importe de las anualidades correspondientes de 2002 a 2008 y sin perjuicio de las restantes a pagar hasta el año 2015. A tal pretensión del actor en su recurso, la Sala se opone señalando no existir realmente la voluntad de ambas partes de dar cumplimiento al pago del precio aplazado, a la vista de la prueba realizada, como se indica en el Fundamento de Derecho tercero.

[366] Ponente ANGÓS ULLATE, *EDJ* 2011, marg. 50918.

> "En apoyo de la reclamación de las cuotas anuales, el demandante sí aduce el contenido literal del contrato. Sin embargo, tras el examen de las actuaciones y el visionado de la grabación del juicio, no apreciamos error alguno cuando la Juez de instancia sostiene que, en realidad, no existía la voluntad de las partes de dar cumplimiento a ese pacto (el pago del precio aplazado), sino que, por el contrario, la verdadera obligación del demandado –hijo del actor– era prestarle alimentos y atención personal, de acuerdo con el contrato vitalicio de "cesión (de fincas) a cambio de alimentos" (también llamado en nuestras sentencias de 22-II-1995 y 10-VI-1998 de dación personal, de pensión alimenticia o de alimentos vitalicios) contenido en la primera parte de la misma escritura pública, antes de la formalización de la compraventa. A tal efecto, damos por reproducida, a fin de evitar repeticiones innecesarias, la valoración de la prueba defendida en la sentencia apelada. Especialmente, hemos de destacar la declaración de la propia hija del actor, en tanto que su interés pasaría más bien por el incremento del patrimonio de su padre y no del de su hermano.

A mayor abundamiento, podemos añadir que la preeminencia del contrato vitalicio resulta no solo de los actos desarrollados por las partes después de la firma de la escritura y de todas las demás circunstancias del caso, ya resaltadas en la sentencia apelada, sino de la cláusula sobre el pago del precio de la compraventa, respecto del cual las partes pactaron que el comprador podía anticipar los pagos o realizar a su arbitrio" las imputaciones de pago, conforme a lo admitido en el artículo 1172 del Código civil".

En base a las consideraciones anteriores, cabe constatar que la realidad del contrato de vitalicio en general y, por supuesto, en Galicia no es otra que la de su formalización bajo fórmulas jurídicas muy diversas, incluidos en ellas los tipos contractuales simulados en los que realmente lo pactado por las partes es la entrega de unos bienes a cambio de unos cuidados y atenciones[367].

---

[367] En este sentido REBOLLEDO VARELA, A.L., *op. cit.*, p. 856.

CAPÍTULO IV.
CONTENIDO DEL CONTRATO

1. LA PRESTACIÓN DEL CEDENTE

El legislador gallego de 2006 establece en su artículo 147 que mediante el contrato de vitalicio una o varias personas tienen derecho a recibir una prestación de alimentos en los términos que convengan "a cambio de la cesión de determinados bienes o derechos". Esto significa que la prestación que debe recibir el alimentista lo es en virtud de una prestación a la que resulta obligado respecto del alimentante de darle ciertos bienes o derechos ya que no cabe el que el negocio de vitalicio no sea oneroso para el cedente. Cuestión distinta es la del tercero no cedente a cuyo favor se haya constituido el vitalicio, el cuál no tiene prestación a realizar con origen en tal contrato y derivada del mismo, independientemente de la razón que diera origen jurídicamente a tal estipulación a su favor.

1.1. De la fincabilidad a la cesión de bienes

Tradicionalmente[368] este contrato estaba vinculado con las tierras y su explotación, de manera que el propietario de las mismas llamaba a un pariente a cambio de transmitirle su fincabilidad[369] imponiéndole ciertas obligaciones de compañía, cuidados, asistencia y funerales, de forma que el adquirente "se vea un día propietario libre de un patrimonio"[370], o era considerado también como un medio de acrecentar o conservar el lugar acasarado y así transmitir los predios[371], siendo esta figura no una modalidad contractual propia exclusiva

[368] LOSADA DÍAZ, A., *op. cit*., p. 513 y ss.

[369] DE FUENMAYOR CHAMPÍN, A.: "Derecho civil de Galicia" en *Estudios de Derecho Civil,* Tomo I. ed. Aranzadi, Cizur Mayor, 1992, p. 323.

[370] LORENZO FILGUEIRA, V.: *Realidad e hipótesis...op. cit.*, p. 72.

[371] DÍAZ FUENTES, A.: *Dererito civil de Galicia. Comentarios a lei 4/1995*, ed. do Castro, Sada (A Coruña), 1997, p. 168 y ss.

de Galicia, dándose en otros territorios como, por ejemplo, Asturias, para los fines de la sucesión en las tierras[372] o Aragón. Se trataba, generalmente, de la transmisión de un patrimonio, de unas tierras, en un ámbito agrario.

Dada la evolución social y los cambios en la estructura de los patrimonios individuales en cuanto a su composición y valor, el concepto del vitalicio aparece en la LDCG de 1995 aludiendo no sólo a inmuebles sino en general a bienes[373]. En este sentido, la STSJ de Galicia de 17 de enero de 2000[374] al señalar que la entrega de bienes no es un requisito para la perfección del contrato por entender superada la vieja postura de que el vitalicio es un contrato real, sino una mera obligación para el alimentista que ha de seguir las reglas generales de las obligaciones, indica que la cesión o entrega de bienes en la ley gallega da un amplio abanico de posibilidades incluyendo, la entrega o traspaso de derechos, cuál era el caso, al tratarse de la expectativa de adjudicación de bienes de la sociedad conyugal.

> "La dicción legal del mismo precepto que habla de cesión o entrega de bienes, permite en dicha contraprestación un amplio abanico de posibilidades, entre las que, como es lógico, se admite la entrega o traspaso de derechos, categoría jurídica asimilada a aquéllos.
>
> Pues bien, en el supuesto que nos ocupa figura en la cláusula primera del contrato que el señor F. E. cede desde este momento la participación que sobre los bienes gananciales pendientes de liquidación le correspondan y que concreta sobre bienes determinados, lo que supone una entrega de presente de derechos sobre bienes concretos sobre los que tiene una expectativa de adjudicación en conjunto más que segura, dado el total de bienes de la sociedad conyugal, faltando sólo para concretar los derechos, la fijación en el futuro de los bienes sobre los que efectivamente van a recaer. Tal traspaso de derechos entra dentro de las posibilidades admitidas por al amplio marco legal del art. 95 LDCG, máxime tratándose el contrato de vitalicio de un contrato aleatorio, en que el «aleas» es tenido en cuenta por los respectivos contratantes como parte esencial del contrato, restando sólo añadir que en ningún caso es real la hipótesis planteada de que no existiese contraprestación por parte del alimentista dado el caudal de la sociedad de gananciales que se contempla".

Las consideraciones realizadas respecto de los bienes o derechos que pueden ser objeto de cesión en el contrato de vitalicio, son totalmente aplicables a

---

372 TUERO BERTRAND, F.: *Diccionario de derecho consuetudinario e instituciones y usos tradicionales de Asturias*, ed. Trea, Gijón, 1997, p. 92.

373 El art. 95 de la LDCG de 1995 establecía que una o varias personas se obligaban respecto de otra u otras "a cambio de la cesión o entrega de bienes".

374 Ponente SAAVEDRA RODRÍGUEZ, *RJ* 2002, marg. 6954.

la configuración actual regulada por la LDCG de 2006 al señalar, ya en forma específica, la posibilidad de cesión de bienes y derechos.

Los bienes que generalmente se trasmiten lo son en propiedad, si bien se admitía en forma genérica en el vitalicio la posibilidad de transmitir bienes y derechos, de forma común la titularidad dominical, con reserva de usufructo para el cedente, incluyendo también la posibilidad inversa de transmitir la nuda propiedad, reservándose el usufructo junto con los frutos y rentas que se generen. Se entendía que podían ser trasmitidos otros derechos reales o, incluso, ciertas facultades u otro tipo de derechos[375], así la entrega de dinero, la cesión de un derecho de crédito transmisible del que fuera titular el cedente e, incluso cabría como medio para extinguir una deuda monetaria del cesionario frente al cedente pero sin que constituyera condonación en sentido estricto, al igual que sucede con la actual regulación.

1.2. Pluralidad de cedentes. Matrimonio y parejas de hecho

Para el caso de pluralidad de cedentes que ostenten el carácter de alimentantes, los bienes han de ser comunes o pertenecer a título privativo a cada uno de ellos, como sucede en el caso de los cónyuges, o podría darse en el caso de las parejas de hecho equiparadas al matrimonio por la ley gallega[376] o en otro tipo de comunidades con bienes en común por disposición legal o expresa de sus miembros. Se necesitará, por ello, el consentimiento de sus titulares para realizar tal cesión. En el supuesto de que se trate de bienes gananciales a aportar al vitalicio, al ser este un contrato oneroso, será necesario el consentimiento de ambos cónyuges[377]. En caso de actuar uno de ellos sin dicho consentimiento y que no haya sido confirmado por el cónyuge cuyo consentimiento había sido obviado, podrá ser anulado por dicho cónyuge o sus herederos[378] en un plazo de cuatro años, a contar desde el día en que haya tenido conocimiento del mismo o, en otro caso, desde el día de la disolución de la sociedad conyugal o del matrimonio. Podemos encontrar para el supuesto de cónyuges la STSJ de Galicia de 15 de diciembre de 2000[379] en la que un matrimonio realiza un contrato de vitalicio aportando al respecto de ciertos bienes.

---

[375] RAPOSO ARCEO, J.J., *op .cit.*, p. 665 y ss.

[376] Disposición adicional 3ª de la LDCG de 2006, en su vigente redacción.

[377] El art. 1377 del Cc dispone que "para realizar actos de disposición a título oneroso sobre bienes gananciales se requerirá el consentimiento de ambos cónyuges. Si uno lo negare o estuviere impedido para prestarlo, podrá el Juez, previa información sumaria, autorizar uno o varios actos dispositivos cuando lo considere de interés para la familia. Excepcionalmente acordará las limitaciones o cautelas que estime conveniente".

[378] Art. 1322 del Cc.

[379] Ponente TRILLO ALONSO, *RJ* 2001, marg. 4332.

"La cesión o entrega de bienes por el alimentista constituye un elemento esencial del contrato y por ello para apreciar una pluralidad de contratantes, en la posición de alimentistas, se requiere que la cesión o entrega comprenda bienes de cada uno o bienes comunes. Mantener lo contrario, admitiendo como parte contratante a quien sin cesión o entrega de sus bienes figura en el contrato como alimentista, ya nominalmente, ya por la contraprestación alimenticia a su favor establecida en las cláusulas contractuales, no sólo contraviene el concepto general que de los contratos onerosos nos ofrece el artículo 1274 del Código Civil al decir que en dichos contratos se entiende por causa, para cada parte contratante, la prestación o promesa de una cosa o servicio por la otra parte".

Llama la atención el carácter ganancial o no de los bienes no sólo a la hora de realizar la aportación a los cesionarios, sino también al ser recibidos por los mismos. Es claro que al realizar el negocio jurídico del vitalicio y producirse la aportación, será el cesionario, o los cesionarios, en su caso, quienes devendrán titulares del derecho o derechos que ostentara el cedente respecto de los bienes o derechos cedidos con las facultades que en su caso correspondan o detenten. No surgirá duda al respecto en el caso de cesionario individual, pero caben ciertas matizaciones respecto de cesionarios múltiples en cuyo caso, a nuestro juicio, se determinarán necesariamente en el contrato las concretas titularidades que puedan corresponder en los bienes o derechos cedidos, determinando que es lo que se aporta a cada quien y en que título, el régimen por el que se regirán en caso de comunidad romana o germánica, sin perjuicio de una posterior aplicación de las normas legales que regulen tales colectividades o de una posterior fijación de las mismas por dichos interesados en otro instrumento.

Para el supuesto de cónyuges y para el de parejas de hecho inscritas en el Registro Gallego de Parejas de Hecho que actúen como cesionarios de los bienes o derechos que les transmita el cedente, la LDCG de 2006 guarda silencio sobre la atribución a dichos bienes o derechos de carácter privativo o ganancial[380] si bien se considera como generalmente aceptado que estando

[380] Especial atención presta a este aspecto y a las posibles situaciones que pueden producirse PEÓN RAMA, V.: *op. cit.*, p. 638 y ss. dando por excluida la argumentación del carácter personalísimo del contrato que llevaría a la aplicación del art. 1346.5º del Cc y por ello dotaría al bien o bienes o a los derechos cedidos de carácter privativo por ser inherentes a la persona y no transmisibles *inter vivos*. Señala, entre otros, los supuestos de cese o inicio del régimen de gananciales durante la vigencia del contrato de vitalicio y por ello, también, el de la atribución por los cónyuges de carácter privativo inicial o sobrevenido al bien adquirido. Tras desentrañar las posibilidades que pueden darse en la primera cuestión, en tanto se entienda como precio fraccionado o adquisición al contado, señala una respuesta para esta segunda indicando que la atribución inicial de un carácter u otro sólo supone la integración en uno u otro patrimonio en atención a las reglas legales o capitulares exponiendo dicho cambio sólo la transmisión de un patrimonio al otro con o sin contraprestación de ese segundo patrimonio, pudiendo los cónyuges pactar en capitulaciones el que un bien adquirido mediante vitalicio tenga carácter privativo evitando las dudas de las reglas legales. El autor, no obstante, considera que debería existir una norma en la ley gallega para que

los cónyuges o tal pareja de hecho inscrita en el Registro de Parejas de Hecho en situación de régimen de sociedad de gananciales les será de aplicación lo dispuesto a tal efecto en le Cc, de manera que los bienes o derechos cedidos y por ellos adquiridos tendrán carácter ganancial[381].

En este sentido, podemos observar como en la SAP de A Coruña de 30 de junio de 2008[382] en la que se describe como unos cedentes, progenitores de la cesionaria, trasmiten en escritura notarial el 24 de septiembre de 1997 un bien, una casa de dos plantas, a cambio de la obligación de prestar a sus padres alimentos. El Fundamento Jurídico segundo, 3º, lo indica así.

> "El 24 de septiembre de 1997 dichos cónyuges, D. Ismael y Dª Penélope, como cedentes, y la hija de ambos, Dª Paloma como cesionaria (que adquiere para la sociedad de gananciales que forma con su esposo D. Germán), comparecieron ante la notaría de Pontedeume, y otorgaron un contrato de vitalicio, en el que, en lo que aquí interesa, los padres manifestaron ser dueños de la siguiente finca (...) finca que transmiten a su hija, que, como se dijo adquirió para su sociedad de gananciales, a cambio de la obligación de prestar a los primeros sustento, habitación y asistencia médicas, así como ayudas y cuidados, adecuadas a las circunstancias de las partes (folios 23 y siguientes de las actuaciones)".

Nótese como siendo cesionaria única y única obligada a la prestación, adquiere, sin embargo, para su sociedad de gananciales. Serán tales adquisiciones a favor de dicha sociedad un problema, ya sea a la hora de acreditar si dichos bienes cedidos tienen carácter privativo o ganancial como a la hora de realizar la liquidación de dicho régimen económico ya sea por el paso a otro, ya por separación o divorcio, como sucede en la SAP de Lugo de 11 de junio de 2002[383], que declara la resolución de un contrato de vitalicio celebrado el 14 de enero de 1991 dejando sin efecto la cesión de 52 fincas a favor de ambos cónyuges. En este caso, la cesionaria representa también a su marido al concertar dicho contrato en escritura pública por haber él emigrado a Estados Unidos en donde

---

sin necesidad de capitular al respecto, permitiese que "en caso de contrato de vitalicio en que sólo un esposo sea parte, se le pudiese por voluntad de ambos cónyuges atribuir al bien carácter privativo" señalando que tal decisión se habría de tomar en el momento de la adquisición. Propone, en otro caso, una norma que señale el concreto momento en que ha de calificarse como privativo o ganancial dicho bien.

[381] En este sentido es de aplicación lo señalado en el artículo 1347 Cc que dispone en sus números 1º y 3º que "son bienes gananciales: 1º los obtenidos por el trabajo o la industria de cualquiera de los cónyuges...

3º Los adquiridos a título oneroso a costa del caudal común, bien se haga la adquisición para la comunidad, bien para uno sólo de los cónyuges".

[382] Ponente FERNÁNDEZ-PORTO GARCÍA, *EDJ* 2008, marg. 191524. en donde se trata la pretensión de nulidad de un contrato de vitalicio en el que existe una clara causa.

[383] Ponente VARELA AGRELO, *EDJ* 2002, marg. 23215

reside hasta que en 1999 interpone demanda de divorcio. Durante dicho lapso temporal no ha cumplido con la parte de cuota de obligación respecto de la cedente, ya fuese en España o llevándosela a Estados Unidos. La cedente insta la resolución pero el codemandado alega confabulación entre tía y sobrina, pues tal era le parentesco entre cedente y cesionaria, para apartar unos bienes de la sociedad de gananciales antes de su liquidación. La sentencia de instancia absolvió a los codemandados de incumplimiento, ya que la esposa sí había cumplido pero la Sala entiende que el esposo, de elevada posición económica, no lo merece por su conducta con la cedente, como se razona en el Fundamento de Derecho cuarto, al exponer que no existe tal confabulación o fraude, añadiendo en el anterior Fundamento que el vitalicio es un negocio jurídico oneroso.

> "Asumir la tesis del codemandado y de la sentencia apelada supondría consagrar un evidente enriquecimiento injusto, pues en el proceso de liquidación de los gananciales, percibiría el esposo la mitad de un patrimonio cedido a condición de cuidados y asistencia, sin haber contribuido en modo alguno a tan generosa aportación".

Argumenta, así, la sentencia la lógica del allanamiento de la cesionaria a la pretensión de la cedente y, por otra parte, el incumplimiento del cesionario al no realizar su parte en dicho contrato y para evitar su enriquecimiento injusto en un ámbito de responsabilidad mancomunada.

1.3. Posibilidad de una prestación de actividad en el ámbito familiar o profesional del cesionario

Cierto sector doctrinal[384] considera que sería posible que dentro del ámbito del contrato se obligue al cedente a la realización de una prestación de actividad en el ambito familiar o profesional del cesionario. A nuestro juicio el ámbito de la prestación para el caso gallego, tanto en la Ley 4/1995 como en la 2/2006 no contemplaría tal posibilidad pues el tenor literal de la norma no parece aludir a tales prestaciones como objeto del contrato.

Si bien es cierto que en el contenido tradicional del contrato podría incluir tal posibilidad[385], sería factible hoy en día entenderlas dentro de un contenido paccionado del mismo pero, en cierta medida, atípico respecto de la actual

[384] NUÑEZ ZORRILLA, M.C., *op. cit.*, p. 78, que estima que el cedente podría, entre otras cosas, colaborar en la realización de tareas domésticas, en el cuidado de los hijos del cesionario o colaborar con concretos servicios en el actividad profesional o industrial del cesionario.

[385] Indica DÍAZ FUENTES, A., *op. cit.*, p. 63, que antes de la Ley 4/1995 "*é frecuente que o propietario chame o parente do seu mayor aprecio ou persoa de confianza, o asocie o cultivo das súas terras e lle transmita os seus predios, coa obriga de vivir na súa compaía, coidalo, asistilo e enterralo*".

legislación, aunque consideramos que permitido mientras no vulnere normas imperativas de otro ámbito legal[386]. Incluso debido a la posible integración en el ámbito familiar, podríamos encontrar cierta apoyatura para la realización de algunas de esas tareas en base a la integración y pertenencia a esa familia y en las obligaciones que de ello derivarían.

Para el ámbito gallego, la Ley 3/1997, de 9 de junio, de Galicia de familia, infancia y adolescencia[387] definía a la familia en su art. 2.1 no sólo como los conjuntos de personas unidas por vínculos de matrimonio o de parentesco sino también "las unidades de convivencia cuando constituyan núcleos estables de vida en común" estableciendo un deber de colaboración respecto de los que ostenten alguna responsabilidad sobre menores, obligándoles a prestar apoyos y cuidados a los mismos dentro de sus posibilidades. También, a nuestro juicio, podría ser deducible en atención a su situación intrafamiliar, la responsabilidad genérica que derivaría de su integración en tal vida familiar del alimentista de haberse pactado en el sentido antes indicado o de no haberse excluido todo ello, debido a la corresponsabilidad familiar.

1.4. Garantía o saneamiento por evicción y vicios o gravámenes ocultos

Por tratarse de un contrato oneroso que además sirve de título para transmisión de la propiedad[388], el cedente está obligado a la garantía o saneamiento por evicción y vicios o gravámenes ocultos salvo pacto en contrario[389] resultando de aplicación la normativa del Cc al respecto en sede de compraventa. Para el supuesto de evicción, por tanto, será de aplicación el art. 1478 del Cc que permite exigir, en este caso del cedente, el precio de la cosa vendida y los frutos o rendimientos, de ser tal la condena en juicio.

Como resulta obvio, al no ser una compraventa, se ha de sustituir la obligación de entrega del precio por la equivalente en sede de este contrato, esto es, las prestaciones de dar y hacer que realizó el cesionario antes de producirse la

[386] Algunas de las actividades descritas podrían encuadrarse en otros ámbitos del derecho, por ejemplo, en el ámbito laboral respecto del cual serían en su caso calificadas con las consecuencias que de ello derivarían para el caso de no entenderse excluidas del mismo, dada su *vis atractiva*, o en al ámbito societario civil o mercantil con, además, las consecuencias fiscales que de ello pudieran derivar.

[387] En vigor desde 1997 hasta el año 2011 en que fue sustituída por la Ley 3/2011, de 30 de junio, de Galicia de apoyo a la familia y a la convivencia. Esta última incluye en el art. 9, entre los grupos de familias de especial consideración, aquellas con mayores dependientes a cargo, sin la exigencia de que se trate de ascendientes, requisito que sí recoge, en cambio, en el art. 14 respecto de las familias con personas mayores a su cargo.

[388] En esta dirección con amplia cita de doctrina, REBOLLEDO VARELA, A.L.; *op. cit.*, p. 862 y ss.

[389] Arts. 1475, 1476, 1477 y 1485 del Cc.

evicción[390], ya que tal referencia al valor al tiempo de producirse la evicción aparece en el art. 1478.1° del Cc, así como los frutos o rendimientos si por sentencia fue condenado a entregarlos, amén de costas del pleito, gastos del contrato si los abonó, daños e intereses y daños e intereses y gastos voluntarios en el caso de mala fe del cedente.

Resulta de especial interés la devolución del valor de las prestaciones pues obligará a realizar un cálculo del valor de tales prestaciones mixtas de dar y hacer, teniendo en cuenta que si bien parte de tales prestaciones de dar consisten en sustento, habitación, vestido y asistencia médica, la otra parte está compuesta por prestaciones de hacer consistentes en ayudas y cuidados, incluso afectivos. Por dicha razón y al tratarse de una prestación compleja, tal restitución sólo cabe acudiendo al equivalente económico realizando la valoración[391] de las prestaciones recibidas hasta el momento de la evicción tomando en consideración su valor a tal momento[392].

Deberá acreditarse el importe de los alimentos prestados por los distintos medios admitidos en Derecho aunque la individualización de tales gastos puede resultar difícil para una familia media, por ejemplo, a efectos de manutención o vivienda de ser en el domicilio del alimentante, salvo para el caso de que se hubiese señalado un importe diario para dicha prestación ya sea para estos fines ya para otros o se recurra a datos estadísticos oficiales a tal efecto, lo cuál es, a nuestro juicio, lo más aconsejable para este fin[393]. El coste de ayudas y cuidados también se habrá de acreditar respecto de los producidos y será valorable por el coste que tendría con un cuidador contratado a tal efecto, al igual que sucede con los vestidos y la asistencia médica. En cuanto a los cuidados afectivos, se alude a su posible determinación en vía judicial como sucedería en otros supuestos en los que los Tribunales han de realizar tal valoración. A nuestro entender, nuevamente deberá ser el contenido paccionado el que contenga una fórmula sencilla para su aplicación y obtención de tal equivalente económico.

Podemos observar la SAP de A Coruña de 15 de diciembre de 2005, n° 41/2006[394] que en su Fundamento de Derecho cuarto alude a la necesidad de un informe pericial para la determinación de las partidas a abonar, en un caso

---

[390] ECHEVARRÍA DE RADA, T.: *El contrato de alimentos en el Código civil*, ed. Dykinson, Madrid, 2011, p. 91 y ss.

[391] CHILLÓN PEÑALVER, S., *op. cit.*, p. 295 y ss.

[392] El art. 1478.1° del Cc establece que de realizarse la evicción tendrá el comprador derecho a exigir al vendedor la restitución del precio que tuviere la cosa vendida al tiempo de la evicción, ya sea mayor o menor que el de la venta. Este precepto, como ya se ha visto, es aplicable a las transmisiones onerosas.

[393] El INE podrá facilitar respecto de los períodos temporales de que se trate y en relación a la provincia en que se encuentre, los datos estadísticos respecto del coste medio mensual del mantenimiento de un adulto o un menor, en su caso.

[394] Ponente SEOANE SPIEGELBERG, *EDJ* 2006, marg. 60052.

de resolución contractual de vitalicio, aludiéndose también a los impuestos pagados y a los honorarios por las inscripciones registrales asimismo abonadas.

> "La juez de primera instancia núm. 1 de Betanzos no despachó la ejecución, en tanto en cuanto no se acudiese al procedimiento de liquidación de los títulos ejecutivos, como así hizo ulteriormente la parte ejecutante, aportando con su escrito instando ejecución, que no exigía la fórmula de demanda ejecutiva por mor de lo normado en el art. 549.2 LEC, un informe pericial, en el que se explicitaban las partidas reclamadas y su valoración, practicándose, ulteriormente, al respecto otro dictamen pericial, que fue valorado por la juez a quo en su auto, también recurrido, de 13 de junio de 2005, sin que ninguna indefensión se le produjera a la parte apelante, que mantuvo íntegro su derecho de defensa".

Planteándose a la Sala en el recurso la adecuación de la vía procesal utilizada para la determinación de los gastos ocasionados en virtud del contrato de vitalicio, indica ésta que existe un cauce procesal adecuado a los fines de determinar las cantidades ilíquidas que derivan de tal contrato.

> "A tales efectos, para determinar el montante líquido de la suma a abonar a los demandados por las prestaciones alimenticias llevadas a efecto como consecuencia del contrato de vitalicio, se siguió el procedimiento de los arts. 712 y ss. de la LEC, que es el que legalmente procede para la liquidación de títulos ejecutivos ilíquidos, figurando dentro de ellos el art. 717, relativo a "la determinación del equivalente dinerario de una prestación no dineraria", que guarda evidente identidad con el caso presente, el cual remite a su vez al procedimiento de los arts. 714 a 716, seguidos en este caso".

En cuanto a la condena de restitución de frutos o rentas, lo habrá sido el cedente si se reservó el usufructo de los bienes y derechos de estar correctamente construida la relación procesal de tal demanda, o en caso de no haber tal reserva lo será el cesionario que tendrá derecho a repetir tal valor del cedente, al igual que del resto de los aspectos antes reseñados, siempre salvo pacto en otro sentido, ya sea para aumentar, disminuir o suprimir dicha responsabilidad entre las partes, con la salvedad de que de haber mala fe por el cedente, será nulo cualquier pacto que le exima de responsabilidad por evicción.

Respecto del saneamiento por vicios ocultos, el cesionario por aplicación de la regla general del art. 1486 del Cc podrá optar entre el ejercicio de la acción redhibitoria o de la acción estimatoria en el plazo de seis meses a contar desde la entrega de la cosa[395].

[395] Art. 1490 del Cc.

En el primer supuesto podrá desistir del contrato[396] abonándosele los gastos que hubiera pagado mediante equivalente económico respecto de las prestaciones *in natura* y los gastos realizados que tengan su origen en tal contrato, además de una indemnización por los daños y perjuicios a él producidos que se puedan demostrar, de resultar acreditado que el cedente tenía conocimiento del vicio o defecto. Para ello, deberá devolver el bien cedido más los frutos.

En el segundo supuesto se podrá solicitar, de acuerdo con el art. 1486 del Cc una rebaja en el precio que en este caso son las prestaciones de alimentos y cuidados pactadas. A nuestro juicio, entendemos que, por existir un mínimo en la Ley gallega en cuanto a las prestaciones, no cabrá respecto de tal mínimo legal de contenido imperativo rebaja alguna[397]. La decisión dependerá del alimentante y de las circunstancias para el supuesto en que habiéndose pactado alimentos, cuidados y atenciones que superen el mínimo legal exigido y por tanto puedan ser objeto de minoración. También puede darse la destrucción de la cosa como consecuencia de los vicios ocultos, diferenciándose según el conocimiento o desconocimiento de tales vicios, en este caso, por el cedente[398].

1.5. Cesión de bienes y derechos. Entregas periódicas

La alusión de la anterior Ley gallega a la cesión o entrega de bienes generó distintas interpretaciones, algunas de ellas relacionadas con el carácter presuntamente real del contrato de vitalicio y la entrega del bien que han sido descartadas, dado el carácter eminentemente consensual de este contrato que se perfecciona por el mero consentimiento siguiendo el sistema característico para

[396] Este desistimiento tiene un carácter diferente al regulado en la LDCG de 1995 en su art. 98 y en la actual LDCG de 2006 en su art. 152, toda vez que el supuesto de hecho para la aplicación del Cc es la existencia en este caso de vicios ocultos en la cosa y de ahí las diferentes consecuencias jurídicas que se darían al usar esta vía específica de la acción redhibitoria. Cosa distinta, a nuestro juicio, sería que el cesionario optase por ejercitar tal resolución al amparo de la norma gallega cuyas consecuencias distan en la actualidad bastante de las reguladas para este supuesto concreto en el Cc. Para el caso de vicios es más favorable la norma del Derecho común, además de específica de la cuestión que se trata, sin que la legislación gallega regule supuesto semejante.

[397] CHILLÓN PEÑALVER, S.: *op.cit.*, p. 297, considera en forma genérica, sin aludir al específico caso gallego, que es difícil la reducción cuando la prestación del alimentante cubra sólo el mínimo vital, entendiendo que la única solución aplicable quizá sería la del desistimiento. En igual sentido, pero respecto del contrato de alimentos del Cc, se pronuncia ECHEVARRÍA DE RADA. T., *op.cit.*, p. 91.

[398] El art. 1487 del Cc lo establece respecto de la compraventa y por ello, como señalamos, aplicable al vitalicio como contrato oneroso, que si la cosa se pierde conociendo el vendedor los vicios ocultos deberá, en nuestro caso el cedente, sufrir la pérdida y restituir el precio y, de igual forma, las prestaciones realizadas y abonar gastos del contrato y daños y perjuicios. De no conocerlos, sólo abonará el "precio" y los gastos del contrato pagados por el "comprador", en este caso el cesionario.

la contratación en el Derecho español, según señala reiterada jurisprudencia[399] y doctrina, por lo que no es necesaria la entrega del bien[400]. Entre las resoluciones del TSJ de Galicia en tal sentido podemos señalar la de fecha de 29 de abril de 2004[401] que manifiesta igual doctrina respecto de la perfección del contrato en su Fundamento de Derecho cuarto, 4ª, a. en relación a un contrato de compraventa suscrito el día 27 de julio de 1994 y formalizado en documento privado.

> "El contrato de vitalicio se perfeccionó entre los contratantes y para uno y otro resultó obligatorio al haber consentido en los bienes a ceder y en la extensión de la prestación alimenticia, y en nada obsta a dicha perfección que los bienes no hubiesen sido entregados (si es que no lo fueron), requisito éste, el de la entrega, exclusivamente necesario para la consumación del contrato: argumento ex artículos 95.1 LDCG y 609, párrafo segundo, 1095, 1254 y 1261 CC, y ad exemplum STSJG 27/2003, de 19 de septiembre, en la que la Sala comparte la apreciación del Tribunal a quo en orden a calificar como vitalicio un contrato (también celebrado antes de la entrada en vigor de la LDCG y por los contratantes denominado de compraventa) que no dejaba de reunir sus notas típicas por el hecho de que el cedente de los bienes se reservase el usufructo de los mismos".

Cabría, por tanto, una cesión de un bien tanto con una transmisión actual como futura de la titularidad del derecho de que se trate y con o sin posesión inmediata del bien, según el pacto. Las partes podrán acordar la incorporación de algún elemento accidental al contrato y someterlo al término determinado o indeterminado ya sea cierta fecha o el fallecimiento del cedente, a los efectos de la entrega del bien o bienes de que se trate ya que, en otro caso, de transmitirse la propiedad y realizarse el contrato de vitalicio en escritura pública se produce una *traditio* instrumental con los efectos que ello conlleva.

De preverse la entrega de cantidades de dinero por los cedentes con cierta periodicidad para los cesionarios o para hacer frente a la vida en común en el caso de que se haya incluido un pacto de convivencia, es conveniente que tal posiblidad de entrega quede reflejada en el contrato, ya sea estableciendo un calendario a tal efecto, ya señalando en sentido inverso dicha posibilidad sin fijación de fechas como contribución extraordinaria graciable justificable, por ejemplo, mediante simple transferencia a cuenta bancaria de los cesionarios a los fines de evitar una posible demanda por nulidad o por incumplimiento, toda vez que es habitual alegar por los cedentes la entrega de estas cantidades en un momento posterior para intentar justificar el incumplimiento de las

[399] *Vid.* entre otras, STS de 28 de mayo de 1965, ponente ESRIBANO RUIPÉREZ, *R.J.* 1965, marg. 3172, STS de 2 de julio de 1992, ponente FERNÁNDEZ-CID DE TEMES, *AC* 1992, marg. 1200, SAP de Jaén de 11 de octubre de 1999, ponente REQUENA PAREDES, AC 2000, marg. 505.

[400] En este sentido las opiniones *vid.* REBOLLEDO VARELA, A.L., *op. cit.*, p. 854.

[401] Ponente SANDE GARCÍA, *EDJ* 2004, marg. 283650

obligaciones alimenticias en mayor o menor grado. Así podemos encontrar como refuerzo de tal argumento la SAP de Pontevedra de 30 de octubre de 2007[402] respecto de una resolución de contrato de vitalicio por incumpliendo, confirmada por la Audiencia, que estudia los posibles supuestos que se dan en tal caso desechando que el recurso a los Servicios sociales del ayuntamiento o la contratación de un tercero para atender a los demandantes puedan suponer descuido o desatención. La opinión varía al aludir al pago de gastos por los cedentes calificado por la Sala como incumplimiento al no reunir los requisitos que el pago de toda prestación ha de reunir tal es el de la integridad como se sostiene en el Fundamento de Derecho segundo.

> "Hay varios elementos de prueba que nos llevan a entender que por parte de los demandados ha habido un desinterés por hacerse cargo de modo decidido y cabal de la alimentación y vivienda de los demandantes. Puede decirse que el contrato se desarrolló en régimen de gastos compartidos entre cedentes y cesionarios, lo que, a todas luces, supone una contravención de los términos del contrato en el que se había estipulado la prestación a cargo del matrimonio cesionario de la prestación de alimentos en los términos del artículo 142 del Código Civil, en este caso particular: sustento, habitación vestido y asistencia médica. Recuérdese en este momento que la prestación –o lo que es lo mismo, el pago– ha de cumplir la indeclinable exigencia de la integridad que proclama el art. 1157 del Código Civil, al punto que la efectividad solutoria del pago está subordinada a su integridad, como paladinamente revela el texto del citado precepto: no se entenderá pagada una deuda sino cuando completamente se hubiese entregado la cosa o hecho la prestación en que la obligación consista. Téngase presente, por otra parte, que, de acuerdo con lo que dispone el art. 99 de la Ley 4/1995, es causa de resolución del contrato el incumplimiento no solo total sino también parcial".

Por otra parte, se entiende la entrega de cantidades por los cesionarios a la manera de convivir en familia dándose tal carácter de parientes consanguíneos y como expresión de la manera tradicional de vivir en Galicia poniendo todo en común y entendiendo que el vitalicio suscrito entronca con la institución gallega de "casar para casa", como indica la SAP de A Coruña de 30 de junio de 2008[403] respecto del motivo aducido de que no se hubiera cumplido la prestación alimenticia por acreditarse que los cedentes pagaban la casa con sus pensiones, que no es compartido por la Sala.

> "Lo que se deduce de la prueba practicada es que D. Ismael, Dª Penélope, así como su hija Paloma y su yerno formaban una unidad de

[402] Ponente PICATOSTE BOBILLO, *EDJ* 2007, marg. 312624.
[403] Ponente FERNÁNDEZ-PORTO GARCÍA, *EDJ* 2008, marg. 191524.

convivencia, al parecer de carácter matriarcal (típico en Galicia), y que si bien los cedentes ponían el importe de las pensiones al mantenimiento de los gastos comunes de todos, también lo hacía D. Germán (esposo de la hija Paloma), quien siempre trabajó y aportó su sueldo al hogar común. Dinero que, por lo que parece, disponían las mujeres, para las atenciones de la casa. Lo que es plasmación de una costumbre muy arraigada en Galicia, y no sólo en el ámbito rural: D. Germán "casó para la casa", diferenciándolo así de los que "casan para outra casa". Pero la cuestión además debe pasar a un segundo plano, en cuanto, como se dijo, la causa del contrato de vitalicio no es tanto la necesidad alimenticia como la prestación afectiva, de cuidados, cariño y compañía".

Es válido también el pacto respecto de la prohibición de disposición de los bienes cedidos o de gravarlos hasta el fallecimiento del cedente sin su previo consentimiento[404] con grandes ventajas preventivas en función de su acceso al Registro de la Propiedad[405].

Los bienes susceptibles de entrega serían tanto muebles como inmuebles, incluso un patrimonio. Así la SAP de Ourense de 1 de octubre de 1994[406] que contempla dicha posibilidad de cesión de un patrimonio integro en forma expresa en su Fundamento de Derecho segundo.

"Dicho contrato, de costumbre arraigada en Galicia, en donde se perfila con características propias, por virtud de la libertad contractual las partes pueden convenir que una de ellas entregue a la otra, no una cosa o conjunto de cosas muebles o inmuebles, sino un patrimonio, recibiendo no una determinada cantidad de dinero o productos en especie, sino todo lo que sea necesario para la vida, en razón de las necesidades materiales y espirituales del cedente, pudiendo llegar a convivir juntos, proporcionándosele alimentos, vestido, alojamiento, asistencia médico-farmacéutica en caso de enfermedad, y rodeando en suma de afecto y cuidados a dicho cedente, que cede todos sus bienes a una familia para integrarse en ella, en «la casa», en cuanto institución no personificada y forma jurídica de una comunidad doméstica, que surge como institución consuetudinaria de raíz germánica para proteger al individuo de la miseria y del abandono".

---

[404] En este sentido, MARTÍNEZ ORTEGA, J.C.: *El contrato de alimentos,* ed. Dykinson, Madrid, 2007, p. 27 y ss. Este autor señala que la prohibición de disponer tiene incluso más ventajas que el aseguramiento con hipoteca u otra garantía. Manifiesta que lo que con esta prohibición se consigue es "restringir el poder de disposición del adquirente, aunque no limitando la administración, aprovechamiento y utilización del bien". Manifiesta, asimismo, que el alimentista podrá imponer su derecho frente a terceros y conseguirá el cierre registral de cualquier acto inscribible que vulnere tal prohibición.

[405] Art. 27 de la Ley Hipotecaria.

[406] Ponente GODOY MÉNDEZ, *AC* 1994, marg. 1739.

1.6. Cesión de un patrimonio

La cesión puede ser de todo un patrimonio, ya que no hay obligación de reserva de bienes del cedente por tratarse de un negocio oneroso[407] y no de una donación, o podrá realizarse con parte de él. A nuestro juicio, es conveniente tomar en consideración que la multiplicidad de derechos y titularidades que componen un patrimonio conlleva la existencia de posibles cargas o gravámenes y de obligaciones. Habrá de estarse a la legislación correspondiente a la figura de que se trate, para conocer si cabe o no dicha transmisión en cada una de las titularidades que la componen, sin perjuicio de tener presente la situación patrimonial del cedente a los efectos de cumplir con las obligaciones que, previamente, hubiese contraído sin minorar su patrimonio[408], para no incurrir en un acto en fraude de acreedores[409] e incluso en un delito de insolvencia punible[410] al "vaciar" su patrimonio habida cuenta de sus situación económica y profesional, por la incidencia que esta última, por ejemplo, puede tener en su plano patrimonial.

Además, aunque se desee la inscripción[411], puede suceder que el acceso al Registro de la Propiedad, al Registro de Bienes Muebles, al de la Propiedad Intelectual o a cualquier otra oficina o Registro, en donde se dejase constancia de su titularidad de todos los elementos que componen un patrimonio que se hayan cedido como unidad, no sea posible por su diversidad y por existir elementos que no se podrían registrar como, por ejemplo, dinero en metálico. En este caso y dada la pluralidad de elementos que lo integran, resulta imprescindible, en nuestra opinión, hacer un inventario detallado y valorado de cada uno de los activos que lo componen con la descripción de los pasivos y sus valoraciones para que haya una clara formación del consentimiento en ambas partes y evitar la posible impugnación del negocio, asegurando la posiciones económicas y la responsabilidad de cada uno de ellos. Dicho inventario ha de resultar imprescindible a los efectos de una resolución contractual con una restitución de bienes y derechos cedidos aunque, ciertamente, la recuperación de algunos de ellos no resultará sencilla, así, por ejemplo, las cantidades en metálico, ciertos bienes muebles no inscritos, derechos no inventariados, títulos

---

407 Art. 234 del Cc ya que precisamente el vitalicio cubrirá todas sus necesidades.

408 A tal respecto, STS de 7 de febrero de 1991, ponente ALMAGRO NOSETE, *RJ* 1991, marg. 1149 sobre situación de insolvencia por la poquedad de patrimonio restante para cobrar un crédito bancario; STS de 30 de enero de 2004, ponente CORBAL FERNÁNDEZ, *RJ* 2004, marg. 440, respecto de acción pauliana y acciones revocatorias concursales, entre otras.

409 Art. 1111 del Cc.

410 Art. 257 y ss. del Código Penal.

411 Conviene recordar que el acceso a los Registros es, en la mayoría de los casos, voluntario como indican los arts. 1 y 2 de la ley Hipotecaria pero nada obstaría la inscripción de cambio de titularidad de haberse realizado el vitalicio en escritura pública como señala el art. 150 de la LDCG de 2006.

al portador, etc. En otro caso, por no haber un inventario claro y detallado, con una planimetría correcta para el caso de las fincas, pueden presentarse graves problemas como se plasma en el Fundamento de Derecho tercero en referencia a la identidad de la cosa.

> "Es menester acreditarse la identidad de la cosa, de suerte que no quepa dudar de cuál sea. En relación con lo anteriormente expuesto, no cabe duda que las partidas o hijuelas incorporadas a los autos se complementan con la justificación del dominio sobre los bienes enumerados, por los correspondientes documentos públicos y privados en que se plasma la compraventa de aquéllos, así como por la testifical practicada. Otro tanto cabe decir respecto a la identificación de los predios, sin que haya lugar al confusionismo derivado de la idéntica denominación de algunos de ellos con las que figuran en la escritura pública de compraventa de fecha 14 de abril de 1965, en virtud de la cuál doña Milagros F. F. «vende» a sus sobrinos Ramón y Gonzalo M. V. una serie de fincas. Dicha escritura, en la cuál parece reflejarse una donación encubierta por razones de tipo fiscal, aparecen, como se decía, predios con idéntica denominación que los que son objeto de este pleito por la elemental razón de ser fruto de divisiones de fincas que anteriormente habían sido una sola".

Pueden producirse, incluso, problemas con el Catastro, como señala la Sentencia, ya que la propia cedente procedió a arreglarlos al apreciar error en los mismos y se acudió a un perito para identificar las fincas.

> "Por lo demás, tampoco deja duda alguna al respecto la identificación efectuada por el testigo don Angel G. P. (folio 376), Ingeniero Agrónomo autor de un informe pericial, cotejando la documental incorporada a los autos con los obrantes en el Catastro y la propia realidad física, resultando indiferente quién le hubiera ayudado en la labor de identificación de los fundos, siendo obvio por lo demás que la actora o su hijo son quienes mejor deben conocer éstos".

En los supuestos de cesión de bienes o derechos en un contrato del tipo vitalicio, aunque conlleve la transmisión del dominio, no se ha de aplicar ni el tanteo ni el retracto legales entre comuneros al existir aleatoriedad y no conmutatividad y por entender que son limitaciones que se han de aplicar con criterio restrictivo. En este sentido, la STS de 2 de abril de 1985[412] expresa para un supuesto que indica cercano a la renta vitalicia lo siguiente.

> "La conclusión lograda, se inscribe en una línea jurisprudencial que, con algunas vacilaciones (significadas por las sentencias de 9 de marzo de

---

412 Ponente SERENA VELLOSO, *RJ* 1985, marg. 1679.

> 1893 que admitió el retracto en caso de cesión del suelo para plantar viñas y de 11 de junio de 1902 en el de censo reservativo), reputa los derechos de tanteo y retracto legales limitaciones a modo de cargas de derecho público, pues aunque puedan redundar en provecho de particulares están motivadas por el interés general, no constituyendo desmembraciones del dominio sobre el cual actúan".

Se trata en este supuesto de lo que el Tribunal denomina una figura afín a la renta vitalicia en la que a cambio de la cesión de la mitad indivisa de cinco fincas de la cedente, se compromete su hermana cesionaria a una prestación de servicios, alimentos, cuidados variables, medicamentos, ingreso en residencia acorde con el nivel de vida de la cedente y nombramiento de árbitros para el caso de reajustes.

> "Y de ahí que las de 16 y 23 de mayo de 1960 hayan negado la posibilidad del retracto en supuesto de permuta, la de 12 de junio de 1964 en el de aportación de un inmueble a una sociedad anónima hecha por un socio fundador en la escritura de constitución y, más próximamente al caso de autos, la ya citada de 9 de diciembre de 1964, en el de renta vitalicia, razonando al respecto y luego de insistir en el criterio".

1.7. Cumplimiento de la prestación. Inventario de bienes y derechos

Como señalamos, respecto de la entrega rigen las normas relativas al pago o cumplimiento de las obligaciones por lo que aplicaremos las mismas tanto al lugar como al tiempo en que ha de realizarse tal cesión de bienes o derechos. Así, será exigible la entrega del bien para el caso de que no se hubiese añadido algún elemento accidental al contrato en el momento en que el contrato ha quedado válidamente constituido, siendo la entrega en cualquiera de las formas previstas por la ley pero teniendo en cuenta que, de realizarse en escritura pública el contrato, se entenderá que ha habido una tradición instrumental. Cabe acordar un momento temporal posterior determinado o indeterminado, en cuyo caso, llegado dicho momento, se debería realizar la entrega e, incluso, hacerla depender de condición, la cual, para el caso de darse, desplegaría el efecto deseado[413].

El lugar donde la prestación del cedente se ha de realizar será el que las partes hayan de común acuerdo designado a tal efecto, teniendo en cuenta la

413 Aplicables, por tanto, a tales supuestos los arts. 1113, 1125 y 1114 del Cc relativos a obligaciones puras, a plazo y condicionales. Téngase en cuenta la regla señalada en el art. 1128 del Cc por la que el Tribunal fijará la duración del plazo cuando en la obligación no se señale pero de la naturaleza de la misma y de las circunstancias se deduzca que ha querido concederse al deudor o cuando hubiese quedado a la voluntad del mismo como plasma el art. 1118 del mismo cuerpo legal.

multiplicidad de aspectos que puede presentar esa prestación de dar por los objetos sobre los cuales recae. De no haberse pactado nada y ser cosa mueble, ésta se entregará en el lugar donde la cosa se encontraba al constituirse la obligación y finalmente, en cualquier otro caso en el domicilio del deudor, más concretamente, se entregarían en el domicilio consignado a tal efecto en la escritura respecto del cedente. A nuestro juicio, de entregarse cantidades de dinero y cara a posibles reclamaciones ulteriores, debe consignarse el instrumento en el que se transmiten quedando incorporada copia del mismo al cuerpo de la propia escritura. De tratarse de otra clase de bienes muebles será aconsejable para la constancia de ambas partes reflejarlas al menos en un acta de manifestaciones de ambas partes o en una escritura complementaria posterior.

De *lege ferenda* y pese al tenor literal de los artículos 491 y 492 del Cc consideramos que en el precepto relativo a la forma del contrato o a la cesión de los bienes debería constar la imperatividad de realizar un inventario de los bienes y derechos que se cedan en el vitalicio procediéndose a tasar los muebles y describiendo el estado de los inmuebles.

1.8. El valor desproporcionado de los bienes. Las cautelas en caso de herederos legitimarios

Cabe realizar todavía una consideración de relevancia para nosotros. Como se ha visto en la regulación hecha por el legislador gallego, nada impide ceder bienes o derechos sin tener que realizarse por previsión legal reserva alguna de remanente ya por indicarlo el Derecho común, cuando sea de aplicación según la figura de que se trate, ya el Derecho civil territorial de Galicia. Sin embargo, esa ausencia de límite legal no lo es en vía jurisprudencial, toda vez que el montante de los bienes y derechos entregados se tiene en cuenta con distintas finalidades, ya sea para evidenciar un vitalicio simulado que disimule una real desheredación, ya por mezcla de éste con otros motivos, señalándose en todo caso que, a los efectos del vitalicio como contrato oneroso, la existencia de legitimarios[414] o de herederos testamentarios carece de relevancia.

Sin embargo, podemos observar en la SAP de Lugo de 13 de marzo de 2000[415] respecto de un matrimonio progenitor de un único hijo, adoptado a los 46 años, que tras trasladarse a vivir con sus padres años después rompe con

---

[414] Reflexiona REBOLLEDO VARELA, A. L., *op. cit.*, p. 861, que aun siendo el contrato de vitalicio un contrato oneroso "tiene el substrato de no existir generalmente una integral correspondencia en las prestaciones pero con independencia de que, al igual que sucede en las donaciones remuneratorias, no tiene porqué existir una total correspondencia en la valoración económica entre los bienes que se ceden y los servicios y cuidados que se prestan, aunque sí una proporcionalidad mínima en relación con la vulneración de las legítimas".

[415] Ponente FERNÁNDEZ CLOOS, *EDJ* 2000, marg. 24077.

ellos dejándoles de prestar asistencia, otorgándose, posteriormente, en escritura de 17 de enero de 1985, un contrato de alimentos entre un cesionario al que se le entrega una finca y siendo alimentista dicho matrimonio obligándose el cesionario a prestar alimentos durante toda la vida de ambos, habiendo otorgado testamento antes a favor de dicho cesionario. El cesionario fallece un año después a los 90 años sobreviviéndole su mujer alimentista. La sentencia de instancia entiende que tal contrato de cesión onerosa de herencia es un negocio mixto con donación con causa onerosa en la parte que corresponde a los servicios a prestar, pero con causa lucrativa, en cuanto al exceso respecto de los beneficios económicos derivados de la finca y de sus posibilidades urbanísticas. La Sala estima que se trata de un contrato de vitalicio pero entiende acreditada la voluntad del cedente de burlar los derechos legitimarios del hijo. En el Fundamento Jurídico cuarto, la Sala alude al valor desproporcionado y señala un mecanismo corrector para lo que denomina un contrato mixto.

> "La Sala, dando por reiterados los muy atinados argumentos que acoge la sentencia que ahora se recurre, llega a idéntica solución que la resolución recurrida, esto es que el contrato habido entre D. Jesús y D. Amaro ha de ser tenido por mixto ya que es verdad que se remuneran unas prestaciones alimenticias que D. Amaro se compromete a satisfacer pero también es cierto que el valor total de lo que D. Jesús dispone a favor de D. Amaro resulta desproporcionado pues ha quedado acreditado por la certificación de la Junta de Compensación (f. 396) que lo cedido presuponía la adjudicación de una parcela con una edificabilidad de 1332 metros cuadrados, y de más de veintiséis millones de pesetas, como además resultó perfectamente acreditado que por parte de D. Jesús se realizó el traspaso del dinero existente en su cuenta bancaria a la correspondiente a D. Amaro, por una cifra superior a los ocho millones de pesetas, es evidente que nos situamos en una cantidad, total, de lo entregado por el cedente al alimentista, de un monto económico situado entre los cuarenta y cinco y los cincuenta millones de pesetas, por todos los conceptos".

Considera la Sala que, aunque viva todavía una alimentista, se ha de reducir el valor de lo entregado por desproporcionado y tomando como dato objetivo la cantidad en que la Consellería de Hacienda de la Xunta de Galicia valoró dicha finca (18.544.739 ptas.) entiende que tal valor se ha de imputar a la parte onerosa del contrato de vitalicio y su aleatoriedad al perdurar todavía la alimentista, imputando la diferencia hasta los cuarenta y cinco y cincuenta millones que calcula como monto de la operación por el valor urbanístico y cantidades entregadas en metálico, como donación que ha de ser aportada a la masa hereditaria para el cálculo de una posible inoficiosidad.

> "Parece claro que la contraprestación que se dispone a tal dispendio es desproporcionada y también parece evidente que el contrato engloba dos finalidades una meramente remuneratoria u onerosa por la que D. Amaro asume la "carga" de alimentar –en la más amplia expresión jurídica del término– a D. Jesús y a su esposa y otra de mera liberalidad o lucrativa que excede al valor lógico de una contraprestación y que se articula, según ya hemos indicado, con la clara intención de suprimir la existencia de haber hereditario del que se pudiera beneficiar el legitimarlo con quien el causante estaba enfrentado por causas que, según también ya hemos dicho, no se han llegado a concretar".

A nuestro juicio, constituye la labor de la Jurisprudencia una corrección respecto de la posibilidad del negocio oneroso, ya que realiza una matización de la normativa gallega en este sentido, sin perjuicio de determinar el valor del bien atendiendo a criterios ya no de valor de mercado sino, en el caso ya visto, de valor urbanístico sin conocerse en que estadio se encuentra dicho desarrollo y que desembolsos en su caso se deberían todavía realizar.

La aleatoriedad en este contrato se permite tanto en uno como en otro sentido ya que este tipo de contrato no excluye que las condiciones de adquisición del bien sean ciertamente favorables ya que el eventual beneficio depende de su duración aleatoria[416]. Por ello, sería deseable de *lege ferenda* establecer una previsión respecto del vitalicio para el caso de que existan legítimas y herederos legitimarios sobre todo en base al principio de seguridad jurídica tanto de cedentes como de cesionarios y, por supuesto, de terceros al quedar a resultas de un posible pleito la validez o no de dicho contrato.

Sería conveniente, a tal fin, establecer una cautela a las partes respecto de dicha proporcionalidad no plasmada en este momento en la Ley o, en otro caso, estableciendo *ope legis* la presunción de proporcionalidad al realizar dicha operación. De realizarse dicha advertencia a las partes se podría disuadir negativamente la suscripción de dichos contratos, lo que redundaría negativamente en su función social pero redundaría en un más exacto conocimiento de las posibles resultas del contrato.

Conviene recordar que, en la actualidad, la LDCG de 2006 ha realizado una variación de la cuantía de las legítimas[417] con una reducción notable en

---

[416] No existe base fiable para deducir que el contrato de vitalicio respondía a un ánimo encubierto de donar como se señala en el Fundamento de Derecho quinto de la SAP de Granada de 16 de noviembre de 1992, ponente SÁENZ SOUBRIER, *AC* 1992, marg. 1606.

[417] Si bien con la ley 4/1995 en el art. 146.2 se remitía expresamente al Código Civil para determinar quiénes eran los herederos forzosos y la cuantía y la proporción en que lo eran, con la LDCG de 2006 las legítimas han visto reducido su cuantía a una cuarta parte del valor del haber hereditario líquido para el caso de descendientes, como señala el art. 243 y, en el caso del cónyuge o del miembro de la pareja de hecho inscrita en el Registro de Parejas de Hecho de Galicia, de un usufructo de una cuarta parte de concurrir con descendientes según al art. 253 del mismo texto

su cuantía que quizá derive en una menor litigiosidad aunque, no obstante la diversidad normativa que sobre esta materia existe en España pueda incidir para el caso de que se suscriba el presente contrato y alguna de las partes ostente una vecindad civil de derecho común o de algún otro derecho civil especial o foral en el cual se prevean las legítimas y respecto del cual se rigiera su concreta sucesión. Todo ello sin perjuicio de que los legitimarios pudieran estar presentes en el otorgamiento de dicho contrato para asentir a su celebración con los innegables resultados que tal presencia tendría a los efectos de evitar futuros litigios.

2. LA PRESTACIÓN DEL ALIMENTANTE

Con anterioridad a su normativización por el legislador gallego, el contenido habitual era el pactado por las partes al ser el vitalicio un contrato autónomo, atípico e innominado que había de regirse fundamentalmente por los pactos alcanzados por las partes al amparo del art. 1255 del Cc, por las disposiciones generales de las obligaciones y los contratos y, finalmente, por las normas de los contratos análogos[418]. En este sentido, los contratantes estimaban las recíprocas prestaciones de entrega de bienes a cambio de alimentos en la medida pactada. La SAP de Pontevedra de 31 de marzo de 2003[419] describe un contrato de vitalicio celebrado bajo la denominación de "cesión a cambio de alimentos" en su Fundamento de Derecho segundo.

> "Las partes litigantes concuerdan el otorgamiento, el 29 de julio 1993, de la escritura pública de "Cesión a cambio de alimentos", mediante la cual D. Domingo, dueño de las fincas que se describen el exponendo A de la misma las cedió a Dª. Laura que las aceptó "obligándose en contraprestación a alimentar, cuidar, asistir, provisión médica, médico-quirúrgica y farmacéutica, así en salud como en enfermedad al cedente y, en todo caso dichas obligaciones tendrán la extensión máxima que establecen los art. 142 y concordantes del CC. Dichas prestaciones serán satisfechas por la cesionaria en el domicilio actual del cedente o en el que de común acuerdo fijen". En la cláusula tercera de la escritura referida se dice "que estas obligaciones no podrán ser redimidas o renunciadas

legal o de la mitad del capital de no concurrir con ellos, no teniendo el carácter de legitimarios los ascendientes. Es posible que, de seguir tal tendencia, se plantee una nueva reducción de su cuantía e incluso una supresión del sistema de legítimas en el ámbito del Derecho civil de Galicia, pero conviene tener presente que el contrato al que nos referimos no exige para su suscripción el tener vecindad civil gallega o el conservarla durante todo el tiempo de su duración.

[418] Entre otras muchas, lo conceptúan así, la STS de 17 de julio de 1998, ponente GONZÁLEZ PÓVEDA, *AC* 1998, marg. 1114 y la STS de 21 de octubre de 1992, ponente MARINA MARTÍNEZ-PARDO, *RJ* 1992, marg. 8592.

[419] Ponente FERNÁNDEZ SOTO, *EDJ* 2003, marg. 45677.

unilateralmente y se transmitirán a los herederos de la cesionaria". Y en la cuarta se hace constar que "el incumplimiento de las obligaciones asumidas llevará consigo la resolución del presente contrato".

2.1. La remisión tradicional a los alimentos legales

Como cabe observar, la remisión a los alimentos legales entre parientes es habitual, haciéndose referencia en los pactos a los cuidados, a que se satisfagan en el domicilio del cedente o en el que de común acuerdo fijen, a que no quepa la redención o la renuncia unilateral de las obligaciones asumidas, a que se transmitan tales obligaciones a los herederos de la cesionaria y, en último lugar, a la posible resolución del contrato en caso de incumplimiento. En algún caso y antes de la tipificación del vitalicio, las partes pactaban alguna otra prestación respecto de las habituales de alimentos, funerales, o entierro, como la relativa al pago de una renta por los cesionarios a los cedentes e incluso a una hermana de los cesionarios. A modo de ejemplo podemos citar la SAP de Lugo de 27 de enero de 2000[420] donde, además, se razona respecto de la posibilidad de un contrato de vitalicio que incluya tal pago de renta a la cedente.

> *"No caso que agora estudiamos trátase concretamente dun contrato otorgado, según xa dixemos, en data 2/3/93 polo que o agora demandante, D. Eliseo, cede a D. José Antonio e Dª. Elvira os sete predios que se describen na escritura e a cambio ou como contraprestación estes se obrigan a abonar unha renda vitalicia; prestar sustento, habitación, vestido e asistencia médica, segundo a súa posición social téndoo na súa compaña a D. Eliseo. Da. lectura do pacto pódenos xurdi-la teima de si se trata dunha figuara mixta de renda vitalicia e vitalicio ou si so é este tipo de contrato, a xurisprudencia sinala, nas SSTS de 1-7-1982 e 8-5-1992 entre outras, que o vitalicio trátase dunha categoría de contratos autónomos, ós que non lle son aplicables as regras da renda vitalicia, pois baixo, a denominación de "contrato vitalicio» a título oneroso inclúense distintas formas concretas, según os diversos tipos de prestación, que neste caso consistiu en cantidades de diñeiro e asistencia, coidados, servicios, etc., aínda tratándose dunha renda vitalicia o dereito á renda que lle corresponde ó cedente non ten carácter real senon que só produce efectos obrigatorios persoais, que consisten na obriga dos debedores de realizaren prestacións periódicas duradeiras (SS. 19-11-1927, 11-4-1930 y 23-11-1936).*
>
> *Así xa temos perfectamente perfilada a institución da que estamos a tratar, un vitalicio que dentro da autonomía da vontade dos contratantes inclúe unha renda vitalicia pero sin que de aí se poida tirar, como indican as SSTS de 28-5-1965; 21-10-1992, a aplicabilidade ó contrato atípico de vitalicio dos preceptos da renda vitalicia".*

[420] Ponente FERNÁNDEZ CLOOS, *EDJ* 2000, marg. 11059.

Entiende la Sala que, aún pactándose además el pago de una renta, no se trata de una figura mixta sino que realmente es un vitalicio ya que la renta no produce efectos reales sino solamente personales y sin que, por ello, se puedan aplicar los preceptos de la renta vitalicia.

2.2. La positivización de la prestación alimentaria

La LDCG de 1995 en su art. 95 números 1 y 2 configuraba las prestaciones de las partes señalando, en lo que ahora interesa, el que "una o varias personas se obligan, respecto de otra u otras a prestar alimentos en el extensión, amplitud y términos que convengan…" disponiendo, en su número 2, que "en todo caso, la prestación alimenticia comprenderá el sustento, la habitación, el vestido y la asistencia médica del alimentista, así como las ayudas y cuidados, incluso los afectivos, adecuados a las circunstancias de las partes". Relacionado con la duración de tal prestación de alimentos se señalaba en el art. 97 que "la obligación de prestar alimentos subsistirá hasta el fallecimiento del alimentista, salvo que se acuerde otra cosa".

Aparece configurada, por tanto, la prestación del cesionario como una prestación compleja[421] de alimentos y cuidados y, por ello, se trata de una prestación mixta de dar y hacer, de tracto sucesivo, en donde de forma imperativa el cesionario se obliga a cuidar al cedente, siendo por cuenta del cesionario alimentante el vestido, la asistencia médica, el sustento y la habitación, contenidos estos característicos de los alimentos pero estableciendo también todo tipo de ayudas y cuidados, incluso afectivos, adecuados tanto al cedente como al cesionario.

2.2.1. Rango de las prestaciones

Entendemos que todas estas variadas prestaciones son de igual rango sin que podamos diferenciar entre prestaciones principales y prestaciones secundarias por la configuración legal de las mismas[422], de manera que todas son igualmente

[421] Así CHILLÓN PEÑALVER, S., *op. cit.*, p. 248; NÚÑEZ ZORRILLA, M.C., *op. cit.*, p. 79; LÓPEZ PELÁEZ, P.: "El contrato de vitalicio: la cesión de un inmueble a cambio de alimentos", *El Consultor Inmobliario*, nº 52, 2004, p. 3 y ss.

[422] Señala, al respecto, sin embargo, MESA MARRERO, C., *op. cit.*, p. 94, que al tratarse de una pluralidad de prestaciones pueden tener todas la misma relevancia o una de las prestaciones pactadas puede configurarse como principal y las restantes como accesorias, de manera que, en el primer caso, se han de recibir todas y, en el segundo, al ser independientes pueden cumplirse separadamente. Considera la autora que los términos contractuales al respecto han de manifestar la voluntad de las partes en cuanto a la realización de tales prestaciones y de existir obligación principal y accesorias, se entenderá que el cumplimiento de la principal es imprescindible para la satisfacción del alimentista mientras que en cambio de tratarse de prestaciones accesorias su

exigibles y el incumplimiento de la obligación de alimentos o el de las ayudas y cuidados se configuraban como causa de resolución del contrato[423], si bien del tenor literal de la ley parecía deducirse la posibilidad de tal pacto al aludir el art. 95.1 a la extensión, amplitud y términos convenidos o pactados. Posibilidad esta que chocaba con la expresión "en todo caso comprenderá" del art. 95.2 de la LDCG de 1995.

Como contrato aleatorio que es el vitalicio, existirá incertidumbre sobre las prestaciones que el alimentista necesitará ya que sus necesidades variarán a lo largo del tiempo dependiendo de diversos factores de entre los cuales destacará su salud por lo cual la cuantía de la prestación es indeterminada. Por ello, a lo largo del tiempo en que se desarrolla la prestación, la actuación del deudor oscilará o variará según las necesidades de alojamiento, manutención y sostenimiento del alimentista lo que diferencia al contrato de vitalicio de la renta vitalicia[424].

2.2.2. *Topes o límites*

El contenido señalado en dicho artículo 95.2 por el legislador de la anterior LDCG obviamente actuaría en defecto de pacto expreso entre las partes pero cabía plantearse si el pacto podría haber modificado tal contenido, ya en un sentido, ya en otro.

Se plantea, por ello, la posibilidad de, al amparo de la LDCG de 1995, fijar un tope o límite[425] a la prestación sin por ello desvirtuar el concepto de vitalicio ya que, pese a ello, el módulo de determinación de la cuantía de la prestación seguirán siéndolo las necesidades del acreedor pero atenuando la posible variación de tales necesidades. Esta posibilidad tendría su origen en los motivos internos de los contratantes que, al no ser elevados a condición o a causa del

cumplimiento defectuoso o falta de cumplimiento no afectaría al nivel de satisfacción del alimentista en forma decisiva.

423 Art. 99, b y c de la LDCG de 1995.

424 En este sentido, BONET CORREA, J.: "Los contratos de renta vitalicia y de vitalicio ante las alteraciones monetarias", *ADC* 1976, p. 1253 y ss, pone de relieve que el Tribunal Supremo diferencia fundamentalmente entre ambas figuras al considerar que en la renta vitalicia, tal pensión o renta es una cantidad fija y determinada de dinero siendo, en cambio en el vitalicio habitual la convivencia entre alimentista y alimentante e incluso si no se ha pactado así y se ha fijado una cantidad de dinero para atender a sus necesidades, dicha cantidad no es fija e invariable por representar el valor necesario para satisfacer el vitalicio. Al respecto, indica GOMA SALCEDO, J. E.: "Principales problemas del contrato de renta vitalicia", *RDN* 1960, p. 337, que el Tribunal Supremo exige que la pensión sea fija e invariable en la renta vitalicia ya que de pactarse variaciones, éstas suelen depender de las necesidades del pensionista por lo que este contrato se aproximaría al de alimentos por cesión de bienes.

425 Así QUIÑONERO CERVANTES, E. *La situación jurídica de la renta vitalicia*, Secretariado de Publicaciones, Universidad de Murcia, 1979, p. 71 y ss.

contrato, no tendrían relevancia externa. La variabilidad de la prestación tendría su razón de ser en la causa del contrato de vitalicio por ser la prestación una deuda de valor de los alimentos o de la asistencia y cuidados[426].

Para valorar lo anterior debemos distinguir los contenidos que se plantean en la prestación de alimentos del contrato de vitalicio *ex* art. 95 de la LDCG de 1995 ya que ésta distingue, de una parte, los alimentos y, de otra, las ayudas y cuidados. Los alimentos en sentido amplio son el sustento, la habitación, el vestido y la asistencia médica en forma semejante al art. 142 del Cc aunque presenten diferencias respecto de educación, embarazo y parto o la asistencia farmacéutica. De otra parte, está la asistencia que se presta al alimentista a través de las ayudas y cuidados de todo tipo, incluso afectivos, propios del contrato de vitalicio. El art. 95.2 de la LDCG de 1995[427] rezaba que ayudas y cuidados han de ser adecuados a las circunstancias de las partes ya que serán las propias partes las que de acuerdo con sus posibilidades como alimentantes y sus deseos como alimentistas, entre otros factores que, de seguro, tomarán en consideración, configuren el contenido contractual o, en caso de no hacerlo y surgir algún problema, orientarán al Juez o al árbitro, de haberse pactado, en tal tarea.

Estas ayudas y cuidados serán los que necesite el alimentista y pueda prestar el alimentante y por ello, quizá, sobre todo en relación a la asistencia al alimentista se puedan establecer ciertas minoraciones en las atenciones por no poder prestarlas, por ejemplo, físicamente el alimentante o por razón de su situación personal o familiar. A nuestro juicio, planteadas así en el contrato, ya con ocasión de presente, ya como previsión de futuro, habrían de tener fuerza vinculante entre ellas y de esa manera evitarían, tras su negociación y pacto en contrato, una posible reclamación ya de uno ya de otro. En este sentido, la alusión a tales posibilidades mayores o menores de cumplimiento de la alimentante e incluso una renuncia a su "estatus laboral" por desempeñar los cuidados, son objeto de atención por la SAP de Lugo de 25 de marzo de 2008[428] respecto de un contrato de vitalicio suscrito en 1993. Dicho contrato contenía una cláusula que dispensaba de prueba a la alimentante.

> "De la prueba practicada resulta que desde la firma del contrato (año 1993) hasta el año 1999 en que los demandados requirieron a la hoy actora-apelante el cumplimiento de sus obligaciones éstas fueron

[426] BONET CORREA, J.: "La actualización de una pensión de alimentos", *ADC*, 1977, p. 721 indica que la deuda de valor es aquella deuda en que el objeto de su prestación es un valor patrimonial, ya sea de bienes o servicios, y que no tiene por objeto concreto una suma de dinero, sino la realización de tal valor o su conversión en una suma de dinero de curso legal.

[427] En el mismo sentido, se pronuncia hoy el art. 148.1 de la Ley 2/2006.

[428] Ponente PEDROSA LÓPEZ, *EDJ* 2008, marg. 58267.

cumplidas dados los términos de la cláusula interpretativa (cláusula c) segunda parte contrato vitalicio 18 de agosto de 1993) que señala que las obligaciones contraídas se entenderán cumplidas, mientras los cedentes no requieran fehacientemente a la cesionaria para su cumplimiento y ello con independencia de que la cesionaria apelante pusiese un mayor o menor esfuerzo en el cumplimiento de sus obligaciones o sus posibilidades se lo permitieran, lo cierto es que hasta el requerimiento no cabe hablar de incumplimiento al menos total ya que ello iría en contra de lo pactado".

Alude a lo pactado respecto del cumplimiento, para negar una posible compensación por pérdida económica derivada de, entre otros, su renuncia a su "status laboral", por tanto entendemos que, *sensu contrario,* sí cabría tal posibilidad de estar pactada.

"En lo que respecta a la pérdida económica derivada de los gastos y renuncia a su status laboral no pueden apreciarse tales ya que al aceptarse las condiciones del vitalicio ya se sabía que tendría que dejar su trabajo o compaginarlo para poder atender a las obligaciones que se contraían, siendo ello, claro está, voluntariamente aceptado y si tuvo que dejarlo por no poder compaginarlo tal hecho no puede recaer sobre la contraparte".

Consideramos, por tanto, posible e, incluso, aconsejable dentro del *iter* contractual a la vista de las circunstancias de las partes y en orden a la conservación del contrato y al cumplimiento de tal fin social, establecer ciertos topes incluso en el aspecto personal, siempre que se respeten los mínimos legales, sabiendo de antemano que de no fijarlos las partes, será el Juez quien, a la vista de lo alegado y probado, los podrá determinar[429] atendiendo a la configuración legal y a la vista de lo dispuesto en el art. 99.1 de la LDCG de 1995.

2.2.3. *La suma de dinero como prestación única*

La posibilidad de que la prestación de vitalicio consista por parte del alimentante solamente en la entrega de una suma de dinero[430] no parece razonable a la vista de la regulación del vitalicio como contrato típico. Estudiamos un supuesto que bajo la denominación de "cesión a cambio de asistencia" contempla el pacto por el cual el cesionario que ha recibido una finca se obliga a "satisfacer todos los gastos que cause la estancia del cedente en el asilo por los días de su

[429] Conviene tener presente al respecto que así como en relación a los alimentos no se incluye tal matización, la anterior LDCG señalaba como causa de "rescisión" en su art. 99.1.c el que "el cesionario no cuidase o no atendiese en lo necesario al cedente, según la posición económica y social de las partes y en todo cuanto haga posible el capital cedido, en la búsqueda del mantenimiento de la calidad de vida", pronunciándose en manera casi idéntica la actual norma gallega.

[430] RODRÍGUEZ LÓPEZ, F., *op. cit*, p. 741.

vida, así como sufragar los gastos de su entierro y de su funeral". El vitalicio así constituido, se nos dice no puede ser confundido con una renta vitalicia ya que la pensión no está calculada sobre el valor de mercado de los bienes y tablas de posible supervivencia siendo, además, la pensión esencialmente variable ya que depende de las necesidades del alimentista en cada momento o del coste que puedan tener los diferentes servicios necesarios respecto de tales necesidades.

A nuestro juicio, la simple prestación de dar dinero no se corresponde con la figura del vitalicio regulada en la LDCG de 1995 como tampoco a la actual. Es cierto que parte de las prestaciones en 1995 podían entenderse realizadas por terceros, por ejemplo, en este caso entierro y funeral no los iba a realizar el cesionario en persona sino a través de terceros pero el que la prestación principal sea de pago de dinero a un tercero *ab initio* no parece el contenido de un contrato de vitalicio ya que no existe ni una supervisión personal del estado del cesionario ni un contacto con el mismo, aunque fuera en ciertos momentos de visita o de compañía, en función del tipo de institución y de sus reglas internas que hubiesen sido al menos contemplados por las partes. Semeja más bien un contrato de mandato con un pago en especie, si bien es innegable su aleatoriedad lo que lo reconduciría en su caso a un atípico contrato de vitalicio a la vista de la legislación gallega.

Ahora bien, no es inusual este concepto de vitalicio fuera de la Ley gallega. En este sentido, se ha mantenido por algún autor[431] que el contenido legal sólo se aplicará cuando exista una remisión expresa de las partes al mismo o cuando no se hayan preocupado de concretar el contenido de la prestación. Consideramos que, si bien del tenor literal de la LDCG de 1995, pudiera desprenderse dicha posibilidad de minoración de prestaciones o de pacto de sólo las de una clase, sin embargo, de su espíritu se encontraba lejana tal posibilidad como lo demuestra ya no sólo la actual redacción de dicho precepto que elimina tal pacto, sino también la finalidad asistencial prevista en el contrato que realmente obliga a poner a disposición del alimentista todo el contenido completo del contrato independientemente de que éste realice requerimiento en tal sentido o no.

---

[431] NÚÑEZ ZORRILA, M.C., *op. cit.*, p. 82 y ss. entiende que "la prestación alimenticia que tipifican los arts. 142 Cc para los alientos legales entre parientes, así como la que viene contemplada en el art. 95.2º LDCG, no están configurando un contenido mínimo obligatorio que deba regir todos los supuestos en que se celebre un contrato de este tipo". Considera, al respecto, que "las partes tienen plena libertad para regular un contenido diverso, ampliando o reduciendo el ya previsto legalmente, hasta el punto de que la obligación del cesionario puede consistir en una prestación de tipo exclusivamente asistencial, de cuidado personal y afectivo, o bien sólo en la entrega de sumas de dinero, o únicamente en la entrega de un tipo de cosas materiales determinadas para cubrir una necesidad concreta del alimentista". Cita, en tal sentido, una nutrida referencia de jurisprudencia que nosotros entendemos que es aplicable en aquellos casos en que el contrato de vitalicio sigue siendo atípico en las Comunidades Autónomas donde carezca de tal regulación o bien cuando, teniéndola, ésta permite a las partes tal dispositividad respecto del contenido contractual, lo cual no parece ser el caso gallego.

2.2.4. *Calidad de bienes y servicios*

En cuanto a la posibilidad de tope en los alimentos en sentido amplio puede ser todavía más patente, al referirnos a sustento, habitación, vestido y asistencia médica del alimentista. También respecto de ellos señalaba la LDCG de 1995, en su art. 95, la posibilidad de pactar en la extensión, amplitud y términos que convengan si bien estableciendo, como ya vimos, la idea de un mínimo legal imperativo y de un posible tope máximo paccionado siempre que se respete tal mínimo, por ejemplo, qué clase de comida le corresponda en función de su edad o enfermedad o padecimiento o de qué calidad, limitación de vestido a comprar anualmente y de qué clase, atendiendo a que criterios hasta un determinado valor o, todavía más importante, en la asistencia médica dentro de qué sistema sanitario público o privado. En este sentido, la prestación seguirá siendo variable pero se determinarán más concretamente los alimentos que le corresponden al cesionario evitando nuevamente reclamaciones posteriores debido a tal indeterminación, mediante la previsión determinada en la medida de lo posible en el contrato.

Encontramos la STS de 21 de octubre de 1992[432] en la que no se había pactado la calidad de las comidas de mediodía y de cena a favor de un matrimonio a servir en un restaurante o en su domicilio. La Audiencia califica el documento de reconocimiento de deuda y de establecimiento de tales alimentos como un vitalicio, señalando que al no establecerse nada respecto a la elección del lugar, tal facultad debe corresponder al obligado por aplicación analógica del art. 1132 del Cc ya que no se pactó a favor del acreedor. La calidad, razona la Sala, de no haberse pactado, hará que el acreedor no pueda exigirla de calidad superior ni el deudor entregarla de la inferior. Por lo que se deduce que ha de ser media, tal y como señala en el Fundamento Jurídico quinto.

> "Estas deberán prestarse de la calidad media, en la que cabe incardinar el «menú de familia» del restaurante de autos; en el propio restaurante según opción válida del obligado; de por vida y sin necesidad de prestar afianzamiento o garantía mientras cumpla debidamente, puesto que la sentencia, cuando sea ejecutiva, si no se cumpliere voluntariamente, proporcionará al acreedor título suficiente para asegurar lo que en virtud de ella ha de recibir (arts. 923 y concordantes de la Ley de Enjuiciamiento Civil), pero conservando el derecho al cobro de los alimentos dejados de percibir durante el litigio por obvias razones que aconsejan no obligar a la demandante a acudir al lugar de percepción ni permitir que el alimentante impusiera la determinación de la prestación que es parte del litigio".

[432] Ponente MARINA MARTÍNEZ-PARDO, *RJ* 1992, marg. 8592.

2.2.5. *Gastos médicos*

En relación a los gastos médicos es característica la STS de 18 de abril de 1984[433] que plantea un caso a la inversa, en donde no se establecen límites a dichos gastos y acordándose que se abonarían además de una renta en metálico anual, "todos los gastos relativos a medicinas, médicos, hospitales y cualquier otro gasto de esta índole que fuera preciso hacer", por lo que el alimentista decide usar un hospital privado en vez del sistema público de sanidad entendiendo la Sala, en el correspondiente considerando, que se ha de utilizar un medio más racional y menos gravoso e igualmente efectivo en los términos de más estricta utilidad para perjudicar lo menos posible al obligado.

> "Vedan la utilización, desorbitada, de los derechos concedidos tal como el reclamado abono de los gastos de estancia y medicación en la Clínica San Rafael de Oviedo desde el 5 agosto al 2 noviembre 1978, en la que se alojó el actor aquejado de una dolencia que, por el resultado total de la prueba efectuada, apreciada, sin discusión, por la Sala pudo ser atendida de modo «igualmente efectivo y satisfactorio pero más racional y menos gravoso» por los correspondientes servicios de la Seguridad Social a cuya utilización el demandante tenía derecho, según conclusión de la sentencia impugnada que para nada afecta a la pretendida inaplicabilidad del art. 1284 del C. Civ. que el motivo denuncia porque, como se ha dicho, la declaración del juzgador no significa la inefectividad de los derechos del actor, sino la consagración de que estos se actúen en el caso concreto enjuiciado civiliter y de conformidad con los límites contractual y legalmente prestablecidos".

La Sala advierte que no caben gastos desorbitados en relación a la situación económica de las partes o que puedan ser atendidas de otro modo al invocar en modo expreso el contrato los arts. 142 y ss. del Cc con relación al límite que en ellos ese dispone en el art. 146[434] del mismo texto.

> "El demandado, se comprometió, como contraprestación de la transmisión de bienes hecha, a su favor, por el demandante, a prestar a éste junto a la, ciertamente, exigua suma de 12.000 ptas. anuales, alimentos con alcance que, dentro de los límites de los arts. 142 y siguientes del C. Civ., expresamente invocados en el contrato, consistían, según el ap. A) de aquella estipulación, en dicha entrega, al alimentista de 12.000 ptas.

[433] Ponente CASARES CÓRDOBA, *RJ* 1984, marg. 1952.

[434] Este art. 146 del Cc que la Sala aplica al remitirse las partes en bloque en la escritura pública de vitalicio de 7 de marzo de 1972 a la regulación de los alimentos legales pese a la indicación "todos los gastos (…) que fuera preciso hacer" del clausulado del contrato señala que "la cuantía de los alimentos será proporcionada al caudal o medios de quien los da y a las necesidades de quien los recibe".

anuales y a sufragar, además, «todos los gastos relativos a medicinas, médicos, hospitales y cualquier otro gasto de esta índole que fuera preciso hacer», la consideración, resaltada de consenso por las sentencias de instancia, de que, la relativa indeterminación implicada en la expresión «que fuera preciso hacer» no puede comprender aquellos gastos que, teniendo, desde luego, su causa en enfermedad, resulten desorbitados en relación con la situación económica de las partes contratantes o hubiesen podido ser atendidas de otro modo más racional y menos gravoso para el obligado a soportarlos, al par que de manera igualmente efectiva y satisfactoria para el beneficiario de ellos (tan razonable y acomodada a lo pactado como ajustada a los límites convenidos) es la consecuencia, deducida por el juzgador de instancia, de no hallarse en el supuesto que el vínculo obligacional cubre, los gastos totales devengados por el internamiento del actor, en la clínica S. R. de Oviedo, para ser sometido a un tratamiento que, según el resultado de la prueba practicada, que el Juez «a quo» recoge en un considerando, aceptado por la Sala de apelación, además de no ser preciso ni imprescindible pudo ser prestado gratuitamente por la Seguridad Social, en cuyo régimen figura como pensionista el demandante".

A nuestro juicio, se trata, por tanto, de dar una solución justa de acuerdo con el tenor de lo pactado o el espíritu de la Ley, ya que no cabe la discrecionalidad ni del alimentista ni del alimentante a la hora de determinar estos conceptos de las prestaciones.

2.2.6. *Pacto de determinación de cantidad fija respecto de los alimentos*

Otro posible pacto que cabría plantearse era el que establece no ya un tope o límite a las prestaciones sino una cantidad fija a la prestación de alimentos, además de ayudas y cuidados, teniendo presente que ello implicaría la reducción en la aleatoriedad del contrato por disminuir la incertidumbre. Se trata, por tanto, de determinar si el alimentante podría no ya acordar establecer un tope las necesidades variables del alimentista sino una cantidad fija e invariable en concepto de alimentos. Este aspecto, a la vista del 95.2 de la LDCG de 1995, sería lícito al permitirse el pacto respecto de extensión, amplitud y términos sin condicionarlo a las necesidades variables del alimentista, que sólo se utilizarían para determinar la prestación alimenticia a falta de pacto, pero manteniendo la asistencia y los cuidados de todo tipo para así diferenciarlo de la renta vitalicia. El problema que podríamos encontrar sería que tal cantidad no fuera suficiente para hacer frente a los alimentos que precisara tal alimentista y que, por ejemplo, careciera de bienes suficientes para poder proveerse de aquello no cubierto por el vitalicio y de que no existieran parientes que estuvieran obligados o prestarle alimentos legales, sin tenerlos cubiertos de ninguna otra manera. La simple pensión económica desvinculada de la variabilidad llevaría a una renta vitalicia, ya que el vitalicio requiere además de renta económica, ayudas y cuidados afectivos. La posibilidad de ampliar dicho contenido legal mediante pacto expreso sí parece razonable, en cambio, para adecuar dichos requerimientos a los concretos deseos de las partes pero no semeja, sin embargo, que puedan reducirse[435] dada al finalidad asistencial y la configuración típica de tal contrato.

En el contrato de vitalicio, por tanto, la prestación de alimentos y el deber de asistencia configuran la prestación mixta de dar y hacer de manera que como señala la STS de 12 de noviembre de 1973[436], estas ayudas y cuidados no son en modo alguno obligaciones secundarias o complementarias sino que tienen un rango igual o análogo al pago de la pensión alimenticia.

Al darse tal rango igualitario entre ambas prestaciones no cabe el predominio de ninguna y tampoco es posible pactar un contrato de vitalicio en el que se excluya el deber de asistencia del alimentante y sólo se establezca a favor del alimentista una prestación de alimentos, incluso aunque se tengan en cuenta las necesidades variables del cedente. La naturaleza alimenticia y asistencial del vitalicio, que la jurisprudencia ha destacado como característica, impediría tal configuración y no resultaría posible un vitalicio donde se pactase únicamente alimentos, incluso teniendo en cuenta el carácter variable de las necesidades que respecto de los mismos pudiese tener el alimentista, pero excluyendo la asistencia y los cuidados, ya que tales elementos eran recogidos en forma expresa el art. 95.2 de la LDCG de 1995.

El carácter imperativo de tal norma excluía el pacto del contrato de vitalicio sin el deber de ayudas y cuidados, señalándose, además, que como causa de resolución del contrato se encontraba el que el cesionario no cuidara o atendiera al cedente, según la posición social y económica de las partes y en todo cuanto hiciera posible el capital cedido, en la búsqueda del mantenimiento de la calidad de vida del cedente.

2.2.7. El contenido mínimo y el aumento de las prestaciones pactadas

El contrato de vitalicio en la Ley gallega de 1995 se caracterizaría así por un contenido mínimo de aplicación ya sea por remisión expresa de las partes al mismo o por falta de determinación al respecto en el contrato de que se trate. En

---

435 En este sentido se pronuncia REBOLLEDO VARELA, A.L., *op. cit.*, p. 864 y ss. señalando que el contrato de vitalicio tiene, en todo caso, un contenido mínimo característico que viene dado por el carácter imperativo de la norma gallega al establecer en el art. 95.2 la imposición legal mínima de la obligación del cesionario.

436 Ponente GIMENO FERNÁNDEZ, *RJ* 1973, marg. 4164.

el ámbito de dicha Ley nada impedía que las obligaciones que voluntariamente asumiera el cesionario mediante pacto, pudiesen resultar ampliadas[437] en base al principio de autonomía de la voluntad del art. 1255 del Cc que, a los efectos del presente contrato, aparecería inserto en el tenor literal del art. 95.1 yendo más allá de la imposición legal del mínimo de alimentos del art. 95.2.

Esta posibilidad genérica de pacto conlleva plantearse si el vitalicio quedaría desvirtuado de pactarse mayores obligaciones aumentando el mínimo legal establecido por ley y la posibilidad de exclusión de obligaciones del cesionario de las del art. 95.2 de la Ley gallega.

El concreto aumento de las obligaciones pactadas respecto del alimentante suele ser frecuente en la práctica contractual pues, como ya hemos visto, se pacta el pago de gastos ocasionados como consecuencia del fallecimiento y sepelio del alimentista como en el caso de la STSJ de Navarra de 13 de octubre de 1992[438] relativa a un contrato de compraventa que en instancia fue calificado de donación remuneratoria y que la Sala determina como de vitalicio en su Fundamento de Derecho tercero y cuyas prestaciones básicas son contenidas en un documento privado reseñado en el Fundamento de Derecho primero.

> "«En realidad... se ha realizado sin que exista precio por medio... en realidad la contraprestación que doña María Carmen M. A., extensiva también a su esposo, debe entregar a la vendedora señora M. G., se concreta en la asistencia por aquélla de ésta, tanto en salud como en enfermedad durante la vida de la señora M. G., incluyéndose en dicha asistencia el tenerla en su compañía, hacerse cargo de todos los gastos que para una decorosa subsistencia se le ocasionen a dicha señora, satisfacer todos los gastos que por enfermedad se puedan causar, incluso intervenciones quirúrgicas, gastos farmacéuticos, etc., e incluso gastos que se ocasionen por ingreso de dicha señora en centros clínicos, residencias, etc., y se otorgaba: «I.-Doña María-Carmen M. A. y don José María A. Y. se comprometen y obligan a atender, en la forma expuesta, y alimentar, a doña Francisca M. G., durante la vida de ésta, asumiendo igualmente los gastos que por su fallecimiento y sepelio se ocasionen. II.-A satisfacer puntualmente las cuotas que se deban devengar por el ingreso de doña Francisca M. G. en centros clínicos o Residencias, siempre que ésta opte por el ingreso en uno de estos centros o por su salud y previa prescripción facultativa sea necesario su ingreso".

[437] Por ello, ALBALADEJO GARCÍA, M., *op. cit.*, p. 401, considera respecto de la expresión "en todo caso" del art. 95.2 de la LDCG de 1995 que establece un mínimo que puede aumentarse con más obligaciones. En igual sentido, REBOLLEDO VARELA, A. L., *op. cit.*, p. 864.

[438] Ponente RODRÍGUEZ FERRERO, *RJ* 1992, marg. 9427.

Nótese como se pactan además de los contenidos básicos, los gastos ocasionados por su fallecimiento y sepelio o el pago de cuotas devengadas por el ingreso en centros clínicos o residencias si la alimentista opta por ellas o si por razones de salud determinadas por un facultativo son precisas.

También es posible otro pacto que excede de lo habitual y que entendemos viene dado por la posición económica de las partes respecto de los alimentos a cambio de la cesión de varias fincas. De esa manera sucede en la RDGRN de 18 de octubre de 1989[439] que en su Fundamento de Derecho primero alude a las vacaciones anuales de dos meses en España o en el extranjero.

> "Los padres ceden a sus hijos determinados bienes a cambio del cumplimiento por éstos de la obligación de cuidarlos y asistirlos hasta su fallecimiento, sufragándoles los gastos médico-farmacéuticos que precisen, así como los derivados de dos meses de vacaciones anuales, con derecho a libre elección para los cedentes de establecimiento hospitalario u hotelero tanto en España como en el extranjero".

Entendemos que el pacto de tales prestaciones no debería dar lugar a no calificar tal contrato de vitalicio sino que se entendería como una facultad legítima de los contratantes de añadir un contenido no prohibido a un contrato en virtud de su libertad de estipulación de manera que sea más amplio el contenido de las facultades de alimentos, asistencia y cuidados que hubieran pactado. Igualmente sucederá en relación a la habitación cuando el alimentante permanezca en su domicilio y a la posibilidad de convivencia entre las partes ya sea en un domicilio del alimentista, en el del alimentante o en otro, ya que la habitación del art. 95.2 de la LDCG de 1995 no implica convivencia.

También a la luz de la LDCG de 1995 podría entenderse lícito el que las partes además de alimentos, ayudas y cuidados pactasen entregar al alimentista una cantidad de dinero, configurando un conjunto de obligaciones principales y de similar rango[440] en las que el deber de asistencia es propio del contrato de vitalicio y no, en cambio, del contrato de renta vitalicia.

2.2.8. La exclusión de la prestación de ayudas y cuidados

A nuestro juicio, tampoco cabría excluir la prestación de ayudas y cuidados del contenido en un vitalicio de manera que restase exclusivamente la

[439] *RJ* 1989, marg. 7048.

[440] No obstante, podrían ser calificados por la jurisprudencia como de contrato mixto de renta vitalicia y vitalicio, en el sentido de entender que no se desnaturaliza este contrato al pactar además de la función asistencial, una cantidad en metálico se pronuncia CHILLÓN PEÑALVER, S., *op. cit.*, p. 254.

prestación de alimentos, en cuanto al vestido, habitación, sustento y asistencia médica. El contrato así configurado sería algo distinto a un vitalicio regulado por la LDCG ya que el contenido del art. 95.2 era imperativo. La calificación respecto de dicho contrato podría ser distinta según lo pactado y así podríamos hablar de alimentos convencionales, de vitalicio especial o atípico en relación con lo pactado imperativamente en la LDCG de 1995 o de contrato atípico de sustento, cuidados, comida y alojamiento[441].

Ello no obstante, en la STSJ de Galicia de 11 de febrero de 2000[442] señala respecto del vitalicio que, en general, la prestación que asume el deudor es esencialmente variable o indeterminada en función de las necesidades del alimentista, y, en ocasiones, es de naturaleza mixta (alimentaria y asistencial). Ahora bien, entendemos que se refiere al momento temporal anterior a la tipificación por la LDCG en la que tal posiblidad lo sería en virtud de pacto, al ser un contrato innominado, autónomo y atípico. De ahí el concepto que del vitalicio señala en el Fundamento de Derecho quinto.

> "Contrato aleatorio en el que las partes pactan que una de ellas se obliga con respecto a la otra a prestarle una pensión de alimentos en sentido estricto («in natura») o bien en sentido amplio (asistencia, cuidado, servicios, etc., además de la alimentación propiamente dicha) mediante una contraprestación que se fija, normalmente en la transmisión en propiedad de determinados bienes".

De manera semejante se pronuncia respecto del vitalicio con anterioridad a la LDCG de 1995, la SAP de Lugo de 27 de enero de 2000[443] en el Fundamento de Derecho segundo que reflexiona acerca de un contrato de fecha 2 de marzo de 1993 planteándose si se trata de un contrato mixto de renta vitalicia y vitalicio o bien si es sólo este último como finalmente lo califica el Ponente.

> *"Así xa temos perfectamente perfilada a institución da que estamos a tratar, un vitalicio que dentro da autonomía da vontade dos contratantes inclúe unha renda vitalicia pero sin que de aí se poida tirar, como indican as SSTS de 28-5-1965; 21-10-1992, a aplicabilidade ó contrato atípico de vitalicio dos preceptos da renda vitalicia".*

Es conveniente, por tanto, pronunciarse respecto el carácter imperativo del art. 95.2 de la LDCG de 1995. Se puede valorar positivamente respecto de tal norma que el legislador gallego fundamenta la existencia del vitalicio en

[441] En esta linea se pronuncia CALVO ANTÓN, M.: "El contrato de alimentos como figura contractual independiente", *RGLJ* 1989, p. 654 y ss.

[442] Ponente REIGOSA GONZÁLEZ, *RJ* 2000, marg. 4238.

[443] Ponente FERNÁNDEZ CLOOS, *EDJ* 2000, marg. 11059.

la esencia de la prestación a realizar que, a su vez, distingue a este contrato de otros con los que pudiera presentar semejanzas ya que el contenido mínimo legal está compuesto por una obligación de dar que, en este caso, se concreta en los alimentos y, de otra parte, de una obligación de hacer que consiste en asistir, es decir, en ayudas y cuidados. Estas obligaciones tienen carácter principal y son ambas de igual rango. Como posible inconveniente a este mínimo legal imperativo encontramos que las obligaciones del cesionario no pueden estar por debajo del nivel mínimo de prestación establecido en la norma. Esto significa que, en la práctica, aparecerán contratos atípicos que resultarán difíciles de encuadrar, ya en este tipo contractual, ya en otros.

2.2.9. La habitación. El pacto de convivencia

Otro punto de especial relevancia es determinar si la convivencia con el alimentista es uno una de las obligaciones que el texto gallego impone al cesionario a los efectos de la realización de las prestaciones en dicho contrato previstas entre las que se encuentra incluida la habitación.

En el contrato de vitalicio se busca el cuidado del cedente o cedentes, cuidado en un doble aspecto ya que de una parte encontramos el cuidado material pero también, de otra parte, surge el aspecto afectivo que está presente en las prestaciones. Quizá con esa asistencia afectiva y material, que casi podríamos denominar integral, entroncaría la de la convivencia como un *plus* de asistencia y compañía a lo largo del día y de la noche. Ahora bien, el legislador gallego de 1995 no establece un régimen de convivencia sino una obligación de alojar o de facilitar el alojamiento al cedente. Por ello, si el cedente desea un régimen de convivencia con el cesionario o con su familia deberá pactarlo en forma expresa.

En los orígenes de este contrato sí es cierto que la convivencia era la regla consuetudinaria ya que, probablemente por las circunstancias sociales de tal momento, se consideraba esencial para servir de manera adecuada a la consecución del fin asistencial previsto. En la actualidad, doctrina y jurisprudencia admiten que dicha convivencia ya no es elemento esencial del contrato sino que de desearla debe pactarse en forma clara e indubitada[444] aunque se siga pensando, por algún sector[445], que una de las obligaciones del cesionario es la de albergar en su casa al alimentista.

[444] En este sentido, LORENZO MERINO, F.J., *El Derecho civil…cit.,* p. 38 y REBOLLEDO VARELA, A.L., *op. cit.*, p. 864.

[445] Así, BADENAS CARPIO, J.M.: "Comentario a la STS de 1 de julio de 1998", *CCJC*, enero-marzo 1999, p. 24 y ss., al señalar respecto del contrato de vitalicio que "es un contrato por el cual una persona denominada constituyente se obliga a transmitir el dominio de un bien mueble o inmueble o de un capital a cambio de que otro sujeto, llamado deudor, se comprometa a alimentar,

Siendo en la práctica la convivencia un pacto habitual, sin embargo, no por ello se puede predicar su carácter esencial para el contrato de vitalicio. Pueden darse, por ello, supuestos en que se acuda al domicilio del obligado para recibir la pensión alimenticia, otros en los que se traslade el alimentista al domicilio del cedente o en aquellos otros en que sea la habitación el lugar que de común acuerdo fijen o determinen con la fórmula que estimen más conveniente. Dada la finalidad asistencial que se pretende y la existencia de ayudas y cuidados en el vitalicio, generalmente se pactará la convivencia y la integración en el hogar con el fin de hacer frente a las necesidades del cedente. Ahora bien, podemos hacer un juicio favorable de la norma gallega de 1995 en este sentido al no incluir ni como elemento esencial ni como elemento natural la convivencia de las partes, toda vez que, de esta manera, serán las partes las que adecúen el marco contractual a sus concretas situaciones, decidiendo, en cada caso, lo que mejor les pueda convenir a ambas dentro de la prestación de habitación que al efecto se establece. La importancia a los efectos de la resolución del contrato o del desistimiento será notable dada la posibilidad de fricciones o desavenencias entre los sujetos y será, si se quiere, más justificable el desistimiento de existir convivencia.

Interesa determinar, finalmente, respecto de la LDCG de 1995, no sólo cuales prestaciones se han de realizar sino también durante cuánto tiempo se ha de ejecutar dicha prestación o, lo que es lo mismo, el plazo de duración señalado para el vitalicio. El art. 97 del texto gallego de 1995 establecía la subsistencia de la obligación de prestar alimentos hasta el fallecimiento del alimentista pero con la salvedad de que otra cosa fuera acordada por las partes. Dicha posibilidad parecía chocar con la existencia de un deudor único sobre cuya vida descansase la aleatoriedad del contrato o la de varios deudores, en otro caso, cuya vida fuese el módulo de cálculo, ya que, aunque vinculado a la vida, parecía admitir que fuera durante una parte de su vida y atendiendo de la misma manera sus necesidades e, incluso, que se observara que continuase tras su muerte en contemplación de sus herederos. En consecuencia, podemos decir de la regulación gallega de 1995 parecía abrir el contrato a configuraciones nuevas que eran atípicas dentro del contrato de vitalicio, por lo que se relativizaría la aleatoriedad al señalar un plazo o establecer una condición resolutoria respecto de la prestación de alimentos.

La prestación de alimentos, ayudas y cuidados no tienen su origen en la necesidad del alimentista de ellos y, por tanto, independientemente de la situación económica que tenga, se deberán por el alimentista, venga a mejor o a peor fortuna el alimentante, tenga o no tenga necesidad de ellos. Estas circuns-

cuidar, albergar en su casa y procurar todo tipo de asistencia médica y farmacéutica a la persona o personas designadas en el contrato durante el resto de su vida, sujeto o sujetos, estos últimos que frecuentemente suelen coincidir con la persona o personas del constituyente".

tancias no se exigen en el contrato de vitalicio, a diferencia de lo que ocurre en la obligación legal de alimentos[446], ya que, en todo caso, le corresponden los señalados por el mínimo legal o también los pactados de ser más amplios que los mínimos legales una vez que se haya perfeccionado el contrato.

2.2.10. La guarda de hecho por el alimentante

Sin realizar alusión alguna a la misma, es innegable que dentro de la LDCG de 1995 en esas ayudas y cuidados de todo tipo estaba presente la posibilidad legal de la guarda de hecho. Como es sabido, al referirnos a la guarda de hecho se ha de aludir a la somera regulación que de la misma se realiza en el Derecho civil común, careciendo la legislación gallega civil de norma propia al respecto. Aunque el Cc no define esta figura, pude calificarse como tal guardador a aquel que, sin tener potestad legal al efecto, ejerce respecto de una persona alguna o algunas de las funciones propias de las instituciones tutelares. También podría ser considerado como tal, aquel que se encarga de su custodia y protección o de la administración de su patrimonio o de la gestión de sus intereses. La persona respecto de quien se realiza tal protección es alguien susceptible de ser incapacitado judicialmente o que carece de capacidad natural y respecto del cual no se ha promovido declaración de incapacitación o habiéndola, no se realizan las funciones señaladas en la resolución judicial constitutiva de dicha incapacitación por tal tutor o curador sino por otra persona distinta que será este guardador de hecho. En la práctica, y dada la escasa incidencia social de la regulación de la incapacitación, no es en absoluto inusual el que, ante una situación de hecho derivada de una enfermedad o deficiencia, no se recurra a una actuación judicial sino que alguien gestione, de una u otra manera, la situación personal e incluso patrimonial de dicho sujeto sin que respecto del mismo exista para tal cuidador o guardador un específico deber de protección establecido en el ordenamiento jurídico.

Es posible que incluso tal persona no sea consciente de que el sujeto respecto del cual realiza tal protección sea susceptible de una incapacitación o incluso que, instándose la incapacitación, devenga tutor o curador del alimentista. En este sentido, es significativo de la asunción de tal papel por la alimentante del pleito de resolución de vitalicio objeto de la SAP de A Coruña de 30 de abril de 2007[447] y que fue suscrito en escritura pública de 7 de julio de 2000 bajo la denominación de contrato de cesión de bienes a cambio de alimentos y cuidados entre un matrimonio y una sobrina cesionaria a favor de la cual y de su progenitor se había realizado un amplio poder general, aunque

[446] Arts. 147 y 148 del Cc que toman en cuenta dichos factores para determinar el nacimiento y la extensión de la obligación legal de alimentos entre parientes.

[447] Ponente SEOANE SPIEGELBERG, *EDJ* 2007, marg. 139346.

no un apoderamiento preventivo ni un mandato de protección ni se trataba de la figura de la autotutela incorporadas con posterioridad[448]. Fallecido el marido en el 27 de junio de 2002, insta el hermano de la alimentista poco después un procedimiento de incapacitación resultando la cesionaria designada tutora como describe el fundamento de Derecho segundo F de dicha resolución.

> "Poco después por D. Juan Luis , hermano de Dª. Frida, se promovió ante el Juzgado de 1ª Instancia núm. 10 de A Coruña, procedimiento de incapacitación de la mentada cedente, que se tramitó con el núm. 560/2002, y que finalizó por sentencia de 4 de noviembre de dicho año, en la cual se decretó la incapacitación total de Dª. Frida , incluso para el ejercicio del derecho de sufragio, quedando sometida al régimen de tutela, y nombrando tutora a su sobrina política Carmela . En el Fundamento 4º de dicha resolución se motivaba dicho nombramiento con base en el argumento de que la demandada, que se había personado en el proceso de incapacitación interesando su designación como tutora, "ofrece las debidas garantías para cumplir con la delicada misión de prestar la atención debida al incapaz y administrar sus bienes", conclusión a la que llegó el juzgador a quo, en atención a las circunstancias siguientes: que Dª. Frida y su marido D. Silvio habían otorgado poder general de 27 de mayo de 1998 a favor de Dª. Carmela, que igualmente habían otorgado un contrato de vitalicio de 7 de julio de 2000, en la que designaban a la demandada Dª. Carmela, como alimentante y cuidadora de los mismos, que la Sra. Carmela era sobrina de la incapaz, así como que era ella la que, según resultaba de la testifical practicada "se encargaba de contratar al personal encargado de cuidar al referido matrimonio y realizar cualquier tipo de gestión"; por último, se razonaba, por el juez a quo, que las relaciones entre Dª. Frida y su familia y en especial, con su sobrina Dª. Almudena, no eran buenas".

El Cc establece que cabe respecto del mismo requerimiento de la autoridad judicial para que informe respecto de la situación personal y patrimonial de dicho sujeto y estableciéndose que los actos realizados por tal guardador que redunden en utilidad del sujeto protegido no podrán ser impugnados[449], estable-

[448] En el ámbito estatal a través de la Ley 41/2003, de 18 de noviembre que introdujo tal modificación en sede de contrato de mandato admitiendo tales posibilidades y en el ámbito gallego al incorporarse la autotutela en la Ley 2/2006 de Derecho civil de Galicia pese a no contener la LDCG de 1995 previsión alguna a este respecto.

[449] Es conveniente señalar que, pese al debate doctrinal respecto de dicha figura, el Cc incorpora una regulación somera de la misma en los artículos 303, 304 y 306. Esta figura también está regulada en ciertos derechos civiles territoriales como el de Cataluña a través de la Ley 25/2010, de 29 de julio, del Libro segundo del Código civil de Cataluña, relativo a la persona y la familia, en sus arts. 225-1 a 225-5 y en el de Aragón en la Ley 13/2006, de 27 de diciembre, de Derecho de la Persona, en sus arts. 142 a 145. Galicia, por su parte, carece en el ámbito de su derecho civil propio de regulación a tal efecto. Los sujetos sobre los que se puede realizar dicha guarda de hecho serán, a rasgos generales, menores desamparados o abandonados, aquellos respecto de los cuales no se ejerza la patria potestad o la tutela, o mayores de edad que puedan ser presuntos incapaces,

ciendo a su favor, en ciertos supuestos, un derecho a percibir una indemnización de daños y perjuicios.

Esta situación, sin embargo, recibe ligeros matices tras la Ley 2/2006 al considerar necesario el legislador realizar ciertos reajustes en el contrato en aspectos que, si bien no conllevan una reconfiguración del tipo contractual sí suponen, sin embargo, una matización de cierta importancia respecto de la anterior regulación

2.3. La fórmula abierta del legislador gallego de 2006

La LDCG vigente alude a la prestación de alimentos en el art. 147 al señalar que "una o varias personas respecto a otra u otras se obligan a prestar alimentos en los términos que convengan" indicando, en el art. 148 en su número 1, que tal prestación "deberá comprender el sustento, la habitación, el vestido y la asistencia médica, así como las ayudas y cuidados, incluso los afectivos, adecuados a las circunstancias de las partes". Respecto del tiempo durante el cual se realizará tal prestación a favor del alimentista se indica en el art. 151 de la vigente LDCG que "la obligación de prestar alimentos durará hasta el fallecimiento del alimentista...".

De la simple observación del texto, se deduce un ligero cambio en su expresión que, a nuestro juicio, no supone alteración de su contenido. Esto es así ya que el texto anterior aludía a una imperatividad general del contenido con las expresiones "en todo caso" y "comprenderá", para reforzarse actualmente la imperatividad con la frase "la prestación alimenticia deberá comprender el sustento...".

Continúa por tanto configurándose el contrato de vitalicio en cuanto a la prestación del alimentista como una prestación compleja de dar y hacer con igual rango entre sí, de suerte que la exigibilidad es igualmente predicable de todas, con las consecuencias que ello conlleva en orden al incumplimiento. La idea de un posible pacto respecto de la extensión y amplitud de tal prestación no ha sido incluida en el texto de la nueva LDCG en forma expresa como, sin embargo contemplaba la anterior ley[450] quizá a los fines de evitar dificultades

---

lo que, en su caso, incluirá a ciertos dependientes o discapacitados pudiendo ser el guardador de hecho tanto persona física como jurídica ya que aunque el Cc no realiza indicaciones al respecto, así lo admite la doctrina y con posterioridad ha sido recogido legislativamente en este sentido art. 225-1 del Código civil catalán o o el art. 142 de la Ley de Derecho de la Persona de Aragón.

[450] Al definir el contrato en el art. 147 de la LDCG de 2006 se prescinde de los sustantivos "extensión y amplitud" para hacer referencia exclusivamente a los "términos" de suerte que se señala que "una o varias personas se obligan respecto a otra u otras a prestar alimentos, en los términos que convengan" haciendo referencia a los parámetros o condiciones que se establezcan en el contrato y evitando así la colisión que se producía entre los arts. 95.1 y 95.2 del anterior texto

interpretativas. En todo caso, entendemos que se sigue recogiendo un contenido mínimo imperativo que puede ser ampliado en virtud del principio de autonomía de la voluntad de las partes, tal y como se predicaba de la anterior norma gallega[451].

Esto no significa, en ningún caso, que el contrato sea de un contenido cerrado sino que el legislador ha optado por una fórmula abierta respecto a la delimitación del contenido contractual siendo éste fijado por las partes[452] respetando sólo un mínimo imperativo la ley[453] que cubra las necesidades de alimentos y asistencia y cuidados de la persona y cubriendo tanto los alimentos en sentido estricto como las ayudas y cuidados de todo tipo, incluso los afectivos[454]. Así en la SAP de Ourense de 15 de junio de 2005[455] que señala en cuanto a las necesidades que pretendían cubrir las partes en un contrato calificado de vitalicio, la inclusión también de las tareas domésticas y agrícolas.

> "Pero es que tampoco la pretensión convenida de de prestar todo tipo de atenciones a dos personas ancianas impedidas de valerse por sí mismas, carece de contenido económico. Resultando más que discutible, en el caso, que las pensiones que percibían los cedentes, fuesen bastantes para sufragar el salario de una persona ajena que, viviese con ellos, los cuidase, realizase las tareas domésticas y agrícolas que los cedentes por su edad no podían llevar acabo, les prestase todo tipo de atenciones, incluidas las derivadas de la atención médica necesaria y además las ejecutase con el

---

legal respecto del contenido legal mínimo de la prestación y la posibilidad de pacto en cuanto a la extensión y amplitud del vitalicio.

[451] En dicho sentido si bien respecto de la anterior norma se pronuncia entre otros MARTÍNEZ HENS, H. "El contrato de alimentos en el Código Civil- Reflexión en torno a su sustantividad", en "*Libro homenaje al profesor Manuel Albaladejo García*", tomo II, Colegio Nacional de Registradores de la Propiedad y Mercantiles de España: Servicio de Publicaciones de la Universidad de Murcia, Murcia, 2004, p. 3155.

[452] Opinión de ECHEVARRÍA DE RADA, T., *op. cit.*, p. 93.

[453] PEÓN RAMA, V., *op. cit.*, p. 628 y ss., señala como aspectos que han de precisarse convencionalmente la obligación de convivencia, al no ser elemento esencial del contrato, el lugar de realización de la prestación, el pago de los gastos de entierro y funeral, los gastos farmacéuticos, la prestación en metálico complementaria, la determinación de las personas que han de realizar las prestaciones o la modalización de las prestaciones mínimas. De esta fijación contractual se hace depender la delimitación de cada caso concreto adaptándolo a las necesidades específicas del alimentista.

[454] No cabe, por tanto, pactar un contrato de vitalicio al amparo de la Ley gallega segregando alguna de estas prestaciones aunque, como señala MESA MARRERO, C., *op. cit.*, p. 93 según las circunstancias del caso y los intereses de las partes podría pactarse sólo manutención o gastos médicos, si les interesa tener cubiertas sus necesidades materiales, o un pacto de convivencia, si lo que quieren evitar es una situación de desamparo o soledad. Se evitará así según el modelo gallego el que, por ejemplo, se tenga cubierta la habitación por el vitalicio pero que, no necesitando manutención en el momento en que se pactó, pase a haber una necesidad al respecto y el alimentante excuse su inacción ante la carencia de pacto en tal sentido.

[455] Ponente DOMÍNGUEZ –VIGUERA FERNÁNDEZ, *EDJ* 2005, marg. 133093.

afecto propio de una hija que siempre permaneció con sus padres, aspecto que también se contempla en la norma que regula esta clase de contratos."

Se completa dicha sentencia con la opinión del Juzgador respecto de tal caso en el sentido de que eran de mayor relevancia las prestaciones de carácter asistencial impuestas frente a la de carácter económico o alimenticia. Como ya hemos señalado respecto de la Ley 4/1995, debemos expresarlo respecto también de la vigente LDCG el que ambas prestaciones pactadas son de igual relevancia, independientemente de que, en cada caso concreto, las motivaciones puedan llevarnos más hacia la necesidad de unas respecto de las otras , ya que todas ellas han de ser pactadas por igual , al menos, en el mínimo exigido por ley aunque puedan ser incrementadas por voluntad de las partes en el concreto contrato, tal cual parece sugerir el texto de la sentencia antes referida. Así no será necesario, por ejemplo, el que no exista una situación de necesidad económica de vestido, habitación y sustento por suficiencia de recursos económicos del alimentista pero en cambio éste necesite ayudas y cuidados afectivos no puede conducir a un pacto que excluya los primeros pero sí permitirá incidir más a la hora de pactar en los segundos, sabiendo que en todo caso los unos y los otros estarán cubiertos teniendo en cuenta la aleatoriedad del contrato[456].

2.3.1. La relevancia de la información previa al cedente respecto de las prestaciones

A nuestro juicio, no obstante, esta necesidad de delimitación por las partes en una forma que ha de ser tan precisa y a la vez tan amplia como precisen, debe ser necesariamente objeto de una crítica, toda vez que la hipotética igualdad de las partes en la contratación constituye una entelequia propia de otros momentos. Resulta, a nuestro modo de ver, paradójico que en un contrato que parece claramente destinado a una finalidad asistencial sean, sin embargo, las partes las que fijen su contenido en un modo que alude a una aparente igualdad formal entre las partes. Resulta evidente que el mundo de la contratación no es un mundo de sujetos iguales, libres y con capacidad de influirse recíprocamente para formar la voluntad contractual debido a los distintos factores que en él concurren. Si, además, admitimos que los colectivos a los que se destina este contrato, aunque sólo lo fuese parcialmente, son los mayores y los discapaces,

[456] Tanto la asistencia material como la asistencia moral deben considerarse como prestaciones principales, tal y como señala ECHEVARRÍA DE RADA, T., *op. cit.*, p. 96, sin perjuicio de variedades pero "teniendo presente que esos contenidos generales deben estar contemplados" a diferencia de lo expresado por MESA MARRERO, C., *op. cit.*, p. 94 que entiende que cabe que "una de las prestaciones pactadas se configure como principal y las demás como accesorias" indicando que habrá de estarse a los términos en que estén redactadas las cláusulas para determinar en que casos queda satisfecho el interés del deudor.

parece necesario considerar que su posición está especialmente necesitada de defensa, la cual ha de venir dada, en un principio, por un marco legal adecuado y conformado de manera que no presente disfunciones en cuanto a su régimen de aplicación. El porqué proteger en especial a este colectivo deriva de razones de justicia material, toda vez que tiene una posición débil frente a la otra parte en el contrato ya se trate de un particular o en su caso, de un empresario[457], entendiendo que se ha de realizar tal protección ya sea mediante una interpretación judicial extensiva o mediante la aplicación del Derecho común.

Los contratantes y, en concreto, los cedentes carecen en su mayoría de experiencia al respecto y no suelen ser conocedores ni cuentan con la cualificación necesaria para tomar sus propias decisiones en relación, entre otros, a cuidados, atenciones, solidaridad y tipos de asistencia o para valorar correctamente los riesgos que llevan inherentes y, en último lugar, por no ser en su mayoría profesionales de atenciones y cuidados.

Es cierto que existen mecanismos a través de los cuales se puede acudir debidamente informado a la hora de proceder la contratación, evitando así un posible conflicto en la formación de la voluntad de las partes contratantes. Indudablemente, la presencia de asesores profesionales[458] de las partes, de organizaciones[459] que reúnan o agrupen a afectados por las distintas discapacidades o colectivos asesorándolos al respecto o del propio notario[460] dará mayor seguridad y serán canales de información veraz y profesional o especializada[461]

---

457 Es cierto no obstante que para el caso de que se trate de un empresario existe una legislación específica que persigue genéricamente la protección al consumidor y usuario de bienes y servicios pero no expresamente, p. ej., la del discpacitado.

458 En este sentido, el abogado actuará en el ejercicio de su función respecto del asesoramiento jurídico y defensa, con el máximo celo y diligencia, guardando el secreto profesional. Y realizando diligentemente las actividades que se le encarguen de acuerdo con las exigencias técnicas, deontológicas y éticas adecuadas a la tutela jurídica del asunto como señalan entre otros los arts. 42 y 45 del R.D. 685/2001, de 22 de junio, por el que se aprueba el Estatuto general de la Abogacía española.

459 Resulta difícil, por su amplitud, referenciar las organizaciones que actúan en España en materia de discapacidad y de edad, entre otras ASPACE, CERMI, COCEMFE, COMINET, DISCAPNET, FAMMA FUNDACIÓN ONCE, FEAPS, FEAFES, FIAPAS, FUTUEX o PREDIF en materia de discapacidad o AGE, ACDE O CEOMA en materia de edad, aparte de la función que, a tal efecto, realizan las distintas Administraciones Públicas españolas.

460 En esta línea, ECHEVARRÍA DE RADA, T., *op. cit.*, p. 86, propone, enlazada junto con una exigencia de formalización en escritura pública del contrato de alimentos, el que los Notarios den una información exhaustiva sobre el contenido y consecuencias del contrato. Entiende, por ello, que los Notarios deben implicarse de forma especial aún constándole que, cuando se otorga en documento público, dicha necesidad de información es atendida.

461 El art. 7, apartado 3, de la Convención Internacional de los Derechos de las Personas con Discapacidad establece el derecho del menor discapaz a que su opinión se escuche sobre aquello que le afecte señalando que "dicha opinión recibirá la debida consideración teniendo en cuenta su edad y su madurez, en igualdad de condiciones con los demás niños y niñas".

a la hora de aconsejar los beneficios mayores o menores que pueda tener una opción u otra.

En este sentido, y respecto del colectivo de los mayores, resulta de interés destacar, aunque sea brevemente, la indicación que dentro del "principio de cuidados" aprobados por las Naciones Unidas[462] a favor de las personas de edad por ser uno de los grupos especialmente representado en este contrato. Señala dicho principio, en lo que aquí importa, que las personas de edad deberán tener acceso, entre otros, a servicios jurídicos que les aseguren mayores niveles de autonomía, protección y cuidado[463], lo cual es específicamente aplicable al supuesto que estudiamos.

La protección de las partes *a priori* daría una mayor confianza y seguridad en el tráfico jurídico mediante una información[464] que facilite la transparencia

---

[462] Estos Principios de las Naciones Unidas a favor de las Personas de Edad, adoptados por la Asamblea General de las Naciones Unidas el 16 de diciembre de 1991 en virtud de Resolución 46/91, tomando como base la Declaración de la Federación Internacional de la Vejez (FIV), son los de independencia, participación, cuidados, autorrealización y dignidad.

[463] Además de recoger dicho documento en los números 5 y 6 del principio de independencia, el que los mayores han de tener la posibilidad de vivir en entornos seguros y adaptables a sus preferencias y a sus capacidades en continuo cambio así como a residir en su propio domicilio por tanto tiempo como les sea posible. A los efectos de destacar su importancia en esta específica materia de cuidados que, por su transversalidad, incide por la vía de la prestación del alimentante en el contrato de vitalicio, pasamos a transcribirlo.

"*Cuidados*

10. Las personas de edad deberán poder disfrutar de los cuidados y la protección de la familia y la comunidad de conformidad con el sistema de valores culturales de cada sociedad.

11. Las personas de edad deberán tener acceso a servicios de atención de salud que les ayuden a mantener o recuperar un nivel óptimo de bienestar físico, mental y emocional, así como a prevenir o retrasar la aparición de la enfermedad.

13. Las personas de edad deberán tener acceso a los servicios sociales y jurídicos que les aseguren mayores niveles de autonomía, protección y cuidado.

14. Las personas de edad deberán poder disfrutar de sus derechos humanos y libertades fundamentales cuando residan en hogares o instituciones donde se les brinden cuidados o tratamiento, con pleno respeto a su dignidad, creencias, necesidades e intimidad, así como de su derecho a adoptar decisiones sobre su cuidado y sobre la calidad de su vida."

[464] Resulta muy ilustrativa de dicha necesidad de información adecuada y adaptada, la previsión de modificación que en el Proyecto de ley de adaptación normativa a la Convención Internacional sobre los derechos de las personas con discapacidad (Proyecto de Ley 121/000103) que en su artículo 4 prevé la modificación de los apartados 1 y 2 del art. 10 de la Ley 14/1986, de 25 de abril, General de Sanidad, señalando especialmente en su apartado 2 que transcribimos por su interés:

"7. La información y el consentimiento a que se refieren los apartados anteriores deberán realizarse en formatos adecuados, siguiendo las reglas marcadas por el principio del diseño para todos, de manera que resulten accesibles y comprensibles a las personas con discapacidad."

La Ley 26/2011, de 1 de agosto, de adaptación normativa a la Convención Internacional sobre los Derechos de las Personas con Discapacidad, como resultado legislativo de dicho proyecto tras su tramitación parlamentaria, dispone al respecto en su artículo 6:

"Uno. Los apartados 1 y 2 del artículo 10 quedan modificados en los siguientes términos:

1. Todos tienen los siguientes derechos con respecto a las distintas administraciones públicas sanitarias:

en las obligaciones de las partes en la estructura jurídica del vitalicio, dando a conocer la información relevante de este contrato que, a nuestro juicio, es más amplia que la que facilita el propio texto legal y de una manera que sea accesible y comprensible a las personas con discapacidad, a los mayores y, en general, al universo de destinatarios a los que se dirige este contrato[465]. De esta manera se pretende conciliar el principio de autonomía de la voluntad de las partes, núcleo esencial del derecho de la contratación con el principio de igualdad de oportunidades, como derecho concreto plasmado en la ley, de toda persona con discapacidad buscando su equiparación como sujeto contratante con los demás contratantes[466]. Así, para el caso de tratarse de un menor, se hará hincapié por el informador en que el presente contrato, salvo pacto expreso, no incluya la educación e instrucción del alimentista o que ciertos servicios terapéuticos de carácter preventivo o la cooperación en las relaciones sociales o en los viajes, como los que puede desear un mayor activo, no están incluídos salvo que se llegue a un acuerdo expreso en tal sentido que ha de plasmarse en el clausulado contractual.

Al respeto a su personalidad, dignidad humana e intimidad, sin que pueda ser discriminado por su origen racial o étnico, por razón de género y orientación sexual, de discapacidad o de cualquier otra circunstancia personal o social.

2. A la información sobre los servicios sanitarios a que puede acceder y sobre los requisitos necesarios para su uso. La información deberá efectuarse en formatos adecuados, siguiendo las reglas marcadas por el principio de diseño para todos, de manera que resulten accesibles y comprensibles a las personas con discapacidad".

[465] Conviene tener presente que en el Proyecto de Ley de adaptación normativa a la Convención Internacional sobre los derechos de las personas con discapacidad, en su art. 1, número seis, se plantea, entre otras, la modificación de la Ley 51/2003, de 2 de diciembre, de igualdad de oportunidades, no discriminación y accesibilidad universal de las personas con discapacidad mediante la adición de un nuevo art. 10.bis con la siguiente redacción, que por su interés para la materia que tratamos:

"Artículo 10.bis. Igualdad de trato en acceso a bienes y servicios.

1. Todas las personas físicas o jurídicas que, en el sector público o en el privado, suministren bienes o servicios disponibles para el público, ofrecidos fuera del ámbito de la vida privada y familiar, estarán obligadas, en sus actividades y en las transacciones consiguientes, al cumplimiento del principio de igualdad de oportunidades de las personas con discapacidad, evitando discriminaciones, directas o indirectas, por razón de discapacidad.

2. Lo previsto en el apartado anterior no afecta a la libertad de contratación, incluida la libertad de la persona de elegir a la otra parte contratante, siempre y cuando dicha elección no venga determinada por su discapacidad.

3. No obstante lo dispuesto en los apartados anteriores, serán admisibles las diferencias de trato en el acceso a bienes y servicios cuando estén justificadas por un propósito legítimo y los medios para lograrlo sean adecuados y necesarios."

Tras la tramitación legislativa correspondiente, se recoge idéntico texto en el art. 1, apartado siete, de la Ley 26/2011, de 1 de agosto, de adaptación normativa a la Convención Internacional sobre los Derechos de las Personas con Discapacidad.

[466] En este sentido ROMERO GALLARDO, A.: "Proyecto de Ley de adaptación normativa a la convención Internacional sobre los derechos de las personas con discapacidad", Diario La Ley, Nº 7591, Sección Doctrina, ed. La Ley, 2011, p. 3028.

2.3.2. Las tareas a realizar y diligencia exigible

Se deben, a nuestro juicio, buscar mecanismos que eviten la cada día mayor necesidad del recurso a técnicas de solución de conflictos ya sean judiciales o extrajudiciales. Es cierto que una posible solución a los problemas que genere la configuración de un contrato en la vida contractual puede ser el uso de una judicialización interpretativa, pero consideramos que es en el Derecho civil y, más concretamente, en el Derecho civil territorial de Galicia donde la LDCG puede incorporar al contrato este contenido protector sin necesidad de que las partes realicen pacto expreso en la búsqueda del equilibrio entre ellas, teniendo siempre presente el carácter aleatorio de este contrato. Por ello proponemos de *lege ferenda* que se recojan en la normativa gallega unas disposiciones de protección material que impongan una regla especial de conducta, motivada por la protección especial de una de las partes contratantes, en lo relativo a las prestaciones específicas de las partes. Tal sistema no es en absoluto desconocido para el legislador gallego como cabe observar dentro de la presente institución, para el caso del desistimiento y su nueva regulación legal o en los casos de resolución ante el incumplimiento del contenido mínimo del contrato como una sanción ante tal conducta. Sería posible a través de la regulación expresa como elementos naturales del contrato de los medios de protección más específicos o bien, como analizaremos, mediante la técnica de la remisión legislativa, por ejemplo, a la legislación específica en materia de discapacidad[467] o de dependencia.

El contrato se configura ya en la actualidad como un contrato con un claro contenido mínimo legal que actúa imperativamente respecto de las partes del contrato. Debe cubrir, como ya se ha dicho, el sustento, la habitación, el vestido y la asistencia médica, si hablamos de alimentos, y las ayudas y cuidados, incluso los afectivos, adecuados a las circunstancias de las partes.

Ahora bien, a nuestro juicio, debemos contemplar si este elenco de posibilidades comprende o no con esta descripción la función asistencial integral de la persona del alimentista. Acudimos, para ello, a la comparativa con lo que sería un parámetro correcto de cuidados determinado en este caso por la Xunta de Galicia para los cuidadores no profesionales[468] o de contorno, dejando aparte, como ya hemos señalado, aquellas situaciones en que es un profesional la persona que asume el cuidado del alimentista.

---

[467] *Vid.* GONZÁLEZ CARRASCO, M.C., CANTERO MARTÍNEZ, J.: *La producción normativa en materia de consumo*, Cuadernos temáticos de consumo nº 2, Centro de Estudios de Consumo, Toledo, 2006, p. 16.

[468] XUNTA DE GALICIA, *Manual de formación para cuidados en el contorno familiar*, Consellería de Traballo e Benestar, 2010.

Tratándose de un cuidador profesional entendemos que será la legislación específica que regule su actuación profesional, la que determine la diligencia con que ha de actuar en su cuidado del alimentista, de no ser otra la pactada, así como los cuidados exigidos por la Ley, de ser la que regule su actividad más específica que la norma civil. Ello sucedería en el caso de una persona jurídica que se dedicase a este tipo de actuación o de una persona física que, a modo de ejemplo, regentase una vivienda tutelada en la que el alimentista se integrase a través de un contrato de vitalicio o, más concretamente, en el asistente personal[469].

Se trataría, por tanto, de asumir distintas tareas que, procedemos a encuadrar en el contrato de vitalicio en la medida en que son las necesarias para tales cuidados. A efectos de una primera aproximación, encontramos tres posibles grupos acerca de las variadas necesidades de apoyo, a saber, las tareas cotidianas –que englobarían actividades como salir a la calle, realizar gestiones, visitar al médico–, las tareas domésticas dentro de las cuales encontramos la cocina, plancha o el lavado y, por último, los cuidados personales como asear, vestir o dar de comer. Podemos incluso realizar un esfuerzo utilizando la clasificación de la LPAD y diferenciando entre actividades básicas de la vida diaria y actividades instrumentales de la vida diaria[470].

De esta manera, cabe considerar que el cuidador tiene que dar de comer, vestir, asear, ayudar en materia de movilidad, realizar tareas domésticas, administrar tratamientos médicos, tomar decisiones en cuanto a estas materias y al uso del dinero e, incluso, prestar atención emocional a la persona. Es cierto que al tratar tales figuras se está pensando en la dependencia y que no necesariamente los contratantes de un vitalicio tendrán que estar o pasar por dicha situación pero, estadísticamente, por razón del aumento de esperanza de vida, las probabilidades de llegar a encontrarse en tal estado, se incrementan notablemente, por lo que nos parece que debiera intentarse realizar dicho acer-

[469] La ley 39/2006, de 14 de diciembre, de promoción de la autonomía personal y atención a las personas en situación de dependencia (LPAD) señala la existencia de tales cuidadores personales en su artículo 2.7 como aquella persona que realiza o ayuda a realizar las tareas de la vida diaria a otra persona que, por su situación, no puede realizarlas por sí misma, para fomentar su vida independiente y promover su autonomía personal. La ley alude a la discapacidad como motivo de ser de este asistente pero podría tratarse también de otro motivo ya que tal figura es conocida con anterioridad en otras legislaciones en base a un contrato profesional.

[470] Arts. 2.3 y 2.4 de la LPAD que señalan que son cada una de ellas:

"3. Actividades Básicas de la Vida Diaria (ABVD): las tareas más elementales de la persona, que le permiten desenvolverse con un mínimo de autonomía e independencia, tales como: el cuidado personal, las actividades domésticas básicas, la movilidad esencial, reconocer personas y objetos, orientarse, entender y ejecutar órdenes o tareas sencillas.

4. Necesidades de apoyo para la autonomía personal: las que requieren las personas que tienen discapacidad intelectual o mental para hacer efectivo un grado satisfactorio de autonomía personal en el seno de la comunidad.

camiento de conceptos. Recordemos, además, que no sólo por razón de edad su puede encontrar la persona en tal situación.

Indudablemente cabe también pacto accesorio respecto de la educación siendo necesario en el caso de un alimentista menor y accidental, a nuestro criterio, para un mayor al igual que sucede en ambos destinatarios con las actividades de ocio. Indudablemente otro aspecto de importancia serán los posibles gastos farmacéuticos que generen los cuidados del alimentista o alimentistas y su carácter de reembolsables o no para con el alimentante de haberlos éste abonado.

A nuestro juicio, la norma gallega supuso un avance notable ya desde la regulación del vitalicio por la Ley 4/1995 y ha ido evolucionando de acuerdo con las necesidades de la sociedad en la que se aplica para dar una respuesta no institucional sino privada al problema del cuidado y las atenciones.

Creemos que al concepto que se utiliza para mantener lo que históricamente ha sido la prestación de alimentos se debe, ya no variar totalmente para acercarlo a la regulación de dependencia –lo que no parece necesario por tratarse de un régimen civil especial dotado primero de un peso consuetudinario notable y de gran aceptación social en la regulación legal actual y por tener la otra norma un distinto origen formal y otro determinado ámbito–, sino incluir en la LDCG la mención a tales tareas y tales conceptos para realizar, en materia de cuidados y atenciones, una remisión a las tareas a realizar por el cuidador y, de esa manera, entenderlas automáticamente incluidas dentro del mínimo legal obligatorio gallego, para el caso de que el alimentista se encontrase en alguna de esas situaciones de dependencia previstas en esta ley.

Obviamente, los derechos y las obligaciones dimanantes del contrato de vitalicio serían las fijadas por la ley gallega pero, en su caso, el contenido de la prestación genérica de alimentos, ayudas y cuidados de toda clase, incluso los afectivos, vendría dado por una norma que se desarrolla específicamente para un colectivo necesitado de especial protección y parcialmente destinatario natural del contrato de vitalicio, ya en el propio momento de concertarlo, ya en un hipotético futuro, determinando cuales han de ser tales cuidados, ayudas y atenciones y cuáles corresponden, en otro caso, a otros sujetos u organismos, para que, en el supuesto de que no provengan de los servicios públicos, sean realizadas o pagadas, según el caso, por el alimentante o, en caso de pacto que rebase los mínimos, se haga frente a dichas cantidades de la manera precisa, por ejemplo, el caso del copago en medicamentos o un hipotético pago de operaciones médicas que se estableciera en el sistema público sanitario en un futuro.

2.3.3. *El sustento del alimentista*

Encontramos así citado, en primer lugar, el sustento del alimentista. A falta de pacto será el normal o medio en cuanto a su calidad y contenidos, sin perjuicio de que de ser necesario por razones terapéuticas deba ser variado por la simple prescripción del especialista de que se trate o, en otro caso, según sus necesidades. Entendemos que un alimentación *ad gustum* debería, en su caso, ser objeto de un pacto específico entre las partes en tal sentido. En esta línea la SAP de Asturias de 26 de julio de 2004[471] contempla los alimentos incluyendo los cuidados y ayudas afectivos y, respecto de la materia concreta que se indica, señala la obligación por los alimentantes de vigilar que la alimentista tome la dieta alimenticia prevista y la medicación señalada como indica el Fundamento de Derecho cuarto.

> "Todo lo cual evidencia que en modo alguno los demandados han cumplido con la obligación asumida en el contrato cuya resolución ahora se insta, pues no se puede tener por cumplida por el mero hecho de unas visitas aisladas, ni por el hecho de haberles sacado a pasear alguna vez ni de acompañarles cuando ha sido necesario prestarles asistencia médica, precisamente producida por el abandono de la dieta en la comida y del tratamiento médico, en el caso de Mariana, sin que los mismos vigilaran como era su obligación de que la misma tomara la dieta alimenticia prescrita y la medicación prescrita".

2.3.4. *Habitación y convivencia*

En lo relativo a la habitación, cabe decir que tal prestación puede tener multitud de posibilidades. Un único lugar, dos distintos con uno de ellos específico para verano, a elección del demandante, en el domicilio del alimentista, en una institución o residencia a elección del alimentante, etc. Conviene señalar que no tiene que coincidir la obligación de facilitar alojamiento con la de convivir alimentante y alimentista[472]. Hemos de tener en cuenta que tal prestación de habitación se ha de pactar necesariamente dado el contenido mínimo legal imperativo del presente contrato de vitalicio. Por ello, en el caso de disponerse que se ha de realizar en el domicilio del alimentista, será este lugar en donde se desarrolle el contenido contractual de que se trate o en el señalado a tal fin en el contrato. De haberse pactado el lugar del cumplimiento en tal sitio ha de respetarse, ya que, de otra forma, se produciría un incumplimiento que daría

---

[471] Ponente PAVESIO FERNÁNDEZ, *AC* 2005, marg. 198.

[472] CHILLÓN PEÑALVER, S., *op. cit.*, p. 256 y ss. señala que del estudio de la Jurisprudencia se deduce que el pacto de convivencia forma parte del contenido más típico de este contrato sin tener, sin embargo, un carácter esencial. En idéntico sentido se habían pronunciado, entre otros, LORENZO MERINO, F., *El derecho civil… cit.*, p. 38; REBOLLEDO VARELA, A.L., *op. cit.*, p. 864.

lugar a una posible resolución. En este sentido, la SAP de Huelva de 19 de enero de 2010[473] que en su Fundamento Jurídico segundo, al tratar sobre el traslado del domicilio a la casa de una hija por haber fallecido el marido, tiene en cuenta tanto las condiciones del nuevo lugar donde se va a residir como el apego al antiguo, el pactado, señalando la resolución parcial del contrato de vitalicio por haber ya fallecido el marido respecto del cual se cumplió el contrato y su finalidad.

> "Como revela la documental aportada, la demandante, un mes después del fallecimiento de su esposo, ya pretendió resolver el acuerdo; y es que en ese mes dejó de vivir en el domicilio que entonces ocupaba (calle Mesones de Trigueros), situado en el pueblo en el que se desarrolló su vida matrimonial y familiar, y pasó a convivir con la demandada en el domicilio de ésta, ubicado en la capital, al parecer en un bloque sin ascensor, a diferencia de su residencia habitual que debía tener mejor acceso a la calle. El caso es que los documentos y las declaraciones prestadas en juicio revelan con suficiente claridad que ese traslado no fue consentido, y es eso lo que constituye el incumplimiento. La específica cláusula que señalaba dicho lugar como del de prestación de los cuidados es típica de esta clase de contratos, porque lo natural es que las personas de avanzada edad quieran terminar sus días en aquel lugar en el que se desarrolló la mayor parte de su vida, rodeados de las personas y cosas que conocen; y la convivencia en el domicilio de otra unidad familiar, aunque sea de una hija, siempre es difícil. El cambio poco después de perder la compañía de su esposo debió afectar en buena manera a la demandante, y ese hubo de ser el probable origen de las desavenencias posteriores. La buena fe obligaba a la demandada a comprender tal hecho y a continuar con el cumplimiento de sus obligaciones en aquel lugar, sin alterar el contenido del contrato tal como se venía desarrollando y contra la voluntad de su contraparte. No ha probado la demandada, en suma, que ese cambio de lugar de desarrollo del contrato fuera voluntario. La rápida concatenación de los hechos, residencia de los alimentistas según contrato en el domicilio designado, muerte de uno de los alimentistas y traslado inmediato, con petición de resolución, hablan con claridad de lo ocurrido".

Para el caso de que nada se haya pactado, no se impone la convivencia bajo un mismo techo[474]. A nuestro juicio, será necesario que el deudor alimentante se haga cargo de facilitar dicho lugar de residencia al alimentista por corresponderle facilitar tal obligación, teniendo presente que, en todo caso, el lugar del cumplimiento de las obligaciones es el propio domicilio del deudor a falta de tal

[473] Ponente BODEGA DE VAL, *JUR* 2010, marg. 199023.

[474] BELLO JANEIRO, D., *op. cit.*, p. 243, indica que el régimen de convivencia requiere un expreso compromiso en ese sentido formulado en manera clara e indubitada, advirtiendo que "si el contrato sólo se comprometió a prestar *habitación* sin más especificaciones, tal convenio no impone la convivencia bajo un mismo techo".

pacto[475], lo que conllevaría *de facto* tal convivencia entre cedente y cesionario. De ser así, entendemos que también tendría que prestar su consentimiento el cónyuge al alimentante de no ser parte del contrato, ya sea un régimen de sociedad de gananciales, ya sea otro, por tratarse del domicilio familiar[476] y además, consideramos que, por analogía, se aplicará a los convivientes de hecho inscritos en el Registro de Parejas de Hecho de Galicia[477]. De existir cualquier otro tipo de comunidad de bienes o de copropiedad de otra clase, dicha convivencia en aquel domicilio se regirá por la normativa que se aplique respecto del derecho a usar tal bien que corresponda a su titular y sus posibilidades respecto de la administración de dicha facultad o de dicho bien[478].

Supuesto especial por su habitualidad sería el del domicilio del alimentante en el que se ha de desarrollar tal prestación y para el caso de que se trate de una vivienda en régimen de alquiler. Tal pacto, de ser una vivienda arrendada, deberá tener el tratamiento de un subarriendo al ser el contrato de vitalicio un contrato oneroso y, como su nombre indica, vitalicio, por lo que no cabe incluir a este supuesto en el uso gratuito de la vivienda que pueden realizar personas distintas al arrendatario de forma temporal. De ser el alimentante el titular o siendo cónyuge o pareja de hecho del arrendatario titular, habrá de estarse, en todo caso, a lo que resulte de dicho contrato de arrendamiento ya que es posible –suele existir cláusula en tal sentido– el que excluya la posibilidad de subarriendo total o parcial de la vivienda, caso en el que quedaría prohibido su uso por el alimentista salvo que el alimentante fuese su cónyuge o su pareja de hecho[479]. Para el supuesto de que no se indique nada al respecto en el contrato de arrendamiento y de tratarse de un arrendamiento sometido a la Ley 29/1994 de Arrendamientos Urbanos, deberá tenerse en consideración lo dispuesto en su art. 8.2[480], en cuanto a que es preciso el previo consentimiento por escrito

---

475 El art. 1171 del Cc establece como lugar del cumplimiento de las obligaciones el lugar que las partes hayan designado y, en su defecto y para el caso de que no se trate de cosa determinada, el domicilio del deudor.

476 En este sentido, arts. 1320 y 322 del Cc

477 No opina así RODRÍGUEZ LÓPEZ, F., *op. cit.*, p. 740, para el cual no se requiere asentimiento ni conformidad de los restantes miembros de la familia del alimentante que convivan en dicho domicilio. Tampoco entiende necesaria la intervención del cónyuge del alimentante basándose en la no aplicación por entender que el pacto de convivencia no estaría incluido en los actos de disposición de derechos recogidos en la norma del art. 1320 del Cc.

478 Notas específicas tienen, en tal caso, las comunidades hereditarias, las copropiedades de tipo romano o germánico y las comunidades de bienes.

479 Si el arrendatario realizó el contrato de arrendamiento de forma individual y después contrae matrimonio o constituye una relación estable de pareja, sin necesidad de que exista el consentimiento del arrendador, pasa dicha vivienda a convertirse en su domicilio familiar sin que exista causa de resolución contractual ni subarriendo no consentido.

480 El art. 8.2 de tal texto legal señala que:

"La vivienda arrendada sólo se podrá subarrendar de forma parcial y previo el consentimiento escrito del arrendador. El subarriendo se regirá por lo dispuesto en el presente Título para el

del arrendador. Consideramos problemática la cuestión relativa al importe abonado por el alimentista a estos efectos en relación a lo dispuesto en la LAU de no haber una previsión en ese sentido en el texto del propio contrato de vitalicio pero, en todo caso, habrá de estarse a las resultas del procedimiento que, en concreto, se sustanciase por el arrendador. También es de interés este pacto cuando se ha producido una orden de alejamiento respecto del domicilio familiar en donde habita el protegido con tal medida y en el cual convive con dicho alimentista.

2.3.4.1. Las crisis matrimoniales

En los casos de separación o divorcio y en el de nulidad matrimonial el uso y disfrute de la vivienda familiar corresponderán al cónyuge a quien le haya sido concedido tal y como determine el convenio aprobado por le Juez o, de no haberlo, la propia resolución judicial. De tratarse del cónyuge alimentante no existiría problema, igual que sucedería para el caso de que fuesen ambos cónyuges los alimentantes. En otro caso, y salvo que en vía judicial se señalase otra cosa, de haberse pactado expresamente tal residencia para el alimentista entendemos se produciría un incumplimiento objetivo parcial del contrato. De no haberse pactado dicha especificidad consideramos que seguirá el cónyuge alimentante en el lugar donde éste establezca tal residencia o siendo ambos cónyuges los deudores, parece que es adecuado interpretar que se le deberán ofrecer ambos domicilios para la realización de la prestación, pudiendo escoger el acreedor la prestación que se le ofrezca por cualquiera de los deudores al tener el carácter de solidaria, independientemente de que, posteriormente, en la relación interna entre deudores, pueda existir derecho a repetir. Igual sucedería en el caso de que la vivienda fuese alquilada.

Para la hipótesis de que cómo consecuencia de la ruptura se estableciera la enajenación obligatoria de la vivienda, ya por pacto en capitulaciones, por convenio o por establecerlo la ley, las partes tendrán que obrar como en los

---

arrendamiento cuando la parte de la finca subarrendada se destine por el subarrendatario a la finalidad indicada en el artículo 2.1. De no darse esta condición, se regirá por lo pactado entre las partes.

El derecho del subarrendatario se extinguirá, en todo caso, cuando lo haga el del arrendatario que subarrendó.

El precio del subarriendo no podrá exceder, en ningún caso, del que corresponda al arrendamiento".

La referencia que se realiza a la finalidad del art. 2.1 es respecto de satisfacer la necesidad permanente de vivienda. Es importante destacar, en este punto, el art. 24 respecto de obras de adaptación de dicha vivienda para el mayor o discapaz al ser discutible que la calificación como familiar del alimentista, salvo en los casos de convivencia, matrimonio o parentesco por consanguinidad o afinidad. *Vid.* en este sentido y, en general, para lo desarrollado respecto de los arrendamientos urbanos LLAMAS POMBO, F (coordinador), *Ley de arrendamientos urbanos* (*comentarios y jurisprudencia doce años después*), ed. La Ley, Madrid, 2007, p. 86 y ss.

casos anteriores debiendo seguir al alimentante el alimentista, obviamente salvo que se tratase de su cónyuge o pareja de hecho como sucedería en todos los supuestos antes reseñados.

De esta manera se observa como, a nuestro juicio, la convivencia, entre alimentante y alimentista es actualmente elemento natural del contrato de vitalicio lo que concuerda con la finalidad asistencial prevista. Serán las partes las que podrán reforzar este carácter pactando expresamente la convivencia, si bien normalmente tal pacto tendrá como finalidad establecer el criterio de determinación del lugar donde se desarrollará y la persona o personas que realizarán esa determinación o para añadir algún elemento accidental a aquella estipulación como, por ejemplo, que sólo se dará tal convivencia si la edad o el estado de salud del alimentista lo hicieran necesario. En este sentido la SAP de Asturias de 31 de mayo de 2002[481] resuelve acerca de la resolución de un contrato de vitalicio por incumplimiento del deber de convivencia. La Sala señala que es posible tanto el pacto de la convivencia en el vitalicio estableciendo la posibilidad de desistimiento unilateral con contraprestación, como la de pactar la convivencia con integración en la vida familiar, supuesto que no se produce por ser otro el pacto, como indica en su Fundamento de Derecho tercero.

> "Tampoco resulta aplicable al presente caso el criterio sostenido por la Audiencia Provincial de La Rioja en la sentencia de 31 de julio de 1997, que parcialmente transcribe el apelante en el recurso, por tratarse de supuestos de hecho distintos, primando en aquél la convivencia e integración de los cedentes en el hogar familiar de los obligados a prestar alimentos, existiendo lazos directos de parentesco entre los contratantes (madre e hijo y su esposa), mientras que en el presente la convivencia no se ha regulado como forma esencial o única de cumplimiento de las obligaciones de los demandados, sino sólo para el supuesto en que la edad o el estado de salud lo hicieran necesario, y no existen o al menos no han quedado acreditados lazos de parentesco".

Con idéntico razonamiento, al ser un elemento natural del contrato, sólo cabrá exclusión de tal convivencia en un mismo domicilio si las partes expresamente realizan una estipulación en este sentido. Pacto que nos parece razonable, por ejemplo, cuando sea exclusivamente uno de los cónyuges el alimentista o no estén incluidos los miembros de la unidad familiar en el contrato de vitalicio por no tener interés en el mismo, excluyéndose la convivencia en dicho domicilio de esa unidad familiar ya que, como hemos señalado con anterioridad[482], los cónyuges deben compartir las responsabilidades domésticas y el cuidado y atención de ascendientes y descendientes y de otras personas a su cargo.

[481] Ponente MURIEL FERNÁNDEZ-PACHECO, *JUR* 2002, marg. 193171.

[482] Art. 68 del Cc.

2.3.4.2. Requerimientos a la convivencia: la conducta

Del texto de la Ley, no se deduce la necesaria convivencia ni aparecen especificaciones de cómo se realizará, lo cual hará necesario un acuerdo o pacto respecto a la convivencia, acuerdo que habitualmente se hará de manera informal. La Ley gallega señala un límite que, a nuestro juicio, es extremado en cuanto a esa convivencia. Así, en el art. 153.1 de la LDCG de 2006 relativo a la resolución[483] alude a la conducta gravemente injuriosa o vejatoria respecto del alimentista por parte de la persona obligada a prestar alimentos, su cónyuge o pareja o los hijos con los que convivan. A nuestro parecer no es la más afortunada de las redacciones y entendemos que de *lege ferenda* debe haber una previsión expresa respecto de la convivencia en aplicación de este contrato que ha de ser plasmada en la Ley indicando la misma de forma expresa que, en todo caso, deberán respetarse recíprocamente y en el supuesto de convivir con las personas que compongan la unidad familiar deben convivir pacíficamente.

Ello nos lleva a pensar que no sólo no debe ser gravemente injuriosa o vejatoria sino que no ha de serlo ni levemente, ya que no cabe entender una posibilidad en este sentido[484]. En la actualidad y en relación con este tema, se

---

[483] Dicho precepto será objeto de un estudio más detenido en su sede respectiva.

[484] En tal sentido el art. 172.2 del CP al tipificar las coacciones indica que "2. El que de modo leve coaccione a quien sea o haya sido su esposa, o mujer que esté o haya estado ligada a él por una análoga relación de afectividad, aun sin convivencia, será castigado con la pena de prisión de seis meses a un año o de trabajos en beneficio de la comunidad de treinta y uno a ochenta días y, en todo caso, privación del derecho a la tenencia y porte de armas de un año y un día a tres años, así como, cuando el Juez o Tribunal lo estime adecuado al interés del menor o incapaz, inhabilitación especial para el ejercicio de la patria potestad, tutela, curatela, guarda o acogimiento hasta cinco años.

Igual pena se impondrá al que de modo leve coaccione a una persona especialmente vulnerable que conviva con el autor.

Se impondrá la pena en su mitad superior cuando el delito se perpetre en presencia de menores, o tenga lugar en el domicilio común o en el domicilio de la víctima, o se realice quebrantando una pena de las contempladas en el artículo 48 de este Código o una medida cautelar o de seguridad de la misma naturaleza.

No obstante lo previsto en los párrafos anteriores, el Juez o Tribunal, razonándolo en sentencia, en atención a las circunstancias personales del autor y a las concurrentes en la realización del hecho, podrá imponer la pena inferior en grado".

Se producen insultos graves, vejaciones, gritos humillantes, amenazas de todo tipo, prohibiciones que atenten gravemente contra la dignidad del ser humano, exclusión social reiterada y grave, aislamiento y soledad provocados, si hay convivencia, nos encontraríamos ante un delito de violencia física en el ámbito familiar del art. 153 C.P. o ante el trato degradante previsto en el art. 173 CP encuadrado dentro de las torturas y otros delitos contra la integridad moral. En este sentido véase VVAA, *Malos tratos a mayores: guía de actuación*, A. MOYA BERNAL y J. BARBERO GUTIÉRREZ (coords.), ed. Ministerio de Trabajo y Asuntos Sociales IMSERSO, Madrid, 2005. Téngase presente que de acuerdo con lo dispuesto en el art. 25 del CP "a los efectos de este código se considera incapaz a toda persona, haya sido o no declarada incapacitación, que padezca una enfermedad de carácter persistente que le impida a una persona gobernar su persona o bienes por

han de tener en cuenta no sólo los controles de tipo penal para prevenir el abuso respecto de discapaces y mayores, sino actuar previamente en tal sentido por lo que una mínima indicación al respecto en sede de la regulación de vitalicio puede ser de sumo interés. Se establecerá así, por ejemplo, el derecho que tiene a la mayor intimidad pudiendo recibir visitas o efectuar salidas, a participar en la vida familiar, si así se pactara, su acceso a las zonas comunes de la vivienda, señalando, en su caso cuales estarían excluidas.

2.3.4.3. El posterior matrimonio o convivencia de hecho del alimentista

Creemos que es de suma importancia que ninguna de las partes se vea privada de sus derechos y mucho menos de sus derechos fundamentales en base a dicha convivencia. No cabe aislamiento o secuestro y persiste la libertad de culto, de relación y de visitas. Entendemos que un posterior matrimonio o una unión de hecho no permitirían el alojamiento de tal persona en la misma habitación o habitaciones que correspondieran al alimentista. Asimismo, la libertad sexual del alimentista o del alimentante no sufren restricciones recíprocas salvo las que por sus propias personas y circunstancias y propia voluntad deriven por tal situación pero han de verse a la luz del Código Penal y, respecto de tal situación, la edad, incapacidad, etc., para señalar cuáles serían sus límites, entendiendo que no caben pactos en los que se determinen el "derecho" o "deber" de realizar prestaciones de tipo sexual pues tendrían una causa torpe. En este sentido, en la SAP de Valencia de 29 de febrero de 2009[485] en la que se alude por una de las partes como causa de un posible incumplimiento de un contrato de vitalicio un pacto verbal de no mantener relaciones sexuales con la demandada al que ésta atribuye la crispación del demandante y que la Sala no considera acreditado en su Fundamento de Derecho quinto.

> "Si la parte apelante, Doña Julieta postula que la mala relación entre los litigantes se debió a un deterioro de la convivencia motivado por el incumplimiento por el actor del pacto verbal contraído antes de celebrar el matrimonio de "no mantener relaciones sexuales".
>
> Partiendo de que resulta nula la actividad probatoria de la parte demandada-apelante de dicho pacto, debemos de considerar como acertadamente fija el juzgador de instancia es si la parte demandada, "beneficiada" por el contrato vitalicio (documento obrante al folio 13 y siguientes de las actuaciones) de fecha 28 de junio de 2004 cumplió con la obligación contraída:

---

sí misma" y su relación con la tipificación de los delitos ya indicados o los delitos contra la libertad o la indemnidad sexuales o los delitos ontra la seguridad de menores e incapaces, entre otros.

485 Ponente MESTRE RAMOS, *AC* 2009, marg. 1109.

> "... a cambio de prestar primer sustento, habitación, vestido y asistencia médica, según su posición social, y viviendo en el mismo domicilio si así lo desea el cedente".
>
> Y así debemos de considerar de la revisión de la prueba practicada y de la prueba practicada en esta instancia que el incumplimiento por parte de la demandada queda acreditado a partir de la celebración del matrimonio el 16 de diciembre 2004, cuando con posterioridad resulta acreditada el deambular del actor por el pueblo de Manuel acudiendo a lugares ajenos a percibir alimento, el mal estado del mismo, frente a la ocupación del domicilio de residencia (en Manuel) por parte del sobrino y madre de la demandada.
>
> No resulta creíble y convincente la declaración del testigo-sobrino de la demanda para acreditar el pacto verbal aludido".

2.3.4.4. Número de piezas a ocupar

En cuanto a la habitación se estará a lo pactado no sólo respecto del lugar donde se realizará sino también respecto al número de piezas a ocupar, amueblamiento, accesibilidad, etc. Conviene tener presentes las necesidades cambiantes del alimentista y, por ello, a nuestro juicio, deberá adecuarse dicho alojamiento a sus necesidades en cuanto a movilidad o requerimientos que su salud para el supuesto de estar encamado, por ejemplo, con atención específica para el caso de que se aconseje uso de sujeciones o cualquier otro supuesto semejante. En caso de no haberse pactado nada al respecto, entendemos que será, como ya vimos, de calidad media. En este sentido resulta de interés lo señalado en la SAP de Pontevedra de 27 de septiembre de 1993[486] respecto de la habitación, en este caso, para alimentos entre parientes pero que consideramos aplicable al presente supuesto, por lo que comprende no sólo la habitación en sí misma considerada sino también los enseres, el mobiliario correspondiente y los servicios adecuados. De igual manera a nuestro parecer, si ello no fuera posible por causa de fuerza mayor y con carácter temporal ya sea por obras, reparaciones, inundación o circunstancia semejante, se le ha de facilitar una estancia, pieza o habitación en un establecimiento hotelero de calidad media o en un centro residencial adecuado a sus circunstancias por el tiempo indispensable hasta que culmine dicha situación.

2.3.5. Vestido, gastos médicos y farmacéuticos. Entierro y funeral

En relación al vestido como prestación, a nuestro juicio será en función del que resulte necesario dadas las circunstancias del alimentista. Tradicionalmente se incluía también la expresión calzado además del vestido si bien entendemos que ambas están comprendidas dentro de tal denominación. De no haberse

[486] Ponente CARRERA IBARZABAL, *AC* 1993, marg. 1599.

pactado otra cosa, en cuanto a la cantidad será la que se precise para hacer frente a las necesidades en tal sentido del alimentista o alimentistas según sus circunstancias. La calidad será media, a falta de pacto.

Respecto de los gastos médicos habría que estar también a lo pactado y a lo adecuado o necesario para las circunstancias del alimentista sin que, en ningún caso, puedan resultar exorbitantes y pudiendo, en la actualidad, recurrir a la sanidad pública. Si por cualquier circunstancia el alimentista no tuviera cobertura sanitaria, el alimentante está obligado a hacer frente a la misma dentro de lo general en la *praxis* médica para los supuestos de salud de que se trate. A nuestro juicio, falta la indicación relativa a los gastos farmacéuticos en el texto legal, bien sea para incluirlos bien para excluirlos. Si tomamos como punto de comparación el sistema de la Seguridad Social española ésta distingue, por ejemplo, en lo relativo a los trabajadores entre asistencia médica y farmacéutica englobando ambas dentro de la expresión asistencia sanitaria[487]. Aunque la previsión constitucional del art. 41 parece haber desembocado en un sistema asistencia sanitaria universal y gratuita, quizá sea conveniente recordar que la LDCG de 2006 alude expresamente a tal prestación, si bien en este caso sólo a la médica, como obligación del alimentante respecto del alimentista por si resultara no estar cubierto el alimentista respecto a la asistencia farmacéutica o a lo largo del tiempo de duración del contrato de vitalicio se modificasen dichas circunstancias del alimentista, dada su aleatoriedad. De *lege ferenda* sugerimos que se incluya la expresión asistencia sanitaria como más amplia, de manera que incluya tanto la asistencia médica como la asistencia farmacéutica, a la manera de utilizarse, entre otras, por la normativa española, por la de la Organización Mundial de la Salud o por la regulación de la Unión Europea[488].

---

[487] Existe un gran elenco de normas de gran trascendencia que regulan esta materia en el ámbito estatal español. Por señalar algunas, destacamos el Decreto 2065/1974, de 30 de mayo, por el que se aprueba el texto refundido de la Ley General de la Seguridad Social; Real Decreto 1088/1989, de 8 de septiembre, por el que se extiende la cobertura de la asistencia sanitaria de la Seguridad Social a las personas sin recursos económicos suficientes; o la Orden de 13 de noviembre de 1989, de desarrollo del Real Decreto 1088/1989, de 8 de septiembre, por la que se extiende la cobertura de la asistencia sanitaria de la Seguridad Social a las personas sin recursos económicos suficientes o, por último, el Real Decreto Legislativo 1/1994, de 20 de junio, que aprueba el Texto Refundido de la Ley General de la Seguridad Social. Pueden resultar de interés, entre otras múltiples obras, GONZÁLEZ DÍAZ, F.A.: *Contenido y límites de la prestación sanitaria*, edit. Aranzadi, Pamplona, 2003; VVAA, *Comentario práctico a la legislación reguladora de la Sanidad en España,* ed. Comares, Granada, 2007.

[488] En relación a las personas con discapacidad *vid.* el art. 26 de la Carta de Derechos Fundamentales de la Unión Europea, respecto a la necesidad de prestar una atención especial a la distinta problemática que afecta a este conjunto de personas o el programa de envejecimiento activo para el colectivo de las personas mayores al preverse para 2050 que en la UE vivirán un 70% más de personas mayores de 65 años y un 170% más de mayores de 80 años respecto de los cuales será necesario satisfacer la mayor demanda de asistencia sanitaria así como adaptar los sistemas sanitarios a tal situación y mantener viables unos sistemas de tales características en sociedades con menor población laboral.

En caso de considerarse que dicho gasto farmacéutico es excesivo por aumentar en demasía la aleatoriedad del contrato respecto del alimentante, entendemos que se debería explicitar su inclusión como cubierto por el alimentante, de ser necesario, salvo pacto, convirtiéndolo en elemento natural del contrato.

En lo relativo a las ayudas y cuidados de todo tipo, incluso las afectivas, a nuestro juicio deberían explicitarse que se garantizan las ayudas y cuidados necesarios para la realización de actividades básicas, de actividades instrumentales y las avanzadas de la vida diaria del alimentista. Respecto de las actividades avanzadas de la vida diaria consideramos que constituirían también un conjunto de actividades incluidas en el vitalicio dada su actual regulación por su importancia para los efectos preventivos de la dependencia[489], si bien es posible que el legislador entienda que tales actividades sí puedan configurarse como elemento natural del contrato por lo que, de *lege ferenda,* proponemos se les atribuya tal carácter en el texto legal.

A nuestro parecer también sería conveniente, establecer, como reflejo del sistema tradicional, como elemento natural del contrato los gastos de entierro y funeral por la incidencia sociológica de tales aspectos en el entorno gallego actual, entroncando con los tradicionales sentimientos al respecto que se encuentran todavía presentes en algunas otras instituciones, como la compañía familiar gallega[490].

En lo relativo al aspecto de la instrucción o, dicho en términos más actuales, de la educación, consideramos que deberá ser, con carácter general, un elemento accidental del contrato cabiendo pacto respecto de la misma, su extensión o forma –excepto en relación a los menores en la etapa de la educación obligatoria– durante la minoría del alimentista para el caso de educación no obligatoria y también de los mayores en los que la actividad educativa de una u otra clase puede jugar un aspecto muy importante tanto en su realización personal, como en su calidad de vida a efectos preventivos.

2.3.6. Necesidad de una regulación de la prestación de guarda

Existe, a nuestro juicio, un aspecto en el que entendemos se debe articular algún tipo de regulación en el texto legal en sede del contrato de vitalicio. Este

---

489 Incluirían actividades físicas y sociales no esenciales para el mantenimiento de una vida independiente como deporte, trabajos, aficiones, viajes, participación en grupos sociales y religiosos, tratándose en todo caso de actividades distintas de las anteriores.

490 La compañía familiar gallega definida en el art. 157 de la LDCG de 2006 como la constituida entre labradores con vínculos de parentesco para vivir juntos y realizar una explotación en común de ciertas tierras. Tiene, entre otras, como cargas de dicha compañía tal y como dispone el art. 162.1, los gastos de mantenimiento, vestido, instrucción, asistencia médica y enterramiento tanto de los asociados como de las personas constituídas en su potestad.

aspecto es el de la guarda de hecho puesta en relación con el contrato de vitalicio. Al guardador de hecho lo podemos definir al igual que cierta doctrina[491] como "quien careciendo de potestad legal sobre un menor o una persona incapacitada o susceptible de serlo, ejerciera respecto de ellos alguna de las funciones propias de las instituciones tutelares o se hubiera encargado de su custodia y protección o de la administración de su patrimonio y gestión de sus intereses".

Se diferencia, así, en dicha guarda de hecho entre un primer momento en que siendo una auténtica situación de hecho no puede tener una regulación legal y un momento posterior en que, al comunicarse a la autoridad judicial, tiene caracteres semejantes a la institución tutelar con un control judicial. Sus efectos están reconocidos en el Código civil, produciéndose, por ello, "efectos de derecho"[492].

Si atendemos a la situación de hecho por la que atravesará el devenir de la prestación de alimentos, ayudas y cuidados, necesariamente llegaremos a la convicción de que en un gran número de casos, cuya previsión en base al hecho de la edad se puede realizar estadísticamente, el alimentante será un guardador de hecho en tanto no se insten los procedimientos de incapacitación, que no son habituales. En este sentido, y contemplados los cuidados y ayudas de todo tipo que realiza el alimentante dentro del contenido mínimo legal de este contrato, podemos perfectamente encuadrarlo en esta figura de guarda de hecho, siempre que a favor del mismo no se hubiesen otorgado apoderamientos preventivos o mandatos de protección. De igual forma, se podría predicar dicho carácter de los cuidadores no profesionales diseñados en la LPAD[493] y no sólo necesariamente en los supuestos en que el sujeto protegido haya sido objeto de clasificación en cuanto a su grado de dependencia.

2.3.6.1. Situación de riesgo

No será, por tanto, necesario que el sujeto esté incurso en causa de incapacitación ya que puede solamente padecer ciertas limitaciones por las que,

[491] DÍAZ ALABART, S.: "El procedimiento de incapacitación y las instituciones de guarda", en *La protección jurídica de las personas con discapacidad"*, ed. Ibermutuamur, Madrid, 2004, p. 70.

[492] CÁRCABA FERNÁNDEZ, M.: "Consideraciones sobre la guarda de hecho", en VVAA, *La tutela de los derechos del menor, Primer Congreso Nacional de Derecho Civil*, edición preparada y dirigida por GONZÁLEZ PORRAS, J. M., ed. Junta de Andalucía, Córdoba. 1984, p. 82.

[493] En este sentido, BERROCAL LANZAROT, A. I.: "Aproximación a la institución de la guarda de hecho", RCDI, nº 722, p. 2847 y ss. que señala, asimismo, que "podemos encontrarnos con personas mayores en las que no concurre necesariamente causa de incapacitación, y sin embargo, en la situación en que se encuentran, necesitan una protección tanto en su ámbito personal como patrimonial, siendo la guarda de hecho una de las opciones posibles y más favorables" indicando los supuestos en que pueden producirse, así como las funciones que a tal guardador de hecho le corresponden, sus derechos y deberes así como, finalmente, su responsabilidad civil.

de no existir el vitalicio, se encontraría en una situación de riesgo respecto de su persona o bienes. Reconocida esta situación de guarda de hecho, puede ser mantenida por el Juez sometida a medidas de control y vigilancia[494] si las estima oportunas, correspondiéndole como funciones a tal guardador de hecho ciertas actuaciones tanto en el aspecto personal como en el patrimonial. A este guardador entendemos corresponden la alimentación, los tratamientos médicos, el cuidado, la educación y formación cuando fuese un menor e incluso promover la incapacitación, de ser necesario respecto del ámbito personal. En lo relativo al patrimonio, realizará sólo actos de administración ordinaria pero no los de administración extraordinaria[495]. Como cabe observar, tales actuaciones se pueden comparar con las que realiza el alimentista sin que resulte en el ámbito personal ningún tipo de duda. En cuanto a sus actuaciones en el ámbito patrimonial, al tratarse de actos de administración ordinaria, excluidas, por tanto, las actuaciones de mayor trascendencia económica, consideramos que pueden resultar encuadrados en esas ayudas y cuidados de todo tipo, siempre que, como es obvio, en todas estas actuaciones se realicen en beneficio del alimentista.

Este guardador de hecho –nuestro alimentante en el caso de que así entendamos como posible tal opción en el contrato de vitalicio– deberá informar al Juez, si éste se lo requiere, sobre el alimentista y la actuación que respecto del mismo y de su patrimonio haya realizado el cesionario[496], pudiendo dicho guardador haber puesto en conocimiento de los obligados a instar tal procedimiento de incapacitación las circunstancias que, a su juicio, se dieran para obrar en tal

[494] Así lo señala PRATS ALBENTOSA, L., *Derecho de familia*, ed. Tirant lo Blanch, Valencia, 1995, p. 572.

[495] Se siguen en este sentido como modelo, las atribuciones que respecto de la figura del guardador de hecho realiza la norma aragonesa que regula tal figura en el art. 145.1 de la Ley 13/2006 de Derecho de la Persona de Aragón.

[496] El art. 303 del Cc establece a tal efecto que "sin perjuicio de los dispuesto en los artículos 203 y 228, cuando la autoridad judicial tenga conocimiento de la existencia de un guardador de hecho podrá requerirle para que informe de la situación de la persona y los bienes del menor o del presunto incapaz y de su actuación en relación con los mismos, pudiendo establecer asimismo las medidas de control y vigilancia que considere oportunas". Ha de tenerse en cuenta, no obstante, lo dispuesto a los efectos de la guarda de hecho en la disposición adicional única de la Ley 1/2009, de 25 de marzo al disponer que "el Ministerio Fiscal estará legitimado para solicitar y obtener la información jurídica y económica de relevancia patrimonial y contable que resulte de interés a fin de poder fundamentar su criterio en relación con el trámite de aprobación de las cuentas anuales y de la cuenta general justificativa de la administración que presente el tutor al extinguirse la tutela, así como en cualquier otro caso en que resulte necesario o conveniente a fin de permitir el cumplimiento de las medidas de vigilancia y control que se hayan acordado judicialmente respecto del ejercicio de la tutela o guarda de hecho". Completa esta afirmación, en lo que aquí interesa, indicando que la persona que actúe como guardador de hecho estará legitimado "para solicitar y obtener de los organismos públicos la información jurídica y económica de relevancia patrimonial y contable que resulte de interés para el ejercicio de sus funciones".

sentido[497] e, incluso, comunicándolo a las autoridades o funcionarios públicos como podrían ser, por ejemplo, los servicios sociales tanto del municipio de que se trate como, en el ámbito gallego, de la Consellería correspondiente. Entendemos, además, que dado el actual estado de la cuestión en relación tanto a la incapacitación[498], –en cuanto que en la realidad social las familias suelen ser renuentes a la incapacitación o a la intervención de las Administraciones públicas–, como respecto de los derechos de los discapacitados, el Juez podría considerar el mantenimiento de esta situación de guarda de hecho respecto de ciertos colectivos a los que esta medida pudiera resultarles favorable quizá por no estar en unas circunstancias excesivamente incapacitantes o, dicho de otra

---

[497] El art. 757.3 de la Ley 1/2000 de Enjuiciamiento Civil indica que "cualquier persona está facultada para poner en conocimiento del Ministerio Fiscal los hechos que puedan ser determinantes de la incapacitación" A tal efecto añade que "las autoridades y funcionarios públicos que por razón de sus cargos, conocieran la existencia de posible causa de incapacitación en una persona, deberán ponerlo en conocimiento del Ministerio Fiscal".

[498] En esta dirección el Código Civil de Cataluña tras la Ley 25/2010, de 29 de julio, del Libro II relativo a la persona y a la familia, propone un modelo de protección donde la capacidad de obrar y su atribución están en clara relación con la capacidad natural, promueve la autonomía individual a la hora de organizar la protección personal y patrimonial para cuando no quepa la decisión por el mismo sujeto. Lo que quizá pueda resultar más llamativo de cara al sistema del Código Civil de 1889 es que la norma catalana establece la incapacitación y la tutela constituida judicial sólo para supuestos de desamparo del incapaz cuando la enfermedad psíquica grave se le añade la falta, inadecuación o imposibilidad de apoyo familiar. En la actualidad existe la Ley de adaptación normativa a la convención internacional sobre los derechos de las personas con discapacidad. Se pretende, a través del mismo, realizar la adaptación y modificación de las normas internas españolas a la Convención Internacional sobre los Derechos de las personas con Discapacidad y su Protocolo Facultativo. Dichos textos fueron ratificados por España, entrando en vigor el 3 de mayo de 2010 y formando parte de nuestro ordenamiento jurídico interno desde tal momento al amparo de lo dispuesto en el art. 96.1º de la Constitución. Esa modificación se asienta sobre lo dispuesto en el art. 4 de la Convención que establece el compromiso de los Estados Partes a adoptar, entre otras, medidas legislativas que aseguran el pleno ejercicio de las personas con discapacidad de cualesquiera de los derechos humanos y libertades fundamentales sin discriminación por razón de discapacidad. Entre ellas no se encuentra el Cc, que por el momento no es objeto de adaptación pero sí la Ley 51/2003, de 2 de diciembre, de igualdad de oportunidades, no discriminación y accesiblidad universal de las personas con discapacidad (LIONDAU) que determinan el concepto de personas con discapacidad que, a la vista del Proyecto y de su corrección de errores quedaría configurado con el presente texto que por su interés transcribimos:

"Son personas con discapacidad aquellas que presenten deficiencias físicas, mentales, intelectuales o sensoriales a largo plazo que, al interactuar con diversas barreras, puedan impedir su participación plena y efectiva en la sociedad, en igualdad de condiciones con los demás.

Ello no obstante, a los efectos de esta Ley, tendrán la consideración de personas con discapacidad aquellas a quienes se les haya reconocido un grado de discapacidad igual o superior al 33 por ciento. En todo caso, se considerará que presentan una discapacidad en grado igual o superior al 33 por ciento los pensionistas de la Seguridad Social que tengan reconocida una pensión de incapacidad permanente en el grado de total, absoluta o gran invalidez, y los pensionistas de clases pasivas que tengan reconocida una pensión de jubilación o de retiro por incapacidad permanente para el servicio o inutilidad".

Vid ROMERO GALLARDO, A., *op. cit.*, p. 3022.

manera, por estar al borde o al límite de la situación de hecho básica para la incapacitación judicial.

Debemos resaltar la especial importancia del art. 38 de la Ley del Registro Civil al establecer que "a petición del Ministerio Fiscal o de cualquier interesado podrán constar en dicho registro, con valor simplemente informativo y con expresión de sus circunstancias (...) la existencia de un guardador de hecho y las medidas de control y vigilancia que se adopten respecto del menor o del presunto incapaz" sobre los que recaiga dicha guarda.

Por ello, a nuestro juicio, será destacable la publicidad que respecto de la función que ha asumido el alimentante se produzca a través de la propia publicidad registral, con lo que ello implica a todos los efectos pero, fundamentalmente, a los fines de que en general se tenga un referente para cualquier actuación ya personal, ya patrimonial, que pueda realizar el alimentista respecto del alimentante, respecto de la sociedad en general o particularmente, en relación a las distintas Administraciones Públicas. Quizás por su especial trascendencia en lo que será la vida cotidiana del alimentista, habría que destacar especialmente la posibilidad de solicitar la declaración de dependencia del alimentista en el grado que le pudiera corresponder de los señalados por la Ley, así como de la fijación de su carta de servicios y de las ayudas y prestaciones que dicha legislación u otra en materia de protección de discapaces pueda reconocer a dicho alimentista.

Entendemos que tales prestaciones o ayudas que le pudieran corresponder no restan aleatoriedad al contrato sino que, en virtud de los requisitos que establecidos por la norma cumpla el alimentista, suponen el ejercicio de un derecho propio del alimentista para el reconocimiento de tal prestación y su obtención, si bien realizado a través del alimentante, el cual obraría en el ejercicio de tal función de guarda de hecho, y sin perjuicio de las obligaciones que del propio contrato de vitalicio pudieran derivar en cuanto a las ayudas y cuidados debidos por el alimentante respecto del alimentista.

Debido a que las ayudas y cuidados de todo tipo son acordes a las circunstancias de las partes, se podrá obtener de esta manera –de cumplir los requisitos que a tales efectos señale la norma que reconozca la prestación de que se trate–, un refuerzo a la prestación realizada por el alimentante y, si se quiere, un si cabe mayor cumplimiento de la finalidad asistencial del contrato de vitalicio, por encima de los mínimos establecidos por la norma gallega.

De otra parte se excluiría de entrada, a nuestro juicio, la indemnización del art. 220 del Cc[499] que permite indemnizar al tutor y por disposición legal

[499] Aplicable al presente caso toda vez que el art. 306 del mismo texto en sede de guarda de hecho se remite a tal precepto a los efectos de una posible indemnización por daños y perjuicios, que son, en dicho supuesto, extracontractuales.

de remisión, al guardador de hecho por daño moral o material causado en el ejercicio de tal función siempre que haya una relación de causalidad entre la guarda ejercida y los perjuicios producidos, ya que al existir un contrato y una obligación derivada del mismo *ope legis* no se entenderían indemnizables dichos daños, dada la onerosidad del contrato y por ser tales sus funciones, salvo para el caso en que excediesen los términos del contrato o la configuración del mismo conforme a la Ley.

En base a las consideraciones anteriores proponemos que de *lege ferenda*, de darse las circunstancias previstas se incluya en forma expresa dicho carácter de guardador de hecho para el alimentista[500], con la obligación de notificar a la autoridad judicial, derivada, en este caso, de la existencia del propio contrato de vitalicio o, más concretamente, de los mandatos de apoderamiento preventivo que se pudieran prever y con publicidad en el Registro Civil obligatoria derivada de dicho contrato.

2.3.6.2. Apoderamiento preventivo o apoderamiento con subsistencia de efectos

La posibilidad de que se otorgase un apoderamiento preventivo en sentido estricto o un apoderamiento preventivo con subsistencia de efectos haría variar la configuración que hemos diseñado del alimentante como guardador de hecho vía contrato de vitalicio, del alimentista no sólo en cuanto al origen de la figura sino también, fundamentalmente, en cuanto a su publicidad y a su control.

En referencia a su publicidad –ya que a nuestro juicio un negocio mixto de contrato de vitalicio con apoderamiento preventivo como una posible figura atípica o realizados sucesivamente el uno respecto del otro con un enlace causal siendo el vitalicio el negocio jurídico subyacente para realizar dicho apoderamiento, tendría una mayor transparencia ya que la ley[501]– establece la necesidad de comunicación, ahora bien, de entender correctamente el tenor literal del art. 46 *ter* de la Ley de Registro Civil al aludir a "o de otra relación o situación jurídica de la que se derivara la atribución de apoderamiento" en el caso de un vitalicio otorgado en escritura pública confiriéndose ya por previsión legal , en una hipotética futura regulación del vitalicio, ya por pacto expreso,

[500] Por ejemplo, que el alimentista esté afectado por un grado de discapacidad igual o superior al 65 por ciento si es física o sensorial o igual o superior al treinta y tres por ciento si es psíquica acreditada mediante certificado médico oficial o por baremo de valoración de los grados y niveles de dependencia (BVD).

[501] Art. 46 *ter* de la Ley de Registro Civil señala que "en todo caso el notario autorizante notificará al Registro civil donde constare inscrito el nacimiento del poderdante las escrituras de mandato o de otra relación o situación jurídica de la que se derivara la atribución de apoderamiento a favor de cualquier persona para el caso de incapacidad del poderdante".

conseguiríamos de esa función de guarda de hecho una publicidad que no dependiese del Ministerio fiscal o de la solicitud del interesado.

A nuestro juicio y mediante la guarda de hecho, se alcanzaría un control a través del órgano jurisdiccional que incluso sería posible especificar por remisión de la ley.

De no admitirse esta posibilidad y de considerar como no admisible la configuración del alimentante como guardador de hecho sujeto al control judicial, entenderíamos perfectamente factible incorporar el apoderamiento preventivo, bien respecto del ámbito personal, bien respeto del ámbito patrimonial o de ambos. Se establecerían para dicho apoderamiento los controles que libremente se fijaran, como un segundo apoderado, funcionando ambos mancomunadamente para cierto tipo de actos y que podría ser otro u otros alimentantes para el caso de ser varios, de haberse pactado el carácter mancomunado o el modo conjunto e indivisible en la realización de prestaciones del vitalicio y actuando conjuntamente en los actos de mayor trascendencia que se determinaran en dicho poder.

Pensamos que el carácter solidario no sería beneficioso para esta función de control para el caso de varios alimentantes[502] aunque sí pueda serlo cara a la prestación alimenticia. Sería posible que ese segundo apoderado fuese, ya en ese caso, ya en cualquier otro, alguien no incluído en el contrato de vitalicio como ya hemos visto en algún supuesto, designando a algún pariente, profesional, persona física o jurídica que podría realizar esta función de control personal o patrimonial.

Respecto de dicho mandato parece aplicable en un principio aplicable la norma del art. 151 de la LDCG de 2006 en sede de vitalicio respecto de la sucesión del mismo, de manera que, en caso de fallecimiento y salvo pacto en contrario, será transmisible a los sucesores que continuarían desempeñando tal función y el papel de mandante ya fuese por pacto expreso en el mandato, ya por disposición de la ley gallega que lo expresara en tal sentido.

En este supuesto el mandato no sería gratuito toda vez que el contrato del que trae causa sería el propio vitalicio que se configura como un contrato oneroso entendiendo las funciones propias de este mandato como incorporadas al mismo. Para el caso de que se interpretara independiente del contrato de vitalicio cabría considerarlo gratuito por serlo naturalmente o cabría un pacto respecto de la retribución que podría ser, por su comodidad, con cargo al patrimonio del mandante por el importe que a tales efectos se hubiese establecido

[502] De acuerdo con el art. 148 de la LDCG de 2006 la prestación alimenticia, de no pactarse otra cosa y existir pluralidad de obligados, tiene carácter solidario.

ya que, como hemos visto, nada impediría el abono de tales cantidades si se configura como un mandato independiente del contrato de vitalicio.

Dada la relación jurídica de mandato estimamos de mayor utilidad para las partes y menos costoso que el alimentante mandatario que se realice un depósito y protocolización ante notario del balance y de los justificantes de su gestión respecto de los ingresos y gastos realizados por cuenta del mandante alimentista. Parece que, quizá, se podrían excluir de esta rendición de cuentas los gastos ordinarios de comida y vestido aunque su inclusión puede también ser defendida como un sistema de transparencia respecto de la gestión del alimentante. Entendemos que esta pequeña organización contable puede ser incluso beneficiosa ya no sólo respecto de tales gestiones o de dicho mandato sino también en relación al propio vitalicio de tener que entablarse un proceso en materia de cumplimiento, cara a un posible desistimiento de una de las partes, una resolución o incluso una petición de indemnización de daños y perjuicios de cualquiera de las partes. El Notario, en tal caso, comunicará al Ministerio Fiscal que se han depositado o protocolizado realizando una puesta a disposición de los documentos y justificantes[503].

Parece de suma importancia la existencia de un documento de instrucciones previas, puesto también en relación con dichos apoderamientos pero, fundamentalmente, con el contrato de vitalicio y la función como detentador de ayudas y cuidados de toda clase de alimentante, en orden a facilitarle tal toma de decisiones y llevarlas a la práctica con la debida diligencia.

2.3.7. El alimentante como gestor personal y patrimonial

A nuestro juicio, sería también posible, sin desvirtuar ni en su esencia de alimentos, ayudas y cuidados ni en su configuración de contrato de vitalicio, que se incorporaran al texto legal de ciertas previsiones respecto de la realización de gestiones de orden personal, patrimonial o de ambas como elementos naturales de este contrato, ya que las ayudas en la vida cotidiana, las pequeñas gestiones en la administración diaria, la toma de decisiones respecto del cuidado o de la atención, etc, forman parte ya de la estructura del contrato igual que la

[503] De esta manera se actuaría en el sentido de lo dispuesto en la Instrucción 3/2010 del Fiscal General del Estado, de 29 de noviembre de 2010, sobre la necesaria fundamentación individualizada de las medidas de protección y apoyo en los procedimientos sobre determinación de la capacidad de la persona. Así, señala en su punto 4.1, sin perjuicio de las modificaciones que procedan en el Cc y en la ley rituaria para su adaptación, que, bajo la denominación de la actividad impulsora y vigilante del Ministerio Fiscal en los procedimientos sobre la capacidad de las personas, se dispone que "se impulsarán las acciones necesarias para garantizar que las funciones que la legalidad vigente otorga al Ministerio fiscal en defensa de las personas con discapacidad sean ejercidas en términos de la mayor eficacia".

relación de confianza que, en mayor o menor medida, exista entre alimentista y alimentante, sin perjuicio del apoyo o ayuda que el alimentante pueda suponer para el alimentista en la toma de decisiones concretas[504]. A diferencia de lo que señala cierta jurisprudencia, la SAP de A Coruña de 30 de marzo de 2006[505], en relación a una determinación dineraria respecto de los gastos ocasionados o valor de la prestación alimenticia, justifica la Sala su no aportación al no tratarse de una empresa mercantil y no haber un plazo legal de conservación de la documentación contable, como se señala en el Fundamento de Derecho tercero.

> "Se alega por la parte apelante que se debieron de haber aportado los ejecutantes los correspondientes justificantes documentales de los gastos realizados, argumento que no es de recibo, en cuanto no es jurídicamente exigible, que una familia conserve archivados los correspondientes recibos, tickets, notas o facturas correspondientes a gastos diarios de alimentación, como si de una empresa mercantil se tratase, obligada a llevar un libro diario de caja, con la correlativa obligación de conservación durante el plazo legal, máxime cuando en este caso se trataría de gastos devengados que se iniciaron hace unos diez años (el 26 de enero de 1996), con la dificultad además de su individualización, pues la unidad familiar de los demandados no estaba conformada exclusivamente por ellos y el apelante Sr. Javier. No apreciamos, pues, indefensión de clase alguna, ni podemos exigir en el caso enjuiciado un rigor matemático en la fijación de unas sumas, ante la imposibilidad material de conocer el importe de dichas prestaciones con total exactitud. El método utilizado, contemplando los gastos medios de una familia, sometidos a determinados controles se considera correcto. Otra cosa sería exigir exigencias probatorias desorbitadas que motivarían la inefectividad de una resolución judicial firme".

Entendemos que una transparencia en la gestión económica de esta figura sólo supondría beneficios para las partes sin que la gestión a realizar vaya más allá de una pequeña organización de recogida de justificantes en una economía familiar, en aras a una claridad en el ámbito jurídico y cara a un posible control de la situación no sólo patrimonial sino también personal del alimentista.

Notable incidencia en el ámbito personal en lo relativo a la enfermedad y la salud serán las circunstancias en base a las cuales se pueda solicitar un internamiento o adoptar decisiones en el ámbito de la salud del alimentista para el caso de que éste no pueda expresarse o tenga alterado o mermado su juicio, siendo

[504] En esta línea, se manifiesta el art. 12 de la Convención Internacional sobre los Derechos de las Personas con Discapacidad que, siguiendo el modelo "social de discapacidad", alude a la necesidad de que las personas con su capacidad modificada dispongan de apoyos o asistencia para la toma de decisiones concretas.

[505] Ponente SEOANE SPIEGELBERG, *JUR* 2006, marg. 152949.

necesario un tratamiento médico o quirúrgico o medidas o intervenciones médicas para determinar su estado de salud e incluso, la adopción de sujeciones físicas o químicas o de medidas paliativas. Teniendo presente que en estas materias existe una gran polémica y en algunas de ellas como sujeciones físicas o químicas o internamientos se dan distintas maneras o sensibilidades a la hora de afrontarlas, es innegable ver que papel juega el alimentante al respecto.

2.3.8. Consentimiento informado e internamiento no voluntario

En un principio, parece claro que el alimentante no se encuentra dentro del grupo de personas que la ley gallega regula para poder prestar el consentimiento informado por sustitución salvo que el alimentista sea un familiar que ejerza de cuidador, en concurrencia con otros de igual grado[506] encontrándose el alimentante, paciente en este caso, circunstancialmente incapacitado. En otro caso, y dejando a salvo la posibilidad de que el alimentante sea designado representante interlocutor en el documento de instrucciones previas, entendemos que no se le podrá dar mayor trascendencia al papel del alimentante, sin perjuicio de que, en caso de haberse otorgado apoderamiento preventivo, se expresase alguna indicación al respecto aunque se otorgase dicho documento o tales facultades bajo otra denominación que no fuese la que recoge la ley gallega[507] como, por ejemplo, la posibilidad de ingreso en una residencia o centro hospitaliario para el caso de requerirse[508].

[506] En esta dirección, la Ley 3/2001, gallega, de 28 de mayo, reguladora del consentimiento informado y de la historia clínica de los pacientes, modificada por Ley 3/2005 lo señala en su art. 3 como un derecho del paciente y lo define como "el prestado libre y voluntariamente por el afectado para toda actuación en el ámbito de su salud y una vez que, recibida la información adecuada, hubiera valorado las opciones propias del caso". El art. 6 establece la posibilidad de otorgamiento de tal consentimiento por sustitución en los caso de incapacidad legal en cuyo caso corresponde prestar consentimiento a su representante legal, como dispone el art. 6.1.b, diferenciándolo del supuesto en que el paciente se encuentre circunstancialmente incapacitado para tomar decisiones en cuyo caso corresponderá al cónyuge o conviviente y, en defecto de éste, al pariente de grado más próximo que sea cuidador de tal paciente, sin perjuicio en ambos casos de los dispuesto para el caso en que el paciente hubiese otorgado un documento de instrucciones previas como señala el art. 5 de tal norma. En tal caso el paciente podrá nombrar un representante suyo a los efectos de actuar como interlocutor con el equipo médico o sanitario y dar cumplimiento a las instrucciones previas establecidas.

Estas instrucciones previas pueden inscribirse con carácter voluntario y declarativo en el Registro gallego de instrucciones previas o pueden en su caso constar en el Registro nacional de instrucciones previas de haberse registrado en otra comunidad Autónoma.

[507] Por ejemplo, puede contener como cláusula de estilo que el poder faculta al apoderado para determinar la residencia del poderdante, como la limitación establecida en el art. 271.1 del Cc para los tutores respecto del internamiento.

[508] Ello sin perjuicio de lo establecido tras la Sentencia 132/2010, de 2 de diciembre de 2010 (BOE núm. 4, de 5 de enero de 2011), por la que se declara inconstitucional parcialmente el artículo 763.1 de la Ley de Enjuiciamiento Civil, que regula el internamiento involuntario al exigir la

Ello no obstante, parece razonable estimar que está legitimado el alimentante para solicitar el ingreso no voluntario urgente por razón de trastorno psíquico, sea o no una de las personas señaladas en el art. 757 LEC e, incluso, parece que debería estarlo para el ingreso voluntario ordinario en determinadas circunstancias[509]. Solicitará el Ministerio Fiscal la adopción de medidas de protección coetáneas a la solicitud de ingreso en residencias, centros o pisos tutelados, salvo para el caso de que el guardador de hecho sea pariente directo, padre o hijo, del ingresado[510].

2.3.9. *La prestación mínima*

Debido a la configuración contractual del tipo, persistirá cierta incertidumbre acerca de las prestaciones por el hecho de variar sus necesidades a lo largo de su vida. Se plantea, igualmente, la posibilidad de topes o límites en la ley actual. Parece claro que no cabe establecer topes o límites a la prestación mínima que por Ley corresponde al alimentista ya que variará a lo largo de su período vital, pero la propia ley establece todavía una diferencia entre los alimentos en sentido amplio y las ayudas y cuidados. En este sentido, la LDCG de 2006 diferencia, a los efectos de la posible resolución contractual, entre la prestación de alimentos a la que se refiere en el art. 153.2 en relación sólo al incumplimiento total o parcial, ya en los términos que figuren en la LDCG, es decir el mínimo legal, ya en los pactados, mientras que, respecto de ayudas y

---

materia que trata una norma con rango de Ley Orgánica, dado el carácter de derecho fundamental al que afecta pero sin que se entre en el fondo material del asunto que se cree correcto.

[509] En este sentido, se pronuncia el estudio realizado por el Ministerio Fiscal al indicar que "la legitimación activa en los ingresos urgentes, teniendo en cuenta sus especiales características derivadas de la condición de "urgente", la ostentará y estará facultada para promoverlo, cualquier persona que tenga conocimiento de los hechos que puedan ser base para que se proceda al ingreso urgente, sea o no familiar y esté o no entre las enumeradas en el Art. 757 LEC, y será el facultativo quien, una vez reconocido el enfermo, si así lo estima, ordenará el ingreso". Destaca también que para el caso de ingresos no voluntarios ordinarios, no obstante la dicción del art. 757 LEC, deberían considerarse como personas legitimadas, entre otras, "aquellas personas que de hecho o de derecho, acrediten que ostentan la condición de apoyo de la persona con discpacidad". *Vid.* VVAA, *Manual de buenas prácticas del Ministerio Fiscal para la protección de personas con discapacidad*, ed. Fundación Aequitas, Madrid, 2011, p. 49 y ss.

[510] Se deberán pedir medidas de protección coetáneamente junto a la solicitud de ingreso no voluntario ya sea por el cauce del art. 762 LEC o, en casos de urgencia, por aplicación del art. 216 Cc. Se señalan así las siguientes medidas:

"-Medida cautelar de anotación en el Registro Civil de la solicitud de ingreso no voluntario. Art. 18 (LRC).

- Medida cautelar de intervención y administración patrimonial.
- Medida cautelar de suspensión y/o revocación de poderes.
- Medida cautelar de intervención y administración de las cuentas corrientes, libretas de ahorro y cualesquiera otros depósitos o inversiones bancarios.
- Medida cautelar de sometimiento a control y vigilancia del guardador de hecho".

Vid., VVAA, *Manual de buenas...*, p. 57 y ss.

cuidados como causa de resolución *–ex* art. 153.3 LDCG– se señala no cuidar o no atender al alimentista en lo necesario, según la posición social y económica de las partes, en todo cuanto haga posible el capital cedido, en la búsqueda del mantenimiento de su calidad de vida.

Parece obvio que si el capital cedido no hace posible más ayudas y cuidados que, acordes con la posición económica y social de las partes, se dispensen al alimentista, no cabría una resolución contractual, sin que se equiparen siquiera a un incumplimiento parcial como se realiza en el número anterior. Consideramos, entonces, que lo que la Ley quiere garantizar es que las ayudas y cuidados, incluso los afectivos, sean adecuados a las circunstancias de las partes y esta adecuación se predicará de los cuidados necesarios en tanta medida como haga posible el capital cedido, según la posición social y económica de las partes, que han de perseguir como finalidad la de mantener la calidad de vida del alimentista.

Entendemos que, sin entrar en mayores matices, la ley establece una relación, que no una vinculación, entre la cesión y los cuidados y atenciones, lo que, a nuestro juicio, supone un límite, si se quiere de mínimo respecto de tal prestación, vinculado a una variable que es la de la posición social y económica de las partes. La referencia a una posición social en un momento histórico como el actual parece anacrónica y redundante respecto a la posición económica, salvo que se quiera hacer referencia a factores culturales, étnicos, de género u otros, ya que, en otro caso, no parece justificable. Incluso, tal referencia a la posición social de las partes ha desaparecido de los alimentos entre parientes del Cc.

En cuanto al mantenimiento de la calidad de vida, la propia ley establece el mínimo de las ayudas y atenciones. No se alude a incrementar o aumentar su calidad de vida incluso aunque ello pudiera conllevar una mejor interrelación con el medio social en el que se encuentre. Entendemos, por tanto, no incluidos gastos de vacaciones ya sea en balnearios o centros termales, asistencias a centros terapéuticos, reparaciones para eliminar barreras arquitectónicas, productos ortopédicos, o vehículos especiales, todos ellos característicos de un aumento de calidad de vida para el alimentista. Por consiguiente, en nuestra opinión, tales ayudas y cuidados para incrementar su calidad de vida serán objeto de pacto específico y, respecto de ellos, en caso de pactarlos si cabría el establecimiento de ciertos topes o límites, de ser tal la voluntad de las partes, sin alterar el carácter aleatorio del contrato e incluso una posible norma de actualización[511].

[511] PEON RAMA, V.: *op. cit.*, p. 148, señala la posibilidad también de fijar una cuantía mínima que indica "originaría, en su caso, la necesidad de completar con otras prestaciones, incluso pecuniarias los déficits respecto del valor pactado" señalando, además, su importancia a los posibles efectos fiscales.

Si bien es cierto que ya no existe en la actual regulación gallega una norma que expresamente aluda a la extensión o amplitud de los alimentos tal y como hacía el antiguo art. 95 de la LDCG de 1995, el vigente art. 147 sigue aludiendo a "prestar alimentos en los términos que convengan". Puede convenirse ya no la extensión ni la amplitud de los alimentos pero sí los términos de los alimentos siempre que se respete el mínimo legal establecido, así en cuanto por ejemplo la calidad de los alimentos, los requisitos de la habitación o vivienda pactada, el gasto médico o sanitario, acarreando éste no sólo el mínimo de gasto médico sino también el farmacéutico, sin que, en ningún caso, queden cubiertos gastos desproporcionados. Cabe también pactar la entrega al alimentista de una cantidad de dinero junto con las restantes prestaciones mínimas.

Conviene recordar que la LDCG vigente alude en el art. 148.1 *in fine* a la adecuación de ayudas y cuidados a las circunstancias de las partes, de quien tales ayudas da y de quien las recibe, por lo que entendemos que cabe reflejar ya no sólo las circunstancias actuales del alimentista que pueden oscilar sino también las del alimentante, que también pueden variar, estableciendo una mayor aleatoriedad en el contrato, por lo que pueden ser aceptadas estas limitaciones por ambas partes cara al futuro desarrollo del contrato como antes ya anticipamos. A nuestro juicio, tal posibilidad no necesita ser explicitada en el texto legal pero sí debería ser objeto de información a la hora de realizar la contratación por las partes, correspondiendo tal función informadora a los distintos agentes que ya se han reseñado, sean abogados, notarios o personas jurídicas públicas o privadas.

Como ya señalamos con anterioridad respecto de la regulación de 1995, es conveniente la máxima determinación por las partes en las prestaciones que se han de desarrollar toda vez que en caso de diferencia se necesitaría acudir a una vía de resolución de conflictos, ya sea la mediación de existir y haberse pactado, ya la vía judicial o el arbitraje, haciendo que en estos últimos casos será el tercero ajeno al contrato el que, a la vista de lo alegado y probado y del contenido legal del contrato, determinará tales prestaciones. Parece, por ello, más aconsejable el acudir a una vía de una conciliación o mediación previa para poder evitar así los litigios entre las partes en la medida en que tal situación fuera posible, incluso acudiendo a un asesoramiento conjunto con los trabajadores sociales de los Ayuntamientos o de la propia Xunta de Galicia aunque fuese a través de la vía de la mediación informal mientras no exista una legislación propia en el ámbito autonómico que de respuesta a la posibilidad de dicha mediación que no tenga que ser necesariamente judicial[512].

[512] Téngase presente la existencia del Real Decreto-Ley 5/2012, de 5 de marzo, de mediación en asuntos civiles y mercantiles ya que la Ley 4/2001, de 31 de mayo, gallega, reguladora de la mediación familiar no incluye este contrato en su ámbito, por regla general, al aplicarse fundamentalmente a ruptura de parejas.

Es preciso señalar que no existen restricciones en la vida individual de la alimentista como consecuencia del contrato de vitalicio[513] ya que ha de gozar de libertad individual de desplazamiento, o bien, dentro de la vivienda en la que resida, tendrá derecho a recibir visitas o amistades. Igualmente ya que no hay restricciones que vengan dadas por el vitalicio, podrá mantener un noviazgo o a contraer matrimonio o a ejercitar sus derechos políticos o religiosos ya que los Derechos y libertades fundamentales no se pueden ver afectados ni por el vitalicio, ni por la edad ni por estadios no graves de discapacidad. Debe existir por tanto una pacífica convivencia de las partes que, en su caso, debería ser acordada en cuanto a las normas por las que se rija, de acuerdo con unos mínimos indispensables establecidos de común acuerdo para ambas partes. Nuevamente, ha de tenerse presente la explicitación legal como causa de resolución del trato vejatorio con el significado y la trascendencia jurídica de dicha causa.

2.3.10. Realización de la prestación por un alimentante o un tercero

Un aspecto, sin duda, importante es si las prestaciones han de ser necesariamente realizadas por el alimentante o alimentantes o si es posible que las realice un tercero bien por encargo, gestión o pago a ese tercero por parte del alimentante para que se haga cargo de ellos. Este aspecto entronca, obviamente con el carácter personal o personalísimo del contrato de vitalicio, tema ya tratado con anterioridad. Si bien hemos de señalar que, en la actualidad, este carácter personalísimo se continúa predicando del alimentista, de ahí que con su muerte finalice el contrato de vitalicio[514] y que no quepa la constitución de vitalicio contemplando la vida de un tercero que no sea la alimentista o alimentistas[515]. Sin embargo, es relativamente personal su concepción en lo atinente al alimentante, de manera que, como señala el propio texto legal gallego, la obligación de prestar alimentos en relación al fallecimiento del alimentante,

[513] Los principios de las Naciones Unidas a favor de las personas de edad, adoptados el 16 de diciembre de 1991, mediante Resolución 46/91 señalan entre sus principios relativos a cuidados en su número 14 que "las personas de edad deberán poder disfrutar de sus derechos humanos y libertades fundamentales cuando residan en hogares o instituciones donde se les brinden cuidados o tratamiento, con pleno respeto a su dignidad, creencias, necesidades e intimidad, así como a su derecho a adoptar decisiones sobre su cuidado y sobre la calidad de su vida. Respecto del principio de dignidad se proclama en el número 17 que "las personas deberán poder vivir con dignidad y seguridad y verse libres de explotaciones y de malos tratos físicos o mentales". Finaliza en su número 18 disponiendo que "las personas de edad deberán recibir un trato digno, independientemente de la edad, sexo, raza o procedencia étnica, discapacidad u otras condiciones, y han de ser valoradas independientemente de su contribución económica". Entendemos, por tanto, que en el entorno surgido del vitalicio tales principios han de ser de aplicación plena para una efectiva armonía de la convivencia.

[514] Art. 151 de la LDCG de 2006.

[515] Art. 149.3 de la LDCG de 2006.

salvo pacto en contrario, se transmite a los sucesores del alimentante[516] con lo cual entrarían en la realización contractual personas distintas a los contratantes e incluso podría llegar tal sucesión hasta la propia Xunta de Galicia, ya fuese vía de sucesión testada, ya *ab intestato*[517].

Cabe, por tanto, excluir tal sucesión y por supuesto también realizar un pacto expreso para que el contrato de vitalicio tenga un carácter *intuitu personae* respecto del alimentante, de forma que sea éste el que exclusivamente deba realizar tales prestaciones de alimentos en sentido estricto, ayudas y cuidados incluso los afectivos, ya se realice dicho pacto respecto de todas ellas o de solamente algunas como, por ejemplo, dejando los alimentos en sentido estricto sin dicho carácter y, en cambio, imponiéndolo respecto de las ayudas o cuidados y a la inversa.

Esta caracterización contractual tendrá una gran importancia en la vida del contrato y entendemos debe ser uno de los aspectos fundamentales a tener en consideración por las partes. Es indudable la relación de confianza e incluso de afecto existente en muchos casos entre las partes pero cabe la incertidumbre respecto de si, por ejemplo, será o no tal relación o la calidad de las prestaciones las mismas con los sucesores que, quizá, no vivan próximos o no tengan las aptitudes buscadas para realizar los cuidados y atenciones. Consideramos, sin embargo, que parece muy razonable que el vigente texto legal gallego establezca tal sucesión ya que, a los efectos de realizar una genérica regulación, se puede predicar el acierto y la bondad de tal previsión legislativa.

La jurisprudencia ha evolucionado en este sentido de una manera notable a la par de la propia evolución legislativa y doctrinal de la figura, influida fundamentalmente por la finalidad asistencial que de la misma se deduce. Así, podemos encontrar resoluciones que señalan cómo no es posible dejar en manos de personas que no sean el alimentista tal cumplimiento como se narra en el Fundamento de Derecho cuarto de la STSJ de Galicia de 24 de mayo de 2006[518] en una contienda respecto de un contrato realizado en 1992, con anterioridad a la LDCG de 1995. En este supuesto no puede ser de aplicación dicha Ley si bien su texto sirve de pauta interpretativa al recoger su configuración consuetudinaria o práctica como la sentencia recoge. En dicho caso, los alimentantes marchan a Canarias donde, como indica la Sentencia, "mal podían cuidar a la actora" con residencia en Galicia aunque pretendieron dejar los cuidados en

[516] En este sentido, el art. 151 de la LDCG de 2006 en relación con el art. 661 del Cc. De entender que se trate de una obligación personalísima, tal transmisión *mortis causa* supondría una contradicción legal, como atinadamente señala GONZÁLEZ PORRAS, J.M.: *Curso de Derecho Civil II. Derecho de obligaciones, contratos y responsabilidad por hechos ilícitos*, F.J. Sánchez Calero (coord), 3º edición, Tirant lo Blanch, Valencia, 2004, p.651 y ss.

[517] Arts. 181 de la LDCG de 2006 en relación con los arts. 238 y 267 del mismo cuerpo legal.

[518] Ponente SAAVEDRA RODRÍGUEZ, *EDJ* 2006, marg. 456716.

manos de terceros. La alimentista en dicho contrato se reservaba, además, la facultad de elegir el lugar de prestación de los alimentos y cuidados, ya fuera en su propio domicilio, ya en el de los cesionarios.

> "Y es que, como ya dijimos más arriba, el elemento más característico del vitalicio, que lo diferencia de otras figuras contractuales próximas, y que lo tipifica como contrato gallego, es la prestación de cuidados y atenciones personales, al margen de la de alimentos y otras atenciones, que no pueden dejarse en manos de terceros como pretendieran en su día los demandados, por lo que no pueden éstos apelar a lo dispuesto en el art. 1256 CC, cuando como es del caso, y estando expresamente pactado, la cedente es persona de avanzada edad, con arraigo en su lugar de residencia en Galicia, del que no se le puede desvincular, si ese no fuese, como no lo fue, su deseo expreso".

Entiende la sentencia que los cuidados y atenciones personales son algo diferente a los alimentos y otras atenciones, por tanto, no personales, respecto de los cuales se deduce por su contraposición en dicho texto que sí pueden ser realizados por personas distintas del alimentista pero, se advierte, por su encargo.

En manos de parientes del alimentista o empleados de la misma quedan dichas atenciones en un principio en el asunto sobre el que trata la SAP de Pontevedra de 11 de mayo de 2006[519] en el que tras una convivencia en un mismo domicilio en una relación estrecha, casi familiar, la que será la alimentante marcha a trabajar a Suiza aunque vuelve a Tomiño (Pontevedra) para conocer el estado de la que será la futura cedente tras una caída, y firman ambas un contrato de vitalicio sin ser cuestionada la relación de cariño entre ambas sin que exista obligación de convivir, según indica el Fundamento de Derecho cuarto.

> "Sobre este particular el contenido mínimo del art. 95.2 referente a «habitación» no conlleva un régimen de convivencia, sino una obligación de prestar alojamiento, por lo que si el deseo de las partes es convenir aquél régimen será preciso que lo establezcan de forma indubitada, lo que no ocurre en el presente caso. Y además, contra lo que suele ser habitual de cumplir la asistencia en el domicilio del obligado, en este caso se especifica que se cumpla en el domicilio de la cedente. Es de destacar el interés mostrado por la demandada cuando a pesar de que la actora durante toda su vida no tuvo agua caliente, se molesta en contratar y encargarse de las obras para habilitar un baño en condiciones e introducir el agua caliente en casa de la actora".

---

[519] Ponente MENÉNDEZ ESTÉBANEZ, *AC* 2006, marg. 866.

Señala, además, el Fundamento Jurídico segundo que no hubo incumplimiento aunque la alimentante residiera en el extranjero por cubrirse las necesidades de la alimentista que ya sabía de la situación.

> "Una vez firmado el contrato de vitalicio, Estela, salvo residir en España que en ese momento no le era posible y era perfectamente sabido por Doña Rocío, ha cumplido con sus obligaciones de atención. Así se preocupó de realizar obras en la casa de la cedente para que tuviera baño y agua caliente, de lo que hasta entonces carecía. Igualmente contrató a una vecina, Lourdes (Maruja) para cuidar permanentemente a la misma, que además vive a pocos metros de la casa de la cedente, abonándole 70.000 de las antiguas pesetas al mes. Igualmente dicha señora, y en ocasiones en compañía de María Consuelo, madre de Estela han acompañado a la cedente al médico".

En el caso de las personas jurídicas sucederá que han de realizar su prestación a través de las personas físicas o jurídicas que emplearan en tal sentido, de acuerdo con su organización legal según el tipo de configuración que corresponda, por lo que, a todos los efectos, será como si las realizasen ellas mismas. Se aplicarán, en su caso, las normas de sucesión empresarial y se estará a la legislación vigente en la rama de que se trate para los supuestos de extinción.

Entendemos que, salvo en los aspectos donde por pacto o disposición de la ley se trate de prestaciones de carácter personalísimo, como los cuidados y atenciones afectivos, cabrá un posible subcontrato para prestaciones tales como los alimentos en sentido estricto, ciertos cuidados y atenciones, etc., sin que por ello se desvirtúe el contrato. Así sucedería, por citar algún ejemplo, en el caso en que se contratase una compañía para que realizase el aseo personal del alimentante impedido o la alimentación especial a través de una sonda nasogástrica.

En otros casos, con las personas físicas, son los hijos del alimentante, el cónyuge del alimentante o su pareja de hecho, terceros a efectos del contrato de vitalicio, los que realizan los cuidados, dispensan la medicación o realizan labores de cuidado o vigilancia del alimentante incluso aunque no residan en el mismo domicilio. Se tratará, generalmente, de un supuesto de pago de acuerdo con el deudor de la prestación[520], por lo que podrán reclamar del alimentante lo que hubieran realizado, teniendo derecho no sólo a reembolsarse sino también a subrogarse en la posición del acreedor incluso respecto de las garantías. En otros casos pueden ser vecinos los que asisten o ayuden al alimentista y en-

[520] El art. 1158 del Cc tras disponer que el pago lo puede realizar cualquier persona señala que el que pagase por cuenta de otro podrá reclamar del deudor lo que hubiese pagado, salvo que lo hubiese hecho contra su expresa voluntad, en cuyo caso sólo puede repetir aquello en que le hubiese sido útil tal pago.

tonces se podría dar una acción de reembolso pero sin derecho de subrogación para el caso de que el deudor ignorase tales actuaciones siendo necesarias por no realizarlas él. De saberlo, se obrará como en el supuesto anterior. Es muy habitual en la Jurisprudencia el que un hermano o hermana se lleve al padre o madre alimentista de la casa de otro hermano alimentante el cual manifiesta su intención de seguir cuidándolo. Sin embargo, en estos casos, este hermano o hermana, pese a realizar tales cuidados y por ser un tercero en el contrato de vitalicio, sólo podrá solicitar del alimentante aquello en lo que le hubiera sido útil el pago, lo que generará un problema de prueba a la hora de plantear en su caso tal actuación en el ámbito correspondiente.

A nuestro juicio, existe un aspecto de especial importancia no regulado por la Ley que es una limitación en cuanto al número máximo de alimentistas que pueden recibir las prestaciones de los alimentantes. Es cierto que, de entrada y en el ámbito privado, nada impediría que se pudiesen establecer cuantos contratos se desease entre los particulares si bien parece que la finalidad última de la ley, una finalidad asistencial realizada en base a un contrato civil, parece exigir ciertos límites en algunos concretos supuestos, fundamentalmente para ampliar la protección necesaria a los destinatarios de dichos cuidados. Parece así deseable que, al menos para los casos en que se pacte la convivencia entre alimentistas y alimentantes, se establezca un número máximo de alimentistas simultáneos para una misma unidad familiar, a fin de garantizar una razonable convivencia entre alimentistas y alimentantes. Por ello, de *lege ferenda*, proponemos que para el caso en que se haya pactado la convivencia en el contrato de vitalicio se limite a dos alimentantes, ya provengan del mismo contrato de vitalicio, ya de varios contratos, los que puedan ser atendidos por unidad familiar, al fin de lograr una correcta prestación de alimentos, ayudas y atenciones, salvo que haya circunstancias excepcionales concurrentes[521] que justifiquen la ampliación de dicho número. Se pretende con ello cordinar la necesidad de convivir en un entorno acogedor y la de lograr una correcta convivencia en el seno de dicha familia.

---

[521] Por ejemplo, un matrimonio de edad con un hijo discapacitado a su cargo, grupos de hermanos que justifiquen su residencia juntos y quieran recibir tales atenciones en grupo, si bien esta vía debería quedar limitada para impedir el fraude de ley en su caso.

CAPÍTULO V.
EXTINCIÓN DEL CONTRATO DE VITALICIO

En relación al contrato de vitalicio, se hace necesario conocer el distinto régimen de extinción de tal contrato, toda vez que el régimen jurídico a tal respecto fijado en la LDCG ha variado de su redacción primitiva en 1995, aplicable a los contratos nacidos al amparo de la misma, a la actual ley gallega del 2006. Estudiaremos, en consecuencia, las diversas posibilidades que pueden plantease en relación a la extinción del contrato de vitalicio.

1. EL DESISTIMIENTO UNILATERAL

1.1. La facultad de desistimiento del cesionario

En la Ley gallega de 1995 se establecía en el art. 98.1 que "a instancia del cesionario, el contrato podrá resolverse en cualquier tiempo, previa notificación con seis meses de antelación". Tal redacción adolecía de una imprecisión, ya que la denominada como resolución del contrato a instancia del cesionario, cuando realmente se establecía como una facultad de desistimiento que se configuraba por la LDCG a favor de aquél que debía realizar las prestaciones de alimentos, ayudas y cuidados, como sujeto que podía ejercitar esta facultad, una revocación o, en todo caso, una resolución unilateral[522].

El Código civil pese a no regular esta posibilidad con carácter general y al disponer que la validez y el cumplimiento de un contrato no se puede dejar al

---

[522] DÍAZ FUENTES, A., *op. cit.*, p. 177 destaca que el art. 98 incurre en una gran imprecisión ya que lo que en este precepto se regula es un simple caso de revocación unilateral y arbitraria del negocio ya que no se trata ni de una resolución por incumplimiento o por alteración de las circunstancias del negocio, ni tampoco de una rescisión por lesión o por fraude. Otros autores como REBOLLEDO VARELA, A.L., *op. cit.*, p. 867 y GUILARTE ZAPATERO, V., *op. cit.*, p. 398 aluden a esta posibilidad legal como una resolución unilateral del contrato.

arbitrio de uno de los contratantes[523], establece ciertos supuestos concretos[524] en los que admite tal posiblidad.

Encontramos en este desistimiento unilateral una facultad que corresponde a ambas partes del contrato por la que alguna de ellas toma una decisión unilateral poniendo fin a la relación obligatoria. Esta decisión, que no tiene que fundarse en ninguna causa especial en concreto, se exterioriza mediante una declaración voluntaria y libre[525].

Podemos realizar un primer acercamiento respecto a esta materia en base a la STS de 28 de mayo de 1965[526] que contempla la facultad de desistimiento por parte del cedente en una fecha anterior a la regulación del vitalicio por la ley gallega señalando que, por la naturaleza especial y compleja del contrato de alimentos a prestar y recibir en régimen de convivencia entre alimentista y alimentantes, las fricciones humanas pueden hacer de difícil cumplimiento o imposible lo convenido y, por ello, se justifica la posibilidad de apartamiento unilateral. Las consecuencias, según señala dicha resolución, serían las de "abonar la contraprestación pactada para tal eventualidad" indicando en el caso en ella debatido lo siguiente:

> "En cualquier momento que el alimentista quisiera readquirir la finca supuestamente vendida podría hacerlo sin más obligaciones que la de abonar los gastos de Notario, derechos reales, manutención, médicos y medicinas causados hasta el momento de ejercitar dicha facultad".

Advierte dicha resolución que se trata de una modalidad de cesación del vínculo prevista en el contrato y que, en consecuencia, es expresión de la libertad de pacto entre las partes que realizan tal previsión expresa en este sentido. La sentencia, además, incide en que las partes habían convenido un régimen de convivencia, lo que nos lleva a plantearnos si ambas circunstancias constituyen

---

523 En este sentido, el art. 1256 del Cc.

524 Podemos señalar, entre otros, en sede del contrato de arrendamientos de obras y servicios el art. 1594 relativo a obras por ajuste o precio alzado que permite al propietario desistir por su exclusiva voluntad de la construcción de la obra, aun ya empezada, indemnizando al contratista de todos sus gastos, trabajos y utilidad que se pudiera obtener de la obra. En sede de contrato de sociedad, se señala entre las distintas causas de extinción del mismo en el art. 1700 del Cc en su número cuatro, la voluntad de cualquiera de los socios en relación con el art.1705 que la permite cuando no se haya señalado término para la duración del contrato de sociedad o no resulte tal término de la naturaleza del negocio y siempre que la renuncia se haga con buena fe, en tiempo oportuno y sea puesta en conocimiento de los demás socios. En sede del contrato de mandato se contempla en el art. 1733 la revocación del mandato a voluntad del mandante y la renuncia del mandatario en el art. 1736 si bien deba continuar con su gestión hasta que se hayan podido tomar disposiciones necesarias por el mandante como indica el art. 1737 del Cc.

525 DÍEZ PICAZO, L.: *Instituciones de Derecho civil*, vol I, ed. Tecnos, Madrid, 1995, p. 595 y ss.

526 Ponente ESCRIBANO RUIPÉREZ, *RJ* 1965, marg. 3172.

requisitos para el desistimiento unilateral de las partes y, más en concreto, en este caso del alimentista.

Conviene destacar que en la doctrina no hay un acuerdo claro respecto a si por la sola voluntad de una de las partes se puede fundamentar la finalización de la vinculación que el contrato produce. La mayoría de la doctrina encuentra el fundamento de esta facultad sólo cuando existe una atribución de la misma en base a la Ley que la establezca o cuando en virtud del propio negocio constitutivo que sirve de base a la obligación de que se trate, se concede tal facultad de desistimiento. Existe, sin embargo, alguna doctrina[527] que contempla también la posibilidad de desistimiento unilateral en el ámbito de relaciones duraderas fundamentadas en la confianza que recíprocamente se merecen entre si tales partes, siendo además relaciones que no tienen establecido un plazo determinado de duración.

Respecto de la previsión contractual expresa de la facultad de desistimiento, cabe preguntarse si en el sistema del Código civil sería necesaria una previsión respecto del contrato de vitalicio atendiendo al momento en que se configuraba como contrato atípico. De quedar reducido el desistimiento a aquellos casos en que las partes lo pactan expresamente o en las que la ley admite dicha posibilidad, está claro que era necesario ya que no había una regulación de dicha posibilidad como tal, genéricamente atribuida, en sede de contratos. Cabe también contar con que, establecido como principio general la irrevocabilidad de los contratos, debe hacerse una interpretación restrictiva de tal posibilidad respecto de los casos en que pueda plantearse. Por ello, excluiríamos con este sistema el desistimiento unilateral de los casos de vitalicio en que no se hubiera previsto en el contrato una previsión expresa en tal sentido. A no ser que pensásemos en aquellos otros contratos que sean peculiares en cuanto a su duración y su base en la confianza recíproca como sucede en el contrato de vitalicio al tratarse de una duración de por vida del alimentante, de tracto sucesivo y basado en la recíproca confianza del las partes.

Por ello, aunque no existiese una previsión contractual al respecto y no hubiese norma que lo estableciese, parece que por las características peculiares que ofrece el contrato de vitalicio se debería admitir como posible tal desistimiento.

527 LASARTE ÁLVAREZ, C.: *Principios de Derecho Civil*, tomo III, ed. Marcial Pons, Madrid, 2011, p. 158 comparte esta opinión pero matizándola, ya que considera discutible la necesidad de que se trate de una relación *intuitu personae*, si bien advierte que en, caso de duda, de existir una relación de confianza entre las partes puede ser aconsejable que se reconozca la facultad de libre desistimiento. En general, respecto del desistimiento, *vid.* ÁLVAREZ MORENO, M.T.: *El desistimiento unilateral en los contratos con condiciones generales*, ed. Edersa, Madrid, 2000 y RODRÍGUEZ MARÍN, C.: *El desistimiento unilateral del contrato*, ed. Montecorvo, Madrid, 1991.

Se ha considerado por cierta doctrina[528] que la facultad de desistimiento, sin necesidad de cualquier otro presupuesto, corresponde a la exclusiva voluntad del alimentista, pero parece desprenderse de la citada STS de 28 de mayo de 1965 que, en principio, se reservaría tal posibilidad para los casos de vitalicio con pacto de convivencia[529], esto es, que la facultad de apartamiento unilateral se daría en los supuestos de contrato de alimentos o manutención plena con régimen de convivencia. De no haber tal convivencia, sólo cabría la aplicación del 1124 del Cc o, en su caso, de haberlo, del pacto de resolución que expresamente contemplara tal contrato y, por ser para el caso de incumplimiento, sólo podría utilizarse en dicho supuesto pero no para el caso de desistimiento voluntario y libre. Sin embargo, parece más razonable no exigir tal convivencia para que pueda permitirse tal desistimiento unilateral, ya que pueden surgir problemas y fricciones no sólo cuando se convive sino también en los restantes casos y, además, el carácter de los alimentos, cuidados y asistencia de toda clase es de suficiente intensidad como para que puedan producirse problemas que dificulten la voluntad de cumplir del obligado a ellos. El legislador gallego, tanto en el año 1995 como en 2006, no establece, por otra parte, el carácter esencial ni natural de la convivencia de los contratantes en el vitalicio, que sólo se dará si existe pacto expreso al respecto. Parece que, por ello, no debe ser tal convivencia un rasgo decisivo para determinar dicho desistimiento.

Algún sector de la doctrina[530], aplicando el desistimiento unilateral a un genérico contrato de vitalicio sin los constreñimientos propios de la Ley

[528] GUILARTE ZAPATERO, V., *op. cit.*, p. 398 y ss.

[529] RODRÍGUEZ LÓPEZ, F., *op. cit.*, p. 750 y ss.

[530] NÚÑEZ ZORRILLA, M.C., *op. cit.*, p. 209 y ss., señala determinadas consecuencias para el caso de desistimiento que nos parecen son las más acertadas desde un punto de vista teórico y de carácter general. En su opinión, admitiendo por regla general el desistimiento unilateral aún no estando previsto en el contrato e incluso para el caso en que no hay convivencia entre las partes, las consecuencias que se derivan de tal actuación para el supuesto de que quien desista sea el alimentante son "que el alimentante vendrá obligado a indemnizar al alimentista por los daños que a éste le comporte el no poder seguir siendo atendido o alimentado por el alimentante, a menos que la denuncia de este último se funde en la imposibilidad de continuar desempeñando su prestación sin grave detrimento suyo (art. 1736). El hecho de que el alimentista deje de percibir los cuidados o el mantenimiento que esperaba puede acarrearle serios perjuicios. Por este motivo, el alimentante vendrá obligado a indemnizarle siempre que se pruebe la existencia real de tales daños, pero dicha indemnización sin embargo no procederá cuando el alimentante demuestre que la renuncia es debida a su imposibilidad de seguir realizando la prestación, por sobrevenirle una situación que haga que la continuidad de la relación le origine un grave daño o perjuicio". Añade la autora el ejemplo de alguien que por un accidente de circulación no puede seguir atendiendo al cedente por quedar impedido. En ese mismo sentido, RAPOSO ARCEO, J.J., *op. cit.*, p. 676 proponía, si bien respecto de la LDCG de 1995, la modificación del art. 98 de manera que "se deje a la voluntad de las partes la determinación de una eventual indemnización, o participación en los frutos, y, en su defecto, se establezca la restitución de los bienes en las mismas condiciones en que los recibió el cesionario". Todo ello sin perjuicio de soluciones como la facultad novatoria del art. 1792 del Cc respecto del contrato de alimentos que sin constituir un desistimiento unilateral parece una respuesta razonable y justa previéndose en el contrato la cuantía de la prestación. *Vid.* LLAMAS POMBO,

gallega y con efectos *ex nunc*, describe una situación como consecuencia del desistimiento que muy poco tiene que ver con el de la legislación gallega aún tratándose del mismo contrato aleatorio y con finalidad asistencial, por lo que no deja de sorprender el sesgo tan marcadamente proteccionista del cedente de la legislación gallega.

1.1.1. La posición del legislador gallego de 1995

El legislador gallego de 1995 establecía, respecto del desistimiento, en su art. 98.1 que "a instancia del cesionario, el contrato podrá resolverse en cualquier tiempo, previa notificación con seis meses de antelación". Debemos, por tanto, considerar si el desistimiento supone como configuraba la jurisprudencia una facultad del alimentista o si, en cambio, supone una facultad exclusiva del alimentante como señala el derecho gallego.

El art. 98.1 de la LDCG de 1995 intentaba resolver un problema habitual en el vitalicio como era que se presentasen situaciones dificultosas para el cesionario, ya por cuestiones personales, ya por razones económicas que no le permitieran cumplir con la prestación que le correspondiera, pudiendo, en ejercicio de tal facultad que se le reconoce por ley, quedar liberado mediante una declaración de voluntad unilateral en ese sentido[531]. Quizá se pudiera pensar que esta facultad supone un desequilibrio entre las posiciones de las partes, ya que frente a esta posibilidad para el desistimiento del cesionario, el cedente queda vinculado por el contrato en espera de las prestaciones pactadas y sin saber cuándo se producirá, en su caso, tal desistimiento del alimentista que, de alguna manera, pasa a controlar a través de esta vía la aleatoriedad del contrato.

Desde un punto de vista teórico podría resultar sorprendente que la ley gallega concediera tal facultad al alimentante, lo que parecía generar incertidumbre sobre el desarrollo del contrato. Si bien en la práctica, a nuestro juicio, quizá habría sido un modo de evitar la litigiosidad y llegar hasta el incumplimiento como medio para finalizar el contrato de vitalicio con los costes personales y económicos que ello podría suponer para las partes. Es cierto que el plazo de preaviso pudiera parecer breve por tratarse de seis meses y no exigir ningún otro requisito pero entendemos que con ello se pretendía evitar la necesidad de acudir a una vía judicial para la extinción de tal contrato, mediante una declaración unilateral.

E.: "La tipificación del contrato de alimentos", en *Protección jurídica de los mayores*, Martínez Gallego, E.M., Reguero Celada, J., Alonso Pérez, M. coord., ed. La Ley, Madrid, 2004, págs. 193 y ss.

[531] En esta linea, se pronuncia REBOLLEDO VARELA, A.L., *op. cit.*, p. 865 señalando el acierto de tal solución "en gran medida". PEÓN RAMA. V., *op. cit.*, p. 650 advierte la necesidad de admitir el desistimiento ya que "no se puede obligar al cesionario a seguir vinculado indefinidamente por un contrato de prestación continuada y personal".

Conviene pensar, además, que si bien se establece como una facultad, esto no implica que tenga que ser necesariamente ejercitada por aquel a quien le corresponda. Entendemos que, en este contexto, cabría la renuncia válida[532] a tal derecho o, en su caso, su compromiso válido para el no ejercicio mediante una transacción al respecto[533]. La imperatividad de esta norma no parece justificada por proteger el interés del alimentista, interés desacorde, por otra parte, con la necesidad de pacto expreso para que el cedente pueda desistir unilateralmente, posibilidad ni siquiera prevista por la LDCG de 1995. Podría parecer más razonable que se hubiese establecido como un medio para lograr un equilibrio entre las partes, en cuanto a sus posibilidades de actuación jurídica, que el desistimiento unilateral estuviera previsto para cualquiera de las partes del contrato aún entendiendo que, quizá, pueda resultar más protegido el cesionario frente a una actuación caprichosa del cedente o a un cambio de opinión respecto de la cesión de bienes o derechos de que se tratase. Consideramos que, dadas las especiales características de este contrato, ambas partes deberían tener iguales opciones al respecto, si bien es cierto, como veremos después, que el que no exista una previsión expresa en esta dirección en la ley no implica una imposibilidad de actuación en tal sentido.

1.1.1.1. Efectos del desistimiento unilateral

Señalaba el art. 98.2 de la LDCG de 1995 que "cuando lo dispuesto en el número anterior, se resuelva el contrato, el cesionario tendrá derecho a la mitad de las ganancias obtenidas con su trabajo". Se otorgaba así *ex lege* un derecho a percibir unas ganancias, si bien los términos del precepto adolecían de una cierta inconcreción[534].

Nada se decía en la norma respecto del bien o bienes cedidos y de los efectos que sobre ellos produciría el desistimiento, aunque parece obvio que debía interpetarse la restitución de los bienes recibidos cuando el vitalicio se constituyó o en el momento en que se hubieran entregado si fuese posterior. El problema residiría, en este caso, sobre si los bienes se restituyen o si cabe la restitución por su equivalente económico si esos bienes, por ejemplo, se encontrasen en poder de un tercero que respecto del negocio del vitalicio fuera alguien ajeno al mismo. Se ha considerado que si no es posible la restitución de los bienes

[532] Así opina, en cuanto al carácter dispositivo, DÍAZ FUENTES, A.: *op. cit.*, p. 177.

[533] Estima, no obstante, REBOLLEDO VARELA, A. L., *op. cit.*, p. 865, que la norma del art. 98.1 "en cuanto a la existencia de la propia facultad de resolución, debe estimarse de carácter imperativo dadas las características del contrato de vitalicio, el contenido de las obligaciones de dar y hacer asumidas por el cesionario y la propia finalidad de la ley".

[534] En este sentido, RAPOSO ARCEO, J.J., *op. cit.*, p. 676, propone una modificación de la regulación al efecto de que "se deje a la voluntad de las partes la determinación de una eventual indemnización, o participación en los frutos, y, en su defecto, se establezca la restitución de los bienes en las mismas condiciones que los recibió el cesionario."

por hallarse estos en poder de terceras personas por una transmisión lícita, no cabría en ningún caso el desistimiento unilateral[535]. Sin embargo, parece más razonable y más adecuado a los intereses que persigue el contrato, incluso para el caso de su finalización a través de esta figura, que una restitución de bienes que no sea posible por encontrarse éstos en poder de terceros sea sustituida por una compensación de su valor de existir aceptación del cedente en tal sentido a los fines de estimar la pretensión del cesionario respecto del negocio[536].

Por ello, salvo previsión de las partes en el propio contrato respecto de una posible restitución por equivalente económico pactada, parece que sólo si el cedente manifestase su voluntad conforme con el desistimiento sin devolución de los bienes pero con compensación con su valor, sería tal conducta posible. Es cierto que, sin embargo, pueden tomarse ciertas precauciones en relación a este posible desistimiento unilateral. Así, como ya señalamos, podrían haberse realizado previsiones contractuales sobre la restitución, su montante o condiciones o, en otro caso, sería posible también que para evitar la pérdida del bien de que se trate, por ejemplo, la casa familiar, se transmitiese la nuda propiedad reservándose el usufructo el cedente y tomando precauciones adicionales respecto de las posibles transmisiones a terceros. En este sentido, podría ser un pacto resolutorio expreso para, de esa manera, disuadir al cesionario respecto a una posible salida de bienes de su patrimonio o para impedir que el cesionario impusiera cargas o gravámenes sobre dichos bienes más allá de aquellas que ya tuvieran cuando hubieran sido transmitidas por el cedente, a los fines de que pudieran ser restituidos en el mismo estado en que se transmitieron por éste.

Además de la restitución de los bienes que, como ya señalamos, no aparecía en la LDCG de 1995, sí se recogía en la norma en tal momento que "cuando se resuelva el contrato el cesionario tendrá derecho a la mitad de las ganancias obtenidas con su trabajo".

1.1.1.2. Trabajo, ganancias y mejoras

La expresión "trabajo" en este contexto resulta difícil en cuanto a su comprensión ya que tal vocablo puede ser interpretado de diversas maneras

---

[535] En este sentido, se pronuncia LETE DEL RIO, J. M.: *Comentarios al Código...cit*, p. 684.

[536] Señala REBOLLEDO VARELA, A. L., *op. cit.*, p. 867 que "nada especifica la norma de que el cesionario tendrá que devolver los bienes recibidos, aunque ello puede estimarse condición *sine qua non* para que pueda proceder la resolución, de manera que esta ya no será posible si los bienes han sido transmitidos a un tercero pues, en mi opinión, la restitución de los bienes no puede ser sustituida por la compensación económica de su valor, salvo aceptación del cedente". Indica además que los bienes se deben restituir libres de cargas y gravámenes impuestos por el cesionario "sin lo cual no procede la resolución a su instancia".

dando lugar a consecuencias diferentes. Así, de una parte, podríamos entender tal derecho como el del ahorro obtenido por el cedente respecto de iguales prestaciones realizadas en un ámbito distinto, entendiendo tal ahorro como una "ganancia" para el cedente, al no tener que hacer frente a dichos pagos, cuestión esta a la que suele hacer referencia las pretensiones de resarcimiento de los alimentantes. Además, si las ganancias se produjeron con su trabajo, parecería lógico que ya fueran suyas y no de otro por lo que tendría un derecho propio sobre ellas. Por ello, parece razonable entender como punto de conexión entre cedente, cesionario y trabajo, el que el cesionario tendría derecho por señalarlo así la Ley a tal porcentaje de beneficios obtenidos con su labor, actividad o tarea que, entendemos, sería la que en virtud del derecho que ostentara sobre el bien de que se tratase hubiese realizado y que ha de devolver al cedente por el contrato de vitalicio en que tal desistimiento se está produciendo. La titularidad que el cesionario pueda haber detentado respecto dicho bien o bienes podrá ser la de nudo propietario, usufructuario, propietario pleno, etc. Un sector de la doctrina[537] opina, sin embargo, que al ser el vitalicio un contrato que surge en el rural con una función asistencial pero también para dar continuidad a la explotación de la tierra de orden agrario, el trabajo al que se refiere este artículo sería el trabajo realizado por el cesionario en explotación de las tierras del cedente objeto del contrato de vitalicio.

Si de "ganancias", por tanto, tratamos será necesario precisar su alcance para ver lo que se le ha de entregar. Un sector de la doctrina[538] entiende que el derecho del cesionario a la mitad de las ganancias, conforme a la ley gallega, significa que devolviendo la cosa que se dio a cambio de los alimentos, "quedan a salvo los alimentos ya pagados, así como la totalidad de los rendimientos producidos por tal cosa por sí y, además, la mitad de los que produjo a beneficio del trabajo del cesionario alimentante". Ha de tenerse en cuenta que este desistimiento no obra retroactivamente[539] sino que tiene una eficacia *ex nunc* pero haciendo suyos el alimentista los alimentos percibidos, los rendimientos que la cosa produjo por sí como compensación de tales alimentos en el caso del alimentante y yendo a mitad en cuanto a las ganancias obtenidas por el trabajo[540].

[537] CHILLÓN PEÑALVER, S., *op. cit.*, p. 278.

[538] ALBALADEJO GARCÍA, M.: *Derecho civil,* tomo II.. *cit.*, p. 402.

[539] Así también, respecto de la irretroactividad del desistimiento libre, opina LASARTE ÁLVAREZ, C., *Principios de Derecho Civil*, tomo III, ed. Marcial Pons, Madrid, 2011, p. 158 y ss.

[540] A nuestro juicio, semeja el reparto de ganancias y pérdidas para el socio industrial en la sociedad civil del art. 1689.2 del Cc como si se tratase de una sociedad si se quiere sobrevenida en la que el alimentista hubiese aportado trabajo o industria, ya que el socio industrial debe las ganancias a la sociedad sin que se le puedan adjudicar los bienes aportados de acuerdo con art. 1708 del Cc y tendrá derecho a la mitad de las ganancias obtenidas al recibir una parte igual a la que corresponda al socio o socios no industriales que menos hayan aportado. En la aparcería de lugar acasarado, *ex* art. 75.2 LDCG de 1995, el aparcero tiene derecho a la mitad del producto

Los frutos naturales producidos por la propia cosa[541] quedarían así para el cesionario y los frutos industriales producidos por cultivo o trabajo[542] se entregarían por mitad a cada uno, lo que semeja una interpretación adecuada a lo previsto por el legislador gallego en 1995.

Respecto de dicha Ley de 1995, todavía de aplicación para las relaciones que se hayan constituido al amparo de la misma existen, no obstante, otras posturas. Así, otro sector doctrinal[543] considera que no procede la simple compensación de frutos y prestaciones de alimentos, sino que lo que pretende el legislador es que el cesionario no pueda reclamar las prestaciones de alimentos realizadas, debiendo restituir el íntegro líquido de los frutos percibidos salvo los obtenidos en dichos bienes cedidos con su trabajo en los que sólo deberá devolver la mitad. Algún otro sector defiende que se trata de una indemnización que por ley se concede al cesionario por el trabajo realizado sobre los bienes cedidos, únicamente si se hubiesen obtenido ganancias como consecuencia del trabajo ya que, en otro caso, de no haber ganancias no habría lugar a tal compensación[544].

Podría plantearse que en el derecho a la mitad de las ganancias obtenidas con su trabajo, al que hacía referencia el art. 98.2 de la LDCG de 1995 pudieran encontrarse incluidas las mejoras[545] que se hubieran realizado si las consideramos como un resultado de la actividad o trabajo del cesionario, si bien se generaría el problema de interpretar si la cantidad a repartir por mitades entre las partes es la relativa a los gastos o a las mejoras[546].

Se entiende, en este caso, que el gasto es la cantidad invertida por el cesionario para realizar la mejora, distinguiéndolo del resultado obtenido con la aplicación de dicho gasto y del aumento de valor que tal cosa cedida ha obtenido tras haber sido mejorada. Sólo los gastos útiles generan un aumento de valor en la cosa, siendo el aumento de valor lo que realmente permite calificar la mejora.

---

neto de la venta, salvo otro pacto, si hizo la plantación y la explotación en el caso de producción silvícola.

541 Art. 354.1 del Cc en relación con el art. 355.1 del mismo cuerpo legal.

542 Art. 354.2 del Cc en relación con el art. 355.2 del Cc.

543 REBOLLEDO VARELA, A.L., *op. cit.*, p. 867, reflexiona respecto de la oportunidad de la solución legal señalando que "no cabe duda, es gravosa para el cesionario pero no cabe olvidar que es el ejercicio de un derecho unilateral y voluntario para él, al que no puede oponerse el cedente que ve alterada la vinculación del contrato por una previsión legal excepcional".

544 En este sentido, LETE DEL RÍO, J.M., *Manual de Derecho...cit*, p. 146 y NÚÑEZ ZORRILLA, M.C., *op. cit.*, p. 211.

545 MARTÍNEZ HENS, H, *op. cit.*, p. 3162 y ss.

546 DÍAZ FUENTES, A., *op. cit.*, p. 178, entiende que el art. 98. 2 se refiere a las mejoras que resulten del trabajo del cesionario y que al estar incorporadas a los bienes son valorables mediante una tasación, ya que otra solución dificultaría cuantificar tales ganancias. *Vid.* respecto de este tema, MARTÍNEZ HENS, E.: "Las mejoras en el arrendamiento rústico: estudio del artículo 1573 del Código civil", en *RDP* 2001, p. 3 y ss.

En cuanto a las mejoras, gastos útiles y de recreo resultan de aplicación las normas sobre liquidación del estado posesorio de los arts. 451 y siguientes del Cc[547]. Obviamente, al cesionario desistente se le da el tratamiento que corresponde al poseedor de buena fe, toda vez que ésta se presume en general en el derecho español y, además, el ejercicio del derecho de desistimiento reconocido por la ley gallega no puede ser considerado en modo alguno, aunque desista por su libre y exclusiva voluntad, como una actuación realizada con mala fe.

Por ello, y en aplicación del art. 454 del Cc, podrá el cesionario llevarse los adornos con los que el bien entregado en base al contrato de vitalicio hubiese sido embellecido si con ello no se le produce deterioro, siempre que el sucesor en la posesión, el primitivo cedente a quien se le devuelve, no prefiera abonar el importe de lo gastado en tal adorno.

La dicción del art. 453.1 del Cc señala que todo poseedor tiene derecho a que se le abonen los gastos necesarios, es decir, los imprescindibles para la conservación de la cosa, pudiendo retener la misma hasta su abono si bien su aplicación al vitalicio conllevaría una eficacia hacia el pasado. A ésto se añade la previsión del párrafo segundo de dicho precepto en el sentido de que, respecto de los gastos útiles que se abonan, puede optar el que recupera la posesión por satisfacer el importe de los gastos o por abonar el aumento de valor obtenido por la cosa como consecuencia de tales gastos. Sin embargo, el legislador gallego establecía[548] el derecho del cesionario a la mitad de las ganancias obtenidas con su trabajo, que serían tales mejoras obtenidas con los gastos realizados.

Parece, en todo caso, que el art. 98 de la LDCG de 1995 debe ser objeto de una crítica en el sentido de que no queda clara la voluntad del legislador salvo en el sentido de reforzar la posición del cedente. En base a una redacción confusa de la norma deducimos que el cesionario, si desea desistir unilateralmente del contrato de vitalicio, debe restituir los bienes que se le cedieron al constituir el vitalicio sin poder reclamar compensación alguna por las ayudas y los alimentos dispensados al cedente. Entendemos que no debe devolver los frutos naturales y puede reclamar para si la mitad de los frutos industriales y las mejoras útiles aunque no se le abonen los gastos necesarios ni los de puro lujo, ornato o recreo.

La posición del cedente tras la resolución dista de ser incómoda, patrimonialmente hablando, en tanto recibe de nuevo sus bienes en un estado similar al que tenían cuando los entregó. Además, percibirá al menos la mitad de los frutos industriales y de las mejoras útiles, no deberá abonar nada por

[547] En este sentido, REBOLLEDO VARELA, A.L., *op. cit.*, p. 867, que, en cambio, no las considera aplicables a los frutos al entender que no procede la simple compensación entre frutos y prestaciones por alimentos.

[548] Art. 98.2 Ley 4/1995 de Derecho civil de Galicia de 1995.

los cuidados, ayudas y alimentos percibidos, ni por los gastos necesarios o suntuarios. El cesionario, en cambio, se verá en una situación difícil en base a la aleatoriedad del contrato perdiendo casi todo salvo la compensación que percibe de la mitad de lo obtenido con su trabajo, si bien se entiende que ello deriva del carácter aleatorio de tal contrato que, además, con apoyo legislativo, primaría la continuidad del contrato respecto de la posibilidad de desistimiento unilateral del mismo.

1.1.2. Mayor rigor en la actual legislación autonómica

El texto de la actual LDCG de 2006 varía respecto del desistimiento, al señalar en el art. 152.1 que "el cesionario podrá desistir del contrato en cualquier tiempo, previa notificación fehaciente al cedente con seis meses de anticipación". Llama la atención, en primer lugar, cómo en vez de utilizar la expresión de resolución se utiliza la otra de desistimiento[549] y cómo el legislador de 2006, admitiendo como necesario el desistimiento, establece dos requisitos como presupuestos necesarios para que opere tal desistimiento[550] del alimentante y que son el plazo legal de preaviso y la restitución íntegra de bienes y derechos recibidos y de los frutos de esos bienes y derechos.

1.1.2.1. La notificación fehaciente. Los distintos efectos del desistimiento

La vigente LDCG exige a diferencia de la regulación anterior la notificación fehaciente para realizar desde tal fecha el cómputo del plazo de los seis meses cuya duración es idéntica al de la anterior regulación gallega. Entendemos que el lugar a donde se ha de realizar esa notificación será el domicilio que a tales efectos conste en el contrato de vitalicio debiéndose verificar con precaución dicha circunstancia para el caso de que cedente y cesionario compartan el mismo domicilio a los efectos de evitar cualquier manipulación de la notificación. En otro caso, y de eludirse la recepción de la misma, siempre es posible realizar tal notificación mediante anuncio particular en los boletines oficiales de que se

549 De este parecer, BELLO JANEIRO, D., *op. cit.*, p. 253, señala que el texto vigente utiliza con todo rigor la expresión desistimiento "que nada tiene que ver con la resolución contractual a pesar de la denominación, también impropia, del texto de 1995".

550 PEÓN RAMA, V., *op. cit.*, p. 650 y ss., considera que el texto de 2006 ha reforzado con acierto las exigencias de reciprocidad y buena fe propias de todo contrato destacando cómo la función asistencial actúa como parámetro limitativo de las posibles consecuencias perjudiciales que puedan derivar para el alimentista de la extinción anticipada del contrato, al entender que se trata de una evolución legislativa positiva ya que considera que "ante una revocación *ad nutum* del cesionario, es la protección del cedente-alimentista la que debe ser la principal preocupación del legislador, y por tanto debe primarse la continuidad del contrato sin favorecer el desistimiento, sino en cierta medida sancionándolo".

trate. Conviene recordar que para el caso de que tal persona se halle bajo alguna institución de guarda y custodia habrá de realizarse la notificación a su tutor, curador o guardador de hecho a los fines de que no se produzca una posible indefensión o se frustre por un defecto formal tal notificación.

A este respecto, se señala por el legislador gallego que "el cesionario que quiera desistir habrá de proceder a la restitución de los bienes y derechos recibidos en virtud del contrato, así como de sus frutos, sin más cargas o gravámenes que los preexistentes a la cesión"[551]. No se prevé ya que el cesionario pueda tener derecho a la mitad de las ganancias obtenidas con su trabajo[552].

Se pretende así que el cedente pueda adoptar las medidas necesarias para poder suplir las ayudas y cuidados que hasta ese momento recibía del alimentante. Los bienes y derechos y los frutos, como señala la Ley, han de ser devueltos pero se plantea el problema del momento en que se ha de realizar tal devolución, si cuando el preaviso fehaciente, que será con al menos seis meses de antelación al cese efectivo, o en el momento de ese desistimiento unilateral. Un sector de la doctrina[553] opina que la restitución debe tener lugar con la notificación del preaviso.

Los bienes, como señala la norma, han de ser restituidos sin otras cargas o gravámenes que los preexistentes a la cesión, lo cual es también una novedad en el texto legal. La rotundidad de dicha norma parece excluir incluso aquellos casos en donde la carga o el gravamen ha sido impuesto de común acuerdo por las partes en el caso de cotitularidad para el supuesto en que la cesión, por ejemplo, de la propiedad lo hubiese sido de cuota, e incluso supuestos en los cuales sea el propio cedente el que, debido a la figura usada, tenga derecho a realizar tal gravamen sobre el bien, como podría suceder con el cedente que siéndolo de la nuda propiedad, constituye una hipoteca sobre el usufructo que se reserva o a la inversa. También pueden darse no sólo hipotecas sino también embargos o afecciones fiscales que tengan su origen o sean consecuencia de una actuación del cedente y que no preexistieran a la constitución del vitalicio.

---

551 En este sentido, el art. 152.2 LDCG de 2006. Señala PEÓN RAMA, V., *op. cit.*, p. 651, que el cesionario tendrá que devolver los bienes y que "además deberá restituirlos con sus frutos, sin contraprestación alguna, ni por la prestación de alimentos ni por las ganancias obtenidas con su trabajo y sin más cargas o gravámenes que los preexistentes a la cesión".

552 CHILLÓN PEÑALVER, S., *op.cit.*, p. 279, destaca que, en la actualidad, ya no se produce tanto la cesión de fincas y explotaciones agrarias para su trabajo sino fincas urbanas lo que parece consecuente con que decayese tal derecho a la mitad de las ganancias.

553 Así, BUSTO LAGO, J. M., *op. cit.*, p. 27, considera que el legislador debería haber realizado una previsión en tal sentido, disponiendo que con el preaviso se realizase una devolución de los bienes, derechos y frutos. PEÓN RAMA, V., *op. cit.*, p. 650 y ss., señala que si bien de una primera lectura parece que restitución y desistimiento sean simultáneas una vez transcurridos los seis meses desde la notificación fehaciente, sin embargo, basándose en la dicción del art. 152.2 la restitución debe tener lugar con la notificación del preaviso.

Consideramos que la ley en estos casos no pretende que sean de cuenta del cesionario el levantamiento de tales cargas y, por ello, entendemos que de *lege ferenda* deben excluirse aquellos que no tengan su origen en una actuación del cesionario sino del cedente de los bienes.

Entendemos que tal situación respecto de las cargas y gravámenes se acreditará mediante la oportuna certificación registral acreditativa del cumplimiento de los requisitos exigidos por la ley y, de no estar registrado tal bien o derecho en el Registro que le correspondiera, quedaría el cesionario sujeto a las responsabilidades que le pudieran corresponder al realizar el cedente la reclamación oportuna. A nuestro juicio, puede resultar un perjuicio grave para el cedente una situación económica de insolvencia previsible del cesionario por la posibilidad del ejercicio de las acciones rescisoria y revocatoria en caso de entenderse que tal operación se realiza en fraude de acreedores.

A nuestro entender, sin embargo, la restitución deber realizarse cuando se ponga fin a la relación contractual entre las partes que es en el momento de la extinción de dicho contrato y no antes con la notificación, como señala cierto sector, ya que parece un claro supuesto de enriquecimiento injusto el que se obligase a tal restitución de bienes, derechos y frutos mientras el alimentante continúa recibiendo los alimentos, ayudas y cuidados durante seis meses más. Consideramos que no perjudica la actuación al alimentista que ya ha visto mejorada su posición al obtener la totalidad de los frutos y que, además, a la fecha de la extinción del vitalicio tendrá ya a su disposición, si no en su poder, los bienes, derechos y los frutos correspondientes que se le han de restituir para que con ellos realice lo que estime más conveniente. Por ello, proponemos de *lege ferenda* el que se haga tal indicación expresa de restitución a la extinción del contrato de vitalicio.

La restitución de bienes, derechos y frutos, supone que no haya compensación entre alimentos percibidos por el alimentista y frutos de los bienes cedidos y entendemos que el cesionario no tiene derecho a reclamar por tal concepto[554] pese a que la figura usada es la del desistimiento.

[554] Como se indicaba, ente otros, por LIAÑO FLORES, J.M., LORENZO MERINO, F., NOGUEIRA ROMERO, S y PEÓN RAMA, V. en la Ponencia de la sección quinta "Pedro González López" plasmada en el Libro del III Congreso de Derecho Gallego. Se señalaba que "no nos parece sin embargo adecuado que se reconozca por ley una compensación al cesionario, pues es la garantía del cedente la que debe ser la principal función del legislador, y por tanto debe favorecerse la continuidad del contrato sin favorecer el desistimiento, sino en cierta medida sancionándolo". Además, "es verdad que esta afirmación no encaja con la figura estricta del desistimiento y su eficacia *ex nunc*; ahora bien, es mejor desde un punto de vista teleológico, atendidas las circunstancias concretas de la relación contractual contemplada, que no sólo el cedente recupere el bien sino que además recupere o adquiera los beneficios inherentes al mismo" como se recoge en VV.AA. "III Congreso de Dereito...*cit*, p. 348 y ss.

1.1.2.2. El no favorecimiento del desistimiento

En cuanto a la idea de la sanción por el desistimiento, o si se quiere de no favorecer el desistimiento parece, a nuestro juicio, una exacerbación llegar a tal configuración del desistimiento para el cesionario-alimentante. Es cierto que la protección de mayores, discapaces y, en general, de los sujetos que van a recibir los alimentos, ayudas y cuidados debe primar sobre otras consideraciones dada la función asistencial de este contrato y su aleatoriedad, de manera que no se incentive el desistimiento unilateral del alimentante en aras a la pervivencia del contrato, pero ha de reconocerse que la pervivencia que se pretende ya no sólo puede desincentivar la formalización de un contrato sino que puede llevar a la utilización de una vía que no es correcta que sería la de provocar un incumplimiento para forzar una motivación para una resolución contractual vía art. 153 LDCG si el cedente o su representante la instasen o, incluso, si para el caso en que no se llegase a una convivencia pacífica ponerle fin antes de que se diesen las conductas gravemente injuriosas o vejatorias contempladas en el art. 153.1 ya no del alimentante sino, por ejemplo, de su cónyuge, pareja o hijos convivientes.

Cabe imaginar otro posible escenario que sería el de un problema de convivencia ya no entre alimentante y alimentista sino entre dos alimentistas que se encontraran en un mismo domicilio a cargo de un mismo alimentante donde se pueden producir problemas graves entre ellos y deba elegir el alimentante en aras a la paz doméstica o a la convivencia pacífica de tratarse de una persona física o jurídica acogedoras. Otro posible entorno podría ser el de un alimentista que realiza una conducta obstativa pero manteniendo la vinculación con el alimentante con fricciones de manera que, como postura razonable para evitar daños mayores, se deba acudir a un desistimiento unilateral en el cual se "castigue" al alimentante por solicitarlo. Como ya sabemos, no es necesario para la constitución de un vitalicio un previo estado de necesidad ni tiene que producirse en el momento en que se intente el desistimiento unilateral ni tampoco todos los sujetos destinatarios naturales del vitalicio tienen que ser mayores o dependientes, por lo que pueden darse casos en donde una pretendida justicia devenga excesivamente rigurosa.

Por ello, nuestra opinión al respecto es que el desistimiento unilateral ha de ser desistimiento y libre, si se quiere una correcta utilización del contrato con los efectos que la Ley señale que, de ser legislado en tal manera, no serán los del desistimiento *strictu sensu* pero tampoco han de ser tan sancionadores de algo que, en principio, no es merecedor de tal sanción.Nos parece quizás más razonable la postura de la anterior LDCG que, al menos, incentivaba la explotación de los bienes, ya sean rústicos o urbanos, ya se trate de frutos industriales o civiles, a diferencia de la LDCG de 2006, que creemos excesiva en cuanto a sus consecuencias para con el cesionario.

Es cierto que puede cuestionarse si las normas respecto del desistimiento unilateral son imperativas o no. Como ya hemos visto, no es presupuesto del contrato de vitalicio el estado de necesidad y por ello se ha de entender que el art. 153 de la Ley gallega se limita a señalar un régimen supletorio en defecto de régimen específico paccionado que a tal fin se establezca en el concreto contrato que regule la específica relación jurídica de que se trate[555]. A nuestro juicio, de no variarse la legislación, deberá ajustarse el desitimiento unilateral a las circunstancias de tal caso concreto para evitar el rigor de las consecuencias establecidas por la vigente ley gallega.

1.2. El desistimiento por el alimentista

La legislación gallega ofrece soluciones desiguales según la parte del contrato a la que se refiera para los supuestos de ineficacia sobrevenida de manera que, según se trate el cedente o del cesionario, van a tener un diferente tratamiento y, por ende, unos muy distintos efectos. Se verán entonces las posibilidades que respecto del desistimiento unilateral existen cuando se trata del cedente en los distintos ámbitos legales.

Como ya se ha indicado y para evitar la prohibición del art. 1256 del Cc, al señalar que el cumplimiento del contrato no puede quedar al arbitrio de las partes contratantes, es posible, por medio del pacto entre las partes con base en el art. 1255 del mismo cuerpo legal, configurar un medio a través del cual las partes y, más concretamente, el alimentista puedan extinguir el contrato. Jurisprudencia y doctrina, como veremos, ya sea a través del desistimiento ya mediante la resolución, justifican tales posibilidades de actuación del cedente.

Si bien la postura del alimentista es diferente en este contrato de tracto sucesivo respecto del alimentante ya que, por regla general, el cedente habrá cumplido su prestación en un único momento –habitualmente al comienzo de tal relación, entregando los bienes o derechos de que se trate–, tanto la doctrina[556] como la jurisprudencia han admitido la posibilidad de desistimiento unilateral

[555] PEÓN RAMA, V., *op. cit.*, p. 652. Entendía, sin embargo, REBOLLEDO VARELA, A.L., *op. cit.*, p. 866 y ss. que en cuanto a la existencia de la propia facultad de resolución era imperativo el art. 98 de la LDCG de 1995 de manera que no cabía exclusión de tal facultad por convenio entre las partes a diferencia de la revocación unilateral del cedente que sólo existiría de mediar pacto expreso entre las partes en tal sentido.

[556] Así sucede, entre otros, con el contrato de obra, *ex* art. 1594 del Cc y, más comúnmente, con contratos de duración indeterminada como el arrendamiento de servicios *ex* art. 1548 del Cc.

del alimentista, si bien en principio no parece aplicable al tratarse de una prestación única o, en su caso, fragmentada o distribuida.

Asimismo el Tribunal Supremo en su sentencia de 28 de mayo de 1965[557] señala que, habiéndose alegado que un desistimiento unilateral del contrato sin que haya incumplimiento imputable a los alimentantes cae dentro de la prohibición del art. 1256 en relación con el art. 1255 del Cc, sin embargo en el régimen de convivencia en que se desarrolla y como consecuencia de las fricciones posibles en las relaciones humanas que puedan hacer difícil o imposible el cumplimiento de lo convenido, resulta conveniente mantener la validez del pacto revocatorio ya que su unilateralidad viene dada por la naturaleza especial y compleja del contrato de vitalicio.

Como consecuencia de este pacto revocatorio, como indica la sentencia, ha de abonarse lo estipulado para tal supuesto, que normalmente consiste en pagar el importe de los alimentos, pudiendo también incluir los gastos pagados por el alimentante, como los de la escritura pública o los impuestos que tuvieran que abonarse por aquel concepto.

Por ello, resulta muy conveniente, además de pactar en el contrato de vitalicio tal posibilidad de desistimiento unilateral del cedente, que se determinen las cantidades que se hayan de abonar por los distintos conceptos para el supuesto de que el cedente ejercitase tal facultad que se le señale en el contrato y la previsión, en su caso, de la devolución de las prestaciones entregadas con los criterios para realizar su valoración.

Si bien la anterior sentencia no entiende que el régimen de convivencia de alimentista y alimentante sea requisito para proceder al apartamiento unilateral, sí considera que es un elemento natural en el que se desarrollan las prestaciones que tiene su origen en tal contrato por lo que son posibles las fricciones o las desavenencias. Ello no obstante, la STS de 2 de julio de 1992[558] marca este reconocimiento del apartamiento unilateral "cuando los alimentos han de prestarse en un régimen de convivencia".

Ahora bien, entendemos que será el contrato el que determine los requisitos y las consecuencias de la extinción del mismo para el caso del desistimiento unilateral, sin que ello suponga dejar el cumplimiento del contrato a la voluntad de una de las partes como señala la referida STS de 28 de mayo de 1965 aunque quepa mayor justificación, si cabe, de existir un régimen de convivencia pactado y se prevea por las partes tal posibilidad de desistimiento.

[557] Ponente ESCRIBANO RUIPÉREZ, *RJ* 1965, marg. 3172.
[558] Ponente FERNÁNDEZ-CID DE TEMES, *AC* 1992, marg. 1200.

"Sin que tal cosa implique el libre arbitrio en el cumplimiento del contrato y sí solamente una modalidad de cesación del vínculo prevista en el propio concierto de voluntades mediante el abono de la recíproca y adecuada contraprestación".

A tal efecto, algún sector de la doctrina[559] señala que habiendo pacto lo que se hace es cumplir lo previsto por las partes como una extinción anticipada sin violar el art. 1256 del Cc debiendo las partes determinar en ese pacto si la revocación es *ad nutum* o que requisitos se exigen y que consecuencias se producen. De no pactar las consecuencias, se entiende que se deben restituir las recíprocas prestaciones sin perjuicio de que dados los efectos *ex tunc* el cesionario pueda retener los beneficios obtenidos y percibidos de los bienes cedidos.

Se posiciona, sin embargo, en forma distinta otro sector aunque en forma genérica no referida al vitalicio gallego[560] señalando su carácter "*ex nunc*" y la obligación de indemnizar daños y perjuicios tanto para el alimentista como para el alimentante, aunque quepa pacto a los fines de que tenga eficacia "*ex tunc*" como sucede por obra de la ley en la norma gallega.

1.2.1. Equivalencia de esta facultad respecto del alimentante

En nuestra opinión, no deben establecerse mecanismos distintos para el cedente y el cesionario sino que debe reconocerse por Ley la posibilidad de desistimiento unilateral del cedente, aun dada su distinta configuración cuanto a la prestación[561], como creemos es más razonable, para evitar la única opción de recurrir a la resolución a través de la vía del art. 153 de la LDCG de 2006.

---

559 PEON RAMA, V.: *op. cit.*, p. 652 y ss.

560 NÚÑEZ ZORRILLA, M.C., *op. cit.*, p. 210, entiende que en los casos en que el vitalicio se haya celebrado a título oneroso y concediéndose dicha facultad de desistir a ambas partes en el contrato, las consecuencias deben ser diferentes dependiendo de que el alimentista haya o no realizado la prestación a la que se haya comprometido. De no haberla realizado y habiéndose, sin embargo, comenzado la ejecución de la prestación de alimentos, vendrá obligado a indemnizar al alimentante ,incluso respecto de los daños producidos respecto del alimentante que haya realizado gastos o servicios hacia el alimentista. Entiende que no procederá la indemnización si hay causa de justificación de la misma comprendida en el art. 1736 del Cc. Señala la autora que si el desistimiento del cedente se produjo después de haber realizado su prestación, no tendrá que abonar indemnización al alimentante ya que la cesión de bienes compensaría en tal caso los gastos y esfuerzos sufridos por el alimentante hasta la extinción de la relación.

561 En este sentido, entre otros, se manifiesta ECHEVARRÍA DE RADA, T., *op. cit.*, p. 154 y ss., entendiendo que, aunque no se haya previsto en el contrato y el cedente no asuma una prestación de tracto continuado como señala la doctrina para justificar la ausencia de regulación legal a tal efecto, debería admitirse el desistimiento unilateral del cedente ya que, como matiza, "debe tenerse en cuenta que el motivo determinante de la celebración de estos contratos suele ser garantizarse una serie de atenciones y cuidados de tipo personal y afectivos", indicando, a modo de paralelismo, cómo se regulan los desistimientos tanto del acogedor como del acogido en términos muy semejantes, en la legislación de Navarra y de Cataluña.

Además, deberían derivarse consecuencias parejas si bien es cierto que, como ya indicamos, las prestaciones de las partes son muy distintas ya que la del cedente suele ser de tracto único y habitualmente realizada al comienzo del contrato o, más excepcionalmente, fragmentada la única.

Proponemos de *lege ferenda* que la LDCG, en el fututo y tras su reforma, reconozca explícitamente en el texto la posibilidad de desistimiento unilateral del cedente pactado por las partes con las consecuencias señaladas en dicho convenio a los fines de evitar la litigiosidad por la vía de la resolución con el engarce real o forzado en alguno de aquellos supuestos previstos. A partir de este principio principio las consecuencias deben variar conforme sea la regulación del cesionario. Si respecto del cesionario se continuase con el sistema actual de la LDCG en el que se establecen graves consecuencias para el supuesto de que el cesionario ejercite su facultad de desistimiento, entendemos que, en forma pareja y para evitar veleidades, se establezca la devolución de los bienes y derechos al cedente en el estado en que se encuentren excepto los frutos de cualquier tipo que pertenecerán al alimentante. Debiéndosele abonar, asimismo, las cantidades correspondientes a las prestaciones realizadas a lo largo del tiempo de duración del vitalicio, así como los gastos y mejoras necesarios y útiles realizados en los bienes, minorados, en su caso, por el importe de las cargas o gravámenes no preexistentes a la cesión y permitiendo que la obligación se cumpla facultativamente para el cedente mediante la dación en pago de bienes o derechos, sean los del objeto del vitalicio u otros, o bien en metálico. Se ha de permitir que las partes por pacto minoren o aumenten dicho régimen.

De modificarse la LDCG de 2006 situándose de nuevo en la situación del cesionario de la LDCG de 1995, entendemos que sería conveniente reconocer legalmente el derecho de desistimiento del cedente a los fines de evitar la litigiosidad. Si bien, en tal caso, las consecuencias serían la de devolución de los bienes o derechos al cedente en el estado en que se encuentren, abonándosele al alimentante las cantidades correspondientes a las prestaciones, así como el importe de los frutos naturales y la mitad de los industriales. Minorados, en su caso, por el importe de las cargas o gravámenes no preexistentes a la cesión y permitiendo que la obligación se cumpla facultativamente para el cedente mediante la dación en pago de bienes o derechos, sean los del objeto del vitalicio u otros o bien en metálico. Se permitirá, en todo caso, que las partes mediante pacto minoren o aumenten dicha responsabilidad.

Plantea dudas, sin embargo, la posición de posible desatención del tercero alimentista si el cedente no alimentista solicita el desistimiento aunque tal posibilidad podría estar prevista en el negocio jurídico en base al cual se realizó el contrato de vitalicio. El tercero podría, incluso, verse en la obligación de abandonar la vivienda donde se residía si no es propiedad del desistiente.

1.2.2. Pactos recogidos por la jurisprudencia

Encontramos referencias a posibles pactos al respecto planteados cara a un posible desistimiento o bien desde una perspectiva judicial. Podemos observar cómo, al efecto, se señala en la STS de 1 de julio de 2003[562] que, respecto de un contrato de vitalicio celebrado en territorio de derecho común, se cuestiona la imposibilidad de permanencia en la situación derivada de tal contrato cuando las personas que han de convivir no logran congeniar ajustando sus caracteres y costumbres. El Fundamento de Derecho segundo proporciona una justificación del apartamiento unilateral del contrato señalando varias opciones a tal fin.

> "Un supuesto contractual en el que expresamente se preveían las consecuencias de un eventual rescate de los bienes, con referencia a este tipo de convenios, teniendo en cuenta su naturaleza especial y compleja, se resuelve que cuando se prestan en régimen de convivencia entre alimentista y alimentantes, ha de aceptarse que como consecuencia de las fricciones posibles humanas pueda hacerse imposible o de difícil cumplimiento lo acordado, frustrando el fin lógico y natural consustancial a estas convenciones, justificándose la posibilidad de apartamiento unilateral del contrato, con revocación de la cesión de bienes producida, si bien con la obligación de restituir los alimentos percibidos, puesto que no se trata en sentido estricto de un supuesto de incumplimiento".

Tras señalar tal posibilidad de pactar, manifiesta su opinión la Sala ante la imposibilidad de congeniar frente a las necesidad de cubrir las necesidades de la actora en tal litigio, aunque tal solución se frustra por no haberse recogido en el suplico de la demanda.

> "En un supuesto similar al de este juicio, esta Sala dispuso el establecimiento del abono de una cantidad mensual para cubrir las necesidades de la actora, que era una de las peticiones del escrito inicial en aquel caso, y, aunque no estaba recogida en el contrato, constituía la respuesta a la problemática, mediante la aplicación analógica del artículo 149 del Código Civil, pero esta solución no cabe para este litigio, en virtud del contenido del suplico de la demanda y en aras del respeto al principio de congruencia de las sentencias".

Planteada la posibilidad de contenido contractual a tal fin, la SAP de Murcia de 18 de febrero de 2003[563] alude en el Fundamento de Derecho segundo a un contenido contractual recogiendo la posibilidad de desistimiento y pactándolo verbalmente, de acuerdo con lo manifestado en confesión.

---

[562] Ponente GARCÍA VARELA, *RJ* 2003, marg. 4321.
[563] Ponente FRESNADA ANDRÉS, *JUR* 2003, marg. 196519.

> "Hasta el extremo de declarar el codemandado Sr. Serafín al contestar la posición séptima (folio 117) "que el confesante pactó con la sobrina de doña Lourdes que si ésta abandonaba la vivienda de Serafín voluntariamente ésta perdería todos los derechos, es decir que no le tendría que dar nada el confesante a la referida Encarnación, y si éste le dejaba abandonada a doña Lourdes el confesante se comprometía a darle un dinero o en su caso la casa".

El Fundamento de Derecho tercero alude a las obligaciones que corresponden al cedente de abonar gastos, impuestos, manutención y medicinas ante la la posibilidad reconocida jurisprudencialmente de pacto de readquisición de los bienes entregados debido a los posibles roces que surjan en el vitalicio pactado en régimen de convivencia.

> "Llegando la sentencia a declarar la validez de la cláusula que establece que en cualquier momento en que quiera el alimentista readquirir la finca puede hacerlo, sin más obligación que la de abonar los gastos de notario, derechos reales, manutención y medicinas causados hasta el momento de ejercitar dicha facultad, que aparece impuesta por la propia especialidad de la prestación de alimentos en régimen de convivencia y ante las posibles fricciones que dificulten la misma y el régimen convenido".

Finalmente y respecto de un contrato de vitalicio celebrado antes de la regulación del contrato de alimentos en el Derecho común, reconoce la SAP de Huelva de 15 de marzo de 2007 el pacto por el cual se acuerda la posibilidad de los cedentes de exigir la transformación del contrato de vitalicio en renta vitalicia, en su Fundamento de Derecho primero.

> "Los términos del contrato no dejan lugar a dudas al respecto: los cónyuges D. Blas y Dª Rosa ceden y transmiten una casa perteneciente a la que asignan carácter ganancial a Dª. María Inmaculada (hoy en posición de parte procesal actora como heredera de D. Blas) y D. Luis Enrique que la adquieren "para su régimen matrimonial de comunidad de bienes" y se obligan a prestar alimentos a los cedentes durante la vida de éstos, teniéndolos en su compañía, con la posibilidad para los cedentes de exigir la transformación de la obligación de alimentos en renta vitalicia".

2. LA RESOLUCIÓN CONTRACTUAL

A diferencia del desistimiento, la resolución contractual supone una extinción anticipada del contrato a instancia del cedente por causas legalmente establecidas, en especial por incumplimiento, que son exclusivamente las específicas de este tipo negocial y que podrían ser objeto de polémica de no estar recogidas legislativamente, suponiendo la adaptación a este contrato de vitalicio de la resolución vía art. 1124 del Cc mediante la condición resolutoria tácita implícita en las obligaciones recíprocas o bilaterales [564].

Para proceder a su estudio, acudiremos a la regulación del Código civil con la incorporación o no de cláusula resolutoria y, posteriormente, al tratamiento de esta cuestión en el Derecho civil de Galicia en el texto de 1995 y en el de 2006 para así proceder a su comparativa para una mejor exposición de la problemática surgida respecto de esta dificultosa materia que nos ocupa.

2.1. Régimen en el Código civil

2.1.1. La resolución sin pacto

Tomado en consideración el contrato de vitalicio y centrándonos en su posible resolución contractual encontramos, para el caso del incumplimiento de las obligaciones pactadas, una dificultad que proviene de la necesidad de determinar qué vía de solución se aplica a este supuesto ya que, de una parte, podemos encontrar una norma específica para la renta vitalicia en el art. 1805 del Cc que como solución propugna la reclamación de rentas atrasadas y el aseguramiento de las futuras y, de otra, el genérico art. 1124 del mismo cuerpo legal al tratar de la condición resolutoria tácita implícita en las obligaciones recíprocas cuya respuesta a tal posibilidad es la de la resolución contractual.

Dispone el art. 1805 del Cc que "la falta de pago de las pensiones vencidas no autoriza al perceptor de la renta vitalicia a exigir el reembolso del capital ni a volver a entrar en la posesión del predio enajenado; sólo tendrá derecho a reclamar judicialmente el pago de las rentas atrasadas y el aseguramiento de las futuras". Por ello, no se produce la resolución por la vía del 1805 del Cc ya que esta norma sólo funciona como una previsión legal y con carácter dispositivo para el caso de silencio contractual respecto de la resolución[565]. Esto es, serán las partes las que mediante acuerdo expreso deberán haber previsto un pacto resolutorio por el cual se otorgue al acreedor tal facultad respecto del vitalicio

---

[564] En este sentido, PEÓN RAMA, V., *op. cit.*, p. 664 y ss que destaca el acierto al abandonar el vigente texto gallego el término "rescisión" usado con anterioridad y, tras la valoración general positiva de las causas establecidas como de resolución en la LDCG de 1995, señala como el legislador de 2006 se limita a ligeras mejoras en tres de ellas, suprimiendo la cuarta por considerarla innecesaria.

[565] Resoluciones de la DGRN de 16 de octubre de 1989, *RJ* 1982, marg. 7048 y de 26 de abril de 1991, *RJ* 1991, marg. 4305.

de que se trate por el impago de las rentas ya que, en defecto de pacto, sólo cabe reclamación de rentas atrasadas y aseguramiento de las futuras[566].

Si del vitalicio se trata, en el régimen del derecho común y con anterioridad a la regulación del contrato de alimentos, se han realizado consideraciones distintas en función de las partes del contrato. De ser el alimentista el incumplidor e instando el cesionario la resolución será de aplicación el art. 1124 del Cc tratándose de aquellos casos en que el cedente-alimentista no entrega al cesionario el bien de que se trate; igualmente sucedería si, en la renta vitalicia, el obligado a entregar el capital incumple. De otra parte, como señalan algunos autores[567], cuando el cesionario no le asiste o no le alimente, y a falta de pacto expreso, no procedería la aplicación del 1124 del Cc sino la del art. 1805 a los efectos de reclamar y asegurar pero no de resolver el contrato.

Encontramos entonces que existe una amplia jurisprudencia que, aplicando analógicamente la normativa relativa a la renta vitalicia, presente en el Código civil, al contrato de vitalicio, dió lugar a la aplicación de la previsión del art. 1805 a este último contrato. La aplicación analógica de la normativa del Código civil al contrato de vitalicio por la jurisprudencia es evidente en numerosas sentencias y, en concreto, respecto de la previsión del art. 1805 del Cc. Así la STS de 1 de julio de 1982[568] dispone en tal sentido que el contrato de vitalicio es una modalidad de la renta vitalicia al que se aplican sus normas atemperadas a las especialidades de cada supuesto

> "Con la importante especialidad de Galicia, denominada precisamente vitalicio o contrato vitalicio, subsistente en la actualidad, en cuanto que no fue derogado expresamente, cuya validez se basa en la autonomía privada del art. 1255 del C. Civ., siempre que no se vulnere el triple límite que, en el mismo, se contiene; con la importante particularidad de que, justo porque es un contrato innominado (el término, como se dijo, es genérico), sin tipificación específica, habrá de regirse por los pactos, cláusulas y condiciones que las partes establezcan, con la cobertura legal, común a toda clase de vitalicio como contrato oneroso que el Código regula, es decir la renta vitalicia, cuyas normas, establecidas en los arts. 1802 a 1808, ambos inclusive, habrán de ser aplicables, analógicamente, atemperadas a las especialidades de cada supuesto, como acertadamente hizo la sentencia recurrida".

[566] Sin embargo, cierta doctrina como GUILARTE ZAPATERO, V., *op. cit.*, p. 495; BELTRÁN DE HEREDIA, J., *op. cit.*, p. 155, se han manifestado en contra de la aplicación del art. 1805 del Cc.

[567] En este sentido, CARRASCO PERERA, A., "Comentario a la sentencia de 3 de noviembre de 1988", *CCJC* nº 18, septiembre-diciembre 1988, p. 986.

[568] Ponente BELTRÁN DE HEREDIA Y CASTAÑO, *RJ* 1982, marg. 4213.

Señala, además, que frente a la pretensión de la actora alimentista –viuda de otro alimentista– de nulidad del contrato por entender que se trata de una compraventa, indica que no hay precio y por ello no cabe la restitución de los bienes siendo sólo posible la reclamación de las prestaciones pactadas.

> "Ya se vio que se está en presencia de un contrato de vitalicio oneroso que reúne los requisitos exigidos y en el que la causa, como contrapunto de la entrega de unos bienes inmuebles transmitidos en propiedad (art. 1802 del Código), es decir, aquello en consideración a lo que se hace la entrega a los efectos del art. 1274, es la prestación de los servicios, cuidados y atenciones, durante todo el tiempo de la «vida contemplada», no pudiéndose hablar de precio porque éste no existe ni tiene por qué existir, teniendo, como ya se dijo, la cantidad figurada en el contrato, un puro valor simbólico; y cuyo incumplimiento o mal cumplimiento, sólo puede dar lugar, según el art. 1805, a reclamar judicialmente su efectividad, no a exigir la devolución del capital o bienes entregados".

En igual sentido, frente a una pretensión de resolución vía art. 1124 del Cc, se pronuncia la Sala en SAP de Álava de 14 de septiembre de 1992[569] sobre la compatibilidad de la resolución con el art. 1805 del Cc aplicable por analogía siempre que no haya pacto resolutorio, como señala en su Fundamento de Derecho primero.

> "En síntesis, se trata de pactar la contraprestación consistente en la entrega, la transmisión o dación de bienes a cambio de recibir una prestación alimenticia bien sea «in natura» o bien una pensión vitalicia por este concepto. Pues bien teniendo en cuenta que principalmente los recurrentes ejercitan la acción resolutoria ex art. 1124 CC, surge como cuestión la ya debatida de la compatibilidad de dicha resolución con la letra del art. 1805 CC, aplicable por analogía a este contrato. El criterio más seguro, sostenido por la Sala en la sentencia ya mencionada de marzo pasado, consiste en sólo admitir tal efecto resolutorio cuando así se haya pactado expresamente por las partes en el contrato. Verdaderamente el fundamento que subyace en el art. 1805 CC, no es muy consistente y así se viene admitiendo por gran parte de la doctrina. Sin embargo su mandato no deja lugar a dudas. Por ello se corrige en el sentido de admitir la resolución cuando las partes así lo hayan acordado en caso de incumplimiento".

La aplicación de las normas de la renta vitalicia atemperadas y la no aplicación de la facultad resolutoria salvo pacto, aparecen en otras sentencias utilizando el argumento de la unilateralidad pretendida del contrato de vitalicio que, ciertamente, trae su origen del carácter real que respecto del tal contrato se

---

[569] Ponente SAAVEDRA RUÍZ, *AC* 1992, marg. 1180.

predicó tanto por la jurisprudencia como por la doctrina, como ya hemos visto con anterioridad. En este sentido, la STS de 14 de octubre de 1960[570] alude a la controversia sobre la aplicación del art. 1805 del Cc. y a la prohibición del pacto resolutorio en el proyecto de Código civil de 1851, admitido posteriormente por la evolución del texto legal.

> "Que el contenido del artículo 1805 del Código Civil en cuya virtud no se autoriza al perceptor de una renta vitalicia a quien se dejen de pagar las pensiones vencidas para exigir el reembolso del capital ni para volver a entrar en la posesión del predio enajenado y sólo tendrá derecho a reclamar judicialmente el pago de las rentas atrasadas y al aseguramiento de las futuras, ha motivado una copiosa controversia relativa a si cabe o no el pacto expreso en contrario, por entender diversos tratadistas y algunas legislaciones extranjeras que tal pacto, sería contrario a la ley dados los términos de la redacción del precepto en tanto que otros autores y legislaciones admiten el pacto expreso en contrario como consecuencia del carácter espiritualista de nuestro Código en materia de contratación, concediendo plena autonomía a la voluntad de los contratantes; y teniendo en cuenta que, y sin que ello, sea desconocer la solidez de la argumentación de las teorías vertidas en contrario y de la contenida en determinadas resoluciones de la Dirección de los Registros dadas en relación a la improcedencia de ciertas constancias de derechos en el Registro de la Propiedad que no constituyen un derecho real inmatriculable aunque tenga carácter de derecho «in re», lo cierto y positivo es que el pacto resolutivo fue expresamente prohibido en el proyecto de Código Civil de 1851 y tal prohibición se suprimió al redactar el Estatuto vigente y comoquiera que en éste impera el principio de la autonomía de la voluntad conforme al precepto general del artículo 1255, que la convención de referencia no es contraria, ni está concretamente prohibida en la Ley, ni es opuesto a la moral ni al orden público".

Añade que, sin embargo, de no pactarse, dado el carácter unilateral del contrato, no cabe la restitución de los bienes ya que se trata de una carga, la del pago de las pensiones, existente sobre el bien transmitido. De manera que en caso de incumplimiento sólo cabe reclamar el pago de las pensiones debidas pero no la restitución del bien, salvo pacto en tal sentido[571].

> "Preciso es concluir que cuando las partes nada convienen, no cabe la resolución en el contrato de renta vitalicia, dado su carácter de contrato

[570] Ponente VICENTE TUTOR Y GUELBENZU, *RJ* 1960, marg. 3086.

[571] Tales argumentos se reproducen entre otras en la STS de 21 de octubre de 1992, ponente MARINA MARTÍNEZ-PARDO, *RJ* 1992, marg. 8592; STS de 1 de julio de 1998, ponente GONZÁLEZ POVEDA, *CCJC* nº 49, enero-marzo 1999; STS de 17 de julio de 1998, *Act. Civ.* 1998, marg. 1114.

aleatorio y unilateral de la obligación la condición de carga sobre el inmueble que a la pensión concede el artículo 1802, y que la transmisión del fondo es sólo un trámite constitutivo del contrato; pero ello no impide que las partes libremente y aumentando o disminuyendo los riesgos del áleas, puedan pactar las condiciones y requisitos que estimen convenientes y entre ellas la facultad resolutoria por impago de las pensiones".

Frente a esta aplicación del art. 1805 del Cc ante un incumplimiento se plantea otra postura que analizaremos que considera aplicable el art. 1124 del Cc a los efectos de la resolución del contrato de vitalicio por incumplimiento con ciertas matizaciones al fin de evitar un posible enriquecimiento injusto.

De observar el contrato de renta vitalicia veremos la importancia que tiene que el cesionario sea solvente ya que ha de abonar las rentas anuales y, por ello, se persigue el aseguramiento de tales rentas a través del art. 1805 del Cc, que para el caso en que se incumpla el pago, permite al rentista el aseguramiento y pago de las rentas. Sin embargo, el contrato de vitalicio no busca un pago de rentas sino una conducta y unas cualidades, una relación de confianza. En este sentido, algún sector de la doctrina[572] que ha calificado al contrato de vitalicio como *intuitu personae* señala que de producirse la prestación pactada en el contrato de vitalicio mediante el acogimiento, la convivencia, en el domicilio del alimentante "la consideración de las cualidades personales de la otra parte siempre es determinante de su formación; y especialmente la contemplación de las dotes morales, los hábitos de comportamiento, u otras circunstancias que repercuten en la convivencia diaria". De ello se deduce que, dada la diferencia sustancial entre ambos contratos, resulta inaplicable la vía que el art. 1805 da para resolver tal situación para el caso del contrato de vitalicio[573].

La aplicación analógica de los arts. 1802 y siguientes del Cc presenta dificultades como, entre otras, que "es más difícil la devolución de las pensiones atrasadas"[574], aparte de que la no realización de la prestación por el alimentante obligado pueda por si constituir un incumplimiento negocial insubsanable o

[572] CALVO ANTÓN, M.: "Comentario a la Resolución de la Dirección General de los Registros y del Notariado de 26 de abril de 1991", *RDP*, 1992, p. 708.

[573] Conviene hacer notar, sin embargo, que en la evolución, primero doctrinal y posteriormente legislativa, del contrato de vitalicio y del contrato de alimentos, se ha ido diluyendo tal carácter de contrato *intuitu personae* al menos en lo atinente al alimentante y cómo de otra parte en el contrato de alimentos regulado en el Código civil se señala en el art. 1796, tras aludir al pago mediante pensión actualizable para muerte o circunstancia grave que entorpezca la pacífica convivencia en su art. 1792, que dispone que "de las consecuencias de la resolución del contrato, habrá de resultar para el alimentista, cuando menos, un superavit suficiente para constituir, de nuevo, una pensión análoga por el tiempo que le quede de vida", al permitir al juez aplazar la devolución de los bienes cedidos, solución que, como se verá, difiere de la ofrecida por la legislación gallega del contrato de vitalicio.

[574] LACRUZ BERDEJO, J.L.: *Elementos de Derecho Civil*, tomo II, vol. 2º, ed. Dykinson, Madrid, 2010, p. 337.

que pueda no interesar al alimentista un cumplimiento obligado no voluntario por el deudor alimentante cara al futuro de dicha relación contractual. Es de relevancia respecto a la posición del acreedor de la prestación conocer que en el contrato de vitalicio se "trata de una prestación de convivencia y no del pago de una cantidad: esa prestación realizada en forma no voluntaria es seguro que no va a satisfacer el interés del acreedor, por lo que, en caso de incumplimiento del deudor, la fórmula más justa para permitir al alimentista asegurar su vida futura es otorgarle el derecho a recuperar el capital o el bien entregado al celebrar el contrato de alimentos y financiar con él esas necesidades, que el deudor incumplidor dejó sin satisfacer, a través de la fórmula que el acreedor alimentario considere oportuna"[575]. No existe una obligación de contenido económico de forma exclusiva en el vitalicio sino una prestación mixta de alimentos, ayudas y cuidados que encaja poco con la obligación de dar de la renta vitalicia en previsión de cuyo incumplimiento se justifica el art. 1805 del Cc[576].

Además, si se entiende que el art. 1805 del Cc debe ser objeto de una interpretación restrictiva en tanto que se trata de una regla especial que constituye una excepción al principio general de resolubilidad de las obligaciones por falta de cumplimiento contenido en el art. 1124 del Cc, parece que su ámbito de aplicación estricto es el del contrato de renta vitalicia y no otro u otros como el contrato de vitalicio que es un contrato autónomo y, por ello, diferente al de la renta vitalicia aunque, con anterioridad, se calificase de innominado y atípico. Contrato éste al que deben ser de aplicación, a falta de regulación convencional o legal expresa en otro sentido, las normas generales de contratación y los preceptos del derecho de obligaciones, entre los cuales se encuentra el consagrado en el art. 1124 del Cc.

Sin embargo, dada la naturaleza del contrato que es aleatorio y dadas las diferentes prestaciones –la de la renta vitalicia consistente en el pago de dicha pensión, obligación de dar, frente a la obligación compleja de dar y hacer del vitalicio, esto es alimentos y ayudas y cuidados–, parece totalmente razonable la aplicación al incumplimiento contractual del art. 1124 del Cc de forma que el cedente podrá optar entre exigir el cumplimiento de la prestación en forma efectiva o solicitar la resolución, excluyéndose, por ello, la vía de la aplicación analógica del art. 1805 del Cc.

Parece también que el incumplimiento ha de ser de una entidad suficiente como para considerarse grave, ya sea total o parcial. No se trata tanto de una prestación meramente defectuosa en la que no haya desatención económica y personal de carácter esencial[577] en la que sólo cabría un cumplimiento forzoso

575 CALVO ANTÓN, M., "Comentario a la ... *op. cit,* p. 708.

576 En este sentido, REBOLLEDO VARELA, A.L., *op. cit.*, p. 870.

577 REBOLLEDO VARELA, A.L., *op. cit.*, p. 872.

con las correspondientes responsabilidades para el alimentante, incluyendo la indemnización con cargo al cesionario de haberse producido hechos dañosos.

Es, por ello, por lo que la jurisprudencia reconoce la facultad resolutoria del art. 1124 del Cc, mayoritariamente, al contrato de vitalicio, abandonando la postura que optaba por al aplicación analógica el art. 1805 del Cc. El contrato de vitalicio es descrito en esa jurisprudencia como un contrato con carácter bilateral e innominado y atípico al que, para el caso de que uno de los obligados no cumpla, le serán de aplicación las normas del Cc que establecen la posibilidad de resolución para las obligaciones recíprocas de no cumplir uno de los obligados y sin perjuicio de que puedan las partes, de forma expresa y en base al art. 1255 del Cc puedan convenir una cláusula resolutoria expresa en la concreta relación de que se trate. La regulación que en tal sentido se plasma en el art. 1795 del Cc respecto del específico contrato de alimentos permite la opción entre el cumplimiento o la resolución del contrato, con ciertas matizaciones[578], siguiendo la línea del art. 1124 del Cc.

2.1.2. *El pacto resolutorio y sus efectos*

La existencia de un pacto que contenga una cláusula resolutoria previendo la posibilidad de un futuro incumplimiento contractual está amparada y admitida en base al principio de la autonomía de la voluntad del art. 1255 del Cc que, como ya hemos visto, se admite no sólo pese a la apariencia contraria en el art. 1805 del Cc respecto de la renta vitalicia que, sin embargo, constituye una previsión legal de carácter dispositivo para los casos en que en el contrato concreto no se haya realizado previsión alguna, y admitido no sólo doctrinal y jurisprudencialmente tanto respecto del impago de pensiones de la renta vitalicia como del propio contrato de vitalicio.

La STS de 14 de octubre de 1960[579] indicaba con base en el principio de autonomía de la voluntad del art. 1255 del Cc que cabía pactar tal cláusula en el contrato.

> "Comoquiera que en éste impera el principio de la autonomía de la voluntad conforme al precepto general del artículo 1255, que la convención de referencia no es contraria, ni está concretamente prohibida en la Ley, ni es opuesto a la moral ni al orden público–, preciso es concluir que cuando las partes nada convienen, no cabe la resolución en el contrato de renta vitalicia, dado su carácter de contrato aleatorio y unilateral de la obligación

[578] Al permitírsele por la vía del art. 1792 del Cc el pago de la prestación de alimentos mediante una pensión actualizable, de fallecer el obligado o de concurrir un impedimento grave de la pacífica convivencia.

[579] Ponente VICENTE TUTOR Y GUELBENZU, *RJ* 1960, marg. 3086.

> la condición de carga sobre el inmueble que a la pensión concede el artículo 1802, y que la transmisión del fondo es sólo un trámite constitutivo del contrato; pero ello no impide que las partes libremente y aumentando o disminuyendo los riesgos del áleas, puedan pactar las condiciones y requisitos que estimen convenientes y entre ellas la facultad resolutoria por impago de las pensiones".

Respecto del vitalicio, la jurisprudencia del Tribunal Supremo reconoció la eficacia de la cláusula de resolución pactada, haciendo inaplicable al contrato de vitalicio la extensión analógica del art. 1805 del Cc y produciéndose los efectos restitutorios sobre los bienes, los frutos y los alimentos que son propios de una resolución contractual. En este sentido, la SAP de Baleares de 19 de enero de 1998[580] señala que al frustrarse el fin del negocio previsto al haber incumplido lo pactado una de las partes, se ha de posibilitar a la otra que se desvinculen de sus respectivos compromisos.

La Resolución de la DGRN de 16 de octubre de 1989[581] señaló, variando el criterio seguido hasta el momento, que pese a ser un contrato aleatorio con obligaciones de tracto sucesivo, que en parte pueden estar cumplidas al producirse el incumplimiento, no devienen características incompatibles con el efecto resolutorio cuando las partes al constituir la pensión precisan el alcance de las devoluciones para el caso de una resolución y destacando que, de no admitirse la posibilidad de pactar la resolución, sólo se beneficiaría a aquella parte que infringe sus compromisos, pese a que las prestaciones debidas son vitales para la otra parte contratante, como señala el Fundamento de Derecho cuarto.

> "La no vulneración de la prohibición del pacto comisorio (arts. 1859 y 1884 del Código Civil), toda vez que los bienes se habían transmitido condicionándolos al cumplimiento de la contraprestación; determinan la procedencia de la condición resolutoria explícita en esos otros contratos onerosos siempre que, dada la eficacia erga omnes de tal cautela, quede delimitada en su alcance y operatividad por el mismo contrato o, complementariamente como ocurre en este caso (cfr. art. 153), por la Ley".

Se añade que cabe, por tanto, dicho pacto resolutorio en el contrato de vitalicio, diferenciándolo de la renta vitalicia así como la no aplicación del art. 1805 del Cc.

> "El contrato por el que las partes, al amparo del principio de libertad de estipulación, pactan que una de ellas se obligue respecto de la otra a prestarle alimentos en la extensión, amplitud y términos que convengan

580 Ponente ZAFORTEZA FORTUNY, *AC* 1998, marg. 921.

581 *RJ* 1989, marg. 7048.

mediante la contraprestación que fijen, no es una modalidad de la renta vitalicia, sino un contrato autónomo innominado y atípico, con sus variedades propias según los fines perseguidos, y regidos por los pactos, cláusulas y condiciones que se incorporen al mismo dentro de los límites fijados por el artículo 1255 y, subsidiariamente, por las normas generales de las obligaciones; b) que dicho artículo 1805 del Código Civil no implica una prohibición del pacto resolutorio, sino una previsión legal de carácter dispositivo para el caso de silencio contractual al respecto; así resulta del principio general de autonomía privada en conjunción con la supresión en el Código Civil vigente de la prohibición expresa que figuraba en el Proyecto Isabelino de 1851 –vid. Sentencia de 14 de octubre de 1960 y es compatible con la indudable onerosidad del contrato de renta vitalicia, que no queda menoscabado por el hecho de que la prestación de una de las partes se cumpla simultáneamente a la celebración del negocio se entienda o no esta circunstancia como requisito de su perfección)".

Señala, por último, que el hecho de que el contrato sea aleatorio y de tracto sucesivo no es óbice para la aplicación de la condición resolutoria cuando las partes determinan el alcance de la devolución sin perjuicio de la facultad moderadora del juez.

> "El que el contrato no sea puramente oneroso, sino aleatorio y el que las obligaciones no sean de tracto único, sino de tracto sucesivo y que en parte pueden estar cumplidas cuando, habiendo corrido una etapa del tiempo en que juega el área causal, se produzca el incumplimiento, no constituyen características incompatibles con el efecto resolutorio, en particular, cuando al amparo del principio de libertad de contratación (cfr. arts. 1255 y 1152 y ss. del Código Civil) las partes, al constituir la pensión, precisan el alcance de las devoluciones en la hipótesis de resolución sin perjuicio, en su caso, de las facultades moderadoras del Juez si el adquirente se opone a la efectividad de la resolución en los términos convenidos. Rechazar la posibilidad de pactar la resolución sólo beneficiaría a una de las partes, justamente a la que infringe, en todo o en parte, sus compromisos, a pesar de que las prestaciones debidas son visibles para la otra parte contratantes".

Resulta conveniente destacar que pese a la inutilidad para algún sector de la doctrina de un clausulado que reprodujera la resolución por incumplimiento con la fórmula del art. 1124 del Cc, puede resultar conveniente tal, para algunos, reiteración para evitar una posible aplicación del artículo 1805 del Cc[582].

[582] En este sentido, CHILLÓN PEÑALVER, S., *op. cit.*, p. 317, considera la inutilidad de tal cláusula como de estilo y de una inutilidad total señala que, a su juicio, deviene una consecuencia que califica de fundamental que será la de "despejar cualquier duda respecto de la inaplicación al caso concreto del art. 1805 del Cc".

Ha de tenerse presente que, además, en la actualidad ya existen previsiones legales expresas respecto del pacto resolutorio así en la Ley 6/2000 catalana, de 19 de junio, de pensiones periódicas y en la LPPD[583].

Respecto del pacto resolutorio, es de destacar que suele acompañarse de una cláusula penal en la que se produce la pérdida de las pensiones hasta entonces satisfechas, pudiendo pactarse tanto para el incumplimiento total como para el parcial a modo de fijación convencional de la indemnización en función de lo pactado por las partes[584] sujeta a la facultad moderadora del juez a tenor de lo indicado en el art. 1154 del Cc[585].

El pacto resolutorio, al configurarse en el negocio concreto de que se trate, suele adoptar dos formas distintas[586] en función de cual sea la finalidad perseguida por las partes. Incluso pueden combinarse y, así, de una parte, existen disposiciones a los fines de que la operatividad de la cláusula sea lo más automática y efectiva posible y, de otra parte, previsiones para su caducidad y cancelación, también automáticas, una vez cumplidas ciertas condiciones señaladas en la cláusula que suelen ser relativas a la muerte del alimentista.

En relación a su operatividad, encontramos que es habitual pactar que si el alimentante incumple la obligación se produzca la resolución de pleno derecho del contrato siendo suficiente un acta de notificación resolutoria para que se proceda a la reinscripción de los bienes cedidos a favor de su anterior titular[587].

Sin embargo, existen diferencias innegables entre el contrato de compraventa y el contrato de vitalicio que llevarían a un sector de la doctrina[588] a rechazar la aplicación analógica de los preceptos indicados en tanto que regulan los efectos del impago de un precio aplazado que, en cambio, no existe en el

583 La Ley 6/2000, de 19 de junio, catalana dispone en el art. 15 relativo al incumplimiento y las garantías, señala que "es válido el pacto expreso de resolución del contrato de constitución a título oneroso de la pensión vitalicia por falta de pago de las pensiones. La resolución definitiva del contrato supone la restitución del capital o precio entregado previamente". De otra parte, tras la LPPD y como consecuencia de la misma respecto del contrato de alimentos, el art. 1797 del Cc señala que "cuando los bienes y derechos que se transmitan a cambio de los alimentos sean registrables, podrá garantizarse frente a terceros el derecho del alimentista con el pacto inscrito en el que se dé a la falta de pago el carácter de condición resolutoria explícita, además de mediante el derecho de hipoteca regulado en el artículo 157 de la Ley hipotecaria".

584 Señala CHILLÓN PEÑALVER, S., *op. cit.*, p. 336 que si las partes no especifican nada al respecto, se presume que es para el caso de incumplimiento total.

585 Que al tratar de las obligaciones con cláusula penal dispone que "el Juez modificará equitativamente la pena cuando la obligación principal hubiera sido en parte o irregularmente cumplida por el deudor".

586 RODRÍGUEZ LÓPEZ, F., *op. cit.*, p. 746 y ss.

587 Este es el sistema que se sigue respecto de los bienes inmuebles en el caso de la compraventa en los arts. 1504 del Cc y 59 del Reglamento Hipotecario.

588 En este sentido, RODRÍGUEZ LÓPEZ, F., *op. cit.*, p. 747; también ÁVILA NAVARRO, P.: "Extensión de la condición resolutoria explícita en la contratación inmobiliaria", *RCDI* 1994, p. 2601.

contrato de vitalicio en el que sí existe, por parte del cesionario, una prestación compleja y notablemente diferente a la de una compraventa.

La jurisprudencia registral[589] considera aplicable al contrato de vitalicio el art. 1504 del Cc admitiendo, por tanto, el pacto resolutorio expreso pero sin entenderlo como una condición resolutoria ordinaria. La garantía que se predica de la compraventa se hace extensible a los contratos onerosos en los que existan prestaciones independientes, especialmente si se transmiten inmuebles, permitiendo la inscripción del pacto resolutorio en base al principio de autonomía de la voluntad del art. 1255 del Cc y al carácter dispositivo y no prohibitivo del art. 1805 del Cc.

De esta manera, a través de un pacto resolutorio expreso se evita tener que recurrir a la vía judicial con las dificultades de prueba que pudieran existir para acreditar la falta de cumplimiento de una prestación realizada en el ámbito íntimo y particular de los contratantes. Y ello debido a una ineficacia sobrevenida del contrato cuando, en base a la previsión en tal sentido de las partes, se haya hecho uso del pacto basado en el principio de autonomía de la voluntad de las partes del art. 1255 del Cc y en una interpretación extensiva del art. 1504 del Cc en relación con el art. 59 del Reglamento Hipotecario.

En esta dirección, cabe encontrar la STS de 1 de julio de 2003[590] que, en su Fundamento de Derecho primero, recoge como antecedentes, entre otros, ciertas estipulaciones, entre las que cabe destacar la fórmula para facilitar la prueba del cumplimiento y la solicitud de la cancelación de tal condición resolutoria expresa pactada.

> "Si transcurridos tres meses del fallecimiento de don Eloy, y doña María Cristina, no constare en el Registro de la Propiedad anotación judicial preventiva sobre las fincas objeto de este contrato por haber ejercitado acción contra los cónyuges don Juan Miguel, y doña Antonia, o contra cualquiera de ellos, sobre el cumplimiento de las obligaciones contraídas, se entenderá: a) cumplida la obligación de alimentar; y b) facultados cualquiera de dichos adquirentes para solicitar se extienda en el Registro nota marginal acreditativa del cumplimiento de la obligación de alimentar y por ello, la cancelación de la condición resolutoria".

Habría asimismo que señalar que al amparo del art. 23 de la Ley Hipotecaria[591], es posible configurar cláusulas en las que se prevea la cancelación de

[589] Fundamentalmente mediante las ya citadas Resoluciones de 16 de octubre de 1989 y de 26 de abril de 1991.

[590] Ponente GARCÍA VARELA, *RJ* 2003, marg. 4321.

[591] A tenor de dicho precepto se hace constar en el Registro el cumplimiento de las condiciones suspensivas, resolutorias o rescisorias de los actos o contratos inscritos mediante una nota marginal

la condición resolutoria pactada a los fines de que se clarifique la situación registral de la finca de una manera más rápida y fácil.

2.2. Régimen en la Ley de Derecho civil de Galicia

En relación al tema de las causas de resolución que se han recogido en el texto legal gallego, en sus dos consecutivas redacciones, comenzaremos el correspondiente análisis con la configuración de las mismas en la LDCG de 1995. Dicha Ley en su art. 99, números 1 y 2[592], señalaba la posibilidad de "rescindir" el vitalicio, aunque realmente se trataba de una resolución del vitalicio al constituir incumplimientos obligacionales y algún supuesto asimilable a la revocación, a instancia del cedente, no del cesionario y determinando las consecuencias de tal situación de producirse en función de la parte del contrato de que se tratase. Se entrará, a continuación, en la regulación que se ha dado a través de la LDCG de 2006 que realiza ajustes y precisiones en la materia a la vez que incluye algunos nuevos aspectos para el caso de obligaciones con pluralidad de sujetos.

El legislador gallego de 1995, al establecer las causas de resolución y su régimen jurídico plantea, aunque sea por una vía indirecta, cuestiones básicas respecto del régimen jurídico. Quedan patentes tanto los supuestos en los que puede producirse la resolución como el que el contrato de vitalicio es un negocio consensual y no real que presenta, entre otros, los caracteres de bilateralidad[593] y reciprocidad. Estos caracteres y la resolución por incumplimiento

---

para el caso de consumación de la adquisición del derecho. En cambio, si se produce la resolución o rescisión se hará mediante una nueva inscripción a favor de quien corresponda. La cancelación se hace constar mediante la correspondiente nota marginal formalizándose dicha opración mediante documento privado o simple instancia dirigida al Registrador de la Propiedad o mediante documento notarial, escritura o acta.

[592] El tenor literal del artículo 99 de la LDCG de 1995 señalaba que:

"1. El alimentante podrá rescindir el contrato en los siguientes casos:

a) Conducta gravemente injuriosa o vejatoria del obligado a prestar alimentos.

b) Incumplimiento total o parcial de la prestación alimenticia, siempre que no sea imputable a su perceptor.

c) Cuando el cesionario no cuidase o no atendiese en lo necesario al cedente, según la posición social y económica de las partes y en todo cuanto haga posible el capital cedido, en la búsqueda del mantenimiento de su calidad de vida.

d) Por el no cumplimiento de lo demás pactado.

2. En los casos a los que se refieren los apartados del número anterior, la rescisión conllevará, en defecto de pacto contrario, la obligación de indemnizar los gastos ocasionados, que podrán ser objeto de compensación total o parcial con los frutos percibidos de los bienes objeto de cesión. En todo caso, y a falta de acuerdo entre las partes, se estará a lo que determine la correspondiente resolución judicial".

[593] Conviene recordar con BUSTO LAGO, J. M., *op. cit*, p. 19, que existían argumentos para negar la aplicación de la facultad de resolución del contrato de vitalicio por la vía del 1124 del Cc

marcada por la Ley señalan al art. 1124 del Cc como inspirador del sistema de resolución gallego aunque adaptado a los caracteres propios del contrato de vitalicio y concretándolos, ya sea en la forma general de la letra d. del citado precepto como en manera más específica en los restantes apartados que, de forma más casuística, especifican los supuestos de resolución.

2.2.1. Causas de resolución a instancia del alimentista

Dichos supuestos se relacionan, en concreto, con la posibilidad de resolución contractual exclusivamente por conductas del alimentante tanto relacionadas con el ámbito estricto de los alimentos como de las ayudas y cuidados, incluso afectivos, que se engloban asimismo en este contrato de vitalicio. Se tratán de incumplimientos graves a los efectos de las prestaciones establecidas ya en el texto legal, ya en el clausulado concreto pactado por las partes. Así se recoge en la STSJ de Galicia de 5 de noviembre de 1998[594] respecto de un contrato de vitalicio suscrito en documento privado de 15 de abril de 1993 al que la Audiencia le aplica retroactivamente la norma gallega. Razona la Sala señalando que, si bien no cabe la aplicación retroactiva de dicha legislación a este contrato, sí resulta posible la aplicación por las características del vitalicio de la facultad resolutoria del art. 1124 del Cc tal y como se señala por vía jurisprudencial.

> "La doctrina jurisprudencial aplicable al supuesto que nos ocupa, elaborada a partir del examen de los contratos, ciertos o simulados, que de características semejantes se sometían a su consideración, configuró mayoritariamente el vitalicio como un contrato atípico, aleatorio y bilateral, como puso de relieve esta Sala en la Sentencia antes citada de 2 de diciembre de 1997, al que le es innata la facultad resolutoria establecida en el artículo 1124 del Código Civil para caso de incumplimiento, y que no está sujeto a ningún requisito formal, siempre que en él concurran las condiciones esenciales para su validez (art. 1278 del Código Civil)".

Añade la Sala que la LDCG de 1995 había recogido, con algún matiz, la doctrina jurisprudencial al respecto, por lo que la resolución de la Audiencia no fue desacertada ya que el texto legal recoge incumplimientos básicos de entidad que se conceptúan de graves o esenciales para el alimentista.

> "Conviene poner de manifiesto que la inaplicación al caso de la LDCG no implica que la resolución de la Audiencia sea desacertado en la decisión

dada la pretendida unilateralidad del contrato y por la aplicación analógica de las disposiciones del Cc relativas a la renta vitalicia al considerarla vitalicio como variante de tal tipo contractual.

594 Ponente SAAVEDRA RODRÍGUEZ, *RJ* 1999, marg. 1247.

del pleito. La Ley, como no podía ser de otra forma por imperativo constitucional como quedó dicho, no hace, salvo algunas precisiones, sino recoger la doctrina elaborada hasta entonces por los Tribunales. En el punto concreto de la resolución del contrato, que es la cuestión fundamental del litigio, la Ley en el artículo 99 se limita a concretar los casos que considera de incumplimiento grave o esencial por parte del alimentista, que dan lugar a la resolución del contrato (de rescisión dice la Ley), lo que no es otra cosa que el incumplimiento básico y de entidad que viene exigiendo la jurisprudencia para aplicar la cláusula resolutoria tácita del artículo 1124 del Código Civil, y que según el relato fáctico de la sentencia, a lo que hay que atenerse, se produjo cumplidamente".

Conviene tener presente que la posibilidad de resolución del contrato de vitalicio, como acertadamente señala la sentencia antes mencionada, no arranca de la legislación gallega sino que se encuentra presente con anterioridad en tal contrato dado el carácter autónomo del mismo, como ya hemos visto, aún siendo atípico. Encontramos numerosa jurisprudencia gallega al respecto que normalmente incluye contratos con cláusula resolutoria expresa. En este sentido, la STSJ de Galicia de 2 de diciembre de 1997[595] recoge las pretensiones que dieron lugar a la demanda resuelta por este Tribunal aludiendo a la resolución y a la declaración de nulidad.

"Con fecha de registro de 19 de mayo de 1995, doña Pilar L. L. presentó demanda de juicio de menor cuantía ante el Juzgado de Primera Instancia de Becerreá, en la que ejercitaba acción de nulidad de contrato de vitalicio contra don José Antonio L. D. Alegaba al efecto que había sido nombrada heredera universal por su hermana doña Asunción L. L., fallecida el 7 de julio de 1990, y que ésta con fecha de 6 de junio de 1986 había otorgado escritura de contrato de vitalicio con su sobrino, el ahora demandado, en la que le transmitía en pleno dominio una serie de fincas en contraprestación por los cuidados y asistencias típicas de este contrato, so pena de tener por resuelta la transmisión en caso de incumplimiento, y que éste se había producido con anterioridad a la muerte de su hermana y que era voluntad de ella resolver el contrato, lo que efectuaba la demandante como sucesora suya. En conclusión solicitaba que se declarase sin ningún efecto ni valor la estipulación primera del contrato de vitalicio, por incumplimiento de la estipulación seguida, teniendo por resuelta la transmisión de bienes efectuada conforme con lo pactado en la cláusula tercera. Que el contrato deviniese nulo y que se declarasen también nulos los actos e inscripciones efectuadas por el demandado en relación con los bienes que se le habían transmitido".

[595] Ponente SAAVEDRA RODRÍGUEZ, *RJ* 1998, marg. 8251. En semejantes términos, STS de 2 de julio de 1992, ponente FERNÁNDEZ-CID DE TEMES, *RJ* 1992, marg. 6502 y STS de 18 de abril de 1984, ponente CASARES CÓRDOBA, *RJ* 1984, marg. 1952.

De igual manera, se ha mantenido la condición bilateral del negocio como podemos observar en la resolución antes citada y también en la STSJ de Galicia de 5 de noviembre de 1998[596] que señala el carácter y la aplicabilidad del art. 1124 del Cc en su Fundamento Jurídico tercero.

> "La doctrina jurisprudencial aplicable al supuesto que nos ocupa, elaborada a partir del examen de los contratos, ciertos o simulados, que de características semejantes se sometían a su consideración, configuró mayoritariamente el vitalicio como un contrato atípico, aleatorio y bilateral, como puso de relieve esta Sala en la Sentencia antes citada de 2 de diciembre de 1997, al que le es innata la facultad resolutoria establecida en el artículo 1124 del Código Civil para caso de incumplimiento, y que no está sujeto a ningún requisito formal, siempre que en él concurran las condiciones esenciales para su validez (art. 1278 del Código Civil)".

Se observa, en consecuencia, que es compatible que se incorporen cláusulas resolutorias expresas a los fines de su constancia registral frente a tercero, amén de la existencia de los supuestos en los que puede proceder la resolución de acuerdo con la LDCG de 1995 en su art. 99.

En cuanto a las causas de resolución contempladas en la norma gallega de 1995, se establecen sólo aquellos casos en los cuales sería posible para el alimentista instar la resolución del contrato, ya que la ley guarda silencio ante una posible resolución instada por el alimentante, quizás por entender que es un supuesto inhabitual dado el *iter* contractual característico de esta figura. No obstante, es perfectamente posible que, para el caso de no haberse realizado por el cedente la entrega pactada se inste la resolución contractual, en base al art. 1124 del Cc.

2.2.1.1. Conducta gravemente injuriosa o vejatoria

El cedente puede, por ello, instar la resolución contractual para el supuesto de que exista una conducta gravemente injuriosa o vejatoria del obligado a prestar alimentos, tal y como señala la letra a del art. 99.1. Es ciertamente una causa en la que, aunque la prestación pactada de alimentos, ayudas y cuidados se esté cumpliendo, existe, sin embargo, una carencia grave, como dispone la Ley, que enrarece las relaciones entre las partes y que hace natural que se pueda instar una resolución por el cedente para evitarle que se convierta en rehén injusto de la necesidad de recibir esas prestaciones de aquel que le injuria o veja de una manera patente y clara en el ámbito de una relación contractual que ha de estar basada en la comprensión y afectos recíprocos. La propia Ley señala

[596] Ponente SAAVEDRA RODRÍGUEZ, *RJ* 1999, marg. 1247.

la necesidad de que exista una gravedad en la conducta y que se acredite la persistencia o continuidad de ese comportamiento y, de otra parte, el que sean importantes y trascendentes.

Cabe plantearse, como lo hará el legislador gallego del 2006, el papel de los restantes miembros de la familia respecto de esta conducta grave e injuriosa para el caso de que se realice esta conducta por otros miembros. La ley gallega de 1995 alude a las partes del contrato, ya sean uno, dos o más. Pero cabe cuestionarse que sucedería para el caso de que el comportamiento descrito provenga de alguien que no es el obligado por el contrato pero tenga relación familiar con él, por ejemplo cuando se ha pactado la convivencia en el mismo domicilio y, por ello, se entiende que resulta extensible a los restantes miembros de la comunidad familiar a los que cabe, quizás, exigir un *plus* respecto del contratante con el que conviven para integrarle o integrarse en la casa.

Ahora bien, a nuestro juicio, es de nuevo patente la desigualdad que la Ley establece al exigir más, quizá por razones de moral social, respecto del alimentante que del alimentista. Si, por contra, la conducta gravemente injuriosa o vejatoria fuera del alimentista respecto del alimentante cabría preguntarse por las posibles soluciones que según la ley no serían las de la vía de la resolución ni quizás las del desistimiento unilateral pues la pérdida económica sería notable y se haría recaer sobre el perjudicado.

Fuera de discusión parece que, de darse tal vejación o injuria, que ha de ser grave, como requisito que la ley establece se requerirá prueba del mismo al igual que en cualquier otro caso de violencia o agresión en el entorno familiar. Entendemos, en consecuencia, que la *vis* atractiva del ámbito penal respecto de este tipo de conductas ha de funcionar con prioridad a la posible resolución contractual en el ámbito civil.

De otra parte, parece también injusto exigir gravedad en las injurias o vejaciones ya que del texto de la Ley con una interpretación sesgada que, sin duda, no se encuentra en su espíritu, y de la que parecería desprenderse el que "hay que soportar" las injurias leves o las vejaciones de la contraparte que puede cumplir con su obligación de alimentos, ayudas y cuidados pero injuriando o vejando levemente. Creemos que, en este sentido, la inspiración para la descripción de la causa de resolución que pretende el legislador ha de venir del campo penal o, en su caso, de la exigencia de resolución penal firme recaída al respecto de cualesquiera de los contratantes, ya sea el alimentante o el alimentista un mayor, un discapaz o una mujer, por señalar algún caso[597].

[597] Como cabe apreciar existe una regulación específica en tal sentido respecto de los grupos especialmente necesitados de protección ante estas actuaciones. Por citar sólo algunas podemos destacar la Ley Orgánica 1/2004, de 28 de diciembre, de Medidas de Protección Integral contra la Violencia de Género que, a su vez, genera una serie de protocolos de actuación respecto de

La redacción de 1995 no incluye expresamente que esa conducta injuriosa o vejatoria grave pueda provenir de su cónyuge o de familiares directos que convivan con el obligado a prestar alimentos[598]. Sin embargo, hemos de señalar que, a nuestro juicio, esa necesidad de convivencia parece razonable pero no está exenta de riesgos ya que en aquellos casos donde no exista convivencia, decaería esta causa. Imaginemos que dicha conducta se da en la prestación de alimentos, ayudas y cuidados pero sin necesidad de pacto de convivencia habiendo, empero, esas injurias y humillaciones. Además, de extenderse a terceros ajenos al contrato puede resultar difícilmente controlable para el alimentante, por ejemplo, en trámites de separación o divorcio o con problemas familiares, como más adelante veremos. Bastarían unas vejaciones del cónyuge no alimentante efectuadas de propósito para perjudicar al alimentante para que se pudiese solicitar la resolución, por lo que, entendemos, que esta redacción de la Ley de 1995 es la correcta sin incluir al cónyuge o familiares convivientes no alimentistas aunque tradicionalmente el vitalicio suponga la integración en la casa. En este último sentido, la SAP de Ourense de 1 de octubre de 1994[599] en su Fundamento de Derecho segundo, alude a la integración del individuo en la familia para evitar la soledad y el abandono, si bien, como ya señalamos, se encuentra en la actualidad como elemento accidental el pacto de convivencia.

> "Dicho contrato, de costumbre arraigada en Galicia, en donde se perfila con características propias, por virtud de la libertad contractual las partes pueden convenir que una de ellas entregue a la otra, no una cosa o conjunto

situaciones incluidas en su ámbito. Existen, así, protocolos de actuación de las Fuerzas y Cuerpos de seguridad y de coordinación con los órganos judiciales para la protección de las víctimas de violencia doméstica y de género, así como también en las esferas de la seguridad, sanitarias, publicitarias y de medios de comunicación, penitenciarias y de actuación del Ministerio Fiscal. A los meros efectos ilustrativos no se incluyen las sevicias en la descripción de la LDCG de 1995.

Es interesante realizar una visión amplia interdisciplinar pues, por ejemplo, una mujer maltratada que fuera alimentista podría ver cómo se produce una violencia transgeneracional que pudiera afectar a otras personas que conviven con esa mujer y dependen de ella como podría ser el alimentante.

Conviene traer a colación que la violencia puede ser física, sexual o psicológica y que, p. ej., puede haber también abuso económico respecto de los mayores. Parece que la LDCG de 1995 comprende la vertiente exclusivamente psicológica aplicable a cualquier alimentista, independientemente de su género y condición, y que puede ser definida, al igual que se realiza respecto de la mujer, como "conducta intencionada o prolongada en el tiempo, que atenta contra la integridad psíquica y emocional de la mujer y contra su dignidad como persona" y que se manifiesta en "amenazas, insultos, humillaciones o vejaciones, la exigencia de obediencia, el aislamiento social, la culpabilización, la privación de libertad, el control económico, el chantaje emocional, el rechazo o el abandono" sin que se exija reiteración de actos para entender cometido un delito de esta clase. Son objeto de especial consideración como grupos necesitados de especial protección, entre otros, las mujeres con discapacidad física, psíquica o sensorial o las de entornos rurales como se recoge en VVAA, *Protocolo Común para la Actuación Sanitaria ante la Violencia de Género*, ed. Ministerio de Sanidad y Consumo, Madrid, p. 22 y ss.

[598] REBOLLEDO VARELA, A. L.: *op. cit.*, p. 872.

[599] Ponente GODOY MÉNDEZ, *AC* 1994, marg. 1739.

> de cosas muebles o inmuebles, sino un patrimonio, recibiendo no una determinada cantidad de dinero o productos en especie, sino todo lo que sea necesario para la vida, en razón de las necesidades materiales y espirituales del cedente, pudiendo llegar a convivir juntos, proporcionándosele alimentos, vestido, alojamiento, asistencia médico-farmacéutica en caso de enfermedad, y rodeando en suma de afecto y cuidados a dicho cedente, que cede todos sus bienes a una familia para integrarse en ella, en «la casa», en cuanto institución no personificada y forma jurídica de una comunidad doméstica, que surge como institución consuetudinaria de raíz germánica para proteger al individuo de la miseria y del abandono".

Ciertamente, parecería existir conexión entre este precepto y la causa de cesación de la obligación alimenticia del art. 152.4 pudiendo ser puesta en relación con el art. 153 del Cc en sede de alimentos legales entre parientes[600]. De la jurisprudencia existente sobre el maltrato o la injuria grave como causa para desheredar se deduce que no es necesario que los malos tratos o la injuria hayan dado lugar a condena penal y que será el arbitrio judicial el que aprecie la existencia de esta causa que tiene un carácter flexible, si bien, por su carácter sancionador, ha de ser restrictiva en la interpretación en aplicación del principio general del Derecho "*odiosa sunt restringenda, favorablia sunt amplianda*" siendo precisa la prueba de tales hechos por quienes lo pretenden. En este sentido, la STS de 4 de noviembre de 1997[601], en su Fundamento de Derecho cuarto frente a la pretensión de considerar tales a la no visita en la enfermedad, la no relación y la no asistencia al entierro, dispone que esa interpretación ha de ser restrictiva desechando la infracción por tal motivo alegada.

> "El motivo se desestima, porque los hechos imputados no son subsumibles en el artículo citado (negativa a prestar alimentos, sin motivo legítimo y malos tratos de obra o injurias graves de palabra), la jurisprudencia que interpreta este precepto, por su carácter sancionador, es absolutamente restrictiva en la interpretación y no extiende su aplicación a casos no previstos en la ley. Los desheredados ni negaron alimentos ni maltrataron de obra o palabra al padre, y no demostrada la causa de la desheredación (artículo 850) por la parte a quien le incumbe, la desestimación es la única decisión posible".

---

[600] Dispone el art. 152 del Cc en su apartado 4º que cesará también la obligación de alimentos "cuando el alimentista, sea o no heredero forzoso, hubiese cometido alguna falta de las que da lugar a desheredación" señalando el art. 853 del mismo texto en su número dos que "serán también justas causas para desheredar a los hijos y descendientes haberle maltratado de obra o injuriado gravemente de palabra".

[601] Ponente MARINA MARTÍNEZ-PARDO, *RJ* 1997. marg. 7930.

Sin embargo, la SAP de Pontevedra de 10 de marzo de 2000[602] señala no sólo dicho carácter sino también la necesidad de que exista además de procedimiento de orden penal, condena o absolución al respecto de los hechos denunciados por una mujer que fue objeto de una solicitud de incapacitación y respecto de la cual algunos de los testigos la tienen por "loca".

> "La testadora nada concreta sobre fechas y demás circunstancias en que se produjeron las supuestas ofensas, ni tampoco sobre si las acciones fueron constitutivas de malos tratos de obra o simplemente injuriosas; pero aun obviando esta inicial indeterminación de las acciones a que se refiere la causa 2ª del art. 583, tampoco se aprecia la existencia de una prueba suficientemente fundada para justificar la desheredación.
>
> El demandado dramatiza la relación convivencial de su madre con el actor, diciendo que «desde hace muchos años el demandante ha mantenido para con su madre un deleznable comportamiento, maltratándola de obra y de palabra y deparándole incontables vejaciones y disgustos», comportamiento que fue creciendo –añade– durante los últimos años de la vida de su madre. Y como prueba de lo afirmado, cita una denuncia formulada por doña Concepción contra su hijo, por malos tratos, el 12-11-1994; una sentencia dictada por el Juzgado núm. 4 de Vigo en Juicio de Faltas núm. 384/1995, con ocasión de otra denuncia; una tercera denuncia, el 30-8-1995, por amenazas, ante el Juzgado de Instrucción núm. 2 de Vigo; una sentencia dictada por el Juzgado de Primera Instancia núm. 9 de la misma ciudad el día 27-11-1995, por la que se desestima la demanda formulada por el ahora actor solicitando la incapacidad de su madre y, por último, cita también el demandado una carta que el actor dirigió a su madre el 13-11-1995, reveladora, según el demandado, de las relaciones que entonces mantenían ambos".

Señala la Sala, en su Fundamento de Derecho tercero, que las anteriores pruebas documentales no pueden considerarse en modo alguno suficientes para tener por demostrados los malos tratos y las injurias graves al dictarse sentencias absolutorias del demandado. Se considera, igualmente, que no cabe asimilar a injuria grave el proceso de incapacitación instado por el hijo.

Las denuncias no cristalizaron en sentencias condenatorias sino absolutorias del denunciado. Aunque el proceso de incapacitación de la madre fue desestimado, se pone de relieve que la propia madre había solicitado en el ámbito laboral declaración de incapacidad permanente absoluta para todo trabajo, por padecer, supuestamente, entre otras dolencias, enfermedad mental, con repetidos procesos de depresión y crisis nerviosas. En cuanto a la prueba escrita señala que es respetuosa con la madre.

[602] Ponente PÉREZ QUINTELA, *AC* 2000, marg. 969.

> "Finalmente, en cuanto a la carta que el demandado dirigió a su madre en fecha 13-11-1995 tampoco cabe calificarla de injuriosa, por exponer únicamente, pero en términos respetuosos, la amargura de un hijo por el comportamiento que su madre tuvo hacia él desde la infancia, a la vez que manifiesta haberla perdonado".

Entendemos que, en todo caso, es imprescindible traer a colación el art. 24.2 último inciso de nuestra Constitución[603] respecto de la presunción de inocencia y la imputación de un delito o falta en un procedimiento y la necesidad de protegerse ante tal imputación, lo que, por tratarse de un tema ajeno a esta materia, debe considerarse en otro ámbito sin perjuicio de que indiquemos su importancia a los efectos del presente contrato.

Igualmente, como veremos más adelante, hay que tomar en consideración la normativa rituaria en aquellos procedimientos que se estuvieran tramitando o comenzaran a tramitarse teniendo como motivo la resolución contractual basada en estas conductas susceptibles de ser consideradas delitos o faltas y con relevancia en la sustanciación del procedimiento[604].

2.2.1.2. Incumplimiento total o parcial de la prestación alimenticia. El incumplimiento defectuoso

Como causa de resolución contractual encontramos también en la LDCG de 1995 la prevista en el apartado b) del art. 99.1 referida al incumplimiento total o parcial de la prestación alimenticia, si bien matiza que "siempre que no sea imputable a su perceptor". Encontramos, por tanto, una necesaria relación entre lo dispuesto en este apartado con las obligaciones derivadas para el cesionario del contrato de vitalicio de alimentos, ayudas y cuidados de todo tipo, si bien los cuidados y atenciones se regulan como causa específica aparte.

El legislador gallego de 1995 aludía en el art. 95 al sustento, la habitación, el vestido y la asistencia médica del alimentista que habían de estar previstas, en todo caso, y que formarían parte de la prestación alimenticia más amplia que

---

[603] Indica nuestra Carta Magna en su art. 24 en lo que aquí interesa que "asimismo, todos tienen derecho al Juez ordinario predeterminado por la Ley, a la defensa y a la asistencia de letrado, a ser informados de la acusación formulada contra ellos, a un proceso público sin dilaciones indebidas y con todas las garantías, a utilizar los medios de prueba pertinentes para su defensa, a no declarar contra sí mismos, a no confesarse culpables y a la presunción de inocencia". Señala también un previsión respecto de la no oblgiación de declarar indicando que "la Ley regulará los casos en que, por razón de parentesco o de secreto profesional, no se estará obligado a declarar sobre hechos presuntamente delictivos".

[604] Resultará, por ello, imprescindible hacer referencia al art. 40 de la Ley de Enjuiciamiento Civil que regula, entre otros, aquellos supuestos en que existan en el ámbito del proceso civil cuestiones de índole penal así como la posible sustanciación de las mismas y la suspensión o no del asunto en vía civil.

comprende el vitalicio. Conviene recordar, como ya vimos, que la ley permitía el pacto respecto de la extensión, amplitud y términos de estos alimentos en sentido estricto[605]. Alude de esta forma al incumplimiento a través de dos posibilidades: de una parte, un incumplimiento total y, de otra, un incumplimiento parcial, si bien ambas producen igual efecto resolutorio.

Ambas opciones exigen, por tanto, que se trate de un incumplimiento propiamente dicho en relación con la prestación alimenticia. A estos efectos es necesario señalar que, como indica la STSJ de 5 de noviembre de 1998[606] en su Fundamento de Derecho tercero, el texto gallego de 1995 se limita a señalar en su art. 99 los incumplimientos esenciales que han de ser básicos y de entidad.

> "En el punto concreto de la resolución del contrato, que es la cuestión fundamental del litigio, la Ley en el artículo 99 se limita a concretar los casos que considera de incumplimiento grave o esencial por parte del alimentista, que dan lugar a la resolución del contrato (de rescisión dice la Ley), lo que no es otra cosa que el incumplimiento básico y de entidad que viene exigiendo la jurisprudencia para aplicar la cláusula resolutoria tácita del artículo 1124 del Código Civil, y que según el relato fáctico de la sentencia, a lo que hay que atenerse, se produjo cumplidamente".

No se exige tampoco que la conducta del alimentante sea pertinazmente obstativa al cumplimiento contractual, sino que lleve a cabo conductas que sean contrarias a lo pactado libremente en el contrato con ausencia de una justificación para incumplir frente a una actuación de un cedente cumplidor[607].

De otra parte, es posible que el incumplimiento lo sea parcial, en vez de total, pero, en todo caso, ha de ser básico, de una importancia tal que frustre el fin normal del contrato sin que basten prestaciones meramente defectuosas o no esenciales[608] a los efectos de solicitar la resolución aunque, en este supuesto, sea posible la aplicación del art. 1101 del Cc y la solicitud del cumplimiento forzoso. En este sentido, la STS de 29 de abril de 1998[609] señala que es preciso que el sujeto cumplidor ejercite tal acción y sea declarado en la sentencia, siendo un incumplimiento básico y grave y no defectuoso o parcial pero no grave que no frustre el fin del contrato, como se señala en el Fundamento de Derecho segundo.

---

605 Art. 95.1 LDCG de 1995.

606 Ponente SAAVEDRA RODRÍGUEZ, *RJ.* 1999, marg. 1247.

607 SAP de Lugo de 29 de julio de 1996, ponente NEIRA MEDÍN, *Colección Jurisprudencia del Tribunal Superior de Justicia y de las Audiencias Provinciales de Galicia*, 1997, marg. 97.

608 Como señala REBOLLEDO VARELA, A. L., *op. cit.*, p. 872, aunque no dieran lugar a la resolución sí supondrían una responsabilidad indemnizatoria con cargo al cesionario si este lo solicitase.

609 Ponente O'CALLAGHAN MUÑOZ, *RJ* 1998, marg. 2601.

> "Una de sus causas, la más frecuente, es el incumplimiento de la obligación esencial de una de las partes en caso de obligaciones bilaterales o recíprocas: se trata de un incumplimiento básico, grave, de la obligación, en el sentido de que no se realiza la conducta en que consiste la prestación, lo que significa incumplimiento propiamente dicho, no cumplimiento defectuoso o incumplimiento parcial (así, expresamente lo dice la Sentencia de 21 marzo de 1994). Por otra parte, si se da este incumplimiento básico, que frustra el fin objetivo del contrato, no se produce automáticamente la resolución, sino que es preciso el acuerdo de ambas partes o que el sujeto cumplidor ejercite la acción y se declare en sentencia (así lo dice expresamente la Sentencia de 11 diciembre 1993, en un proceso de error judicial). Lo que conduce al tema de resolución unilateral, que no es lícita a no ser que se trate de contrato «intuitu personae», basado en la confianza, en cuyo caso la resolución unilateral lleva consigo la indemnización de daños y perjuicios, que solamente se excluye si se prueba suficientemente una causa grave que justifique la extinción del contrato".

En este sentido, se debe destacar que la acción del 1124 del Cc atiende tanto al incumplimiento pleno como al incumplimiento relativo o parcial, como advierte la STS de 15 de octubre de 2002[610] siempre que impida la realización del fin del contrato.

Si bien el texto gallego no lo señala, resulta coherente con los requisitos de aplicación del art. 1124 del Cc, de los que son trasunto específico las reglas del texto gallego, que el cedente ha de cumplir previamente con la conducta pactada en el contrato de vitalicio que será la de la cesión o entrega de los bienes en los términos en que se haya pactado ya que sin el cumplimiento del reclamante por su interdependencia con el del deudor no cabría tal resolución sino que se podría oponer la excepción de incumplimiento contractual[611].

Al incumplimiento parcial se refiere la STSJ de Galicia de 19 de septiembre de 2003[612] respecto de un contrato de vitalicio calificado por las partes como contrato de compraventa en 1990 por el que a cambio de los bienes que reciben, se comprometen a prestar todo tipo de asistencia pactándose la condición resolutoria típica del mismo. El recurso planteado hace denuncia, entre otros, respecto de un incumplimiento parcial propiamente dicho al tener la actora y la alimentista que hacer frente a la propia subsistencia durante los últimos años de su vida, por llevarse la actora a la alimentista a su propia casa, por su propia voluntad y no porque no estuviera bien atendida e internándola, tras su incapacitación, en una residencia, como se expresa en el Fundamento de Derecho tercero. Entiende la Sala que el incumplimiento parcial no es tal ya que es

---

610 Ponente ALMAGRO NOSETE, *RJ* 2003, marg. 258.

611 STS de 9 de diciembre de 2004, ponente AUGER LIÑÁN, *RJ* 2004, marg. 7916.

612 Ponente SAAVEDRA RODRÍGUEZ, *EDJ* 2003, marg. 200864.

debido exclusivamente al comportamiento de la actora, sin que haya voluntad obstativa de los demandados al cumplimiento del contrato como refrenda la jurisprudencia del Tribunal Supremo.

> "Tras dichas afirmaciones fácticas, llega a la conclusión de que en tales circunstancias y al regirse en primer término en contrato por lo pactado, y aquí no lo era pagar la Residencia Sanitaria, a lo cual no venían obligados los compradores, sino precisamente a una asistencia impedida por la actora, no puede admitirse la resolución contractual pretendida.
>
> Tal conclusión jurídica debe ser refrendada por esta Sala pues no es contraria a la jurisprudencia que se dice infringida, ya que el incumplimiento parcial de las obligaciones contraídas por los alimentantes es debida exclusivamente al comportamiento de la actora, que impidió con el mismo el efectivo cumplimiento por parte de aquéllos, cuya voluntad de cumplimiento ha quedado acreditada. Y así lo refrenda, entre otras, la sentencia del Tribunal Supremo de 8-4-1999".

El incumplimiento insuficiente y defectuoso aparece reflejado en la SAP de Pontevedra de 31 de marzo de 2003[613] que, confirmando la resolución de instancia, señala que no se ha cumplido lo pactado con suficiente celo sino de forma deficiente tal cual refleja en su Fundamento de Derecho segundo.

> "La propia demandada asume la premisa de que el demandante siempre vivió solo, porque así lo convinieron ambos litigantes, y que en un tiempo su hermano tuvo problemas con el alcohol –hecho del que pretende derivar la verdadera causa del otorgamiento del contrato–, pero ello no la exonera de las obligaciones asumidas contractualmente, al contrario, el desvelo y la vigilancia, sobre todo por la concurrencia en el alimentista de la patología referida, debieron desarrollarse, sino con exquisito celo, al menos en los términos pactados y no de forma insuficiente y defectuosa como claramente deja entrever al ser interrogada la propia demandada".

2.2.1.3. Pactos de formalidades o plazos para la resolución

Será necesario, además, que las partes no hayan condicionado la aplicación de la resolución contractual en el contrato y hayan establecido el cumplimiento de ciertas formalidades o en su caso, de un plazo. Encontramos, entre otras, el pacto mediante el cual se establece la posibilidad de acreditar el incumplimiento mediante el acta de notoriedad, como recoge la STS de 2 de julio de 1992[614] en su Fundamento de Derecho primero tal mecanismo pactado, a través del cual

[613] Ponente FERNÁNDEZ SOTO, M., *EDJ* 2003, marg. 45677.
[614] Ponente FERNÁNDEZ CID DE TEMES, *AC* 1992, marg. 1200.

y de dicha acta pretenden las partes obtener título suficiente para el caso de resolución al fin de lograr la inscripción a favor de los cedentes.

> "Los cedentes, aparte de los medios de prueba admisibles según las leyes, podrán acreditar dicho incumplimiento mediante Acta de Notoriedad. La escritura de resolución otorgada por cualquiera de los cedentes, acompañada del Acta de Notoriedad, será notificada a la cesionaria o, en su caso, a sus herederos, y será título suficiente para que se inscriban las fincas cedidas en el Registro de la Propiedad, a favor de los cedentes".

Señala, a tal efecto, la SAP de Ourense de 16 de abril de 2001[615] que pese a pactarse la acreditación de notificación de la resolución como medio para obtener la reinscripción de la plena propiedad, pactada en contrato de 4 de enero de 1995, debe acreditarse que la extinción se debe a la conducta del alimentante y no a la propia voluntad del disponente de poner fin a la relación como señala el Fundamento de Derecho tercero.

> "La estipulación tercera del contrato de vitalicio al que se contrae la presente litis (folio 15), establece que el incumplimiento de la obligación de asistencia conllevará la resolución de la transmisión de la propiedad, siendo suficiente a tales efectos, para reinscribir la plena propiedad del inmueble cedido, el acreditar el haberse notificado la resolución, sin oposición por parte de los alimentantes en el plazo legal de contestación, en la forma prevista en el artículo 1.504 del Código civil. Supone la cláusula anterior la posibilidad de que el ahora demandante pueda dar por resuelto el contrato de referencia en los casos de incumplimiento de los alimentantes, debiendo existir un requerimiento a tal efecto que quede vacío de oposición por parte de éstos. La interpretación de la anterior cláusula pasa necesariamente por considerar que no cabe la resolución automática, siendo preciso, para el caso de incumplimiento, ese previo requerimiento sin oposición. Esta situación se compadece perfectamente con la necesidad de evitar la transgresión del artículo 1.256 del Código Civil conforme al que la validez y el cumplimiento de los contratos no puede quedar al arbitrio de uno de los contratantes".

Aparece también, con cierta frecuencia, el pacto que señala la necesidad de solicitar la resolución en vida del alimentista aunando así un sistema probatorio del cumplimiento con una posible limitación a la reclamación por herederos o causahabientes de cualquiera de los cedentes. Podemos observarlo en la STSJ de Galicia de 8 de junio de 2004[616] que, en su Fundamento de Derecho tercero,

---

[615] Ponente ALAÑÓN OLMEDO, *EDJ* 2001, marg. 10526.

[616] Ponente SANDE GARCÍA, P, *EDJ* 2004, marg. 267976.

recoge entre las estipulaciones pactadas una condición resolutoria y la acreditación del cumplimiento al no interponerse demanda de resolución.

> "Según la primera de sus estipulaciones, D. José Manuel transmite y Dª. María Rosa adquiere las treinta y una fincas que en el documento se describen (quince de las cuales, entre ellas la casa habitación, le pertenecían a D. José Manuel por herencia de su esposa Dª. Ana María y las restantes a los dos esposos por diversas compras), a cambio de prestarle "sustento, habitación, vestido y asistencia médica, según su posición social, teniéndolo en su casa y compañía", valorando cada "contraprestación" en un millón de pesetas; y según la segunda de las estipulaciones, "el incumplimiento de sus obligaciones por la cesionaria actuará como condición resolutoria de la transmisión; si el cedente no hubiese interpuesto en vida demanda de resolución, se considerarán cumplidas aquellas obligaciones y extinguida la condición resolutoria".

Señala el texto que dicho incumplimiento no sea imputable al perceptor de los alimentos ya que "no deja de ser frecuente cuando es éste quien se niega o no facilita el cumplimiento de la obligación"[617].

2.2.1.4. Ausencia de cuidados o atenciones

El apartado c. del art. 99.1 de la LDCG de 1995 alude a la posible resolución a instancia del cedente cuando "el cesionario no cuidase o atendiese en lo necesario al cedente, según la posición social y económica de las partes y en todo cuanto haga posible el capital cedido, en la búsqueda del mantenimiento de su calidad de vida". Si se pone esta norma en relación con el apartado a. del art. 99 podemos observar que aquélla se refiere al ámbito material y a la diligencia en su cumplimiento mientras que, en esta última, alude la ley a los cuidados afectivos respecto del alimentista. Resulta claro en el ámbito gallego la importancia de los aspectos material y afectivo en el contrato de vitalicio en su sustantividad, conjugando alimentos y afecto y exigiéndose ambos del cesionario dada la importancia del plano afectivo en la vida material.

Como señala cierta doctrina, parece que del tenor literal del precepto, se desprende que la LDCG de 1995 adopta un criterio intermedio al tener en cuenta la posición social y económica de las partes y el capital cedido, ante aquella otra que, por aplicación del principio de responsabilidad patrimonial universal del art. 1911 del Cc, responde de la deuda alimenticia con todos sus bienes presentes y futuros, sin límite, a falta de que se contengan previsiones al respecto, como la de convivir, en cuyo caso se entendería la adecuación al régimen de la casa familiar y de otra parte, de no haber convivencia, el justo

---

617 REBOLLEDO VARELA, A.L., *op. cit.*, p. 872.

equilibrio de las prestaciones propio de los contratos onerosos y la prohibición del enriquecimiento injusto, salvo pacto en contrario que establezca la obligatoriedad pese a la desproporción[618].

La posición de las partes y el capital cedido orientarán al juzgador a la hora de determinar el fallo resolutorio o no de una posible demanda a tal efecto, si bien existirá el carácter subjetivo de la valoración por el alimentante sobre si recibe o no suficientes cuidados y afectos y si son adecuados a las circunstancias y al capital cedido, lo que conllevará un claro problema de prueba, sobre todo por encontrarnos en un ámbito íntimo y personal en el que la prueba de los desafectos puede resultar difícil. Quizá, por ello, resultaría oportuno preestablecer medios de prueba en tal sentido que funcionen como previsiones contractuales a los fines oportunos probatorios, de entre las cuales deberíamos destacar los informes cuya emisión se pudiera establecer con una cierta periodicidad de un psicólogo clínico, de un nutricionista, gerontólogo o de otro facultativo que permitirían realizar un seguimiento claro del alimentista y a la vez argüir a favor o en contra de una posible resolución por tales motivos.

2.2.1.5. Otros incumplimientos de lo pactado

Establece, finalmente, la letra d. del art. 99.1 de la LDCG de 1995, una referencia genérica, como causa de resolución contractual del vitalicio, al "no cumplimiento de lo demás pactado"[619]. Se trata, por ello, de que aquellos extremos sobre los que las partes hubieran realizado una convención expresa y documentada, sin tratarse de los expresados en las letras anteriores de este precepto o, de serlo, por regularse de una manera o aspecto distinto, por ejemplo más especificado que lo regulado por la ley. Parece necesario, como ya se observó con anterioridad, que se trate de un incumplimiento grave o de entidad,

[618] Es tal la postura de CHILLÓN PEÑALVER, S., *op. cit.*, p. 301, que señala como ejemplos de tales posiciones a los fines de mantener tal hipótesis, la posibilidad de que el contrato contenga expresiones como "a mesa y manteles", "a la posibilidad de la casa" en un caso o en el otro extremo la de que la cesionaria "cumpla con esmero y cariño la obligación de cuidar y asistir aunque por larga que sea la longevidad de la misma resulte desproporcionada con el valor de la finca cuya propiedad se cede". Entiende por otra parte que tal criterio se ve reforzado con la posibilidad de que el cesionario hiciese uso de la facultad de desistimiento recogida en la LDCG de 1995 que le permitiría desligarse del mismo si las consecuencias fueran demasiado gravosas para él y que, con ello, el legislador gallego de 1995 minimiza los problemas de extensión de la obligación al poder desligarse del contrato sin causa alguna. Conviene tener presente, a nuestro modo de ver que tal argumento no es de plena aplicación a la LDCG de 2006, no por el contenido del artículo de la causa de "rescisión" que permanece íntegro en su espíritu sino porque en la actual legislación las consecuencias del desistimiento del cesionario son más duras que en la redacción anterior.

[619] Conviene advertir que esta explicitación ya no tiene lugar en el vigente texto de la LDCG, como más adelante se señala, al haber desaparecido tal causa de su texto, sin perjuicio de la trascendencia que tales pactos, de realizarse, puedan tener a los efectos resolutorios aquí tratados.

ya sea total o parcial, de lo recíprocamente pactado y que frustre el fin del contrato de manera tal que impida el fin perseguido por las partes, perdiéndose el interés perseguido por el alimentista. De entre las cláusulas más habituales objeto de pacto expreso, podríamos hallar la relativa a la necesaria convivencia de las partes o a la realización de la prestación en un lugar determinado previamente establecido en el contrato. En este sentido, entre otras muchas, podemos encontrar la SAP de La Coruña de 28 de Septiembre de 1992[620] en la que la Sala señala que, respecto a los obligados, si se encontraban imposibilitados de cumplir el pacto convencional alcanzado por trabajar en Vigo, no deberían haber asumido el compromiso que resultaba perfectamente comprensible desde la óptica de la parte actora de pasar sus últimos años en el lugar que constituía su hogar, siendo tal acuerdo esencial y por ello, generando su inobservancia la resolución de tal contrato.

2.2.2. Pluralidad de sujetos. Transmisibilidad de la acción

No se establecían por el legislador gallego de 1995 especialidades de clase alguna para los supuestos de "rescisión" de obligaciones alimenticias con pluralidad de sujetos activos o pasivos ni especificaciones en lo relativo al ejercicio de acciones de resolución en tales casos[621].

Asimismo, se planteaba la posible transmisibilidad a los herederos de la acción para solicitar la resolución contractual. La doctrina[622] señalaba que incumplida la obligación, la acción no era personalísima y tenía un contenido puramente económico siendo transmisible a los herederos. Se encontraban en la jurisprudencia respuestas a esta cuestión señalándose en la STSJ de Galicia de 2 de diciembre de 1997[623], en la que se trataba de una acción interpuesta produciéndose posteriormente el fallecimiento de la demandante y transmitiéndose el derecho a resolver el contrato *ex lege* a la heredera, así como que la acción resolutoria ya había nacido y era susceptible de transmisión hereditaria, al ser de carácter económico y no personalísimo. Sigue en esta dirección la doctrina señalada en la STS de 2 de julio de 1992[624] respecto del criterio general de la transmisiblidad de las obligaciones y los derechos nacidos de relaciones contractuales.

---

620 Ponente SEOANE SPIEGELBERG, *Foro Gallego* nº 187, 1994, p. 230 y ss.

621 A diferencia del texto legal de 2006 que, en sus arts. 153 a 155, recoge previsiones específicas, entre otros supuestos, a tal respecto.

622 *Vid.* REBOLLEDO VARELA, A. L., *op. cit.*, p. 873.

623 Ponente SAAVEDRA RODRÍGUEZ, *RJ* 1998, marg. 8251.

624 Ponente FERNÁNDEZ-CID DE TEMES, *AC* 1992, marg. 1200.

> "Con independencia de la intención cierta de la causante de resolver el contrato y de que no hay constancia de si se habían o no iniciado los trámites para interponer la demanda, a lo que se une su enfermedad y muerte al relativamente poco tiempo de otorgar el testamento, con todo el valor interpretativo que ello tiene, como pone de relieve tanto la resolución de instancia como la de apelación, es lo cierto que la limitación que impone el precepto que se dice infringido (artículo 1257 del Código Civil) a la norma general de transmisibilidad de bienes y derechos por causa de muerte (artículo 659 del propio Cuerpo Legal) y más concretamente la de los efectos de los contratos, no es sino que una norma de tipo especial que por tanto es preciso interpretar restrictivamente, y en el caso concreto que nos ocupa se limita sólo a los derechos y obligaciones de tipo personalísimo derivados del contrato de vitalicio –que es de estructura compleja en cuanto a las obligaciones y derechos que genera– como lo puso de manifiesto la Sentencia del Tribunal Supremo de 2 julio 1992, dictada en un caso semejante, al sentar que: «...la acción resolutoria por el incumplimiento de obligación recíproca ya había nacido y era susceptible de transmisión hereditaria, al ser de carácter económico y no personalísimo...» siguiendo el criterio general de transmisibilidad de las obligaciones y derechos nacidos de vínculos contractuales (entre otras, SSTS 12 mayo 1959 y 14 noviembre 1986)".

2.2.3. Silencio respecto de terceros adquirentes

Nada se indicaba en la LDCG de 1995 respecto de los terceros adquirentes para el caso de resolución del contrato de vitalicio y, por ello, se aplicaba la doctrina general del Código civil plasmada en los arts. 1124, 1295 y 1298 de manera que los terceros adquirentes que lo fueran de buena fe no serían afectados por la resolución y el reintegro de los bienes, con carácter general, si bien, de existir inscrita en el Registro de la Propiedad y respecto de la finca de que se trate, una condición resolutoria expresa ésta será oponible frente a tales terceros adquirentes[625].

2.2.4. El problema del sistema probatorio. El acta de notoriedad

Como señala la doctrina[626] respecto de los casos previstos en el art. 99.1 de la LDCG de 1995, en la práctica se presentarán graves problemas en ma-

[625] Señala, en tal sentido, REBOLLEDO VARELA, A. L., *op. cit.*, p. 873 refiriéndose al estado de esa situación que, a la vista de la LDCG de 1995, "salvo inscripción en el Registro de la Propiedad de una condición resolutoria expresa oponible frente a terceros la transferencia dominical a favor del cesionario se produce sin reservas y, aún con obligación de cumplimiento de la obligación de alimentos asumida, puede disponer libremente de los bienes y los terceros adquirentes de buena fe no se verían afectados por la resolución y el reintegro de los bienes".

[626] REBOLLEDO VARELA, A.L., *op. cit.*, p. 873.

teria probatoria respecto del incumplimiento de las obligaciones asumidas en el contrato al tratarse de un entorno de convivencia y relación difícilmente observable por terceros. En el ámbito de la intimidad en el que se realizan la mayor parte de las prestaciones, los medios probatorios pueden ser escasos[627] como cabe apreciar en la SAP de Navarra de 7 de marzo de 1992[628] que, en su Fundamento de Derecho tercero, señala que son los tíos los que teniendo derecho a recibir una prestación de alimentos en sentido amplio de dos de sus sobrinos, deben acreditar el incumplimiento y los malos tratos y las vejaciones que achacan a tales sobrinos en la demanda. Y así lo realizan a través de la vía de las presunciones del art. 1253 del Cc –hoy derogado– junto con una prueba de una testifical de una vecina, que señalaba que no tenían nada que perder quedándose con sus sobrinos y con una carta, aunque la ponente entiende, no obstante, que no constituyen pruebas suficientes y objetivas, señalando que en un pueblo es todo conocido, por la vida social intensa, y que los demandantes manifestaban estar a gusto con sus sobrinos.

> "Sin embargo, en el caso discutido no aparece probado ninguna causa de las que, alegadas por la parte demandante, son susceptibles de determinar la existencia de un incumplimiento (en todo caso, no a los efectos del art. 1124 sino del art. 1805 del Código Civil): aunque se alega la dejadez, el descuido, la desatención y las hostilidades de los demandados, en tal manera que se les imputa el incumplimiento de sus deberes de asistencia y alimentación, así como la causación de vejaciones y de malos tratos, producto de riñas y discusiones, ninguna prueba consistente y suficientemente objetiva ha sido efectuada. Es evidente que nos encontramos ante una situación incidida por la intimidad del hogar, pero también lo es el hecho de que Zambrana es un pueblo y que ha quedado acreditado que los implicados en este pleito tenían vida social y de relación con los vecinos del lugar, los cuales, han testificado que por lo que sabían los demandantes «estaban muy contentos con el trato que recibían», que por lo que observaban, «el trato cuando menos en la calle era muy correcto» y que no presenciaron ni tuvieron noticia de ninguna discusión ni altercado, ni que se pudiera deducir apariencia de tirantez o cualquier tipo de diferencias; en esta línea, el resultado de la prueba testifical propuesta por la parte demandante no es demostrativo del incumplimiento en cuanto son simples testigos de referencia que no se relacionan con los ancianos durante su estancia en Zambrana, y la carta mentada, dice la Juez «a quo»,

[627] RAPOSO ARCEO, J.J., *op. cit.*, p. 670, señala, citando jurisprudencia al respecto, que la resolución del contrato sólo tendrá lugar cuando se acredite de modo cierto y eficaz que la extinción de la obligación de alimentos tiene su causa en la conducta del alimentante que ha de ser objetivamente rechazable, sin que quepan interpretaciones torcidas de comportamientos comúnmente admitidos como correctos. Entiende que, dado el ámbito donde se realizará la prestación, solo cabrá la acreditación del incumplimiento "por medio de testigos o de presunciones".

[628] Ponente VÍÑEZ ARGÜESO, *AC* 1992, marg. 489.

> «pone de manifiesto las discusiones entre las partes», cuando se refiere a rencillas antiguas, ninguna relacionada con el incumplimiento imputado".

Señala la ponente que tampoco cabe criticar que la sobrina pudiera querer obtener un beneficio cuidando a sus tíos pues tal beneficio es lógico cuando existe un contrato de vitalicio y señala que tampoco la corta estancia de los tíos en casa de la sobrina tras el otorgamiento de la escritura pública es prueba consistente que lleve a la conclusión del incumplimiento.

Igual sucede en la SAP de Córdoba de 8 de febrero de 1994[629] que en su Fundamento de Derecho segundo dice lo siguiente:

> "La aludida señora vivía en una Residencia de Ancianos donde disfrutaba de una serie de atenciones primarias. Sin embargo, dicha demandante pretendía algo más, esto es, una relación muy cálida y menos aséptica, más individualizada y cordial que la que recibía, en el centro de asistencia. A cambio de ello cedió el bien inmueble de su propiedad a una familia a la que conocía hacía tiempo y de la que esperaba obtener esas prestaciones que, con toda la carga afectiva que pudiese implicar".

La Sala resalta la dificultad de la prueba para acoger la pretensión resolutoria y señala un argumento lógico[630] como lo es el que:

> "Carece de sentido que la señora en cuestión decida unilateral y caprichosamente abandonar un estado de bienestar que ella misma había pretendido. No sería lógico aceptar que, estando asistida conforme a sus deseos decidiese volver a la situación anterior a la que abandonó en busca de mejores condiciones".

En esta línea y ante los problemas probatorios, parece acertado incluir previsiones en tal sentido como podría ser el acta de notoriedad que, acompañando a la escritura de resolución, serían notificadas a la cesionaria o a sus herederos al domicilio o lugar establecido a tales efectos en el contrato de vitalicio, siendo título suficiente para inscribir en el Registro de la Propiedad y a favor de los cedentes, las fincas cedidas[631].

---

[629] Ponente PUEBLA POVEDANO, *AC* 1994, marg. 223.

[630] Destacadas ambas resoluciones por SABATER BAYLE, E., *op. cit.*, p. 33 al tratar dicha resolución estudiando diversas sentencias en las que, en algunos casos, procede la resolución y en otras en las que no, en función, entre otras circunstancias, de la prueba practicada.

[631] Así lo advierte REBOLLEDO VARELA, A.L., *op. cit.*, p. 873, con cita jurisprudencial, a los fines de acreditar el incumplimiento y las consecuencias de la resolución, pese a incidir en los medios de prueba procesales y por tanto en materia indisponible. Entendemos que nada obsta, como parece obvio, el que no sólo se constituyan para acreditar tal incumplimiento sino también con una función de garantía del alimentante al fin de acreditar su cumplimiento si bien, ciertamente, con una configuración distinta.

En otros casos, como el recogido por la SAP de Lugo de 25 de marzo de 2008[632] referida a un contrato suscrito el 18 de agosto de 1993, se señala en su Fundamento de Derecho primero el hecho de que en tal documento se establece que las obligaciones de los alimentantes se entenderán cumplidas mientras no se les requiera para ello, no cabiendo solicitar la resolución hasta un momento posterior a tal requerimiento.

> "Pues bien, de la prueba practicada resulta que desde la firma del contrato (año 1993) hasta el año 1999 en que los demandados requirieron a la hoy actora-apelante el cumplimiento de sus obligaciones estas fueron cumplidas dados los términos de la cláusula interpretativa (cláusula c) segunda parte contrato vitalicio 18 de agosto de 1993) que señala que las obligaciones contraídas se entenderán cumplidas, mientras los cedentes no requieran fehacientemente a la cesionaria para su cumplimiento y ello con independencia de que la cesionaria apelante pusiese un mayor o menor esfuerzo en el cumplimiento de sus obligaciones o sus posibilidades se lo permitieran, lo cierto es que hasta el requerimiento no cabe hablar de incumplimiento al menos total ya que ello iría en contra de lo pactado".

Se planteaba también si a los efectos de la resolución cabría una transmisiblidad de la acción a los herederos que tendría su base en el carácter no personalísimo de dicha acción, además de por su carácter económico. En este sentido, la STSJ de Galicia de 2 de diciembre de 1997[633] reza en su Fundamento de Derecho tercero que la acción de resolución es susceptible de transmisión hereditaria al ser de carácter económico, transmitiéndose el derecho a resolver a la heredera de la cedente, además de por ser ésta la voluntad de la causante.

> "Lo cierto que la limitación que impone el precepto que se dice infringido (artículo 1257 del Código Civil) a la norma general de transmisibilidad de bienes y derechos por causa de muerte (artículo 659 del propio Cuerpo Legal) y más concretamente la de los efectos de los contratos, no es sino que una norma de tipo especial que por tanto es preciso interpretar restrictivamente, y en el caso concreto que nos ocupa se limita sólo a los derechos y obligaciones de tipo personalísimo derivados del contrato de vitalicio –que es de estructura compleja en cuanto a las obligaciones y derechos que genera– como lo puso de manifiesto la Sentencia del Tribunal Supremo de 2 julio 1992, dictada en un caso semejante, al sentar que: «...la acción resolutoria por el incumplimiento de obligación recíproca ya había nacido y era susceptible de transmisión hereditaria, al ser de carácter económico y no personalísimo...» siguiendo el criterio general de transmisibilidad de las obligaciones y derechos

[632] Ponente PEDROSA LÓPEZ, *EDJ* 2008, marg. 58267.
[633] Ponente SAAVEDRA RODRÍGUEZ, *RJ* 1998, marg. 8251.

nacidos de vínculos contractuales (entre otras, SSTS 12 mayo 1959 y 14 noviembre 1986)".

La transmisión del derecho a resolver el contrato, con las consecuencias jurídicas que derivan del ejercicio de la acción resolutoria, se transmitió, pues, *ex lege* a la heredera, aparte de que ésa fuese la voluntad expresa de la causante, que sólo vino a refrendar lo dispuesto en la ley, por lo que procedió desestimar el motivo.

2.3. Causas de resolución en la Ley 2/2006, de Derecho civil de Galicia

La ley gallega de 2006 regula las causas que denomina ya de resolución contractual en su art. 153 conceptuándolas de tal manera y abandonando el uso del término rescisión de la anterior versión legal[634] y señalando las causas de resolución por incumplimiento. Asimismo alude al cedente como sujeto que puede resolver, en principio, el contrato de darse alguna de las causas, pero en las circunstancias que dan lugar a tal resolución se remite expresamente a parámetros relativos al alimentista que, como es conocido, no tiene porqué tener la condición de cedente[635]. La revocación no se produce *ipso iure* sino que tendrá que ser solicitada ante tal incumplimiento en vía judicial mediante el ejercicio de una accción para pedir la revocación judicial[636].

2.3.1. Conducta gravemente injuriosa o vejatoria. Crítica. Injurias leves, ampliación de sujetos activos y prueba

En relación a lo señalado en el art. 153.1.1ª respecto de la conducta gravemente injuriosa o vejatoria reiteramos lo señalado con anterioridad, toda vez que la configuración básica de la conducta descrita continúa siendo la misma

[634] El alimentante queriendo las cosas tal y como se establecieron, podrá poner fin al contrato por el incumplimiento del otro. Se aleja tal institución de la idea de lesión o fraude a acreedores o a terceros vinculada con la rescisión, término este que era usado por la LDCG en su redacción de 1995 como manifiesta PEÓN RAMA, V., *op. cit.*, p. 654.

[635] Supone un cambio respecto de la LDCG de 1995 que en las causas de resolución recogidas en su art. 99 señalaba al alimentista como sujeto que podía "rescindir" el contrato –cuando sabemos que cabe la posibilidad de que se trate realmente de un alimentista no cedente y por tanto no le quepa tal posibilidad– y en los casos en los que señalaba la posibilidad de resolución o bien no señalaba el sujeto sobre el cual se realizaba la conducta –letras a y b– o bien aludía al cedente como sujeto que recibía cuidados y atenciones –letra c– cuando sabemos que, si bien esto es posible, también cabe que sea el cedente un no alimentista por ser el alimentista un tercero. De ahí que esta redacción se considere una mejora técnica como señalan, entre otros, BUSTO LAGO, J. M., *op. cit.*, p. 21 y BELLO JANEIRO, D., *op. cit.*, p. 255.

[636] Aún de darse tales causas y de manifestarse la resolución por medio privado al alimentante, no cabría imponer tal devolución.

Refleja la norma la necesidad de que exista una gravedad en la conducta y que se acredite la persistencia o continuidad de ese comportamiento y, de otra parte, que sean importantes y trascendentes. Es criticable que, como ya indicamos, no se incluya la injuria o vejación leve, que puede ser psicológicamente tan insoportable como la grave y que podría llegar a parecer un respaldo legal, que no lo es, de la necesidad de soportar al no poder resolver el contrato. Igualmente no se puede hablar, como ya lo expresamos, de cualquier clase de destinatario de tales abusos ya que las medidas serán distintas según al colectivo que pertenezcan como, entre otros, los supuestos de violencia familiar, de género y sobre la tercera edad con los protocolos de actuación previstos en cada uno de los casos.

La novedad radica en la ampliación del núcleo de sujetos que pueden realizar tal conducta injuriosa o vejatoria ya que del alimentante[637] en exclusiva pasa la Ley a incluir a terceros ajenos al contrato pero que conviven con el alimentista, como su cónyuge o pareja y los hijos con los que convivan.

Parece, sin embargo, criticable la circunscripción del grupo que realiza la ley a los fines de tal causa. De una parte, cónyuge y pareja e hijos, pero no un *ex* marido o *ex* mujer, progenitores del alimentante, otras personas que convivan en la casa e, incluso, otro alimentista que en ella se encuentre. Parece lógico, por ejemplo, incluir dentro de este grupo a los empleados que se hallen en el hogar familiar y que realicen tales conductas aunque sólo sea por la responsabilidad que respecto de los mismos ostenta el "cabeza de familia" o, como otro posible ejemplo, personas que se encontrasen bajo la tutela o curatela del alimentante con los deberes que respecto de los mismos puedan detentar su tutor o curador[638]. El requisito de la convivencia parece lógico por la necesidad de relación entre los sujetos para que se pueda dar tal conducta, si bien creemos que puede ser circunscrito también a personas que pasen parte de la jornada del día en el lugar de común convivencia aunque tengan otro domicilio diferente. Por ejemplo, para el caso de hijos que pasan a comer y estar por la tarde pero yéndose posteriormente, empleados de la casa que no pernoctan en ella, etc. En otro caso difícilmente se podría admitir la resolución en base a la conducta de un tercero ajeno al contrato[639].

---

[637] Al que aludía exclusivamente la LDCG de 1995 en el art. 99.1 con la expresión "del obligado a prestar alimentos".

[638] PEÓN RAMA, V., *op. cit.*, p. 656, realiza una valoración positiva respecto esta inclusión, si bien la considera insuficiente al manifestar que debe referirse a cualquier persona conviviente, entiende, con el alimentante y que, por ello, tal circunstancia obligue al alimentista a mantener una relación interpersonal con estos individuos con los que convive, de ser ese el caso.

[639] BUSTO LAGO, J.M., *op. cit.*, p. 19, considera especialmente plausible tal inclusión del núcleo convivencial del alimentante con el que el alimentista se ve obligado a convivir a los posibles fines resolutorios.

Igualmente, será preciso acreditar la existencia de tales conductas injuriosamente graves o vejatorias. Por ello, la SAP de A Coruña de 26 de septiembre de 2009[640] indica respecto de los malos tratos y de los diferentes medios de prueba lo siguiente.

> " Y, por otra parte, el obligado a prestar alimentos, una vez conseguido el propósito de hacerse con la propiedad de los bienes, con el paso del tiempo puede relajarse en el cumplimiento y descuidarse en las atenciones y cuidados iniciales, cuando no pasar al menosprecio o al maltrato, en sus distintas formas, del alimentista. De ahí los conflictos y litigios nada infrecuentes en este tipo de relaciones, en los que no suelen faltar terceras personas, más o menos próximas al alimentista, que, con propósitos interesados, fomentan la ruptura de la relación y el cambio en la voluntad de éste, cuya captación procuran. Por otra parte, la prueba de los hechos en este tipo de conflictos resulta normalmente difícil y no suelen faltar denuncias por malos tratos, fundadas o no, que puedan reforzar la demanda de resolución del contrato".

Conviene destacar que, además, la prueba de estos aspectos presenta unas notables dificultades dado que se trata de obligaciones con un fuerte contenido ético y moral[641].

2.3.2. Incumplimiento total o parcial de la prestación de alimentos

Continúa en la indicación de las causas de resolución la norma gallega de 2006, haciendo mención en el art. 153, 1, 2º al incumplimiento total o parcial, ya de la prestación alimenticia, ya de los términos en que fue pactada siempre que no se produzca por causa que sea imputable al perceptor. Se trata, como ya se indicó, de incumplimiento total o parcial con entidad, es decir, de una gravedad suficiente como para poder apreciarla.

Como señala la doctrina[642] y recoge el texto gallego en el art. 153.1, 2ª es necesario que el incumplimiento, total o parcial, no sea imputable al perceptor de la prestación alimenticia o, lo que es lo mismo, que aquél que tuviese que recibir tal prestación no hubiese realizado conductas obstativas que impidieran al deudor de la prestación realizarla o que dicho perceptor no hubiese incum-

[640] Ponente PILLADO MONTERO, *JUR* 2010, marg. 35960.

[641] En este sentido, entre otros, GONZÁLEZ PORRAS, J. M, *op. cit*., p. 653.

[642] BUSTO LAGO, J. M., *op cit*, p. 20 y ss., aprecia que constituye doctrina jurisprudencial reiterada la exigencia para el ejercicio de la acción resolutoria *ex* art. 1124 Cc, de la cual es trasunto la plasmada en la LDCG de 2006, que la parte que la ejercite no hubiera incumplido las obligaciones que le correspondiesen "salvo si ello ocurriese como consecuencia del incumplimiento anterior del otro".

plido las obligaciones que le pudiesen corresponder, es decir que no le fuera imputable a él.

2.3.3. *Ausencia de cuidados y atenciones*

El número tercero del art. 153 de la LDCG de 2006 señala como circunstancia por la cual se podrá resolver el contrato, "cuando, según la posición social y económica de las partes, el cesionario no cuide o no atienda en lo necesario al alimentista en todo cuanto haga posible el capital cedido, en la búsqueda del mantenimiento de su calidad de vida"[643].

Esta causa de resolución incide ya no en el aspecto de los alimentos –lo que la diferencia de la circunstancia referida en el rel art. 153.2° relativo a la prestación alimenticia– sino en los cuidados y atenciones que señalan hacia el aspecto asistencial del contrato y difieren con la causa regulada en el art. 153.1° en tanto alude a la conducta del obligado a realizar la prestación y en la prohibición de conductas injuriosa o vejatorias por el respeto y la consideración debidos al alimentista. Por su parte, el art. 153.3 señala hacia la diligencia que ha de presidir la relación entre alimentante y alimentista en cuanto al trato a este último[644]. Es, por ello, que los cuidados, incluyendo el cariño y el afecto, inciden en forma especial en el contenido negocial de carácter complejo de este contrato y en el vínculo entre ambas partes, lo que justifica la atención que, en particular, se ha dado a estos cuidados de carácter afectivo[645].

Encontramos con frecuencia una cuestión en la jurisprudencia gallega a la hora de atender a la resolución negocial del contrato de vitalicio referida a que se tomen en consideración y se valoren estos aspectos, entendidos como un conjunto y ello aunque en el texto legal no aparezca en forma expresa la idea del desafecto entre las partes.

Es, por ello, por lo que la SAP de Ourense de 1 de octubre de 1994[646] señala en su Fundamento de Derecho segundo lo que sigue, aludiendo a las necesidades materiales y espirituales del cedente.

[643] La causa coincide casi plenamente con el tenor literal de lo dispuesto en el art. 99, c de la LDCG de 1995 si bien con la modificación de la denominación del sujeto receptor de los cuidados que en tal texto se denominaba cedente. Parece, no obstante, más precisa la calificación que el texto del 2006 realiza del mismo individuo como alimentista, toda vez que, como ya es sabido, no necesariamente cedente y alimentista han de coincidir y que los cuidados y atenciones se realizan a favor necesariamente y, en todo caso, del alimentista aunque no de todo cedente.

[644] *Vid.* al respecto, DÍAZ FUENTES, A., *op. cit.*, p. 178.

[645] Lo que necesariamente ha de ponerse en relación con lo dispuesto en el art. 148.1 de la LDCG de 2006 que, entre otros, señala que la prestación alimenticia deberá comprender "las ayudas y los cuidados, incluso los afectivos, adecuados a las circunstancias de las partes".

[646] Ponente GODOY MÉNDEZ, *AC* 1994, marg. 1739.

> "Dicho contrato, de costumbre arraigada en Galicia, en donde se perfila con características propias, por virtud de la libertad contractual las partes pueden convenir que una de ellas entregue a la otra, no una cosa o conjunto de cosas muebles o inmuebles, sino un patrimonio, recibiendo no una determinada cantidad de dinero o productos en especie, sino todo lo que sea necesario para la vida, en razón de las necesidades materiales y espirituales del cedente, pudiendo llegar a convivir juntos, proporcionándosele alimentos, vestido, alojamiento, asistencia médico-farmacéutica en caso de enfermedad, y rodeando en suma de afecto y cuidados a dicho cedente, que cede todos sus bienes a una familia para integrarse en ella".

De esta forma resulta valorable la asistencia física, material tanto como la moral, la afectiva, plasmándose en la legislación esta necesidad a la hora de establecer las ayudas y los cuidados que son exigibles del alimentista, si bien la norma realiza una importante indicación, a nuestro modo de ver, a la hora de establecer en qué medida se puede invocar tal falta de ayudas y cuidados como una causa de resolución dado la posibilidad de tener una percepción de la realidad que pueda resultar distorsionada. En este sentido, la SAP de A Coruña de 26 de septiembre de 2009[647] señala en su Fundamento Jurídico primero:

> "Términos como sustento, ayudas, cuidados, nada se diga de los "afectivos", etc., son indeterminados y circunstanciales, de apreciación subjetiva, de manera que lo que por el alimentista se estima insuficiente, puede tener una consideración distinta para el obligado a prestarlos. De ahí que a la hora de la controversia sobre el cumplimiento del contrato, y salvo aquellos casos que resultan obvios, haya de extremarse la cautela antes de inclinarse por el incumplimiento. A ello cabe añadir la mutabilidad de la voluntad de las partes intervinientes en estos contratos, cuya ejecución suele extenderse durante años: la experiencia enseña que no son infrecuentes los supuestos en que el cedente de los bienes, normalmente persona de edad que busca amparo material y afectivo para el tiempo de su decadencia y consiguiente dependencia, y cada vez más débil física y anímicamente, distorsiona la realidad, viendo desafecto en actitudes o roces propios de las relaciones humanas".

Sin perjuicio de invocar, a los fines de la solicitud de revocación, un incumplimiento total o parcial de las prestaciones pactadas, ya sea en sus términos, en su forma de prestación o en otras circunstancias, el legislador gallego, tanto en 1995 como en 2006, utiliza dos parámetros para la toma en consideración de la falta de cuidados y de atenciones. Para ello la norma presenta unos elementos de carácter social y económico que permitirán en el proceso correspondiente el que se acredite, en su caso, ante el Juez la resolución contractual pretendida por el actor. Estos criterios concurrentes aúnan la perspectiva de las posiciones so-

[647] Ponente PILLADO MONTERO, *JUR* 2010, marg. 35960.

ciales y económicas de las partes del contrato como determinantes del cuidado y la atención que la una ha de prestar a la otra y la otra recibir de la una y que conforme señala el art. 148.1 *in fine* han de ser "adecuados a las circunstancias de las partes"[648]. Tal adecuación vendrá matizada por el capital cedido y su cuantía, ya que, pese a la aleatoriedad de este contrato, se hace hincapié por el legislador gallego[649] en la relación causal entre capital y cuidados y atenciones, de manera que *sensu contrario* no existiría causa para resolver el contrato para aquellos supuestos en que se cuide y se atienda en lo necesario al alimentista pero en todo cuanto haga posible el capital cedido y no en aquello en que no lo hiciera posible y según la posición social y económica de las partes[650].

De otra parte, además de esa limitación legal a los cuidados en cuanto posible causa de resolución, pues tal es, a nuestro juicio, la redacción legal del art. 153.3°, a falta de pacto específico, también parece modificar el contenido de la prestación alimenticia señalada en el art. 148.1 de la LDCG de 2006.

Otra posible lectura de la circunstancia descrita en el apartado tercero del art. 153 nos llevaría a entender que no comprende, como parece lógico, la prestación alimenticia *strictu sensu*, que quedaría confinada en el apartado segundo del mismo artículo y sí sólo la prestación de ayudas y cuidados pero matizada en cuanto a su realización no sólo por lo pactado sino también por el importe del capital cedido. De tal manera que, aún cumpliéndose lo pactado, se podría exigir, con el texto legal como apoyo, una mayor diligencia en la actuación del alimentante en aras al mantenimiento de la calidad de vida del alimentista, si así fuese necesario, para aquellos casos en que fuere posible incrementarla por permitirlo así el capital cedido. Teniendo en cuenta, por otra parte, la posición social y económica de las partes y los avances que en materia de cuidados y atenciones pudieran darse desde un punto de vista científico, generalizándose entre la población.

Parece, en todo caso, loable la pretensión legal de la búsqueda del mantenimiento de la calidad de vida del alimentista pero entendemos que, independientemente de cuál sea la lectura que realicemos del art. 153.3° de la LDCG de 2006, la mención a la posición social y económica de las partes no parece

---

[648] Con igual tenor literal mantenía la ley gallega de 1995 en su art. 95.1 al describir la prestación alimenticia el que comprendía "ayudas y cuidados, incluso los afectivos, adecuados a las circunstancias de las partes" si bien aludía sólo al cedente y no a cualquier alimentista, aunque en el espíritu de la ley se entendiera comprendido.

[649] Claramente se indica tanto en la LDCG de 2006 como en el anterior texto de 1995 el que no se cuide o atienda al alimentista en lo necesario "en todo cuanto haga posible el capital cedido" como señalan los arts. 153.3° y 99.1.c respectivamente.

[650] Se puede aquí recordar, como indica ARTIME PRIETO, M., *op. cit.*, p. 425, que el cedente al convivir con el alimentante, debía adaptarse a la manera de vivir del cesionario y los suyos por lo que se comprometía este último a hacer frente a las necesidades del alimentista según las posibilidades de la casa.

del todo conforme con el espíritu del contrato, ya que, de entenderlo aleatorio, la obligación alimenticia en sentido amplio no vendría determinada por tal situación económica y social sino por las necesidades del alimentista. Por tanto, consideramos que en lo relativo al mantenimiento de la calidad de vida se ha de hacer todo cuanto permita el capital cedido pero no más[651], lo cual también supondría una nueva restricción a esta aleatoriedad. Un sector de la doctrina[652] considera, sin embargo, que la causa tercera del art. 153.1 se limita a establecer parámetros de ayuda y delimitación de la labor hermenéutica de la adecuación a las circunstancias de las partes de los cuidados y atenciones del cesionario, señalando como posible fuente de errores la referencia a "en todo cuanto haga posible el capital cedido" que entiende sólo como otra pauta para apreciar el cumplimiento contractual pero no un límite[653].

En tal sentido, parece interpretarse la referencia a la posición social en relación a la prestación, como se observa en la SAP de Lugo de 11 de abril de 2002[654] sobre resolución de contrato de vitalicio por la escasa contribución del esposo al cumplimiento de la obligación que a éste correspondía tras la transmisión a la sociedad de gananciales de ciertos bienes. Tras aludir a la situación del esposo que ha hecho fortuna en EE. UU., señala el ponente en el Fundamento de Derecho cuarto, la necesidad de ponderar la posición social de este cónyuge, ya que lo que aporta apenas cubre las necesidades de su familia sin que pueda sobrar cantidad alguna para la alimentista.

> "Esta bonanza económica del esposo cobra importancia en la litis, a tenor de las propias cláusulas del contrato, en la cual se pondera el grado de contraprestación de los cesionarios a su posición social, y siendo elevada la del codemandado, tal situación comporta un "plus" en la posibilidad de exigir de la demandante, quedando acreditado durante el período

651 A tal respecto conviene recordar que CHILLÓN PEÑALVER, S., *op. cit.*, p. 300, señala que por aplicación analógica del art. 879 del Cc relativo al legado de alimentos "la prestación del deudor de los alimentos será variable según las necesidades del acreedor de los mismos, pero con el límite del capital recibido".

652 PEÓN RAMA, V., *op. cit.,* p. 657 alude a la irrelevancia de la posición económica para valorar los cuidados afectivos y asistenciales, señalando, no obstante, que se trata de uno de los criterios hermenéuticos para determinar el mantenimiento de la calidad de vida previa al contrato. Entiende, además, que interpretar la referencia que se hace a "en todo cuanto haga posible el capital cedido" como un límite superior de la obligación del alimentante chocaría con la aleatoriedad del contrato porque llevaría a entender la liberación del alimentante en cuidados y atenciones atinentes a la calidad de vida, ya que en aquello que excediesen al capital cedido no serían obligatorias para el cesionario, quedando liberado en tal medida.

653 En dicho sentido, BUSTO LAGO, J.M., *op. cit.*, p. 21, califica de desafortunada la referencia que se realiza a que la prestación asistencial haya de realizarse "en todo cuanto haga posible el capital cedido" al entender que tal referencia no puede convertirse en un límite de las obligaciones del alimentante "so riesgo de desdibujar la aleatoriedad del contrato de vitalicio".

654 Ponente VARELA AGRELO, J. A., *EDJ* 2002, marg. 23215.

probatorio la escasa aportación del esposo que se agota en el ámbito de las necesidades de su ex-familia, sin que ningún sobrante alcance a beneficiar a la alimentista. Prueba de ello, es que la cantidad que venía pagando amistosamente para contribución a las cargas del matrimonio, es muy inferior a la que se estableció judicialmente en el precedente proceso de divorcio".

De otra parte, deviene una interpretación confusa aquella por la que un mismo alimentista con igual importe de capital cedido sea cuidado o atendido de manera diversa en función de la posición social que él o su cuidador tuvieran o por la diversa posición económica que cualquiera de ellos ostentara ya que, entendemos, los cuidados vendrán dados por las necesidades reales de los alimentistas en función de sus carencias y no por la posición social del alimentante o la económica pese a la influencia que esta última, innegablemente, pudiera tener.

Encontramos, además, otras variaciones respecto de la resolución contractual del contrato de vitalicio. El legislador gallego de 1995 incluía a tal respecto una cláusula residual a los efectos de lo que en tal texto se denominada "rescisión"[655] que, en la actualidad, no se explicita aunque parece claro que tal ausencia de dicha cláusula no afecta a su operatividad toda vez que un incumplimiento de tal clase no sería amparado legalmente salvo que existiera motivo alguno que lo justificase como podría ser un supuesto de fuerza mayor. En otro caso y a través del art. 1124 del Cc, podríamos hallar una vía para exigir tal cumplimiento de aquellas otras disposiciones que las partes hubiesen estipulado para matizar, ampliar o, en su caso, reducir aquello establecido legalmente.

Sorprende en la redacción del texto legal la divergencia del tratamiento dada a cada uno de los intervinientes en el contrato, toda vez que no se regulan causas de resolución para conductas semejantes que provengan del alimentista que, a modo de ejemplo, injurie o veje al alimentante o cuando provengan tales agresiones de su entorno. La posibilidad de resolución también parece constreñirse al cedente que, como es conocido, no siempre coincide con el alimentista, así, cuando éste es un tercero no cedente, se veda según el tenor literal esta vía para su uso, sin perjuicio de que pueda ejercitar otras acciones legales para lograr tales efectos.

2.3.4. Supuestos de resolución en caso de pluralidad de alimentantes *ex* art. 155

Se configuran dos nuevos supuestos de resolución dispuestos por el legislador gallego de 2006 para aquellos casos en que exista una pluralidad de hacedores de la prestación alimenticia. No obstante, al tratarse de un supuesto

[655] Tal era así, cuando se indicaba en el art. 99 de tal texto legal el que "el alimentista podrá rescindir el contrato en los siguientes casos:...*d) Por el no cumplimiento de lo demás pactado*".

de resolución, el legislador gallego de 2006 ha optado por situarlos en diferentes preceptos, en relación al art. 153, constituyendo, por otra parte, una novedad tal introducción en dicho texto legal. Concretamente, se trata de dos supuestos de resolución a instancias del cedente, basado uno de ellos en la concurrencia de alguna de las circunstancias el art. 153.1, pero en casos de pluralidad de alimentantes en los que, dadas las características del lado pasivo de la obligación, la LDCG de 2006 faculta al acreedor para resolver tal relación. Mientras que, en el otro caso, aún cumpliendo y con una conducta correcta, el desistimiento de uno de los obligados faculta al alimentista para resolver la relación contractual respecto de los que no han desistido.

Debe acudirse por tanto a la norma del art. 155 de la LDCG de 2006 que contempla ambas posibilidades. De una parte, como especialidad en relación al art. 153.1, se establece que, en caso de pacto de prestación conjunta e indivisible[656] a realizar por los alimentantes, el cedente podrá resolver el contrato respecto de todos los obligados aunque las circunstancias del maltrato, el incumplimiento total o parcial o la falta de cuidados y atenciones sólo se pudiera predicar de uno de los obligados. Queda, así, a voluntad del cedente solicitar la resolución contractual para el caso de que así lo estime conveniente ya que, por la configuración pactada de la prestación como conjunta e indivisible, parece razonable entender que el interés del alimentista exija tal actuación conjunta, si bien la facultad de resolución, en función de lo dispuesto en el cuerpo legal corresponde al cedente, que no al alimentista, para el caso de que no hubiese coincidencia entre ambos[657]. No obstante, no parece una clara solución porque de ser conjunta e indivisible la prestación el incumplimiento lo será de todos y no sólo de alguno[658] de los obligados, si bien se entiende que, en el caso de la conducta gravemente injuriosa o vejatoria, se establece respecto de los coobligados una necesidad de mayor vigilancia o compromiso para evitar que cualquiera de ellos o de las restantes personas señaladas por la LDCG[659], pueda desconocer tal conducta grave. Parece, no obstante, que la ley debería distinguir si hay o no convivencia con los restantes coobligados, en cuyo caso parece justa

[656] Conviene tener presente que el actual texto de la LDCG establece en su art. 148.2 que, con carácter general, la prestación tendrá carácter solidario, salvo que otra cosa se pactase, estableciendo, asimismo, que se podrá establecer el modo conjunto e indivisible en la realización de la prestación alimenticia para el caso de que así lo hubiesen acordado las partes por ser de su interés.

[657] En todo caso, parece claro que el alimentista no cedente no es parte y por ello no puede realizar tal resolución contractual, sin perjuicio del ejercicio de las acciones que le corresponden para exigir el cumplimiento de las prestaciones o ser resarcido en otro caso.

[658] En la causa reseñada dentro del art. 153, con su número dos, se alude al incumplimiento total o parcial de la prestación o de los términos pactados, no imputable al cedente pero, en todo caso, incumplimiento. Igual sucede con la causa del nº 3 relativa a la falta de cuidados y atenciones.

[659] Como son el cónyuge, la pareja o los hijos convivientes, además del propio alimentante que actúe de forma gravemente injuriosa o vejatoria como dispone el art. 153.1° con los que conviva el alimentista.

tal solución. De no convivir, consideramos que esta situación respecto del no conviviente, si bien pueda resultar favorable para el alimentista, supone una falta de equidad respecto del alimentante cuidador que esté cumpliendo con la prestación pactada.

En consecuencia, proponemos que de *lege ferenda* se incardine esta posibilidad de resolución para el caso de conducta gravemente injuriosa o vejatoria del alimentista, de su cónyuge o pareja o de los hijos convivientes para los coobligados que convivan con el alimentista y respecto de sus familias pero no respecto de los que no convivan con el alimentista y no incurran en tal conducta, desconociéndola pese a actuar con una atención normal y razonablemente exigible. Si por la propia estructura legal de la obligación se entiende como favorable para el alimentista la rescisión contractual, consideramos que la ley gallega ha de diferenciar en este supuesto y establecer unas consecuencias menos severas para tal coobligado.

De otra parte, ante una prestación también conjunta e indivisible y para el caso de que uno de los alimentantes haya desistido[660], podrá el cedente[661] solicitar la resolución respecto de los restantes obligados conjunta e indivisiblemente. Consideramos que la respuesta legal es excesiva en el afán de protección del alimentista al ponerlo en relación con aquel otro coobligado en tal forma conjunta e indivisible y quizá por ello debería preverse a su vez unas consecuencias menos gravosas respecto de éste no desistente, como podría ser a la luz del art. 99.2 en la redacción de 1995, indemnizándole por los gastos ocasionados al alimentante que no desiste.

Como se puede observar, es perfectamente posible que el cesionario que haya cumplido realizando su prestación o una puesta a disposición para el supuesto de que se necesite de la cooperación de otro deudor o de un tercero, pueda, pese a ese cumplimiento, verse expuesto a las consecuencias, obviamente injustas y dañosas, que para él derivarían en caso de resolución, incluso de desistimiento, de existir pluralidad de obligados y una obligación indivisible y conjunta. Si bien es cierto que podrían dirigirse contra aquél que haya incumplido y reclamar la correspondiente indemnización en daños y perjuicios que se hubieran podido producir. Para el caso de la solidaridad de deudores bastaría con que alguno de ellos cumpliera para que el cedente no pudiera solicitar la rescisión ni siquiera respecto de aquellos que no realizaran la prestación.

---

660 Supuesto para el que el art. 152.2 de la LDCG de 2006 establece que ha de restituir los bienes y derechos percibidos y los frutos sin más cargas que las preexistentes.

661 Aunque el art. 155 de la LDCG de 2006 no lo explicite, entendemos que es el cedente a quien se reserva tal posibilidad dado el tratamiento que de tal precepto se desprende y por no parecer posible otra solución.

Como señala la doctrina[662], de entenderse que se trata de una obligación parciaria, por haberse realizado un reparto convencional de la actividad asistencial o por un reparto porcentual del conjunto de la prestación mixta a realizar de alimentos y cuidados, se produciría una división de tantas deudas como coobligados pudiendo tratarse independientemente el cumplimiento o incumplimiento de cada uno y por ello cabría la resolución parcial.

Parece, por ello, muy razonable aconsejar también en los supuestos de prestación conjunta e indivisible, un contenido contractual que precise y determine, quizá con mayor equidad, las consecuencias respecto del coobligado en forma conjunta e indivisible que cumpla y actúe con diligencia sin solicitar tal desistimiento. De ahí la necesidad de un correcto asesoramiento previo y una configuración precisa y exacta de cada contrato para adecuarlo a las concretas necesidades de las partes, contando para ella con una información completa, clara y precisa.

Resulta interesante la configuración dada al negocio de vitalicio que aparece descrita en la SAP de Albacete, de 15 de julio de 2011[663] en la que se estima la resolución de un contrato de vitalicio al acreditarse el incumplimiento de los cuidados y atenciones respecto de ciertos cesionarios debiendo, por ello, restituir la nuda propiedad y el uso de la vivienda cedida, pero manteniéndose la validez del vitalicio celebrado respecto de otra cesionaria que debía cuidar a tal cedente de forma alterna como se recoge en el Fundamento de Derecho octavo, al configurarse como dos vitalicios independientes pero con cuidados alternos de los alimentantes, evitándose por ello que el incumplimiento de unos afectara a la otra alimentante.

> "Descartada por las razones expuestas en el fundamento de derecho sexto que los demandados pagasen cantidad alguna por la adquisición de la nuda propiedad de la vivienda considera la Sala que como se ha indicado

[662] En este sentido, BUSTO LAGO, J. M., *op. cit.*, p. 22, señala que de darse esa resolución parcial respecto de uno de los coobligados parciarios la consecuencia sería una restitución parcial de los bienes y derechos cedidos, circunstancia esta última que, de no haberse realizado pacto expreso al respecto, entendemos quedará al arbitrio del juez si bien parece que resultará difícil realizar tal valoración a los efectos de que permanezca una parte, la que en la *litis* se decidiese, respecto de los coobligados parciarios cumplidores. Añade, sin embargo, este autor un razonamiento que, si bien parece correcto, llevaría en su aplicación a una severa injusticia ya que señala que, al recogerse en el art. 153.1.2ª, el incumplimiento parcial es causa de resolución del contrato de vitalicio, al entenderse como tal el incumplimiento de un coobligado en una obligación parciaria, cabe "el ejercicio de la resolución total del contrato respecto de todos los coobligados". Entendemos que en previsión de que esta apreciación fuera correcta, resultaría muy conveniente incluir en el contrato de vitalicio una cláusula para evitar esta consecuencia dañosa respecto del deudor parciario que ha cumplido o, en su caso, realizar una previsión legal en tal sentido aunque permitiendo el pacto en contrario entre las partes.

[663] Ponente GARCÍA BLEDA, *JUR* 2011, marg. 308590.

antes que tanto la transmisión de la nuda propiedad a los demandados en la escritura de fecha de 22 de Noviembre de 2006 como la cesión del uso del inmueble que ocupan los demandados responden a un único pacto verbal e inicial de vitalicio entre los demandados y el actor en virtud del cual los demandados al igual que ocurría respecto a Carlota cuidarían al actor, alternándose con aquella, en lo que necesitase en su asistencia personal y cuidados por su enfermedad y dependencia más que en lo material de alimentación estricta con las expectativas de recibir a cambio bienes de aquel siendo claro que el actor cuando los demandados empezaron a prestarle asistencia personal tenía patrimonio suficiente (tenía su pensión de jubilación de aproximadamente 500 euros mensuales y la casa en que residía) para compensarles en sus servicios personales, pues aunque no había vendido todavía el inmueble de la Calle de la Estrella era evidente que este inmueble tenía el valor que luego se materializó en 720.000 euros tras su venta a Lázaro" .

"Tal conclusión además tiene especial apoyo probatorio en la testifical de Isabel que depuso en el acto del juicio manifestando que conocía la intención Jorge de comprar la casa para recibir de su sobrina y cónyuge cuidados y asistencia mientras viva y en el hecho de que similar operación se realizó respecto a Carlota que recibió igualmente la nuda propiedad del otro piso adquirido el mismo día con la misma finalidad y para que se alternara en los cuidados con su sobrina".

2.3.5. Silencio respecto del alimentante

Como ya se ha indicado, la ley gallega no contiene regulación alguna respecto de la posibilidad de una resolución contractual instada por el alimentante, quizá por no considerarla como un supuesto habitual en el tráfico jurídico aunque sí regule en forma expresa el desistimiento del mismo[664]. Parece que, sin perjuicio de una cláusula resolutoria explícita[665], y pese a ser de aplicación lo dispuesto en el art. 1124 del Cc para los casos en que tal resolución pudiera ser

[664] Un sector doctrinal considera que la legislación gallega y, en concreto, el art. 153 de la LDCG de 2006 no debe pretender comprender todas las causas de resolución sino sólo aquéllas que son específicas de tal contrato y que pudieran resultar discutibles de no tener un respaldo legislativo. A tal respecto, *vid.* PEÓN RAMA, V., *op. cit.*, p. 657, que señala que las reglas del art. 153.1 suponen sólo la adaptación de la resolución por incumplimiento contractual en los contratos bilaterales contenida en el art. 1124 del Cc. como cabe apreciar de la jurisprudencia existente al respecto que es escasa, si lo que tomamos en consideración es la resolución instada por el cesionario.

[665] En dicho sentido, PEÓN RAMA, V., *op. cit.*, p. 657, se pronuncia a favor de tal previsión contractual específica, al entender que el legislador no da una solución concreta para tales casos, produciéndose un deterioro de la convivencia con conflictos habituales o constantes. Hemos de añadir a ello, el entronque específico , más allá de lo que tales tensiones o conflictos supondrían para el contrato en el entorno iusprivatístico, con el ámbito penal respecto de los supuestos de conductas vejatorias o injuriosas que, en este caso, se produjeran respecto del alimentante para el supuesto de que fueran realizadas por el cedente o personas de su entorno o por el alimentista, de ser un tercero y los suyos, con las innegables consecuencias en tal ámbito del derecho público.

instada por el cesionario o del art. 1101 del Cc para otros supuestos[666], debería, por razón de una mayor seguridad jurídica, establecerse dicha posibilidad en la LDCG de 2006, en una futura revisión e incluso podría articularse una causa semejante a la del art. 153.1 para permitir la resolución por parte del alimentante, de darse tal supuesto, y por razones de justicia, evitando los claros perjuicios que la existencia del desistimiento supondría para tal caso.

Cabe destacar que la ley gallega señala de manera clara la posibilidad de instar la resolución al cedente para los casos señalados ya sea la conducta desarrollada respecto de un cedente-alimentista como para el caso de un cedente no alimentista de producirse tales conductas respecto de este alimentista-tercero[667].

2.3.6. *Ejercicio de la acción de resolución*

En lo atinente al ejercicio de la acción de resolución, podemos encontrar tres nuevas precisiones en la LDCG de 2006, dos de ellas previstas para supuestos de pluralidad de cedentes y una tercera para el caso de que exista un tercero alimentista distinto del cedente.

2.3.6.1. El cedente

Una de ellas está presente en el propio art. 153 que en su número 2 señala que la acción de resolución podrá ser ejercitada por cualquiera de los cedentes respecto de los bienes cedidos. Aunque pueda tal regulación referirse a supuestos de resolución que se produzcan respecto de todos los cedentes, bastando, por tanto, el ejercicio por uno de ellos en forma solidaria en beneficio de todos, también puede entenderse que se configura, como señala la doctrina[668], como una acción individual que se puede ejercitar por cada uno de los cedentes respecto de los bienes cedidos. De esta manera, queda configurada tal facultad como un apoderamiento *ex lege* para el caso de ejercicio respecto de todos los cedentes en forma solidaria, Pero, por otra parte, se pretende con esta visión de posible ejercicio individual que no obste para la resolución del contrato el cumplimiento del alimentante respecto de uno de los cedentes pero no respecto

[666] Como podrían ser los casos de incumplimiento defectuoso o parcial que REBOLLEDO VARELA, A.L., *op. cit.*, p. 872 refiere respecto del cesionario y de unas eventuales consecuencias indemnizatorias a su cargo, pero que, obviamente, podríamos predicar del cedente para supuestos equivalentes.

[667] Supone esta una mejora clara respecto de la técnica legislativa de la LDCG de 1995 que aludía en su art. 99 a la "rescisión" instada por el alimentista, cuando es posible, como sabemos, que el alimentista no sea cedente y que la facultad de resolución, ciertamente, corresponde al cedente, en tanto parte del contrato, y no al alimentista no cedente.

[668] En este sentido BUSTO LAGO, J.M., *op. cit.*, p. 21.

de otro u otros. Puede suceder que exista afecto respecto de uno y desafecto respecto de otros. En estos casos parece que la equidad llevaría a entender que no se puede obligar a permanecer a uno de los cedentes en un contrato cuando respecto de él aunque no de los restantes, se dé una causa de resolución[669], sin dejar de advertir que la resolución no beneficia en absoluto a aquel cedente respecto del cual el alimentante o su entorno están obrando de forma correcta y de acuerdo con lo pactado.

El cedente afectado por causa de resolución, una vez ejercitada la acción y para el caso de ser estimada, podrá obtener la resolución contractual instada y la correspondiente devolución de los bienes cedidos, de no haberse pactado otra cosa, pero sin indicar la norma si los bienes a restituir han de ser sólo los cedidos por tal cedente-ejercitante o los cedidos por todos y, en consecuencia, si la resolución afecta exclusivamente al que la insta o a la totalidad de los cedentes.

Indica la doctrina[670] que aunque pudiera parecer que cabe la resolución respecto de todos los bienes cedidos, existen, sin embargo, razones para entender que, como regla general, se insta la resolución individualmente o se mantiene, también individualmente, la vigencia del contrato. Se considera que más que a regular el ejercicio de la acción de resolución, se refiere a los efectos de dicha actuación respecto de los bienes que tal cedente transmitió, además de interpretar que de darse la ineficacia contractual sería redundante dicha regulación por innecesaria.

Las consideraciones anteriores se toman como una regla general pero cabe matizarla en función de la naturaleza de los bienes y de un posible pacto. Se afirma que de tratarse de bienes de titularidad conjunta que no admitan división o desmerezcan mucho por ella, se producirá la ineficacia total y la restitución total por entender que la cobertura integral de la protección no queda garantizada con una cuota indivisa de un bien[671]. No nos parece adecuado tal razonamiento de no ser que diferenciemos las dos posibles situaciones de tal copropiedad. En nuestra opinión, de encontrarnos ante una situación de copropiedad o cotitularidad del derecho de que se trate de tipo germánico, es cierto que tal situación perjudicaría a los cedentes copropietarios por sus especificidades. Ahora bien, de tratarse de una copropiedad de tipo romano o por cuotas, las reglas de tal sociedad permitirían el ejercicio de las facultades dominicales y de los derechos inherentes a tal posición sin más problema que el que podría existir, a modo de ilustración, de aplicar la regla que defiende y devolver un bien al anterior

---

669 PEÓN RAMA, V., *op. cit.*, p. 658 y ss.

670 Entre otros, se pronuncia en tal sentido PEÓN RAMA, V., *op. cit.*, p. 659.

671 Se señala que si los bienes que se trasmiten son bienes separados sí cabe la aplicación de la regla general de ineficacia parcial del contrato y devolución del bien o bienes cedidos por tal cedente que insta la resolución respecto de su parte. PEÓN RAMA, V., *op. cit.*, p. 659.

titular que lo solicita y es comunero con otro que no ha instado tal devolución. Consideramos, por tanto, que no debería, salvo pacto, restituirse la totalidad del bien en la comunidad romana sino la cuota-parte correspondiente al resolvente, permaneciendo las demás con la titularidad inalterada. Parece, sin embargo, que para el caso de la comunidad de tipo germánico es más correcto realizar la restitución completa del bien a los cedentes y, por ello, dar lugar ya no a una resolución parcial sino a una total del contrato de vitalicio.

2.3.6.2. El viudo o viuda

El artículo 153, en su tercer apartado, recoge, respecto del ejercicio de la acción resolutoria por el viudo o viuda que, de hacerse la cesión conjuntamente por ambos cónyuges, la resolución instada por el cónyuge sobreviviente conllevará la ineficacia total del contrato. En este caso, los bienes regresarán con el carácter y la titularidad que les correspondiera y pasarán a incorporarse a la masa hereditaria del fallecido aquellos que le correspondan, reintegrándose los propios al superviviente, tras la correspondiente liquidación del régimen societario de ser su caso. Supone este supuesto una excepción a lo visto ya que la resolución no sería individual para cada cedente sino que por obra de la ley conlleva la ineficacia total del contrato. Se pretende, con ello, tutelar al alimentista supérstite respecto de la prestación alimenticia que le pueda corresponder[672], si bien podemos pensar que supone una dura consecuencia para el alimentante que, en función de que exista o no tal matrimonio puede, dada una pluralidad de acreedores de la prestación y unas mismas circunstancias resolutorias, enfrentarse con muy distintas consecuencias. Quizá la razón de ser pueda estar en la entrega de bienes o derechos que tuvieran carácter ganancial pretendiendo respecto de ellos la ley realizar una protección para aquel de los miembros que sobreviviera devolviéndole tal bien para liquidar con los suyos, en su caso, y repartir, de ser éste el supuesto. En todo caso, la LDCG de 2006 no señala este carácter a los bienes y sólo predica la cesión conjunta por un matrimonio.

Cabría plantearse si sólo queda acogido el matrimonio, ya que el texto utiliza la expresión "ambos cónyuges" o podría darse esta situación para las parejas de hecho. Probablemente, a la vista de la Disposición Adicional 3ª de la LDCG de 2006 y de lo regulado en su número uno al equipararlas al matrimonio para los casos en que se hubiese realizado la inscripción de tal unión en el Registro de Parejas de Hecho, la respuesta es positiva quedando, en otro caso, al arbitrio del Juez determinar si otro tipo de parejas quedarían igualmente facultadas a

[672] Así lo señala BUSTO LAGO, J. M., *op. cit.*., p. 21.

los fines resolutorios, algo que, en principio, pudiera parecer dudoso[673], en base a que sería de aplicación la regla general anteriormente señalada, resolviendo cada uno respecto de lo suyo, salvo pacto en otro sentido.

Conviene, además, tener en cuenta[674] que pueden existir supuestos de pluralidad en los que no se haya pactado el derecho a instar la resolución total del contrato aún tratándose de cesiones de bienes y derechos realizadas por varios cedentes a un cesionario en un mismo instrumento, en cuyo caso tampoco será de aplicación tal previsión legal.

2.3.6.3. Los herederos del cedente

La tercera previsión respecto del ejercicio de la acción de resolución presente en el vigente texto gallego se encuentra contenida en el art. 154 que recoge que la acción de resolución sólo se transmitirá a los herederos del cedente en los casos en que el alimentista fuera un tercero y sólo podrá ser ejercitada en vida de éste. Constituye una norma novedosa poque se trata, ya no de una pluralidad de acreedores como los dos anteriores, sino de una transmisión *mortis causa* de la acción de resolución del cedente a sus herederos pare el caso de que exista un alimentista-no cedente.

Su razón de ser es clara, toda vez que el alimentista, siendo un tercero, sólo puede exigir el cumplimiento respecto del acreedor de la prestación, el alimentante, pero no puede ejercitar la acción para exigir una resolución contractual. Es por ello que para instar tal resolución, sólo en un principio, será el cedente el que a la vista de las circunstancias ejercite tal acción[675].

Él problema se plantea cuando, por haber fallecido el cedente y vivir todavía el alimentista, se da alguna de la causas de resolución sin que, por tal

---

[673] Contiene la Disposición Adicional 3ª una previsión en su número 3 relativa a las normas económicas comunes y respecto de los bienes que pueden tener repercusión en tal caso señalando que "los miembros de la unión de hecho podrán establecer válidamente en escritura pública los pactos que estimen convenientes para regir sus relaciones económicas durante la convivencia y para liquidarlas tras su extinción, siempre que no sean contrarios a las leyes, limitativos de la igualdad de derechos que corresponden a cada conviviente o gravemente perjudiciales para cada uno de los mismos". Igual sucederá para el caso de matrimonios respecto de los pactos contenidos en capitulaciones para el caso de liquidación.

[674] Así lo hacen BUSTO LAGO, J. M., *op. cit.*, p. 21, y PEÓN RAMA, V., *op. cit.*, p. 660, al indicar que en vez de cesiones conjuntas de los bienes es posible que existan supuestos de pluralidades contractuales por transmitir cada cedente bienes propios y de manera separada.

[675] Sin perjuicio de que se estime por algún sector doctrinal que cabe pacto entre cedente y cesionario para atribuir al alimentista-tercero la facultad para resolver tal contrato, legitimándolo a tales efectos. En este sentido, CHILLÓN PEÑALVER, S., *op. cit.*, p. 226 y PEÓN RAMA, V., *op. cit.*, p. 662. Entiende este último que "en atención a las peculiaridades del contrato hacen que el alimentista sea el que mejor (por no decir el único) puede apreciar con certeza el adecuado cumplimiento de la prestación alimenticia".

fallecimiento, hubiese quien pudiera actuar para instar la resolución contractual de ser esta la necesidad. La LDCG de 2006 para dar respuesta a tal supuesto establece que, de haber fallecido el cedente, podrán sus herederos instar la resolución contractual de seguir viviendo el alimentista cuya vida se contempla a los efectos de duración de tal vitalicio. Parece que en ciertos supuestos puede resultar de interés tal posibilidad[676] por las especiales características que pudiera presentar el alimentista.

Se produce, por ello, una notable diferenciación entre los sujetos legitimados para resolver al hablar de herederos, realizándose una restricción tanto de casos como de sujetos en comparación con la anterior LDCG de 1995 que refleja incluso la jurisprudencia. En este sentido, la SAP de Pontevedra de 25 de junio de 2010[677] se hace eco de la distinta regulación respecto de ambas leyes con las diferentes consecuencias, en su caso, a la hora de poder instar la resolución como señala en su Fundamento de Derecho segundo.

> "En cuanto a la legitimación del demandante para instar la resolución del contrato cabe estimar la misma al seguir el criterio fijado en la citada STSJ de Galicia, sec. 1ª, de 30 de enero de 2008 en la que se indica que "No podemos desconocer, sin embargo, que bajo el imperio de la LDCG 1995, vigente al tiempo de comenzar el pleito que nos ocupa, la Sala a la postre ha aceptado expresa (caso de esa STSJG 13/1997, de 2 de diciembre) o implícitamente (caso de la STSJG 27/2003, de 19 de septiembre), la legitimación de los herederos del cedente –que, como el del caso enjuiciado, actúa en su propio nombre y derecho y en beneficio de la comunidad hereditaria– para instar la resolución del vitalicio". Concluye esta resolución afirmando que "no es intrascendente significar que la LDCG 1995 dista de establecer alguna restricción a la transmisión de la acción de resolución del contrato de vitalicio a los herederos del cedente, a diferencia de lo que prevé la LDCG 2006, cuyo artículo 154 reduce la transmisión a "los casos en que el alimentista fuera un tercero y solo podrá ser ejercitada en vida de éste".

2.3.6.4. Falta de previsión respecto del tercero alimentista

Ahora bien, la LDCG de 2006 guarda silencio en relación a lo que sucederá con ese tercero alimentista en cuanto a la prestación mixta de alimentos y atenciones y cuidados para el caso de que se inste y obtenga tal resolución contractual. Podrían existir, como hipótesis de trabajo, intereses espúreos en obtener tal resolución para que los bienes reviertan en tales herederos, en su caso.

---

[676] Aprecia en tal sentido BUSTO LAGO, J.M., *op. cit.*, p. 25, la "finalidad de que pueda velarse efectivamente por el cumplimiento del vitalicio –especialmente cuando el alimentista es un discapacitado o un incapaz–."

[677] Ponente MÍGUEZ TABARÉS, *EDJ* 2010, marg. 152127.

Para evitar tales consecuencias, defendemos que caben dos posibles filtros. De una parte, la necesaria constatación ante el juez de alguna de las circunstancias que dan lugar a tal resolución, de una forma cumplida, de manera que no se produzca un perjuicio al alimentista, por lo que, entendemos, el juez actuará de una manera precautoria verificando los argumentos de parte en tal sentido y además, de tratarse de incapacitados se adoptarán las necesarias medidas de protección entre las que cabría incluir el procedimiento de incapacitación, para el caso de que no hubiera sido instado oportunamente, el nombramiento de defensor del presunto incapaz o cualesquiera otras de las posibles medidas, habida cuenta de las circunstancias.

Quizá se deba encontrar en la relación que había servido de base a la constitución de tal contrato de vitalicio a favor de tercero, una previsión al respecto, de manera que se de respuesta a tal posible actuación bien constituyendo alguna otra medida de protección de tal tercero como, entre otras posibilidades, entregándole una renta periódica o una cantidad alzada. A falta de previsión habrá que estar a lo dispuesto en las disposiciones testamentarias, en su caso, del cedente para indagar el destino a dar a tales bienes y, en otro caso y a falta de éstas, se procederá a su integración en la comunidad hereditaria.

Parece, no obstante, que esta regulación de la actual LDCG, si bien supone una novedad muy relevante y más teniendo en cuenta la protección de sus destinatarios, los terceros alimentistas, ante posibles intereses espúreos de los herederos del cedente, podría, también haber considerado otra posible vía de protección, a falta de otra previsión al respecto. Consideramos que tendría un encuadre muy correcto en este precepto la posibilidad de que se utilizase una previsión semejante a la del art. 1796 del Cc en el sentido de poder obtener una pensión análoga. Es, por ello, por lo que de *lege ferenda* entendemos que la redacción de este artículo 154 de la LDCG, además de incluir la transmisibilidad de la acción de resolución a favor de los herederos del cedente para el caso de que el alimentante sea un tercero, debería contener, a los fines precautorios correspondientes, una mención en la que se indicase que, a falta de otra previsión en el contrato de vitalicio o en la relación jurídica de que aquel trajera causa, la prestación de alimentos convenida se pague al alimentista mediante la pensión actualizable a satisfacer por plazos anticipados que se fije judicialmente. A nuestro juicio, la protección a ultranza que se realiza del alimentista en esta regulación dado su fin social, resultaría más completa en este caso respecto de ese tercero, independientemente del origen a que se debiera tal contratación del vitalicio a su favor.

Destaca la doctrina[678] que a través de esta única regulación restrictiva de la LDCG de 2006 en su art. 154 respecto de la transmisibilidad *mortis causa* se cierra la posibilidad de que sean los herederos del cedente-alimentista los que, tras su muerte y aún cuando pudieran probar la existencia de una posible causa de resolución, intenten ejercitar la acción de resolución a los fines de que tales bienes se reintegren en la masa hereditaria, sobre todo para aquellos casos en que el alimentante fuera uno de los herederos forzosos del alimentista, lo que juzgamos conveniente a los fines de protección de la intención auténtica del alimentista y del respeto a su voluntad expresa o presunta.

No debe confundirse, sin embargo, este impedimento con la posibilidad cierta de la sucesión procesal por causa de muerte o por transmisión del objeto litigioso[679] toda vez que la LDCG de 2006, si bien es la norma sustantiva a aplicar, no impide a su vez la aplicación de la ley formal, en este caso la LEC, al no existir contradicción entre las mismas al concretar sus respectivas regulaciones distintos aspectos.

2.3.6.5. La no contemplación de la renuncia a la acción y su plazo de ejercicio

La LDCG de 2006 no realiza indicación alguna acerca de la posible renuncia a la acción de resolución, ni tan siquiera para el supuesto de que esta fuera anticipada, al no realizarse proscripción de la misma. En todo caso y ante el silencio del legislador gallego se aplicará la previsión del art. 6.2 del Cc. Nada se señala, de otra parte, respecto del plazo para el ejercicio de tal acción que sería de caducidad de tratarse de una acción rescisoria, aplicandose la denominación de la LDCG de 1995, en cuyo caso sería de cuatro años[680]. Sin embargo, parece más acertado estimar que la acción de resolución es una acción personal por lo que al no tener plazo especial señalado, prescribirá a los quince

[678] Conceptúa PEÓN RAMA, V., *op. cit.*, p. 662, que la gran novedad de este precepto resulta de su interpretación *sensu contrario*, indicando, por ello, que "en los demás supuestos la apreciación de que concurra causa de resolución y la opción para el ejercicio de la acción resolutoria queda al arbitrio exclusivo del alimentista, de tal forma que sólo podrá ser ejercitada por él y durante su vida". Entiende ser ésta una vía para la reducción de la litigiosidad, dando mayor seguridad al cesionario y reforzando el carácter opcional de la resolución, aunque a modo de crítica señala que así se convierte en irrelevante el hecho de que la causa de resolución pudiera no haber sido conocida por el alimentista, impidiéndosele el que pudiese o no optar por tal resolución, aunque fuera *post mortem*, a través de sus herederos.

[679] Conviene recordar que la LEC en sus arts. 16 y 17 regula, respectivamente, la sucesión procesal ya sea por fallecimiento de un litigante como por transmisión del objeto litigioso, ambas estas posibilidades que no están reñidas en absoluto con la regulación prevista en la LDCG de 2006 en cuanto al ejercicio de la acción resolutoria.

[680] *Ex* art. 1299 Cc.

años[681], comenzados a contar desde la fecha del incumplimiento contractual o de concurrencia de cualquiera de las otras causas señaladas legalmente.

2.3.6.6. Medios probatorios y carga de la prueba

En materia de prueba, conviene diferenciar de una parte los diferentes medios probatorios y, de otra, la carga de la prueba. En lo atinente a los medios probatorios, la remisión a la LEC es necesaria pero resulta evidente, como ya se señaló, el problema del uso de un medio idóneo para realizar tal probanza a los efectos del ejercicio de la acción de resolución o de la oposición a la misma. Si bien la testifical podría parecer la más habitual de las pruebas, siendo vecinos y parientes los que aportan su visión y conocimiento o una referencia respecto de las relaciones entre alimentistas y alimentante, puede presentar ciertos problemas a la hora de su valoración por el Juzgador. De ahí que pueda resultar conveniente establecer previamente mecanismos para controlar la actuación del alimentista y del alimentante, como anteriomente hemos preconizado. De esta manera, a través de un seguimiento periódico establecido en el propio contrato, de existir tal previsión, se podría obtener además una prueba preconstituida. Ya para el aspecto personal, ya en al ámbito patrimonial, se pueden establecer mecanismos de seguimiento y control cuyas actuaciones constituirían, indudablemente, un acertado medio probatorio a la hora de un hipotético pleito posterior en torno a la resolución, al cumplimiento o la exigencia de un resarcimiento. Parece también posible que si bien dicho seguimiento se realice por un órgano unipersonal o pluripersonal, público o privado, las partes podrían, a los efectos de la prueba en juicio o fuera de él, señalar el carácter decisivo respecto de dicho asunto a tal o tales terceros[682].

Si bien la intimidad del hogar está protegida y la prueba de las relaciones que en tal ámbito privado se den es difícil, parece posible a la luz del uso de las modernas tecnologías ya en el seno del hogar familiar, ya en un ámbito institucional o residencial, que se pacte de manera válida la utilización de medios de grabación y reproducción de la imagen y el sonido, con las debidas advertencias respecto de terceros que accidentalmente se hallen dentro de dicho

---

[681] *Ex*. art. 1964 del Cc.

[682] Cabría incluso plantearse la posibilidad de que las partes al instrumentar el contrato de vitalicio establecieran mecanismos de preconstitución de la prueba, señalando que la testifical de ciertas personas, como por ejemplo podrían ser uno o varios de los vecinos, determinase el cumplimiento de las obligaciones. Entendemos que la libertad de las partes en cuanto al pacto, sin afectar a los genéricos medios probatorios existentes, podrían ayudar al Juzgador a lograr tal convicción, si bien parece más razonable que fueran expertos en la materia de que se trate los que ya no a través de una testifical sino mediante una pericial previamente señalada en el contrato pudieran pronunciarse respecto al posible incumplimiento o no. A estos efectos los propios servicios sociales podrían tener un importante papel por su labor de seguimiento de la relación.

ámbito, como medios válidos para obtener una impresión de la vida real de las partes, eventualmente por el Juzgador y, por ende, del cumplimiento o no de sus obligaciones, mediante el almacenamiento de las mismas en el mismo lugar o su recepción en otro previamente determinado a tal fin.

Conviene tener presente que no sólo los medios probatorios serán de importancia sino también el problema de la carga de la prueba a los efectos procesales oportunos será decisivo. La LEC del 2000 se rige a tales fines por el principio dispositivo en materia probatoria señalando el art. 217 de dicho texto[683] el principio de aportación de parte al ser las partes las que introducen los hechos y tienen la carga de probarlos cara a la búsqueda de la verdad formal propia del proceso civil. Señala el art. 429.1 de la LEC en lo relativo a la proposición y admisión de la prueba que si no hubiese acuerdo de las partes para finalizar el litigio ni existiera conformidad sobre los hechos, la audiencia proseguirá para la proposición y admisión de la prueba indicando que "cuando el tribunal considere que las pruebas propuestas por las partes pudieran resultar insuficientes para el esclarecimiento de los hechos controvertidos lo pondrá de manifiesto a las partes indicando el hecho o hechos que, a su juicio, podrían verse afectados por la insuficiencia probatoria. Al efectuar esta manifestación, el tribunal, ciñéndose a los elementos probatorios cuya existencia resulte de los autos, podrá señalar también la prueba o pruebas cuya práctica considere conveniente". Se prevé que a la vista de lo expuesto por el tribunal, las partes podrán completar o modificar sus proposiciones de prueba[684].

En este sentido, la SAP de Ourense de 2 de diciembre de 2003[685] al declarar resuelto un contrato de vitalicio, condenando a la devolución de todos los bienes cedidos, señala en su Fundamento de Derecho tercero que el demandado no ha realizado prueba alguna respecto del cumplimiento de su obligación frente a la somera acreditación del incumplimiento por la demandante.

683 Recoge el art. 217 de la LEC del 2000 respecto de la carga de la prueba que si al tiempo de dictar sentencia el Tribunal considera dudosos unos hechos relevantes para la decisión, desestimará las pretensiones del actor o las del demandado, según corresponda a unos u otros la carga de probar los hechos que permanezcan inciertos y sobre los que se fundamentan las pretensiones. Añade dicho precepto en su número 2 que "corresponde al actor y al demandado reconviniente la carga de probar la certeza de los hechos de los que ordinariamente se desprenda, según las normas jurídicas a ellos aplicables, el efecto jurídico correspondiente a las pretensiones de la demanda y de la reconvención" señalando igual obligación respecto del demandado en su número 3 al preceptuar que "incumbe al demandado y al actor reconvenido la carga de probar los hechos que, conforme a las normas que les sean aplicables, impidan, extingan o enerven la eficacia jurídica de los hechos a que se refiere el apartado anterior". El número 7.e. de tal artículo hace una importante previsión al recalcar que "el tribunal deberá tener presente la disponibilidad y facilidad probatoria que corresponde a cada una de las partes del litigio".

684 En materia de prueba *vid.* SEOANE SPIEGELBERG, J.L.: *La prueba en la Ley de Enjuiciamiento Civil 1/2000: disposiciones generales y presunciones*, ed. Tomson-Aranzadi, Cizur Menor, 2007.

685 Ponente ALAÑÓN OLMEDO, *EDJ* 2003, marg. 206841.

"No ha practicado el demandado en el proceso prueba alguna tendente a mostrar la realidad de su cumplimiento, así hubieran sido precisa la aportación de documentación de la adquisición de los útiles, enseres o ajuar a que se obligó a adquirir a favor de la cedente, bien que testificalmente se acreditara tal situación, aportación de documentación bancaria referente a los abonos realizados por la atención prestada a la ahora demandante, entre otras imaginables. Por el contrario, la parte demandante ha acreditado testificalmente la realidad de que Dª Mariana, durante la vigencia del contrato cuya resolución se pretende, vino subvirtiendo a sus necesidades (testifical de D. Isidro, Dª. María Esther y Dª. Flor); asimismo se acreditó que era la propia demandante la que abonaba sus gastos telefónicos.

A la vista de lo expuesto, sobre la base de la falta de prueba de la demandada del cumplimiento de sus obligaciones así como de la prueba verificada por la demandante que someramente acreditó tal situación, no cabe sino la estimación de la demanda y en su virtud, de conformidad con las cláusulas contenidas en el contrato de referencia, cabe acoger la pretensión resolutoria formulada en la demanda y, para tal fin, deberán las partes devolverse sus recíprocas prestaciones, acordando lo procedente respecto de la cancelación de las inscripciones del Registro de la Propiedad de Carballiño".

2.4. Efectos de la resolución por incumplimiento

2.4.1. El estado de la cuestión a la vista de la regulación del legislador gallego de 1995

El art. 99.2 de la LDCG de 1995 había dispuesto que, en defecto de pacto en contrario, la resolución[686] conllevaría "la obligación de indemnizar los gastos ocasionados, que podrán ser objeto de compensación total o parcial con los frutos percibidos de los bienes objeto de cesión. En todo caso y a falta de acuerdo entre las partes, se estará a lo que determine la correspondiente resolución judicial".

Cabría plantearse, por tanto, qué es lo que sucede respecto de los bienes entregados por el cedente, los términos en que se ha de producir la indemnización por los gastos ocasionados a la que la LDCG de 1995 hacía referencia, la posibilidad de compensación total o parcial de los gastos con los frutos y la posibilidad de pacto o acuerdo entre las partes que rigiera la relación surgida en tal contrato de vitalicio y, en su caso, las consecuencias de una posible resolución contractual.

[686] El tenor literal del artículo se refería a rescisión aunque en sentido propio, como sabemos, hubiera de entenderse como una resolución contractual.

2.4.1.1. La restitución de los bienes

El art. 99.2 de la LDCG de 1995 no alude a la posible restitución de los bienes cedidos como consecuencia de la celebración del contrato de vitalicio. Ahora bien, parece lógico pensar que para el caso de una resolución contractual y pese al silencio que esta norma presentaba al respecto, el cedente había de obtener tal devolución de los bienes que, en su oportuno momento, hubiesen entregado a los fines del vitalicio[687].

No obstante la falta de previsión expresa a tal efecto en el texto legal, parece claro que para el caso en que se produzca tal resolución contractual el cesionario debe restituir los bienes entregados al alimentante, hubiese o no producido frutos que hayan sido percibidos por el cesionario. La aleatoriedad característica de este contrato justificaría esta posición[688] aunque el legislador gallego de 1995 dispuso la obligación de indemnizar los gastos ocasionados en la prestación alimenticia mixta de dar y hacer, a cargo del alimentista[689] y en función de las necesidades del acreedor-alimentista, sin perjuicio de que las partes pudieran haber previsto en dicho contrato pacto específico que estableciera la posibilidad para el alimentista de retener las prestaciones recibidas.

A la vista de lo ya expuesto con anterioridad, los bienes objeto de restitución al cedente han de ser devueltos en el mismo estado en el que hubiesen sido entregados y, en todo caso, libres de cargas y gravámenes. Es habitual que, en previsión de tal posibilidad, las partes hubiesen pactado en el contrato que la devolución de los bienes se realizase, no ya en el estado en que se encontraban cuando fueren entregados, sino en aquel en que se hallasen al tiempo de la resolución del contrato.

La posibilidad de transmisión de dichos bienes a un tercero puede, en nuestra opinión, justificar a su vez la existencia de previsión específica en el contrato de vitalicio en diferentes sentidos, ya sea prohibiendo realizar tal transmisión sin el consentimiento expreso del cedente, por ejemplo, o negando cualquier posibilidad de enajenación, pero no resultan extraños aquellos casos en que se

[687] En este sentido, la actual LDCG de 2006 establece en forma expresa, aclarando la obligación de devolución de los bienes respecto de la norma que sustituye, en su art. 156 que para el caso de resolución del contrato de vitalicio "el cedente recuperará los bienes y derechos cedidos" estableciendo, asimismo, las consecuencias para el supuesto en que hubiesen sido realizadas enajenaciones y gravámenes de los mismos.

[688] Como ya se ha indicado, la aleatoriedad propia del contrato de vitalicio, tal y como lo regula la LDCG, justificaría que no se haga imprescindible en su configuración buscar un equilibrio entre las respectivas prestaciones de las partes, ya en el contrato, ya en el supuesto de la resolución contractual.

[689] Señala, no obstante, la norma gallega de 1995 la posibilidad de compensación total o parcial, de los gastos ocasionados por el alimentista con los frutos percibidos por el alimentante de los bienes que se hubiesen entregado como consecuencia de la celebración de tal contrato de vitalicio.

autoriza la trasmisión y consienten cedente y cesionario en que los bienes sean sustituidos por una compensación económica a recibir por el cedente.

En este sentido, la STS de 1 de julio de 1998[690] que desestima el recurso presentado respecto de un asunto, reconoce al cedente el derecho a recuperar los bienes que se habían entregado a cambio de los alimentos o, para el caso de que tal devolución no fuera posible, estableció el derecho del cedente a obtener una compensación económica en función del valor actualizado a tal fecha que se estableciera respecto de tales bienes en ejecución de sentencia frente a la resolución recaída en primera instancia en la que se condenaba a abonar a la cedente una pensión mensual en concepto de alimentos.

2.4.1.2. La indemnización de los gastos ocasionados

La LDCG de 1995 alude, en su art. 99.2, a los gastos, señalando que se han de indemnizar por el alimentista los ocasionados al cesionario incumplidor como consecuencia de la resolución contractual en defecto de pacto en contrario. Estos gastos a los que se refiere parecen ser los generados por la actuación alimenticia en sentido estricto y de ayudas y cuidados en que consistiese el contrato y en los términos en que se hubiesen pactado durante el tiempo que tal vitalicio tuvo lugar y hasta la resolución por incumplimiento. Conviene señalar que, por razón del tipo de incumplimiento que diera lugar a tal resolución, sería posible ejercitar por el cedente una acción de indemnización para el caso de incumplimiento respecto de los alimentos, ayudas y cuidados no prestados por las consecuencias dañosas que de aquella omisión se hubieran derivado.

De tratarse de los gastos efectivamente realizados, con la problemática que a efectos probatorios se ha ido señalando, y de no haber pacto en contrario, el cedente debe abonar tales prestaciones. Para el caso en que se tratase de un alimentista-no cedente y pese al tenor literal del art. 99 de la LDCG de 1995 que alude al alimentista como sujeto que insta la acción y que, en su caso, tendría la obligación de indemnizar, entendemos que tal obligación sería de cargo del cedente y no del beneficiario de tales alimentos por razón de la estructura triangular de tal contrato y debido a sus especiales caracteres al tratarse en dicho supuesto de un contrato a favor de tercero[691] del cual dicho tercero no es parte.

[690] Ponente GONZÁLEZ POVEDA, *CCJC* nº 49, enero-marzo 1999, p. 19 y ss.

[691] En este sentido, se señala que un contrato a favor de tercero permite que ese tercero, tras la aceptación, pueda reclamar el cumplimiento de lo estipulado advirtiendo que resultará "indemnización de daños y perjuicios al mismo e incluso al estipulante por dicho incumplimiento, e incluso el tercero podría exigir la ejecución forzosa junto con daños y perjuicios en caso de incumplimiento, pero en ningún caso la resolución". *Vid.* LAMBEA RUEDA, A.: "Caracteres del contrato de alimentos y estructura el contrato de alimentos en favor de tercero", en *Aranzadi Civil: Revista doctrinal*, ed. Aranzadi, Pamplona, 2006, p. 2447 y ss.

Debido a las reglas que rigen la actuación procesal de las partes en materia probatoria, la regulación de la Ley Rituaria conllevará necesariamente la realización de un prueba suficiente por lo cual, como ya se señaló con anterioridad, exigirá una prueba de los alimentos, cuidados y atenciones tenidos, así como una monetarización de los mismos, con los inconvenientes que, dadas las prestaciones de que se trata y muy especialmente de las afectivas, conlleva tal prueba. Resultaba, por tanto, muy conveniente la previsión contractual a tal efecto, tanto en lo relativo a los medios probatorios como, particularmente, al equivalente económico de los mismos con las ventajas que tal fijación de mutuo acuerdo y previa conllevaría en aras a la actuación procesal, sin perjuicio de la facultad moderadora que, en su caso, correspondiese al órgano judicial encargado de conocer tal asunto.

Aspecto a tomar en consideración sería si, además de los gastos ocasionados por la alimentación y atención del alimentista, podrían ser objeto de indemnización a favor del alimentante los gastos necesarios, útiles y suntuarios realizados por el cesionario en los bienes objeto de entrega en tal contrato de vitalicio y su posible compensación con los frutos producidos por tales cosas.

Conviene tener presente el carácter retroactivo de la resolución contractual con el correspondiente deber de restitución de las prestaciones ejecutadas, si bien en el caso de contratos como el vitalicio, que son de ejecución sucesiva, parece que han de ser *ex nunc* los efectos de tal resolución por incumplimiento[692]. No es pacífica, sin embargo tal postura, como veremos, por la aplicación de lo dispuesto en el art. 99.2 de la LDCG de 1995.

En este sentido, conviene señalar que la RDGRN de 16 de octubre de 1989[693] señala respecto de aquella eficacia la posibilidad de pacto entre las partes a los efectos de determinar las consecuencias de la resolución al tratarse de un contrato aleatorio y aunque las obligaciones que se generen sean de tracto sucesivo.

> "El que el contrato no sea puramente oneroso, sino aleatorio y el que las obligaciones no sean de tracto único, sino de tracto sucesivo y que en parte pueden estar cumplidas cuando, habiendo corrido una etapa del tiempo en que juega el área causal, se produzca el incumplimiento, no constituyen características incompatibles con el efecto resolutorio, en particular,

[692] Señala DÍEZ PICAZO, L.: *Fundamentos..*, *op. cit.*, tomo II, p. 722, que, si bien la aplicación de la regla de la retroactividad de efectos resolutorios es clara de ser relaciones obligatorias de cambio con efectos instantáneos, no sucede igual con las relaciones duraderas total o parcialmente consumadas, en cuyo caso, los efectos han de ser *ex nunc* debiendo realizarse la correspondiente liquidación de la situación para el supuesto de la resolución contractual con la consiguiente extinción del vínculo contractual.

[693] *RJ* 1989, marg. 7048.

cuando al amparo del principio de libertad de contratación (cfr. arts. 1255 y 1152 y ss. del Código Civil) las partes, al constituir la pensión, precisan el alcance de las devoluciones en la hipótesis de resolución sin perjuicio, en su caso, de las facultades moderadoras del Juez si el adquirente se opone a la efectividad de la resolución en los términos convenidos. Rechazar la posibilidad de pactar la resolución sólo beneficiaría a una de las partes, justamente a la que infringe, en todo o en parte, sus compromisos, a pesar de que las prestaciones debidas son visibles para la otra parte contratante".

En otro caso, como recoge la RDGRN de 26 de abril de 1991[694], respecto de un contrato en el que tres matrimonios se obligan a prestar alimentos en los términos pactados, incluyendo una condición resolutoria que se puede ejercitar mediante un acta de notoriedad. Las partes, además, pactan la no repetición por los cedentes de los alimentos percibidos, añadiendo otra previsión en cuanto al estado en que se ha de encontrar la cosa al devolverla y la remisión al Cc y a su regulación de la posesión de buena fe en lo que atañe a los gastos útiles.

"En caso de resolución, los cesionarios no podrán repetir nada contra los cedentes por razón de los alimentos prestados y restituirán la finca en el estado en que la reciben, estándose en cuanto a mejoras útiles a lo dispuesto en el Código Civil para la posesión de buena fe. La pérdida de los alimentos prestados hasta el momento de la resolución se entenderá compensada por la ocupación de los locales por parte de los cesionarios".

Dicha previsión, ante el silencio de la norma gallega respecto a tal extremo, parece aplicable al vitalicio en su regulación de 1995, ya que al aplicar las normas del Cc sobre liquidación del estado posesorio para el supuesto de posesión de buena fe, se abonarán los gastos ocasionados, indemnizándolos y aunque quepa compensación, tanto para el caso de gastos necesarios como respecto de los útiles, sin que quepa el abono de los suntuarios aunque se permita el *ius tollendi* de no producir la retirada un deterioro en la cosa transmitida en virtud del contrato de vitalicio[695].

A nuestro modo de ver, cabría realizar una interpretación ampliativa de los términos utilizados por la LDCG de 1995 entendiendo que la genérica referencia que realiza a la indemnización por gastos se refiere, de una parte, a los gastos personales que a favor del alimentista realiza el cesionario para su alimentación, cuidados y atenciones y, de otra parte, al ser objeto del contrato la entrega o cesión de bienes, a los gastos realizados por el cesionario en las

694 *RJ* 1991, marg. 3169.

695 El art. 454 del Cc, tras indicar el carácter de no abonables al poseedor de buena fe de los gastos de puro lujo o mero recreo y siempre que el sucesor en la posesión prefiera no abonar el importe de dichos gastos, permite a tal poseedor llevarse los adornos con que hubiese embellecido la cosa de no sufrir esta deterioro por dicha retirada.

cosas entregadas por el cedente y que, como consecuencia de tal resolución contractual, han de ser restituidos al mismo a los fines de evitar un enriquecimiento injusto.

En cualquier caso, podemos señalar en lo atinente a los gastos realizados respecto de la persona del alimentista, la habitual inclusión por las partes en el contrato de un pacto al respecto estableciéndose una cláusula de pérdida por el cesionario incumplidor y a favor del alimentista de aquellos alimentos y servicios satisfechos hasta el momento de la resolución contractual, por lo que quedaría sin efecto esta indemnización legalmente prevista a favor del alimentante respecto de los gastos ocasionados.

2.4.1.3. La compensación de los gastos con los frutos

Contempla el art. 99.2 de la LDCG de 1995 que, en defecto de pacto, la obligación de indemnizar los gastos ocasionados se podrá compensar total o parcialmente con los frutos percibidos de los bienes objeto de cesión. La compensación puede ser total o parcial como aclara la norma quizá redundantemente ya que cada caso concreto determinará en que medida se produce dicha compensación[696]. De las distintas clases de compensación existente y a la vista tanto de los requisitos de la compensación legal[697] como de la propia redacción del texto gallego[698], parece hacer referencia a que, ante la inexistencia de compensación convencional pactada al amparo de la autonomía de la voluntad y de la libertad de contratación del art. 1255 del Cc, se produzca por previsión legal la compensación judicial a ordenar por el Juez, en base a tal precepto legal, en la sentencia correspondiente recaída como resultado del proceso de

[696] Además de la regulación del instituto de la compensación en el Cc en los arts. 1195 y ss., no se debe dejar de señalar al existencia del Reglamento (CE) 593/2008 del Parlamento Europeo y del Consejo, de 17 de junio de 2008, sobre la ley aplicable a las obligaciones contractuales (Roma I), el cual dispone, respecto a las obligaciones contractuales en materia civil y mercantil en las situaciones que impliquen un conflicto de leyes, en su art. 17 relativo a compensación legal que "cuando el derecho a la compensación no se base en el acuerdo entre las partes, la compensación se regirá por la ley aplicable al crédito contra el cual se alega el derecho a la compensación" si bien aclara en su art 22 referido a Estados con más de un sistema jurídico lo siguiente:

"1. Cuando un Estado se componga de varias unidades territoriales cada una de las cuales tenga sus propias normas jurídicas en materia de obligaciones contractuales, cada unidad territorial se considerará como un país a efectos de la determinación de la ley aplicable en virtud del presente Reglamento.

2. Un Estado miembro en el que las distintas unidades territoriales tengan sus propias normas jurídicas en materia de obligaciones contractuales no estará obligado a aplicar el presente Reglamento a los conflictos de leyes que afecten únicamente a dichas unidades territoriales".

[697] Art. 1196 del Cc.

[698] Ya que el art. 99.2 *in fine* señala que "en todo caso y a falta de acuerdo entre las partes, se estará a lo que determine la correspondiente reclamación judicial".

que se trate. En este sentido, la STS de 27 de diciembre de 1995[699] señala que no es necesario en la compensación judicial que las dos deudas sean líquidas y exigibles pudiendo la determinación de su importe quedar para la ejecución de sentencia, incluso aunque una de las deudas compensables provenga de una indemnización de daños y perjuicios.

> "Es doctrina reiterada de esta Sala (contenida no sólo en las sentencias que cita la recurrente, sino en otras más, como las de 16 noviembre 1993 y 9 abril 1994, por citar algunas de las más recientes) la de que en la llamada «compensación judicial» no son exigibles todos los requisitos que la normativa del Código Civil fija para que proceda la compensación legal, entre ellos que las dos deudas compensables sean líquidas y exigibles en el momento de plantearse el litigio, ya que este extremo puede referirse, en la concreción del montante de la deuda compensable, a la decisión judicial que establezca en el correspondiente pronunciamiento de condena los conceptos claros de lo que la demandada adeuda a la actora, aunque la determinación de su importe cuantitativo quede para ejecución de sentencia y aunque una de las deudas compensables provenga de la indemnización de daños y perjuicios, cuya procedencia declare la sentencia recurrida (Sentencia de esta Sala de 12 junio 1993)".

La facultad de compensar conformada como una compensación convencional en la que pese a la falta de homogeneidad de las prestaciones se extinguen las obligaciones total o parcialmente ha sido objeto de reconocimiento general como ya señalamos y, más concretamente, en el ámbito del contrato de vitalicio aparece en reiterada jurisprudencia como en la SAP de Huesca de 9 de marzo de 1995[700] que, en referencia a la cláusula revocatoria pactada en la escritura otorgada ante el Notario de Almudévar el 15 de enero de 1988 y las consecuencias previstas para tal eventualidad, entre las cuales se haya la compensación, señala ser perfectamente lícita.

> "El contrato celebrado, que prevé, expresamente «en caso de incumplimiento total o parcial de sus obligaciones por parte de los cesionarios o sus herederos o causahabientes, la presente cesión quedará automáticamente resuelta; en consecuencia, los bienes revertirán al cedente entendiéndose en tal caso compensadas las prestaciones causadas en favor del cedente con los frutos, en su caso, obtenidos por los cesionarios»".

Encontramos también contemplada tal posibilidad de compensación en la RDGRN de 26 de abril de 1991[701] respecto de escritura pública de vitalicio de

[699] Ponente MORALES MORALES, *RJ* 1995, marg. 9210.
[700] Ponente SERENA PUIG, *AC* 1995, marg. 420.
[701] *RJ* 1991, marg. 3169

27 de abril de 1987 que establece, entre otras garantías para el cumplimiento de la obligación de alimentos, la compensación de los alimentos prestados con la ocupación de los inmuebles cedidos.

> "Tercero: La falta de cumplimiento de las obligaciones de los nombrados adquirentes, facultará a los transmitentes para resolver este contrato readquiriendo la finca transmitida sin otro requisito que la notificación judicial o notarial, a cuyo efecto pactan lo siguiente: (...) d) En caso de resolución, los cesionarios no podrán repetir nada contra los cedentes por razón de los alimentos prestados y restituirán la finca en el estado en que la reciben, estándose en cuanto a mejoras útiles a lo dispuesto en el Código Civil para la posesión de buena fe".

Parece que en este concreto caso al tratarse de locales, que se entregan a tres matrimonios, la referencia a su ocupación tanto puede ser respecto del propio uso que de tales locales hicieran los cesionarios como de la posibilidad de que dichos locales hubieran generado unos rendimientos o rentas por su ocupación y, por ello, tuvieran el carácter de frutos civiles, que serían compensados con los alimentos percibidos. Igual pacto cabría establecerse para el supuesto de que lo entregado fuera en todo o en parte, depósitos, acciones, dinero, etc.

A diferencia de lo señalado en la LDCG de 1995 respecto del desistimiento[702], el tenor literal del art. 99.2 del mismo texto especifica la compensación entre gastos y frutos y lo hace respecto de los frutos percibidos sin distinguir entre ellos.

Tampoco dispone que se hayan percibido con el trabajo o lo que es igual con la actividad desarrollada por el cesionario en relación a dichos bienes. De esta manera, podemos entender comprendidos toda clase de frutos, intervenga o no la actividad del cesionario en su obtención, quedando englobados frutos naturales, industriales y civiles que, en su caso, serán objeto de compensación total o parcial con los gastos ocasionados como consecuencia de las prestaciones mixtas de alimentos ayudas y cuidados para con el alimentista.

2.4.1.4. El pacto de retención de las prestaciones satisfechas y de devolución de los frutos percibidos

Admitiendo el art. 99.2 de la LDCG de 1995 que las partes pueden establecer pactos reguladores de, entre otros, los efectos de la resolución, ya sea esta

[702] Señala el art. 98.2 de la LDCG de 1995 que "cuando según lo dispuesto en el número anterior, se resuelva el contrato, el cesionario tendrá derecho a la mitad de las ganancias obtenidas con su trabajo" lo que conduce a interpretar, dada la redacción de tal norma, si cabe compensar los gastos de alimentos, ayudas y cuidados con los frutos industriales y las mejoras útiles.

judicial, arbitral o convencionalmente realizada, podemos considerar aquel por el cual el cesionario tenga derecho a percibir los frutos pero sin que pueda reclamar nada al cedente en concepto de asistencia y alimentos efectivamente prestados.

Es, por ello, por lo que suele pactarse habitualmente que el cesionario que haya incumplido con sus obligaciones pierda, a favor del alimentista, los alimentos, ayudas y cuidados que haya realizado a favor de aquél hasta el momento en que se produzca la resolución contractual.

Encontramos, por citar alguna, la STS de 2 de julio de 1992[703] en la que se debate, respecto de un contrato de vitalicio configurado por las partes como un contrato sometido a condición resolutoria, la del cumplimiento de todas las obligaciones establecidas. Se establece, asimismo, un medio de prueba preconstituido, el acta de notoriedad y, finalmente, en lo que nos interesa, se establece la prohibición de reclamar por el concepto de alimentos y servicios prestados.

> "Todas las obligaciones establecidas en las cláusulas anteriores tendrán el carácter de condición a todos los efectos legales, de modo que el incumplimiento total o parcial de tales obligaciones por parte de la cesionaria o, en su caso, por sus herederos, dará lugar a la resolución de la presente cesión. Los cedentes, aparte de los medios de prueba admisibles según las leyes, podrán acreditar dicho incumplimiento mediante Acta de Notoriedad. La escritura de resolución otorgada por cualquiera de los cedentes, acompañada de Acta de Notoriedad, será notificada a la cesionaria o, en su caso, a sus herederos, y será título suficiente para que se inscriban las fincas cedidas en el Registro de la Propiedad, a favor de los cedentes. Resuelto el contrato, la cesionaria no podrá reclamar cantidad alguna por los servicios o alimentos prestados".

En igual sentido se observa la STS de 1 de julio de 2003[704] que contempla como, entre otras estipulaciones, se establece una condición resolutoria del cumplimiento de la obligación de alimentos sin que cupiese reclamación para el caso de resolución por los alimentos ya recibidos como señala en su Fundamento de Derecho primero.

> "Como contraprestación de esta obligación alimenticia, don Eloy y doña María Cristina transmiten a la sociedad conyugal formada por don Juan Miguel y doña Antonia, las fincas descritas, dejando esta transmisión sujeta a la condición resolutoria de que éstos cumplan la obligación de alimentarlos contraida en la cláusula anterior, sin que en caso de resolución puedan repetir contra aquéllos por los alimentos ya recibidos".

[703] Ponente FERNÁNDEZ-CID DE TEMES, *AC* 1992, marg. 1200.
[704] Ponente GARCÍA VARELA, *RJ* 2003, marg. 4321.

De otra parte, en sentido inverso, no suele pactarse que el cesionario devuelva los bienes pero sin reintegrar los frutos percibidos aunque en la jurisprudencia podemos encontrar algún ejemplo al respecto. En este sentido, la SAP de A Coruña de 28 de septiembre de 1992[705] hace referencia a una cláusula resolutoria por la cual, en caso de incumplimiento, no se devolverán ni los alimentos satisfechos ni tampoco los frutos percibidos, aunque quizá englobe a una posible compensación junto con un pacto exhoneratorio de devolución.

Conviene señalar como otra hipótesis la de que se hubiese pactado la entrega de los bienes transmitiendo a los cesionarios la nuda propiedad de los mismos y reservándose los cedentes el usufructo, caso habitual como posible garantía frente a un incumplimiento de los alimentantes. Al no ser percibidos los frutos por el cesionario, tal pacto resultaría palmario aunque cabe que los percibiera por otro concepto en cuyo caso debería restituirlos, no ya por razón de la resolución contractual sino, por ejemplo, por un cobro de lo indebido. En este sentido, la STS de 3 de noviembre de 1988[706] señala que, no existiendo a mayores del vitalicio figura alguna que uniera a los cedentes con el alimentante, está obligado a entregarles a ellos, y, en este caso, a su heredera, los frutos netos producidos por las fincas.

> "La expresada solución jurídica no puede ser aceptada, pues apareciendo probado que al pactarse entre los esposos don Pedro T. M. y doña Rosenda C. S., por una parte, y don José P. M., por otra, el contrato denominado «vitalicio» o «de pensión alimenticia», al que nos hemos referido al estudiar los motivos anteriores (por el que los citados esposos transmitieron al señor P. M. la nuda propiedad de dichas fincas, en contraprestación a lo cual éste se obligaba a prestar toda clase de sustento y asistencia a aquéllos durante toda la vida de los mismos), se estipuló expresamente que los aludidos esposos se reservaban el usufructo, y no habiendo probado el señor P. M., como le correspondía hacerlo (artículo 1214 del Código Civil), que entre ellos se hubiera pactado también una especie de figura societaria o comunitaria en cuanto a la participación en los frutos de dichas fincas, sin que del mero y simple hecho de que el señor P. M. tuviera la posesión y explotación de las mismas pueda deducirse la existencia de tal figura contractual, cuando el mencionado hecho pertenece más bien al ámbito de la asistencia que se obligó a prestar a los ancianos esposos a cambio de la nuda propiedad recibida, ha de concluirse que a los citados cónyuges (y por muerte de la esposa, a su viudo y heredero único), en su calidad de usufructuarios, correspondía la totalidad de los frutos o beneficios netos (una vez deducidos los gastos correspondientes) que produjeran las referidas fincas, conforme a lo preceptuado en el artículo 471 del Código Civil, por lo que, al no haberlo entendido así la sentencia

[705] Ponente SEOANE SPIELGELBERG, *Foro Gallego* nº 187, 1994, p. 230 y ss.

[706] Ponente MORALES MORALES, *RJ* 1988, marg. 8407.

recurrida, es evidente que incurrió en infracción del citado precepto, procediendo en consecuencia la estimación del motivo octavo, que acaba de ser examinado, y también del séptimo, dada la íntima conexión de éste con aquél".

Es posible también que exista un pacto por el cual se establezca una cláusula penal[707] y, en virtud de ella, cedente y cesionario pactaran que para el caso de incumplimiento del cesionario, no se abonasen por el cedente ni los gastos de alimentos y ayudas y cuidados ni percibiera tampoco el cesionario los frutos del bien cedido. Ha de entenderse, sin embargo, que a tal cláusula penal podría ser objeto de aplicación el art. 1154 Cc[708] ya que la LDCG de 1995 establecía que "en todo caso y a falta de acuerdo entre las partes, se estará a lo que determine la correspondiente resolución judicial", aludiendo así implícitamente a la facultad moderadora de los Tribunales.

Es importante destacar que las partes pueden, a tales efectos, realizar no sólo un pacto respecto de la compensación sino también someter tal aspecto no sólo a la exclusión de la aplicación del art. 1154 Cc sino pactando la intervención de un tercero distinto al Juez que, en su caso, dirima tal asunto. Podemos observar, en esta línea, la RDGRN de 26 de abril de 1991[709] que, en lo atinente al contrato de vitalicio suscrito en Zaragoza en escritura pública el 27 de abril de 1987, señala como contenido del mismo una cláusula en tal sentido por la que las partes se someten a un arbitraje de equidad una vez resuelto el contrato y reinscrito el dominio a favor de la parte transmitente.

> "Tercero: La falta de cumplimiento de las obligaciones de los nombrados adquirentes, facultará a los transmitentes para resolver este contrato readquiriendo la finca transmitida sin otro requisito que la notificación judicial o notarial, a cuyo efecto pactan lo siguiente: (...) e) Excluyen las partes la posibilidad de modificación prevista en el artículo 1154 del Código Civil, estipulando en su sustitución que, una vez resuelto el contrato y reinscrito el dominio a favor de la parte transmitente, si así lo instare cualquiera de las partes a la otra, deberá someterse la cuestión a arbitraje de equidad, de conformidad con lo dispuesto en la Ley de Arbitrajes de Derecho Privado; f) La condición resolutoria se extinguirá

---

[707] En este sentido se pronuncia REBOLLEDO VARELA, A. L., *op. cit.*, p. 874.

[708] Recoge este artículo la facultad moderadora que corresponde al Juez, equitativamente, para el caso de que la obligación principal hubiera sido cumplida en parte o irregularmente por el deudor, en base a la cual puede modificar equitativamente la pena. Ha de observarse que, sin embargo, como indica el tenor literal de dicho precepto, no es aplicable, en todo caso, por ejemplo, para el supuesto de un incumplimiento total, sino para el supuesto de cumplimiento defectuoso o parcial en cuyo caso el Juez atendiendo a su criterio discrecional y en atención a la equidad, reduce la cuantía de la pena.

[709] *RJ* 1991, marg. 3169

por el transcurso de tres meses contados a partir del fallecimiento del último alimentista que sobreviva»".

Este pacto permitirá que la obligación de indemnizar los gastos ocasionados prevista en la LDCG de 1995, aunque compensable, para evitar un enriquecimiento injusto, quede sin efecto, en virtud de la previsión contractual de las partes lo cual puede aparentar un beneficio injusto del cedente aunque pueda entenderse como unas cantidades percibidas en concepto de indemnización de daños y perjuicios.

2.4.2. Las consecuencias previstas en la Ley 2/2006, de Derecho civil de Galicia

La LDCG de 2006 se limita a disponer en su art. 156[710] que la restitución se ha de realizar al cedente respecto de los bienes y derechos que hubiese cedido en la constitución del vitalicio de que se trate, añadiendo una previsión respecto de los terceros para el caso de enajenaciones y gravámenes realizados por el cesionario. Nada se indica respecto de gastos y mejoras.

Resultan, por tanto, de la comparación con la anterior legislación gallega como primer punto de aproximación, dos diferencias que consideramos trascendentes. Si el anterior texto gallego silenciaba la restitución de los bienes al cedente –si bien tal silencio del anterior texto no se entendía como negación de la obligación de restituir– el actual texto la señala, en forma expresa, indicando su recuperación sin perjuicio de las limitaciones respecto de terceros hipotecarios, aspecto éste último no mencionado en la anterior regulación aunque previsible por aplicación del resto de las normas que afectan a tal restitución.

Frente a la manifestación expresa de la compensación de gastos y frutos, ya fuese total o parcial, plasmada en el texto gallego de 1995, el actual legislador gallego de 2006 guarda un silencio que puede prestarse a diferentes interpretaciones y que serán objeto de estudio posterior.

Se señala por un sector de la doctrina[711] que no es necesaria una norma que expresamente describa los efectos de tal resolución de un contrato de

[710] El art. 156 de la LDCG de 2006 indica que "en los casos de resolución, el cedente recuperará los bienes y los derechos cedidos, quedando sin efecto las enajenaciones y gravámenes que el cesionario hiciera, con la limitación establecida, en cuanto a terceros, por la legislación hipotecaria".

[711] En este sentido, entre otros, BUSTO LAGO, J. M., *op. cit.*, p. 23, que considera innecesaria la inclusión de una norma como el art. 99.2 de la LDCG de 1995, al entender que se limitaba a reproducir los efectos resolutorios que, en general, se producen pero aplicados en ese caso a este concreto tipo contractual ya que "el cesionario habrá de restituir los bienes objeto de la cesión y el cedente el valor de la prestación alimenticia ya percibida", señalando también que "la obligación de indemnizar los gastos ocasionados (que) podrán ser compensados, total o parcialmente, con

vitalicio[712], por ser los propios de cualquier resolución contractual. Así, por aplicación del régimen del art. 1124 Cc, el acreedor alimentista o cedente podría optar entre reclamar el cumplimiento o la resolución con la correspondiente indemnización de daños y perjuicios ocasionados.

Silencia la LDCG de 2006[713], al igual que lo hacía su precedente, tal posibilidad y, por ello, sus posibles efectos, ya sea por no considerarla necesaria, ya por lo inusual de la misma. Podríamos plantear si no sería conveniente explicitar la posibilidad para el alimentante de obtener un cumplimiento por equivalente económico que, ciertamente, no satisfará sus necesidades de ayudas y cuidados[714], incluso los afectivos, señalados por la ley gallega, pero conviene tener presente que con la resolución contractual tampoco se obtendrán dichas ayudas y cuidados sino unos bienes que en el momento presente pueden tener o no una mayor salida en el mercado sin que probablemente el alimentista pueda hacer frente al desembolso económico que sus alimentos, ayudas y cuidados requieran aunque sea a través de una vía diferente a la del vitalicio. Hay que tener presente que la LDCG de 2006 no contiene previsiones semejantes a las de los arts. 1795 y 1792 del Cc[715], pudiendo parecer oportuna su inclusión a los efectos de una nueva redacción de la misma lo cual proponemos de *lege ferenda*.

También conviene advertir que de ser una persona jurídica el alimentante, posibilidad perfectamente admisible con la actual LDCG de 2006, pueda resultar de interés tal posibilidad, por ejemplo, por dispensar ayudas y cuidados en un centro distinto de aquel donde se encontraba o bien por realizar el abono

---

los frutos percibidos de los bienes objeto de la cesión". Por su parte, PEON RAMA, V., *op cit.*, p. 664, afirma que de seguirse esta tesis, estaríamos tratando de una resolución por incumplimiento contractual "a la que es de aplicación supletoria o integradora el régimen legal general del art. 1124 CC" al limitarse la LDCG de 2006 a regular un régimen específico de causas en el contrato de vitalicio y la legitimación activa y pasiva en el ejercicio de la acción.

[712] Como realizaba el art. 99.2 de la LDCG de 1995, actualmente derogado.

[713] A diferencia de lo señalado en el contrato de alimentos regulado por el Cc en su art. 1795 que posibilita la exigencia del cumplimiento de las prestaciones pactadas, debiendo ser abonados los alimentos que se hubieran devengado y no pagado antes de realizarse la presentación de la demanda, si bien, como señala GONZÁLEZ PORRAS, J.M.; op.cit., p. 654, esta referencia a los alimentos anteriormente devengados no pone de relieve la existencia de otras prestaciones de carácter asistencial que tienen una difícil valoración y realización.

[714] Señala CASTILLA BAREA, M: *La imposibilidad de cumplir los contratos,* ed. Dykinson, Madrid, 2000.,p. 208, la posibilidad de que se produzcan, respecto del alimentista, nuevos incumplimientos.

[715] Prevé el art. 1795 Cc que el alimentista ante un incumplimiento pueda optar entre la exigencia de la prestación o la resolución contractual con la restitución inmediata de los bienes por él entregados, salvo que el juez acuerde un aplazamiento en atención a las circunstancias. Indica el art. 1792 Cc que, sin perjuicio de lo antes indicado, la prestación de alimentos se pague mediante pensión actualizable para el caso de que falleciese el obligado a prestar alimentos o se entorpezca la convivencia de las partes por causa grave. Quizá el silencio de la ley gallega en tal sentido tenga una justificación en la posibilidad de que los particulares realicen tal previsión por vía paccionada.

de una cantidad que, con efecto retroactivo y cara al futuro, permitiera al alimentista asegurarse unos ciertos cuidados, semejantes o iguales, en su caso, a los pactados[716].

Si en vez de por el cumplimiento, se hace uso de la posibilidad de la resolución, se produciría la misma con efectos retroactivos[717] conllevando la recíproca restitución de las prestaciones recibidas y la obligación de indemnizar los gastos ocasionados.

En este sentido, la STSJ de Galicia de 29 de abril de 2004[718] recoge en su Fundamento de Derecho segundo, número 2, 2ª el pacto resolutorio y su efectos *inter partes*.

> "2ª. La estipulación contractual conforme a la cual el incumplimiento de la prestación alimenticia produciría la "rescisión" del contrato con la particularidad, entre otras, de que el perceptor de los alimentos vendría obligado a "indemnizar" a la alimentante en la suma de 5.000 pesetas diarias, cifra en la que los contratantes valoran los cuidados y asistencia recibidos hasta el momento de dicha rescisión, no es sino ilustrativa de la concurrencia de una resolución específica convenida, efectiva en la hipótesis de acontecer el incumplimiento de la prestación alimenticia, propia de un contrato sinalagmático como es el de vitalicio (de por sí sujeto a condición resolutoria tácita) y a la postre ejemplificadora de una práctica después reconocida "ex lege" en el artículo 99 LDCG, en cuyo apartado 1 se faculta al alimentista a "rescindir" (rectius, resolver) el contrato en caso, entre otros, de incumplimiento de dicha prestación por el alimentante, y en cuyo apartado 2 se prevé como consecuencia anudada a la "rescisión" la obligación –en defecto de pacto contrario– de "indemnizar" al alimentante los gastos ocasionados o valor de la prestación alimenticia recibida (en este sentido, STSJG 29/2003, de 10 de octubre). Antes, pues, de ser representativa la indicada estipulación de que el cumplimiento del contrato ha quedado al arbitrio de uno de los contratantes con infracción

[716] Es una práctica habitual a los fines de acreditar la disposición al cumplimiento por el alimentante responder de un modo a través del cual quede constancia, ofertando la realización de lo pactado, ya en el mismo establecimiento en el que se encontraba, ya en otros de igual propiedad. En este sentido cabe la referencia a la SAP de Barcelona de 3 de noviembre de 1999, ponente DE ALFONSO LASO, *ARP* 1999, marg. 4993.

[717] Señala RIERA ÁLVAREZ, J.A.: "Las instituciones de prevención patrimonial: la renta vitalicia, los contratos de alimentos y los seguros de dependencia", en *La defensa jurídica de las personas vulnerables*, ed. Aranzadi, Navarra, 2008, p. 319., como, en cambio, en los contratos de tracto sucesivo la doctrina mayoritariamente atribuye eficacia *ex nunc* a las obligaciones de hacer para el caso de resolución. En esto hallamos la diferencia de la eficacia *ex tunc* predicada el caso de resolución en el vitalicio gallego, al igual que sucede con el contrato de alimentos regulado por el Cc.

[718] Ponente SANDE GARCÍA, *EDJ* 2004, marg. 283650. Dicha sentencia afirma la línea marcada en tal sentido por la STSJ de Galicia de 10 de octubre de 2003, ponente SANDE GARCÍA, *RJ* 2004, marg. 377.

del artículo 1256 CC , lo es de una interpartes acordada modalidad de cesación del vínculo (ineficacia contractual sobrevenida) y de sus efectos (los exigidos por la resolución)".

Como señala la doctrina[719], de aplicarse el art. 1124 del Cc la resolución sitúa a los contratantes en idéntica situación a la inicial previa a la celebración del contrato por lo que se ha de proceder a la restitución de los bienes y derechos cedidos, restituyéndose por la otra parte el importe de la prestación alimenticia que se hubiese recibido.

Para el caso de incumplimiento del contrato de vitalicio, como consecuencia de la imposibilidad del alimentista debido a una situación sobrevenida de discapacidad o incluso del alimentante, no resulta, paradójicamente, de aplicación la prescripción del art. 21 de la Ley 51/2003, de 2 de diciembre, de igualdad de oportunidades, no discriminación y accesibilidad universal de las personas con discapacidad por el ámbito familiar y privado en que tal situación se produciría[720]. Señala tal norma que sólo podrían reclamarse cuando se tratasen de bienes y servicios ofrecidos fuera del ámbito de la vida privada y familiar.

2.4.2.1. La restitución de los bienes y derechos

Explicita la actual LDCG de 2006 en su art. 156 que el cedente recuperará los bienes y los derechos cedidos, a diferencia del anterior texto, como ya hemos señalado, que silenciaba tal restitución por darla por obvia y remitiéndose en todo caso a lo que señalase la resolución judicial.

Habrá que estar, en consecuencia, a lo señalado para tal supuesto por las partes en el contrato de vitalicio y, en su caso, a lo que a tal respecto determine el Juez. Es conveniente contemplar la posibilidad, bastante habitual en la práctica notarial, de que las partes ante un supuesto de los que pueden dar lugar a la resolución o en caso de desafecto, no contemplado como causa de resolución, lleguen a una solución paccionada dando por finalizado el contrato

---

[719] En tal sentido, se manifiesta PEÓN RAMA, V., *op. cit.*, p. 664, como una de las posibles tesis a los fines de interpretar la postura mantenida por el legislador gallego en el vigente art, 156 de la LDCG de 2006 por entender que "está pensando más en la determinación del alcance de dichos efectos frente a terceros que en limitar los efectos *inter partes*" al dar por sentada la aplicación del art. 1124 del Cc.

[720] Dicho precepto bajo la denominación de "consecuencias ante el incumplimiento de las prohibiciones" dispone que "sin perjuicio de otras acciones y derechos contemplados en la legislación civil y mercantil, la persona que, en el ámbito de aplicación del artículo 10 *bis* sufra una conducta discriminatoria por razón de discapacidad, tendrá derecho a indemnización por los daños y perjuicios sufridos"

rescindiéndolo[721]. En tales casos, es habitual que, por ejemplo, se devuelva la vivienda al cedente y permanezcan en el patrimonio del cesionario las restantes fincas, acordándose que quedarán compensados gastos por frutos, sin que las partes nada tengan que reclamarse recíprocamente por este u otro concepto. Esa posibilidad o la correspondiente para el caso de la resolución contractual deberían ser suficientemente previstas en el convenio que da lugar al nacimiento del contrato de vitalicio, de manera que sus cláusulas contemplaran especificaciones para tal supuesto.

Es necesaria una remisión de tal aspecto a lo señalado anteriormente en cuanto a la restitución de bienes en igual sentido en lo aplicable por su naturaleza respecto a los posibles derechos que hubiesen sido objeto del negocio de vitalicio, ya que el actual legislador gallego señala únicamente que "el cedente recuperará los bienes y derechos cedidos"[722] sin indicar nada sobre su estado, gastos, mejoras, etc.

El actual legislador gallego sí se refiere a que quedan "sin efecto las enajenaciones y los gravámenes que el cesionario hiciera, con la limitación establecida, en cuanto a terceros, por la legislación hipotecaria", lo que marca una diferencia con la legislación anterior que, como ya indicamos al silenciar el aspecto restitutivo de los bienes, no hacía mención alguna respecto de los terceros ni a la liberación de gravámenes.

Es cierto que al tratarse la cesión de los bienes y derechos sobre los que se realizó el vitalicio, nada se indica en el concepto de este contrato señalado en el art. 147 de la LDCG de 2006 respecto de cargas o gravámenes preexistentes con los que se pudiese transmitir al cedente y que este voluntariamente asumiera[723]. Tampoco se dice nada, pues no parece ser el texto gallego el lugar indicado, sobre los posibles vicios de la cosa o de una posible evicción y las consecuencias a las que, por tal causa, se pudiese haber llegado incluso a los efectos del propio contrato de vitalicio. Estas circunstancias, sin duda, han de tener una repercusión en la situación que respecto de la legalmente señalada restitución de los bienes se dé en atención a las circunstancias de cada caso. De ahí que

---

[721] BERENGUER ALBALADEJO, C.: *El contrato de alimentos*, ed. Dykinson, Madrid, 2012, p. 696 y ss. se posiciona al respecto indicando que le parece adecuada "convertir la prestación en especie en una prestación pecuniaria, a petición de culaquiera de las partes". Indica que, a su parecer, "se trata de una opción razonable ante el fracaso de la relación de las partes sin culpa de nadie teniendo en cuenta que la falta de incumplimiento vetaría la resolución judicial".

[722] Al no indicar nada al respecto el art 156 de la LDCG de 2006 habrá de estarse a lo pactado a tal efecto por las partes al igual que a las normas sobre la liquidación del estado posesorio, como anteriormente destacamos.

[723] No resulta inusual que el cedente transmita una vivienda gravada con una hipoteca o pendiente del pago de ciertos impuestos o cantidades como las cuotas de comunidad de propietarios que constituyan una carga real para el mismo, por no hablar del aspecto impositivo del contrato de vitalicio o del negocio que dió lugar a la titularidad del cedente.

convenga que al contrato se incorporen descripciones detalladas de las cargas y gravámenes que pudieran recaer sobre los bienes y derechos transmitidos al constituirse el vitalicio y no sólo en base a declaración del cedente sino con apoyo en certificaciones obtenidas a tal fin o de los documentos justificativos de los pagos de los que se trate. Igualmente sería conveniente que de haber surgido con posterioridad a la formalización del negocio algún incidente al respecto, quedara suficientemente instrumentalizado como para poder ser aportado en el momento procesal oportuno a los fines de los que se trate[724].

En cuanto a la restitución en sí misma, podrán darse diferentes escenarios según el bien o derecho esté inscrito o no en el Registro correspondiente y haya accedido al mismo la transmisión de la cual traiga causa el cesionario o posteriores transmisiones de dichos bienes o derechos. Tal inscripción facilitará indudablemente conocer el estado de las cargas que graven el bien o el derecho de que se trate al momento de proceder a la restitución del mismo[725].

Para el caso de bienes inmuebles, la propiedad o el derecho real que se haya transmitido como consecuencia del vitalicio al haber accedido al Registro de la Propiedad, habrá de estarse a lo pactado e inscrito a los fines de dilucidar como se ha de proceder a la restitución. De existir una reserva de dominio a favor del cedente o un pacto resolutorio expreso no deberían producirse problemas al respecto como sucedería en el caso de muebles inmatriculados[726]. Si no hubiese tales pactos inscritos, habrá que estar a la existencia o no de un tercero hipotecario. Tendrá igualmente una trascendencia notable a los efectos de la restitución el que se haya enajenado a terceros el inmueble o mueble de que se trate para el caso de que no hubiese estado inscrito. Si no es posible la restitución de los bienes por el alimentista, se procederá al resarcimiento pecuniario[727].

De *lege ferenda* se propone la adopción por el legislador gallego de igual solución a la adoptada en el ámbito del derecho común ya que como señala la doctrina[728] resultaría una mayor protección del cedente, en su caso, permitiendo

---

724 Así sucedería para el caso de determinados impuestos devengados y no abonados en plazo por el cedente y que al no haberse realizado la transmisión en documento público no fueran conocidos por el cesionario, iniciándose un procedimiento administrativo a los fines cobratorios, con las actuaciones oportunas y procediendo el cesionario a su pago.

725 De ahí, entre otras razones, la conveniencia de inmatricular el bien de que se trate accediendo al Registro correspondiente aunque puedan establecerse otros gravámenes que no tengan una constancia registral como una servidumbre mediante signo aparente, por ofrecer un ejemplo.

726 En cuyo caso obtendremos del Registro de Bienes Muebles de que se trate iguales efectos que para con los inmuebles respecto del Registro de la Propiedad.

727 En este sentido, se manifiesta ECHEVARRÍA DE RADA, T., *op. cit.*, p. 140.

728 Reflexiona PEON RAMA, V., *op. cit*., p. 156, al respecto que resulta "conveniente o, casi necesario, la introducción de unas normas imperativas protectoras, en todo caso, de la posición del cedente con la finalidad de garantizar la cobertura sucesiva de sus necesidades existenciales y asistenciales en la línea de lo efectuado en el contrato de alimentos del Código Civil". Se toman en consideración las reglas de los arts. 1795 y 1796 de dicho texto, si bien se matiza que cabe

un aplazamiento total o parcial en el tiempo por decisión judicial según las circunstancias concurrentes en cada caso, por el tiempo que se determine y las garantías que se establezcan.

2.4.2.2. La indemnización por los gastos ocasionados

Entendemos, como ya se indicó, que el régimen de la resolución contractual señalado por la LDCG de 2006 deviene de la aplicación del art. 1124 del Cc sin que pueda entenderse establecido algún otro sistema.

Es cierto que se produce un silencio legal al respecto siendo innegable que el anterior texto legal regulaba en forma expresa esta indemnización más, como antes se dijo, tampoco el anterior texto hacía referencia alguna a la restitución de los bienes auque tal posiblidad era la correcta. Muestra, sin embargo, la jurisprudencia una tendencia hacia la eficacia *ex tunc* con lo que los tribunales podrán decretar la resolución con efectos retroactivos y, en consecuencia, se tendría que restituir lo percibido hasta el momento de la resolución[729].

Podría pretenderse, con razón, que el legislador, al no establecer nada respecto de la indemnización de los gastos ocasionados, persiguiera unos efectos *ex nunc*[730] evitando, así, que sea el alimentista el que, además de verse privado de cuidados y asistencias tras la resolución y aunque recupere los bienes y derechos cedidos, habría de tener liquidez para hacer frente a la restitución que le corresponde, al no señalar la LDCG de 2006 referencia alguna a una posible compensación de gastos y frutos.

Se justificaría este régimen especial de resolución contractual del vitalicio en que, en forma excepcional, los contratos de tracto sucesivo quedan resueltos sólo a partir del momento en que han sido incumplidos, siendo, además, el contrato de vitalicio un contrato aleatorio. Por ello, se mantiene[731] que, a diferencia del Cc en donde se aplica el régimen general al contrato de alimentos aunque estableciendo excepciones a través de los arts. 1795.2 y 1796, el legislador

una interpretación distinta del art. 156 por la que resultan innecesarias unas tales medidas, ya que el legislador, entiende, ha señalado como "única consecuencia jurídica de la resolución (es) la restitución de los bienes y derechos cedidos" lo que lo diferenciaría de la solución propuesta por la anterior LDCG en su art. 99.2.

729 No sólo en la jurisprudencia gallega se produce tal efecto retroactivo sino que también en el ámbito del derecho común respecto del contrato de vitalicio, como contrato innominado. Así la SAP de Albacete de 15 de julio de 2011, ponente GARCÍA BLEDA, *JUR* 2011, marg. 308590.

730 Cierta doctrina mantine que se puede considerar, con apoyo en la LDCG de 2006, que el legislador ha pretendido sancionar al alimentante con la pérdida de los alimentos ya prestados.

731 Así lo señala PEÓN RAMA, V., *op. cit*., p. 666, si bien manifiesta que para evitar las dudas que puedan surgir de los preceptos legales es conveniente pactar en forma expresa los efectos de la resolución al ser tal pacto, como señala con cita de jurisprudencia, una modalidad de cesación del vínculo acordada *inter partes* así como de sus efectos.

gallego establece un sistema de excepción directamente a través del silencio de la norma gallega.

Pese a la fundamentación de tal argumentación no parece, a nuestro juicio, que tal posibilidad sea la que responda a la intención del legislador. No aparece clara en el texto de la LDCG de 2006 tal voluntad ni siquiera, como ya indicamos, por la comparación con el texto anterior ni con la jurisprudencia derivada de la aplicación de la misma. Habrá que estar a lo que resulte de las soluciones judiciales que por aplicación de la actual legislación, se dicten por los tribunales para los casos que de resolución surjan, sin perjuicio de lo estipulado por las partes.

Quizá convendría, de entender las partes que tal interpretación fuera la correcta, esto es, el no pago de las prestaciones realizadas, plasmarla en el contrato de que se trate con los oportunos efectos vinculantes ya que, de otro modo, parece que la consecuencia será la de obligar a abonarse recíprocamente las partes los gastos y los frutos, de haberse producido.

2.4.2.3. La compensación de los gastos por los frutos

Ante el silencio legal de la LDCG de 2006, parece que la posible compensación se regirá por las reglas generales de la compensación de las obligaciones señalada en el Cc[732] pudiendo las partes, a través del oportuno cauce procesal[733], solicitar tal compensación que no sería ya directamente un mandato del Juez.

2.4.2.4. Los efectos frente a terceros

En forma expresa señala el art. 156 de la LDCG de 2006 que para el caso de resolución se recuperarán por el cedente los bienes y derechos cedidos "que-

[732] Arts. 1195 a 1202 del Cc sin perjuicio de que respecto de terceros se tenga en cuenta en cuanto a su eficacia el art. 144 de la LH al señalar que "todo hecho o convenio entre las partes, que pueda modificar o destruir la eficacia de una obligación hipotecaria anterior, como el pago, la compensación, la espera, el pacto o promesa de no pedir, la novación del contrato primitivo y la transacción o compromiso, no surtirá efecto contra tercero, como no se haga constar en el Registro por medio de una inscripción nueva, de una cancelación total o parcial o de una nota marginal, según los casos".

[733] La compensación es tratada por la LEC como una reconvención. Por ello, alegándose tal compensación se le da traslado a la parte demandante para que pueda hacer alegaciones al respecto. Así se deduce del art. 408.1 LEC al disponer que "si, frente a la pretensión actora de condena al pago de cantidad de dinero, el demandado alegare la existencia de crédito compensable, dicha alegación podrá ser controvertida por el actor en la forma prevenida para la contestación a la reconvención, aunque el demandado sólo pretendiese su absolución y no la condena al saldo que a su favor pudiera resultar", completándose dicha afirmación en su número 3 al señalar que el pronunciamiento sobre tal asunto tendrá, respecto del mismo, valor de cosa juzgada.

dando sin efecto las enajenaciones y gravámenes que el cesionario hiciera, con la limitación establecida, en cuanto a terceros, por la legislación hipotecaria".

Las enajenaciones realizadas respecto de los bienes muebles o inmuebles o de los derechos cedidos deberán deshacerse debiendo quedar los bienes libres de cualquier gravamen, incluyendo por ello a las hipotecas que se hubiesen constituido en tanto no se vulnere la protección legal que respecto de terceros establece la Ley Hipotecaria. En tales casos, la adquisición por el tercero o el gravamen a favor del tercero constituído sobre la cosa encuentran su protección en la propia ley, tal y como señala el art. 37 LH[734].

Advierte la doctrina[735], por lo indicado en el tenor literal del precepto citado, que afectará a terceros que no gocen de la protección registral a través de la protección hipotecaria y que incluso podría ser suficiente que en el Registro apareciese exclusivamente el título adquisitivo del contrato de vitalicio para que éste pudiese oponerse en caso de resolución incluso frente a terceros de buena fe. Parece, no obstante, excesiva esta afirmación ya que todo tercero de buena fe ha de estar protegido ya no sólo por lo dispuesto en la legislación hipotecaria sino también por razón de la seguridad en el tráfico jurídico. Entender que la sola publicidad del título en el Registro impediría alegar la buena fe parece que está mucho más allá de la intención del legislador. Será así la anotación preventiva de la demanda de resolución que se realice respecto de la finca o fincas registrales de que se traten los que producirán efecto. En otro caso, funcionarán los pactos inscritos que a tal efecto hubiesen establecido las partes, ya sean el tipo de la condición resolutoria expresa, el pacto de reserva de dominio o el usufructo vitalicio a favor del cedente[736].

---

[734] Dispone el art. 37 de la LH, en lo que a este tema atañe, que la acción resolutoria que tenga su origen en causa que conste explícitamente en el Registro perjudicará al tercero que haya inscrito el título de su derecho de acuerdo con las disposiciones legales pero, en otro caso, la acción dirigida contra él no tendrá tal efecto, sin perjuicio de que se puedan "ejercitar entre las partes las acciones personales que correspondan". Ténganse en cuenta, además, las previsiones de los arts. 26, 31, 35 y 36 del mismo cuerpo legal.

[735] Destaca PEÓN RAMA, V., *op. cit.*, p. 666, que al fijar como única limitación la dispuesta por la legislación hipotecaria "dota *a contrario* a la resolución de carácter real" frente a la obligacional propia de las obligaciones recíprocas que no perjudica a terceros adquirentes de buena fe.

[736] Sin perjuicio de fórmulas como la hipoteca sobre los bienes cedidos, las cláusulas penales, avales, fianzas o cualesquiera otras que impidan la transmisión a terceros o en su caso aseguran la percepción de un equivalente económico respecto de los bienes y derechos cedidos que hayan sido estipulados por las partes.

CONCLUSIONES

Primera

La formación del concepto de vitalicio es fruto del esfuerzo jurisprudencial del Tribunal Supremo en su labor de delimitar sustantivamente el contrato. Se ha tomado como soporte el principio de autonomía privada y la fundamental prestación mixta de dar y hacer. Superado el carácter *cuasifamiliar* del contrato, sus caracteres eran definidos por la jurisprudencia como contrato autónomo, innominado y atípico regulado en via consuetudinaria, pasando a ser, tras su positivación, un contrato consensual, bilateral, oneroso, aleatorio y personal respecto del alimentante, aunque personalísimo para el alimentista. La importancia de la onerosidad lo es en tanto trasciende por su afectación a las legítimas y los problemas de simulación. Genera una gran problemática en la jurisprudencia la posible desproporción entre los bienes transmitidos y los cuidados prestados si bien, a nuestro juicio, la onerosidad se fija al inicio del negocio y no en un momento posterior por la existencia de parámetros difícilmente mensurables. En cuanto a la aleatoriedad, la jurisprudencia viene haciendo hincapié en un mínimo de duración y en una no previsión de un final inminente. Defendemos que el legislador debería haber señalado un lapso temporal semejante al previsto en tal precepto para dotar de seguridad jurídica a este contrato a través de la ley, frente a la incertidumbre de una determinación jurisprudencial caso por caso. Quizá podría completarse la regulación normativa como contrato a favor de tercero por la posición desasistida en la que se encuentra el mismo. El carácter personal respecto del cesionario viene matizado por la propia ley al transmitirse su posición deudora a sus sucesores, salvo su configuración *intuitu personae*. Carece el texto gallego de una regulación en cuanto al número máximo de alimentistas convivientes y por ello proponemos que se limite a dos alimentistas por unidad familiar, salvo circunstancias excepcionales justificables. Consideramos también que la ley gallega debería regular el contrato de acogimiento civil como disyuntiva no aleatoria.

Segunda

Es habitual la existencia de un tercero que sin ser parte en el contrato puede, desde su aceptación expresa o tácita y recepticia, ser beneficiario del mismo al surgir para él tal derecho subjetivo. Respecto del cedente, con frecuencia se plantea jurisprudencialmente su aptitud de entender y querer ya que unos destinatarios habituales de este contrato de vitalicio pueden ser personas mayores o discapaces. A nuestro juicio, debe existir una precaución probatoria al fin de acreditar la voluntad libre incluso aunque se presuma la plena capacidad de obrar siendo recomendable la adopción de un protocolo en ese sentido. En la estipulación a favor de tercero parece conveniente que conste en escritura pública la base jurídica que sirve de soporte al pacto de tal vitalicio a su favor como garantía para las partes y, por ende, para tal tercero que, no conviene olvidar, puede ver resuelto el contrato de vitalicio a petición del cedente o de sus herederos, si bien le alcanza la posibilidad de exigir el cumplimiento de la prestación pactada. Valoramos muy positivamente que el parentesco con el alimentante no sea óbice para la constitución de un vitalicio, si bien no alcanzamos a comprender porqué el legislador gallego parece limitarlo a ascendientes y descendientes y no a hermanos o afines como, sin embargo, admite la jurisprudencia. Entendemos que igual justificación sería posible para estos grados y tipos de parentesco.

Tercera

Consideramos que en el supuesto de pluralidad de cedentes necesariamente cada uno de ellos ha de realizar algún tipo de cesión de bienes o derechos ya que, en otro caso, sólo podrían ser considerados como terceros en el contrato. Si no se ha pactado nada, y ante el silencio legal, entendemos que las prestaciones se han de realizar en forma simultánea. La Ley gallega de 2006, sin configurar la cotitularidad activa garantiza, sin embargo, a todos los alimentistas un mínimo legal adecuado a su situación sin que necesariamente tengan que ser las mismas prestaciones, y todo ello sin perjuicio de pacto que, incluso, podría comprender una solidaridad entre los acreedores aunque, a nuestro parecer, es más útil para una gestión de seguimiento diario a la hora de reclamar por un alimentista respecto de cualesquiera otros. Entendemos que es más favorable para los alimentistas y da una correcta idea de la asunción de riesgos por el alimentante realizar una mayor determinación de la prestación via pacto. Los acreedores pueden serlo sucesivamente aunque la posibilidad de pactar una duración limitada en el tiempo para cada uno de los alimentistas y que no derive de su muerte, parece excluida del espíritu de la ley gallega a pesar de no estar prohibida expresamente. Respecto del acreedor de la prestación no cabe pacto de transmisibilidad aunque sería posible, mediante acuerdo entre cedente y cesionario, realizar una novación subjetiva en la persona del alimentista que pasaría a ser considerado como un tercero evitando la novación extintiva. No cabe tampoco la sucesión hereditaria en la posición del alimentista, salvo que fuese un alimentista sucesivo o un tercero. No hay impedimento para que las personas físicas casadas o convivientes como pareja de hecho inscrita o no puedan ser alimentantes. Sólo para el caso de que el alimentista se integre en el hogar familiar consideramos que se hace preciso el consentimiento del cónyuge no alimentante y, por analogía, el conviviente. La persona jurídica, por regla general, podrá ser alimentante, sin perjuicio de que la determinación por la legislación específica del tipo social y de sus propias reglas de funcionamiento o estatutos contemple si puede o no realizar la prestación de alimentos, ayudas y cuidados.

Cuarta

El legislador gallego de 2006, ante el silencio de la anterior ley gallega, establece convenientemente como principio general la solidaridad entre deudores permitiéndose pacto expreso en contrario en el título constitutivo aunque, a nuestro juicio, no parece posible una novación modificativa posterior al régimen legal previsto. Permite la ley también el pacto respecto de los obligados a fin de cumplir la prestación conjunta e indivisiblemente incluso aunque por su naturaleza sea divisible. Entendemos que esta postura refuerza el sentido de atención a los deudores, asemejándose bastante a una solidaridad. La solidaridad de deudores puede resultar beneficiosa en los casos de separación, divorcio o nulidad, sobre todo de haberse pactado convivencia en un determinado domicilio e, incluso, si hay órden de alejamiento respecto de una de las partes. La sucesión *mortis causa* deviene con la ley gallega una regla general de transferencia en defecto de pacto siendo ésta elemento natural del contrato. Esta regla, que parece razonable pero que puede no serlo en función de la mayor o menor capacidad o no de cuidados, puede dar lugar, en este último caso, a la aprcciación de un incumplimiento objetivo como hace cierta jurisprudencia. Las relaciones entre los herederos sucesores tendrán carácter solidario independientemente de que lo sean a título particular o universal, sin perjuicio de lo señalado en el testamento. Entendemos que cabe también la sucesión en el caso de personas jurídicas pero, sin embargo, la sucesión *inter vivos* admisible en Galicia necesitaría, en todo caso, del consentimiento expreso del alimentante. De haberse pactado la no sucesión estimamos conveniente el establecimiento de un sistema de garantía voluntario a suscribir por las partes, que podría estar inspirado en el régimen previsto para tal supuesto en el contrato de alimentos del Código civil, y pese a la dificultad de la previa cuantificación.

Quinta

Siendo varios los cedentes-alimentantes los bienes han de ser comunes o pertener a título privativo a cada uno de ellos, siendo necesario el consentimiento de los titulares para la cesión. A nuestro juicio, han de determinarse las concretas titularidades indicando quién aporta lo qué y en qué título, así como el régimen por el que se regirán en caso de comunidad a fin de evitar controversias. Aunque cierto sector doctrinal considera posible que el cedente se obligue, además, a la realización de una prestación de actividad en el ámbito familiar o profesional, no parece, a nuestro juicio, que la ley gallega contemple tal posibilidad como consecuencia de un contrato de vitalicio y sin perjuicio de las responsabilidades legales a que hubiera lugar en su caso. Es obvio que el cedente por tratarse de un contrato oneroso está obligado a garantizar bienes y derechos transmitidos tanto por evicción, vicios o gravámenes ocultos, dando lugar a la devolución del valor de las prestaciones, lo que genera una abundante jurisprudencia a la hora de calcular el importe de los alimentos prestados. Respecto del saneamiento por vicios ocultos, el cesionario podrá optar por el ejercicio de la acción redhibitoria o de la acción estimatoria en el plazo de seis meses a contar desde la entrega de la cosa. De optar por la acción estimatoria, a nuestro juicio, y por existir un mínimo en la ley gallega en cuanto a las prestaciones, no habrá opción a rebaja alguna respecto de este mínimo legal de contenido imperativo. Cabe también una cesión de bien con transmisión actual como futura de la titularidad con o sin posesión, ya que de realizarse en escritura pública se produce una *traditio* instrumental. No es inhabitual encontrar en via jurisprudencial la cesión de todo un patrimonio con la multiplicidad de derechos y titularidades junto con posibles cargas o gravámenes, en cuyo caso es conveniente tener presente la situación patrimonial del cedente para no incurrir en un acto de fraude de acreedores e, incluso, en una insolvencia punible. Consideramos muy necesaria en una futura regulación legal la imperatividad de realizar un inventario de bienes y derechos cedidos procediéndose a tasar los muebles y describiendo el estado de los inmuebles, junto con las cargas que lo pudiesen gravar. A la luz de la jurisprudencia, dada la aleatoriedad de este contrato, parece deseable de *lege ferenda* que la ley gallega plasmara en uno u otro sentido la proporcionalidad de los bienes cedidos o que, incluso, se estableciera una presunción *ope legis* de proporcionalidad al suscribir un contrato de vitalicio. La práctica hace aconsejable que, aunque no sean partes, estén presentes los legitimarios en el otorgamiento de dicho contrato asintiendo su celebración en evitación de litigios.

Sexta

Si bien cuando se trataba de un contrato innominado era habitual la remisión a la regulación de los alimentos legales, la Ley gallega de 1995 configuraba una prestación compleja de alimentos y cuidados en la que eran por cuenta del cesionario, vestido, asistencia médica, sustento, habitación pero, también, con gran relevancia, todo tipo de ayudas o cuidados, incluso los afectivos. Todas estas prestaciones eran de igual rango, igualmente exigibles, aunque para dicho legislador cabía pacto al respecto. Cabe pacto en cuanto a la convivencia pudiendo las partes libremente determinar la fórmula que estimen más oportuna. Enjuiciamos favorablemente el carácter accidental de este pacto para adecuarlo a las nuevas necesidades sociales. No alude la ley gallega, sin embargo, a la innegable existencia de la guarda de hecho por el alimentante respecto del alimentado, salvo excepciones. El legislador de 2006 no altera, a nuestro juicio, el contenido de las prestaciones aunque se fija la duración vitalicia de este contrato y elude la fijación de limitaciones. Se establece nuevamente un mínimo imperativo legal que a través de pacto puede completar la obligación de atender a las necesidades de alimentos, asistencia, cuidados y afecto de la persona, adecuándolo a las circunstancias de las partes. Esta adecuación, a nuestro modo de ver, en un contrato destinado a una finalidad asistencial, parece no suficiente para una formación libre y veraz de un consentimiento contractual, ya que los contratantes carecen de experiencia al respecto. De ser profesional el cuidador habrá de acudirse a la legislación específica que regule su actuación. Entendemos entonces que el cuidador ha de dar de comer, vestir, asear, ayudar en materia de movilidad, realizar tareas domésticas, administrar tratamientos médicos y tomar decisiones en cuanto al uso del dinero, dada la evolución natural que por razón de la edad tendrán los alimentistas. Consideramos también posible un pacto accesorio respecto de la educación e, incluso, del ocio, asi como de los posibles gastos farmacéuticos.

Séptima

El legislador de 2006 alude al sustento del alimentista que, salvo pacto, será de carácter medio en cuanto a su calidad y contenido aunque cabe que, por razones terapéuticas, deba fijarse en algún sentido. El alimentante obligado a realizar la prestación de habitación ha de tener en cuenta la posible exigencia futura de facilitar lugar de residencia al alimentista siendo el lugar de cumplimiento, en defecto de pacto, el propio domicilio del deudor. De tratarse de una vivienda arrendada, la inclusión de un nuevo conviviente tendría repercusión en el contrato de arrendamiento ya que, por la onerosidad, existiría un posible subarriendo total o parcial de la vivienda que quedaría prohibido, salvo en el caso de alimentista cónyuge o pareja de hecho. En la crisis matrimonial y de haberse adjudicado el uso y disfrute de la vivienda familiar al cónyuge del alimentante, habiéndose pactado expresamente tal residencia para el alimentista, se produciría un incumplimiento objetivo. De no haberse pactado ese lugar específico, el alimentista seguirá al cónyuge alimentante al lugar donde se establezca. De ser ambos cónyuges los deudores entendemos que se le han de ofrecer ambos domicilios pudiendo escoger el acreedor al tener la prestación carácter de solidaria. Consideramos que debe haber una previsión expresa plasmada en la ley que establezca el deber recíproco de respeto y el deber de convivir en forma pacífica para el supuesto de convivencia del alimentista con las personas que compongan la unidad familiar. El concepto de habitación por via jurisprudencial, que entendemos aplicable, comprendería no sólo la habitación en si misma sino también los enseres, el mobiliario correspondiente y los servicios adecuados. Si por causas ajenas a la voluntad del alimentante no se pudiera facilitar, se le habría de proporcionar una estancia, pieza o habitación en establecimiento hotelero de calidad media o en centro residencial adecuado a sus circunstancias por el tiempo indispensable. A nuestro entender, falta en el actual texto gallego la indicación relativa a los gastos farmacéuticos al aludir sólo a los médicos y, por ello, sugerimos que se incluya la expresión asistencia sanitaria como más amplia y por coincidir con la utilizada generalmente por la normativa española y europea.

Octava

Debe recogerse en sede de contrato de vitalicio, según nuestro criterio, su relación con la guarda de hecho teniendo en cuenta que la persona del alimentista podría encontrarse en situación de riesgo respecto de su persona o bienes. A este alimentante guardador entendemos que le correspondería la alimentación, los tratamientos médicos, el cuidado, la educación y formación cuando fuese un menor e, incluso, promover la incapacitación y, en lo relativo al patrimonio, realizaría sólo los actos de administración ordinaria pero no los de administración extraordinaria. En nuestra opinión, este carácter de guardador del alimentante ha de ser publicitado registralmente, con la obligación de notificar a la autoridad judicial la existencia del propio contrato de vitalicio o, más concretamente, de los mandatos de apoderamiento preventivo que pudieran existir, de no entenderse aplicable la figura del guardador de hecho. De existir tal relación de mandato, se habría de realizar un depósito y protocolización ante notario del balance y de los justificantes de su gestión respecto de los ingresos y gastos realizados por cuenta del mandante alimentista, excluyendo de esa rendición los gastos ordinarios de comida y vestido. Igualmente sería de interés la posible existencia de un documento de instrucciones previas del alimentista. Parece razonable estimar que, aunque la ley gallega no dé trascendencia al alimentante como sustituto para el consentimiento informado, sí pueda estar legitimado el alimentante para solicitar el ingreso no voluntario urgente por razón de trastorno psíquico e, incluso, parece que debería estarlo en ciertos supuestos para el ingreso voluntario ordinario, al ostentar la condición de apoyo de la persona con discapacidad. El vitalicio establece un mínimo de ayudas y atenciones pero no alude al incremento de su calidad de vida y, por ello, entendemos que no se incluyen gastos de vacaciones, asistencias a centros terapéuticos, reparaciones para eliminar barreras arquitectónicas, productos ortopédicos o vehículos especiales, que, en cambio, podrán ser objeto de pacto específico y respecto de los cuales se fijen topes o límites sin alterar el carácter aleatorio. La información previa a este respecto parece muy necesaria y, en caso de desacuerdos, pudiera ser conveniente acudir a una conciliación o mediación ya formal o informal, incluso a través de los servicios sociales o de la Xunta de Galicia.

Novena

Resolver el contrato de vitalicio a instancia del cesionario era facultad respecto de la que cabía una renuncia válida y aparecía en la práctica como una manera de evitar la litigiosidad y el incumplimiento que pondría fin al contrato de vitalicio. Entendemos que, a falta de previsión legal expresa, cabría incluso conceder al alimentista una opción a tal respecto, por ejemplo, para el caso de desafecto. Se establecía, asimismo, que el cesionario tendría derecho *ex lege* a percibir la mitad de las ganancias obtenidas con su trabajo, sin perjuicio de un pacto resolutorio expreso en el que se tomasen precauciones en relación a una restitución por equivalente económico ya que, en otro caso, se habrían de devolver los bienes. Este desistimiento tiene eficacia *ex nunc* pero el alimentista hace suyos los alimentos percibidos y el alimentante los rendimientos que la cosa produjo por sí como compensación a los alimentos yendo a mitad en cuanto a las ganancias obtenidas por trabajo. Los frutos naturales quedarían para el cesionario y los industriales se entregarían por mitad, aunque esta postura no es unánime. En cuanto a las mejoras, gastos útiles y de recreo se aplican las normas sobre liquidación del estado posesorio dándole el tratamiento de poseedor de buena fe. La actual Ley gallega de 2006 permite al cesionario desistir en cualquier tiempo previa notificación fehaciente al cedente con seis meses de anticipación pero exigiendo la notificación fehaciente para el cómputo del plazo y la restitución íntegra de bienes y derechos recibidos y de los frutos generados. Resulta exigible en esta restitución que no haya más cargas o gravámenes que los preexistentes a la cesión y entendemos que deben excluirse aquellas cargas que no tengan su origen en una actuación del cesionario sino del cedente de los bienes. A nuestro juicio, la restitución se ha de producir cuando se ponga fin a la relación contractual y no con la notificación, ya que se produciría un enriquecimiento injusto si el alimentante es restituido en lo por él cedido mientras continúa recibiendo alimentos, ayudas y cuidados durante seis meses. El legislador gallego actual, a nuestro juicio, no quiere favorecer el desistimiento del cesionario alimentante, lo que entendemos erróneo ya que podría provocar un incumplimiento. En nuestra opinión, el desistimiento unilateral ha de ser un verdadero desistimiento libre y si el legislador pretende la conservación del contrato no ha de llegar a la sanción de alguien que, en principio, no lo merece. Entendemos más razonable la postura de la anterior ley que incentivaba la explotación de los bienes a diferencia de la actual que creemos excesiva en sus consecuencias.

Décima

La resolución contractual tiene en la legislación gallega causas específicas, en especial, el incumplimiento, y supone una adaptación de la resolución a través del art. 1124 Cc. Ha sido numerosa la jurisprudencia que aplicó analógicamente la normativa de la renta vitalicia en aquel texto legal y, en concreto, la previsión del art. 1.805 Cc. Sin embargo, nos parece más razonable la aplicación del art. 1124 Cc a los efectos de la resolución del contrato, siempre que se trate de un incumplimiento grave, total o parcial, y no meramente defectuoso. La jurisprudencia reconoce mayoritariamente la facultad resolutoria del art. 1124 Cc. También cabe el pacto resolutorio expreso en el que se establezca que si el alimentante incumple la obligación se produzca la resolución de pleno derecho del contrato, siendo suficiente un acta de notificación resolutoria para que se proceda a la reinscripción de los bienes cedidos a favor de su titular. La jurisprudencia registral admite tal pacto resolutorio que permite evitar las dificultades de prueba en la via judicial. El legislador gallego de 1995 estableció las causas de resolución y su régimen jurídico, basándolas exclusivamente en conductas del alimentante, ya relacionadas con los alimentos, ya con las ayudas y cuidados, y tratándose de incumplimientos graves. Resulta criticable el silencio legal ante la posibilidad resolutoria del alimentante que, aún no habitual, es perfectamente posible si, por ejemplo, no cumplió el cedente con las prestaciones pactadas. Como supuestos legales se establecía la conducta gravemente injuriosa o vejatoria del obligado a los alimentos, con los problemas de prueba que presenta al darse tal conducta en el ámbito familiar y por la gravedad que parece aludir más a un ámbito penal que habría de actuar con prioridad a la posible resolución contractual civil. El legislador de 1995 no incluyó a otros convivientes no alimentantes con el obligado a prestar alimentos de una forma que creemos razonable. El incumplimiento total o parcial de la prestación alimenticia no imputable a su perceptor se configuró como causa de resolución contractual. El incumplimiento lo sería respecto del mínimo legal establecido o de lo pactado al respecto. La abundante jurisprudencia exige que estemos ante un incumplimiento propio, grave y esencial, sin que se requiera una pertinaz obstativa sino sólo que lleve a cabo sin justificación conductas contrarias a lo libremente pactado. El incumplimiento parcial ha de ser básico ya que, en otro caso, se aplicaría la solicitud de cumplimiento forzoso con indemnización de daños y perjuicios.

Undécima

De relevancia es el pacto que señala la necesidad de solicitar la resolución en vida del alimentista, lo que limita una posible reclamación por herederos o causahabientes de los cedentes. Destacaba el legislador de 1995 la importancia del aspecto afectivo en el vitalicio y la ponderación de la posición económica y social junto con el capital que actuarán como orientadores del juzgador. Estos criterios generan, a nuestro modo de ver, un claro problema de prueba para determinar la real posición económica de la familia y su posición social. Dos omisiones destacaban en la ley del 95, de una parte, la posible transmisibilidad a los herederos de la acción para solicitar la resolución contractual y, de otra, que no se indicaba nada respecto de los terceros adquirentes, aplicándose la doctrina general del Código civil en sus artículos 1124, 1295 y 1298, de manera que los terceros adquirentes de buena fe no se verían afectados por la resolución excepto de existir condición resolutoria expresa inscrita en el Registro de la Propiedad. El legislador gallego de 2006 abandonó el uso del impreciso término de rescisión adoptado por el legislador de 1995 para utilizar la correcta expresión de resolución e indicar sus causas, centrándose en el cedente como el sujeto que puede instar la resolución, aunque utilice la expresión alimentista que puede no coincidir. La ley gallega señala al cedente, alimentista o no, como aquel que insta la resolución aunque la conducta se puede producir respecto de un cedente alimentista o de un alimentista tercero. Será la vía judicial la que tendrá que declarar tal resolución para la producción de los correspondientes efectos. La novedad destacable lo es respecto de incluir a terceros ajenos al contrato pero que convivan con el alimentista. Ahora bien, consideramos que ello no es muy acertado al no aludir a progenitores, excónyuges que vivan en el mismo hogar e, incluso, alimentistas que en ella convivan, como tampoco tutelados o curatelados por el alimentante. La prueba presentará notables dificultades y quizá el legislador debería concretar un momento procesal para que esta causa pudiese funcionar, por ejemplo, el de la imputación. En cuanto al incumplimiento total o parcial, se exige que el perceptor no hubiese incumplido las obligaciones que le pudieran corresponder o que no haya realizado conductas obstativas que impidan la realización de la prestación.

Duodécima

La jurisprudencia considera que los términos sustento, ayuda, cuidado y afecto son indeterminados y de apreciación subjetiva, por lo que, salvo que sean obvios, ha de extremarse la cautela debido a la mutabilidad de la voluntad de las partes. El legislador gallego incide nuevamente en la adecuación a las circunstancias y en el carácter social y económico, por lo que hace hincapié en una relación causal entre capital y cuidado y atenciones, de manera que *sensu contrario* no sería causa de resolución los cuidados y atenciones en lo necesario al alimentista pero en todo en cuanto haga posible el capital cedido y no en aquello en que no lo hiciera posible según la posición de las partes, lo que parece modificar el contenido legal del art. 148 de la ley gallega de la prestación asistencial. También servirían estas circunstancias para entender exigible una mayor diligencia en la actuación del alimentante respecto a los cuidados para mantener la calidad de vida, en cuanto fuera posible incrementarla por permitirlo el capital cedido. Nuestra opinión, no obstante, es que esa mención a la posición social y económica no es conforme al espíritu aleatorio del contrato, ya que la obligación alimenticia viene determinada por las necesidades del alimentista y no por su situación económica y social. Sorprende, a nuestro juicio, la divergencia de tratamiento del texto legal ya que no regula causas de resolución para conductas semejantes que provengan del alimentista como, por caso, la injuria o vejación al alimentante o agresiones del entorno del alimentista. Novedad en la legislación gallega de 2006 son dos supuestos de resolución a instancia del cedente que tienen como carácter común la pluralidad de alimentantes, en un caso, ante un incumplimiento y, en el otro, ante el desistimiento de uno de los obligados. Asi, de pactarse una prestación conjunta e indivisible respecto de los alimentantes, el cedente podrá resolver el contrato en relación a todos aunque la circunstancia que dió lugar al maltrato proviniera de uno solo de los obligados. Quizás de esta manera se pretende un mayor compromiso o vigilancia entre los obligados para impedir tales conductas graves. Ahora bien, a nuestro juicio, la ley debería distinguir si hay o no convivencia con los restantes coobligados. De no convivir tal coobligado, su situación supone una falta de equidad respecto de un alimentante cuidador que está cumpliendo con la prestación pactada, siempre que la desconozcan pese a actuar con una actuación normal y razonablemente exigible. En otro caso, entendemos que la ley ha de diferenciar en este supuesto y establecer consecuencias menos severas, a la vez que consideramos excesiva la respuesta legal que, ante una prestación conjunta e indivisible en la que uno de los alimentantes ha desistido, faculta al cedente a solicitar la resolución respecto de los restantes obligados.

Décimo tercera

En lo atinente al ejercicio de la acción de resolución, la ley de 2006 contempla tres previsiones, unas para supuestos de pluralidad de cedentes y otra para el caso de tercero alimentista. Establece la ley que la acción de resolución, de ser varios los cedentes, puede ser ejercitada por uno de ellos en forma solidaria beneficiando a todos, por lo que estamos ante de un apoderamiento *ex lege* aunque también cabe una acción individual respecto de cada uno de ellos. El alimentista respecto del cual no se produjo el desafecto no se vería beneficiado si se produjese una resolución, al estar actuando con él en forma correcta. La ley no indica si ejercitada tal acción con éxito los bienes a restituir han de ser sólo los cedidos por el cedente ejercitante o los cedidos por todos. Consideramos que, salvo pacto, no debería restituirse la totalidad del bien en la comunidad romana sino la cuota parte correspondiente al resolvente permaneciendo las demás con la titularidad inalterada. Establece el art.153.3 de la ley de 2006 el ejercicio de la acción resolutoria por el viudo o la viuda que habían realizado cesión conjunta, aunque silencia la probable equiparación de las parejas de hecho inscritas. En este caso, la resolución conllevará la ineficacia total del contrato y pensamos que supone una dura consecuencia para el alimentante que, en función de que exista o no matrimonio, en casos de pluralidad de acreedores, pueden enfrentarse a muy distintas consecuencias. Respecto de la resolución se prevé la transmisión de la acción de resolución a los herederos del cedente si el alimentista es un tercero, por lo que sería una transmisión *mortis causa* que se justifica en que el alimentista no puede ejercitar tal acción aunque, entendemos, que sería lícito un pacto en el sentido de permitírselo mediante acuerdo entre cedente y cesionario. La ley gallega alude a herederos, lo que supone una restricción en comparación con la anterior legislación con diferentes consecuencias. Parece criticable el silencio legal respecto de la situación de ese tercero alimentista posterior a la resolución. Defendemos la necesaria constatación del juez de alguna de las circunstancias resolutorias y, de tratarse de incapacitados, la adopción de las necesarias medidas de protección habida cuenta de las circunstancias. Entendemos, además, muy conveniente una previsión a tales fines en el propio contrato de vitalicio mediante medidas de protección como rentas periódicas o cantidades alzadas. Los bienes restituidos, a falta de previsión en el propio contrato o en las disposiciones testamentarias del cedente, procederán a ser integrados en su comunidad hereditaria. Sin embargo, creemos que la ley debería contener con fines precautorios una mención que indicase que, a falta de otra previsión, la prestación de alimentos convenida se pagase al alimentista tercero mediante una pensión actualizable a satisfacer por plazos anticipados que se fije judicialmente.

Décimo cuarta

Guarda silencio el legislador gallego en relación al pacto de ejercicio de la acción de resolución y, al respecto, nos parece acertado que al ser una acción personal sin plazo prescriba a los quince años comenzados a contar desde la fecha del incumplimiento contractual o de la concurrencia de cualesquiera otras causas señaladas. A estos fines resolutorios, así como a los de verificar la marcha del contrato de vitalicio durante su vigencia, es muy conveniente, a nuestro entender, el establecimiento de mecanismos de seguimiento y control a través de un órgano unipersonal o pluripersonal, público o privado. La ley gallega de 1995 disponía que, en defecto de pacto en contrario, se habrían de indemnizar los gastos ocasionados que podían ser compensados con los frutos percibidos y que, en todo caso, se habría de estar a lo que determinarse la resolución judicial de no haber acuerdo entre las partes. Ante este silencio parece lógico que el cesionario restituyese los bienes entregados al alimentante, devolviéndose en el mismo estado en que se hubiesen entregado y libres de cargas y gravámenes. No obstante, las partes pactaban habitualmente la devolución de los bienes en el estado en que se hallasen al tiempo de la resolución. También eran habituales los pactos que limitasen la posible transmisión de bienes a terceros, exigiendo, por ejemplo, el consentimiento expreso del cedente, negando cualquier posibilidad de enajenación o consintiendo cedente y cesionario en que los bienes se sustituyesen por una compensación económica a recibir por el cedente. Se han de indemnizar también, como señala el legislador de 1995, los gastos ocasionados al cesionario, es decir, los generados por la actuación alimenticia y de ayudas y cuidados a tenor de lo pactado. De tratarse de un alimentista no cedente, entendemos que la obligación de indemnizar sería a cargo del cedente y no del beneficiario, planteando dudas si pueden ser objeto de indemnización los gastos necesarios, útiles y suntuarios realizados por el cesionario. A nuestro modo de ver, la genérica referencia a la indemnización por gastos se refiere a los gastos personales a favor del alimentista y a los gastos realizados por el cesionario en las cosas entregadas por el cedente. En defecto de pacto, se indemnizaban los gastos y podrían ser compensados total o parcialmente con los frutos percibidos. Entendemos que se produce por previsión legal una compensación judicial aunque cabría también una compensación convencional, por ejemplo, la de los alimentos prestados con la de la ocupación de los bienes cedidos. Consideramos que se refiere a toda clase de frutos, industriales, naturales y civiles. Es preciso destacar el habitual pacto por el que el cesionario incumplidor pierde a favor del alimentista los alimentos, ayudas y cuidados realizados a favor de aquél y la configuración de claúsulas penales.

Décimo quinta

La parca regulación de 2006 destaca dos diferencias, la primera en cuanto a la manifestación expresa de la restitución de los bienes, presente en el espíritu de la ley anterior y, la segunda, en cuanto a las limitaciones expresas respecto de terceros hipotecarios, previsibles en nuestro derecho positivo. Se produce, sin embargo, un silencio no justificado acerca de la compensación de gastos y frutos presente en la ley de 1995, pese a la común opinión de que no es necesario norma explícita por aplicación del régimen del art. 1124 Cc. La ley silencia, además, la posibilidad de que el alimentante obtenga un cumplimiento por equivalente económico que, a nuestro parecer, podría ser razonable de producirse una modificación legal, sin perjuicio de la posibilidad de que los particulares realicen tal previsión por via paccionada. La resolución se configura con efecto retroactivo de manera que el cedente recuperará los bienes y derechos cedidos para el caso de acudir a una resolución judicial. En la práctica notarial, sin embargo, es habitual una resolución incluso por causa de desafecto en la que se llegue a una solución paccionada de devolución de vivienda al cedente, permaneciendo en el patrimonio del cesionario las restantes fincas y compensándose gastos por frutos. Nada indica el legislador de 2006 sobre cargas o gravámenes preexistentes que se pudieron transmitir al cesionario y que éste voluntariamente asumiera, así como tampoco alude a vicios o evicción, circunstancias que, sin duda, repercutirán en la restitución de los bienes y de ahí la conveniencia, en nuestra opinión, de las descripciones detalladas de cargas y gravámentes con apoyo en certificaciones o documentos justificativos. Proponemos la adopción de una solución semejante a la del Derecho común en base a una normativa protectora que garantice la cobertura de las necesidades asistenciales en función a la previsión de vida del alimentista. No parece que el legislador gallego, ante su silencio respecto de la indemnización de gastos ocasionados, pretenda una resolución con unos efectos *ex nunc* pero, a nuestro juicio, no queda clara tal voluntad y habrá que estar a lo que devenga de las resoluciones judiciales sin perjuicio de lo estipulado por las partes. De no pactarse otra cosa, entendemos que la consecuencia será la de abonarse recíprocamente las partes los gastos y frutos de haberse producido, cabiendo la compensación por aplicación de la normativa del Código civil. Los efectos frente a terceros se señalan en la ley, a nuestro parecer, con un mero carácter declarativo entendiendo que *sensu contrario* se verán afectados por la resolución los terceros no protegidos registralmente ya que no parece, a nuestro juicio, que la mera inscripción del contrato de vitalicio como título adquisitivo pudiera oponerse en caso de resolución frente a terceros de buena fe.

BIBLIOGRAFÍA

ALBALADEJO GARCÍA, M: *Derecho Civil. Vol. III, Derecho de bienes*, ed. Edisofer, Madrid, 2004.

- *Derecho Civil II. Derecho de obligaciones,* ed. Edisofer, Madrid, 2008.

- "Comentario de los arts. 618 a 656 del Cc" en *Comentarios al Código civil y compilaciones forales*, dirigidos por ALBALADEJO GARCÍA, M. y DÍAZ ALABART, S. tomo VIII, vol. 2º, ed. Edersa, Madrid, 1986.

ÁLVAREZ MORENO, M.T.: *El desistimiento unilateral en los contratos con condiciones generales*, ed. Edersa, Madrid, 2000.

ARTIME PRIETO, M. "El pacto vitalicio o el *contratus* vitalicio", *Foro Gallego*, nº 144, 1969.

ÁVILA NAVARRO, P.: "Extensión de la condición resolutoria explícita en la contratación inmobiliaria", *RCDI* 1994.

BADENAS CARPIO, J.M.: *La renta vitalicia onerosa*, ed. Aranzadi, Pamplona, 1995.

- "Comentario a la STS de 1 de julio de 1998", *CCJC*, enero-marzo 1999, p. 27.

BELLO JANEIRO, D., Los contratos en la Ley de Derecho civil de Galicia, en *Libro homenaje a Ildefonso Sánchez Mera,* Colegio Notarial de La Coruña. Colegios Notariales de España, Madrid, 2002.

BELTRÁN DE HEREDIA, J.: *La renta vitalicia*, ed. Revista de Derecho Privado, Madrid, 1963.

BENITO DE LOS MOZOS, A.I. "La influencia del Código civil en la vida de las mujeres españolas" en *La igualdad como compromiso*, ed. Universidad de Salamanca, Salamanca, 2007.

BERCOVITZ RODRÍGUEZ-CANO, R.: *Manual de derecho civil. Obligaciones.* ed. Bercal, Madrid, 2011.

- *Comentarios a la ley concursal: Ley 22/2003, de 9 de julio, Concursal Ley Orgánica 8/2003, de 9 de julio, para la Reforma Concursal, por la que se modifica la Ley Orgánica 6/1985, de 1 de julio, del Poder Judicial*, vol. 1, ed. Tecnos, Madrid, 2004.

BERENGUER ALBALDEJO, C.: *El contrato de alimentos*, ed. Dykinson, Madrid, 2012.

BERROCAL LANZAROT, A.I.: "Aproximación a la institución de la guarda de hecho", *R.C.D.I.,* nº 722.

BONET CORREA, J.E.: "Los contratos de renta vitalicia y de vitalicio ante las alteraciones monetarias", *ADC* 1976.
- "La actualización de una pensión de alimentos", *ADC*, 1977.
BUSTO LAGO, J.M.:"El contrato de vitalicio en la ley 2/2006, de 14 de junio de Derecho Civil de Galicia (aproximaciones jurisprudenciales)", *R.D.P.*, vol. 92, 2008.
CALVO ANTON, M.: "El contrato de alimentos como figura contractual independiente", *RGLJ*, 1989.
- "Comentario a la Resolución de la Dirección General de los Registros y del Notariado de 26 de abril de 1991", *RDP* 1992.
CAPARRÓS CIVERA, N. y JIMÉNEZ AYBAR, I.: *El acogimiento familiar de adultos mayores en España,* ed. Rialp, Madrid, 2001.
CÁRCABA FERNÁNDEZ, M.: "Consideraciones sobre la guarda de hecho", en VVAA, *La tutela de los derechos del menor, Primer Congreso Nacional de Derecho Civil*, edición preparada y dirigida por GONZÁLEZ PORRAS, J.M., ed. Junta de Andalucía, Córdoba. 1984.
CARPIO GONZÁLEZ, I.: "Ley de derecho Civil de Galicia. Estudio de la reforma" en *Boletín informativo Ilustre Colegio Notarial de Granada,* nº 177, octubre 1995.
CARRASCO PERERA, A.: "Comentario a la sentencia de 3 de noviembre de 1988", *CCJC* nº 18, septiembre-diciembre 1988.
CASTELLS, M. y PÉREZ ORTÍZ, L.: *Analisis de las políticas de vejez en España en el contexto europeo*, ed. Ministerio de Asuntos Sociales, 1992.
CASTILLA BAREA, M.: *La imposibilidad de cumplir los contratos*, ed. Dykinson, Madrid, 2000.
CHILLÓN PEÑALVER, S.: *El contrato de vitalicio: caracteres y contenido*, ed. Edersa, Madrid, 2000.
COSTA, J.: *Derecho consuetudinario y economía popular de España,* tomo I, ed. Manuel Soler, Barcelona, 1902.
DE CASTRO Y BRAVO, F.: *El negocio jurídico*, ed. Civitas, Madrid, 1985.
DE FUENMAYOR CHAMPÍN, A.: "Derecho civil de Galicia" en *Estudios de Derecho Civil,* Tomo I. ed. Aranzadi, Cizur Mayor, 1992.
- Voz "Derecho civil de Galicia", *Nueva Enciclopedia Jurídica,* Tomo I, ed. Seix, Barcelona, 1950.
DE LA IGLESIA MONJE, M.I.: "El acogimiento familiar de personas mayores y discapacitados: configuración jurídica y caracteres", en "*Libro homenaje al profesor Manuel Albaladejo García*", tomo I, Colegio Nacional de Registradores de la Propiedad y Mercantiles de España: Servicio de Publicaciones de la Universidad de Murcia, Murcia, 2004.
DEL MORAL Y DE LUNA, A.: "La renta vitalicia y su intimidad con la hipoteca de renta", *RDP* 1952.
DELGADO DE MIGUEL, J.F.: "Perfiles jurídicos de un contrato de asistencia rural: cesión de bienes a cambio de alimentos", en *Libro en homenaje a Juan Berchmans Vallet de Goytisolo*, vol. V, ed. Consejo General del Notariado, Madrid, 1988.
DELGADO ECHEVERRÍA, J.: "Comentario a los arts. 142 a 153 del Código Civil", en *Comentarios del Código Civil*, vol. I, Ministerio de Justicia, Madrid, 1991.
DÍAZ ALABART, S.: "La nulidad de las donaciones de inmuebles simuladas bajo compraventa de los mismos en escritura pública, y su validez por no necesitar forma

si son remuneratorias y el valor del servicio remunerado absorbe el del inmueble donado", *RDP* 1980.

- "El procedimiento de incapacitación y las instituciones de guarda", en *La protección jurídica de las personas con discapacidad"*, edit, Ibermutuamur, Madrid, 2004.

DÍAZ FUENTES, A.: *Dererito civil de Galicia. Comentarios a lei 4/1995*, ed. do Castro, Sada, A Coruña, 1997.

DÍAZ MARTÍNEZ, A.: "Disposiciones testamentarias de protección de descendientes de causante menores de edad", en *Revista de derecho de familia: Doctrina, Jurisprudencia, Legislación* nº 34, 2007.

DÍEZ PICAZO, L.: *Sistema de Derecho civil*, vol. II, ed. Tecnos, Madrid, 2012.

- *Fundamentos del Derecho Civil patrimonial. Las relaciones obligatorias,* ed. Civitas, Madrid 2008.

- *Instituciones de Derecho civil*, vol I, ed. Tecnos, Madrid, 1995.

DÍEZ PICAZO, L. y GULLÓN BALLESTEROS, A.: *Sistema de Derecho civil*, vol II, 9ª ed., ed. Tecnos, Madrid 2010.

ESPINOSA DE SOTO, J. L.: "De las legítimas", en *Derecho de sucesiones y y* régimen económico familiar de Galicia: *Comentarios a los Títulos IX y X y a la Disposición adicional tercera de la Ley 2/2006, de 14 de junio y a la Ley 10/2007, de 28 de junio*, volumen II, Colegio Notarial de Galicia y Colegios Notariales de España, ed. Consejo General del Notariado, Madrid, 2007.

FERNÁNDEZ HIERRO, J.M.: *Teoría general de la sucesión. Sucesión legítima y sucesión contractual,* ed. Comares, Granada, 2007.

FERNÁNDEZ LOZANO, J.L.: "La representación", en *Instituciones de Derecho Privado*, T. I vol. 2°, ed. Thomson-Aranzadi, Madrid, 2003.

GETE-ALONSO Y CALERA, M.C.: *"La modificación de la relación obligatoria". Manual de Derecho Civil II. Derecho de Obligaciones. Responsablidad Civil. Teoría General del Contrato,* ed. Marcial Pons, Madrid, 2000.

GOMA SALCEDO, J.E., "Los principales problemas del contrato de renta vitalicia", *RDN* 1960.

GONZÁLEZ DÍAZ, F.A.: *Contenido y límites de la prestación sanitaria*, edit. Aranzadi, Pamplona, 2003.

GONZÁLEZ CARRASCO, M.C. y CANTERO MARTÍNEZ, J.: *La producción normativa en materia de consumo*, Centro de Estudios de Consumo, Toledo, 2006.

GONZÁLEZ PORRAS, J.M.: *Curso de Derecho Civil II. Derecho de obligaciones, contratos y responsabilidad por hechos ilícitos*, ed. Tirant lo Blanch, Valencia, 2004.

GUILARTE MARTÍN-CALERO, C.: "La delimitación de los alimentos aludidos en el artículo 294 del Código civil", *AC,* 1997.

GUILARTE ZAPATERO, V.: "Comentario de los arts. 1802 a 1808 del CC" en *Comentarios al Código civil y compilaciones forales*, dirigidos por Albaladejo García, M. y Díaz Alabart, S., tomo XXII, vol 1°, ed. Edersa, Madrid, 1982.

GULLÓN BALLESTEROS, A.: "Capacidad jurídica y capacidad de obrar", en *Los discapacitados y su protección jurídica*, CGPJ, Madrid, 1999.

- *Curso de Derecho civil. El negocio jurídico*, ed. Tecnos, Madrid, 1972.

HERAS HERNÁNDEZ, M. del M.: "El acogimiento familiar de personas mayores en el Derecho civil catalán y navarro: causas y efectos de la extinción del contrato en vida de los contratantes", en "*Libro homenaje al profesor Manuel Albaladejo*

García", tomo I, Colegio Nacional de Registradores de la Propiedad y Mercantiles de España: Servicio de Publicaciones de la Universidad de Murcia, Murcia, 2004, p. 2401 y ss.

HERBOSA MARTÍNEZ, I.: "El patrimonio especial del discapacitado en la Ley 41/2003, de 18 de noviembre de Protección Patrimonial de las Personas con Discapacidad", *AC* 2005, nº 16.

IGLESIAS CORRAL, M.: *Estudos do Dereito Civil de Galicia*, ed. Sept., Pontevedra, 1973.

LAMBEA RUEDA, A.: "Caracteres del contrato de alimentos y estructura el contrato de alimentos en favor de tercero", *Aranzadi Civil: Revista doctrinal*, Ed. Aranzadi, Pamplona, 2006.

LACRUZ BERDEJO, J.L.: *Elementos de Derecho Civil*, tomo IV, vol I, ed. Dykinson, Madrid, 2010.

- *Elementos de Derecho Civil*, tomo II, vol. 2º, ed. Dykinson, Madrid, 2010.
- *Nociones de Derecho civil patrimonial e Introducción al Derecho*, ed. Dykinson, Madrid, 2004.

- *et alt*.: Derecho de familia, 3ª edición, ed. Dykinson, Madrid 2008.

LASARTE ÁLVAREZ, C.: *Principios de Derecho Civil*, tomo II, ed. Marcial Pons, Madrid, 2011.

- *Principios de Derecho Civil*, tomo III, ed. Marcial Pons, Madrid, 2011.

LEÑA FERNÁNDEZ, R.: "El tráfico jurídico negocial y el discapacitado", en *La protección jurídica de discapacitados, incapaces y personas en situaciones especiales*, ed. Cívitas, Madrid 2000.

LETE DEL RÍO, J.M.: *Derecho de obligaciones*, vol II, ed. Aranzadi, Cizur Mayor, 2006.

- "Capítulo III. El vitalicio" en "Artículos 1 a 99 de la Ley de Derecho civil de Galicia" en *Comentarios al Código civil y Compilaciones Forales*, dirigidos por Albaladejo García, M y Díaz Alabart, S. tomo XXXII, vol. 1º, ed. Edersa, Madrid, 1997.
- *et alt*.: *Manual de Derecho civil Gallego*, ed. Colex, Madrid, 1999.

LINACERO DE LA FUENTE, M.A.: "Protección jurídica de las personas mayores", AC, nº 19, noviembre 2004.

LLAMAS POMBO, E.: "La tipificación del contrato de alimentos", en *Protección jurídica de los mayores*, ed. La Ley, Madrid, 2004.

- *Ley de arrendamientos urbanos* (*comentarios y jurisprudencia doce años después*), ed. La Ley, Madrid, 2007.

LÓPEZ PELAEZ, P.:"El contrato de vitalicio: la cesión de un inmueble a cambio de alimentos", *El Consultor Inmobliario*, nº 52, 2004.

LORENZO FILGUEIRA, V.: "Estudios para una Ley de Bases de reforma de la Compilación del Derecho civil especial de Galicia", *Foro Galego*, nº 181, 1985.

- *Realidad e hipótesis de futuro del derecho foral de Galicia*, ed. Ayuntamiento de Pontevedra, Pontevedra, 1986.

LORENZO MERINO, F.J.: *El derecho civil de Galicia y la propuesta de compilación de 22 de marzo de 1991*, publicacions da Asociación Galega de Estudos Xurídicos, Santiago de Compostela, 1992.

- *Ley de Derecho civil de Galicia,* ed. Tecnos, Madrid, 2006.
- "Una propuesta de reforma: la de la materia contractual de la Ley 4/1995, de 25 de mayo, de Derecho Civil de Galicia", en "*Libro homenaje al profesor Manuel Albaladejo García",* tomo II, Colegio Nacional de Registradores de la Propiedad y Mercantiles de España*:* Servicio de Publicaciones de la Universidad de Murcia, Murcia, 2004.

LOSADA DÍAZ, A.: "El contrato de *o vitalizo*", en *Libro del I Congreso de Derecho gallego*, La Coruña, 1974.

MANRESA Y NAVARRO, J.M.: *Comentarios al Código civil español*, tomo XII, ed. Reus, Madrid, 1931.

MARTÍN SANTIESTEBAN, S.: "El patrimonio de destino en la Ley de protección patrimonial de las personas con discapacidad: ¿un acercamiento al *trust*?, *Actualidad Jurídica Aranzadi*, nº 612.

MARTÍN-BALLESTERO Y COSTEA, *La casa en el derecho aragonés*, ed. Berdejo Casañal, Zaragoza, 1944.

MARTÍNEZ DE AGUIRRE Y ALDAZ, C.: *Curso de Derecho civil II. Derecho de obligaciones,* ed. Colex, Madrid, 2008.

MARTÍNEZ DÍE, R., "Los discapaces no incapacitados. Situaciones especiales de protección*"* en *Estudios de derecho judicial*, nº 22, 1999.

MARTÍNEZ HENS, H.: "El contrato de alimentos en el Código Civil- Reflexión en trono a su sustantividad", en "*Libro homenaje al profesor Manuel Albaladejo García*", tomo II, Colegio Nacional de Registradores de la Propiedad y Mercantiles de España*:* Servicio de Publicaciones de la Universidad de Murcia, Murcia, 2004.
- "Las mejoras en el arrendamiento rústico: estudio del artículo 1573 del Código civil", en *RDP* 2001.

MARTÍNEZ ORTEGA, J.C.: *El contrato de alimentos,* ed. Dykinson, Madrid, 2007.

MOUTÓN Y OCAMPO, L.: Voces "Abad- Ixarica", en *Diccionario de Derecho civil foral, copilado y consuetudinario*, tomo I, ed. Española, Madrid, 1904.

NÚÑEZ ZORRILLA, M.C.: *El contrato de alimentos vitalicio: configuración y régimen jurídico*, ed. Marcial Pons, Madrid, 2003.

NIETO ALONSO, A.: *La donación onerosa y vitalicia. Perspectiva del incumplimiento de las cargas*, ed. Trivium, Madrid, 1998.

ORDÓÑEZ ARMÁN, F.M., PEÓN RAMA, V.J. Y VIDAL PEREIRO, V.M.: Capit III. "De los pactos sucesorios. Disposiciones generales", en *Derecho de sucesiones y y* régimen económico familiar de Galicia: *comentarios a los Títulos IX y X y a la Disposición adicional tercera de la Ley 2/2006, de 14 de junio y a la Ley 10/2007, de 28 de junio*, volumen I, Colegio Notarial de Galicia y Colegios Notariales de España, ed. Consejo General del Notariado, Madrid, 2007.

PEÓN RAMA, V.: "Capítulo III. Del vitalicio", en *Comentarios a la Ley 2/2006 de derecho civil de Galicia*, edit. Aranzadi, Cizur Menor, 2008.

PÉREZ CONESA, C. *et alt*: *Manual de Derecho Civil. Contratos*, ed. Bercal, Madrid, 2003.

PRATS ALBENTOSA, L.: *Derecho de familia*, ed. Tirant lo Blanch, Valencia, 1995.

PUENTE DE LA FUENTE, F.: "El mandato preventivo", en *Protección jurídica del discapacitado. II Congreso Regional*, Tirant Lo Blanch, Valencia, 2007.

PIÑOL AGULLÓ, J.: "Prestaciones periódicas vitalicias en Derecho común y en Derecho catalán", en Separata de *La Notaría*, 1947-1.

QUIÑONERO CERVANTES, E., *La situación jurídica de la renta vitalicia*, Secretariado de Publicaciones, Universidad de Murcia, 1979.

RAPOSO ARCEO, J.J. "El vitalicio", en *Anuario da Facultade de Dereito da Universidade da Coruña,* nº 8, 2004.

REBOLLEDO VARELA, A.L. "El contrato de vitalicio (Especial consideración de su regulación en la Ley 4/1995, de 24 e mayo, de Derecho civil de Galicia)", *AC* 1996, nº 39.

- "Derecho civil de Galicia: Presente y futuro" en *Revista Jurídica de Navarra*, nº 46, 2008.

REINO CAAMAÑO, J.: "El retracto legal y la libre contratación", *RGLJ* 1918.

RIERA ÁLVAREZ, J.A.: "Las instituciones de prevención patrimonial: la renta vitalicia, los contratos de alimentos y los seguros de dependencia", en *La defensa jurídica de las personas vulnerables*, ed. Aranzadi, Navarra, 2008.

ROCA TRÍAS, E: "Comentario de los arts. 330 a 333 de la Compilación de Cataluña", en *Comentarios al Código civil y Compilaciones forales*, dirigidos por Albaladejo García, M. y Díaz Alabart, S., tomo XXX, ed. *RDP*, Madrid, 1987.

RODRÍGUEZ LÓPEZ, F.: "La cesión de bienes a cambio de alimentos: el contrato de vitalicio" en Estudios en Homenaje a Juan Berchmans Vallet de Goytisolo. Vol III. Madrid, 1988.

RODRÍGUEZ MARÍN, C.: *El desistimiento unilateral del contrato*, edit. Montecorvo, Madrid, 1991.

ROMÁN GARCÍA, A.M.: "Consideraciones básicas de la normativa autonómica sobre tutela de personas mayores" en *La tutela de las personas mayores*, Escola Galega de Administración Pública, Santiago de Compostela, 2004.

ROMERO GALLARDO, A.: "Proyecto de Ley de adaptación normativa a la convención Internacional sobre los derechos de las personas con discapacidad", *Diario La Ley*, nº 7591, ed. La Ley, 2011.

ROVIRA SUEIRO, M.: *Relevancia de la persona para afrontar su propia discapacidad*, Ed. Universitaria Ramón Areces, Madrid, 2005.

SABATER BAYLE, E.: "Contrato de vitalicio y resolución de obligaciones", *Aranzadi Civil*, t. 1 vol: II, ed. Aranzadi, Pamplona, 1997.

SÁNCHEZ ÁLVAREZ, M.M.: "Efectos de la declaración de concurso sobre las facultades patrimoniales del deudor", en *Comentarios a la Ley Concursal*, ed. Marcial Pons, Barcelona, 2004.

SANTOS BRIZ, J.: *Código civil. Doctrina y jurisprudencia*, tomo VI, vol, 1º, ed. Trivium, Madrid, 1995.

SANTOS MORÓN, M.J.: *La forma de los contratos en el Código civil*, ed. BOE, Madrid, 1996.

SOTELO NOVOA, E.: "El contrato de vitalicio", *Derechos civiles de España*, ed. Aranzadi, Madrid, 2000.

SEOANE SPIEGELBERG, J. L.: *La prueba en la Ley de Enjuiciamiento Civil 1/2000: disposiciones generales y presunciones*, ed. Thomson-Aranzadi, Cizur Menor, 2007.

TUERO BERTRAND, F.: *Diccionario de derecho consuetudinario e instituciones y usos tradicionales de Asturias*, ed. Trea, Gijón, 1997.

TORRALBA SORIANO, V.: "La incapacidad contractual", en *Estudio de derecho civil en homenaje al Prof. J. Beltrán de Heredia y Castaño*, Salamanca, Universidad, 1984.

VV.AA., *III Congreso de Dereito Galego*, A Coruña, de 27 a 29 de novembro de 2002, *Foro Galego*, 2003.

VVAA, *Comentarios a la Ley 2/2006 de derecho civil de Galicia*, ed. Aranzadi, Cizur Menor, 2008.

VVAA, *Comentario práctico a la legislación reguladora de la Sanidad en España*, ed. Comares, Granada, 2007.

VVAA, *Manual de buenas prácticas del Ministerio Fiscal para la protección de personas con discapacidad*, ed. Fundación Aequitas, Madrid, 2011.

VVAA, *Malos tratos a mayores: guía de actuación*, Moya Bernal, A. y Barbero Gutiérrez, J. (coords.), ed. Ministerio de Trabajo y Asuntos Sociales IMSERSO, Madrid, 2005.

VVAA, *Protección Jurídica patrimonial de las personas con discapacidad*, coordinador Pérez de Vargas, J., ed. La Ley, 2006.

VVAA, *Protocolo Común para la Actuación Sanitaria ante la Violencia de Género*, ed. Ministerio de Sanidad y Consumo, Madrid.

XUNTA DE GALICIA, *Manual de formación para cuidados en el contorno familiar*, Consellería de Traballo e Benestar, 2010.

COLECCIÓN DE MONOGRAFÍAS DE DERECHO CIVIL

Dirección de D. Mariano Yzquierdo Tolsada

I. PERSONA Y FAMILIA

- I.1. El mantenimiento de la familia en las situaciones de crisis matrimonial (2002). Yolanda B. Bustos Moreno
- I.2. Mediación familiar. Prevención y alternativa al litigio en los conflictos familiares (2003). Lucía García García
- I.3. Aspectos civiles de la sustración internacional de menores. Problemas de aplicación del Convenio de la Haya de 25 de octubre 1980 (2003). Blanca Gómez Bengoechea
- I.4. Masas patrimoniales en la sociedad de gananciales. Transmisión de su titularidad y gestión entre los cónyuges (2004). Montserrat Pereña Vicente
- I.5. La adopción internacional en el derecho español (2004). María Aránzazu Calzadilla Medina
- I.6. Cohabitación y matrimonio (la experiencia escocesa) (2007). Luis Arechederra
- I.7. Derecho a la identidad y filiación: Búsqueda de orígenes en adopción internacional y en otros supuestos de filiación transfronteriza (2007). Blanca Gómez Bengoechea
- I.8. Autonomía, libertad y testamentos vitales (2009). Ana Isabel Berrocal Lanzarot y José Carlos Abellán Salort
- I.9. La protección de los derechos del menor de edad frente a los contenidos discriminatorios por razón de género en los medios de comunicación (2012). M.a Carmen Núñez Zorrilla
- I.10. La autorización al tratamiento de información personal en la contratación de bienes y servicios (2012). M.a Rosa Llácer Matacás
- I.11. Tratamiento legal de las filiaciones no biológicas en el ordenamiento jurídico español: adopción "versus" técnicas de reproducción humana asistida (2013). Daniela Jarufe Contreras
- I.12. La verdad biológica en la determinación de la filiación. Maricela Gonzáles Pérez de Castro
- I.13. Autorregulación de la crisis de pareja. (Una aproximación desde el Derecho civil catalán) (2013). Gemma Rubio Gimeno
- I.14. Los mecanismos de guarda legal de las personas con discapacidad tras la Convención de Naciones Unidas (2013). Sofía de Salas Murillo
- I.15. La asistencia. La medida de protección de la persona con discapacidad psíquica alternativa al procedimiento judicial de incapacitación (2014). Mª Carmen Núñez Zorrilla
- I.16. El régimen de participación en las ganancias desde una perspectiva europea (Atención especial a la reciente modificación del Derecho catalán) (2014) Susana Navas Navarro
- I.17. Derecho de relación entre los hijos y el progenitor no custodio tras el divorcio (2014). Marcela Acuña San Martín
- I.18. Litigios internacionales sobre difamación y derechos de la personalidad (2015). Clara Isabel Cordero Álvarez
- I.19. El protocolo familiar *mortis causa* (2015). Tatiana Cucurull Poblet

II. OBLIGACIONES Y CONTRATOS

- II.1. La rendición de cuentas en el Código civil con especial examen en la tutela (2003). Eva M.a Martínez Gallego
- II.2. La opción de compra (2003). Camino Sanciñena Asurmendi
- II.3. Evicción parcial en la compraventa en el Código Civil Español (2004). María Martínez Martínez
- II.4. El contrato para persona a designar. Nuevas perspectivas (2004). Mónica Navarro Michel
- II.5. Relajación formal de la donación (2004). Margarita Isabel Poveda Bernal
- II.6. El nuevo regimen legal de saneamiento en la venta de bienes de consumo (2005). Margarita Castilla Barea
- II.7. La cláusula penal ante la armonización del derecho contractual europeo (2009). Germán de Castro Vítores
- II.8. La usura: evolución histórica y patológica de los intereses (2011). Francisco Javier Jiménez Muñoz
- II.9. El contrato para persona por designar y la cláusula de reserva de nombrar (2011). Agustín Luna Serrano

V.3. La Cautela gualdense o Socini y el artículo 820.3.° del Código Civil (2004). Luis Felipe Ragel Sánchez

V.4. Seguro de vida y derecho de sucesiones (2005). María del Pino Acosta Mérida

V.5. Los derechos sucesorios del cónyuge viudo en la nulidad, la separación y el divorcio (2006). Mª Ángeles Fernández González-Regueral

V.6. El principio *Nemo pro parte testatus pro parte intestatus decedere potest.* Evolución y significado (2006). Esteve Bosch Capdevila

V.7. La Sucesión «Mortis Causa» de los Títulos Nobiliarios. Incluye jurisprudencia actualizada (1978-2006) (2007). Manuel de Peralta y Carrasco

V.8. Ser Heredero. Una defensa del criterio subjetivo (2009). Jesús Ignacio Fernández Domingo

V.9. La sustitución fideocomisaria sobre la legítima estricta en presencia de incapacitados (2010). María Teresa Martín Meléndez

V.10. El derecho de acrecer entre cohereded os (2011). Laura Zumaquero Gil

V.11. El legado de la legítma estricta en el derecho común español (2012). Juan C. Menéndez Mato

V.12. El largo camino hacia la libertad de testar (2012). Aurelio Barrio Gallardo

V.13 La sucesión nobiliaria (2013). Marcial Martelo de la Maza García

V.14. La compatibilidad jurídica entre el derecho del estado en la sucesión intestada y como titular de bienes vacantes (2013). Belén del Pozo Sierra

V.15. La preferencia de los acreedores del causante (2013). Carmen Piedad Pita Broncano

V.16. La partición realizada por contador partidor testamentario (2014). Manuel Espejo Ruiz

VI. TEORÍA GENERAL DE LA NORMA

VI.1. La irretroactividad: Problemática general (2006). Beatriz Verdera Izquierdo

MANTÉNGASE INFORMADO
DE LAS NUEVAS PUBLICACIONES

Suscríbase gratis
al boletín informativo
www.dykinson.com

Y benefíciese de nuestras ofertas semanales

Made in United States
Orlando, FL
04 November 2026

90202170R00197